Clemens Brockhaus

Aurelius Prudentius Clemens - In seiner Bedeutung für die Kirche seiner Zeit

Clemens Brockhaus

Aurelius Prudentius Clemens - In seiner Bedeutung für die Kirche seiner Zeit

ISBN/EAN: 9783741157608

Hergestellt in Europa, USA, Kanada, Australien, Japan

Cover: Foto ©Lupo / pixelio.de

Manufactured and distributed by brebook publishing software (www.brebook.com)

Clemens Brockhaus

Aurelius Prudentius Clemens - In seiner Bedeutung für die Kirche seiner Zeit

AURELIUS PRUDENTIUS CLEMENS.

AURELIUS PRUDENTIUS CLEMENS

IN SEINER BEDEUTUNG FÜR DIE KIRCHE SEINER ZEIT.

NEBST EINEM ANHANGE:

DIE UEBERSETZUNG DES GEDICHTES APOTHEOSIS.

Von

CLEMENS BROCKHAUS,

DOCTOR DER PHILOSOPHIE, AUSSERORDENTLICHEM PROFESSOR DER THEOLOGIE
UND PFARRER ZU ST.-JOHANNIS IN LEIPZIG.

LEIPZIG:
F. A. BROCKHAUS.
1872.

VORWORT.

Die vorliegende Arbeit stellt sich die allgemeine Aufgabe, für die Dichtungen des Prudentius ein eingehenderes Interesse zu erwecken, als bisjetzt die theologische Forschung ihnen zugewandt hat. Daneben verfolgt sie noch den besondern Zweck, an einem Beispiele auf den Quellenwerth der altchristlichen Dichtung für die bildende Kunst, und beider für die Geschichte des geistigen und kirchlichen Lebens ihrer Zeit hinzuweisen, um damit an der Ausfüllung einer schon mehrfach berührten Lücke in der kirchenhistorischen Literatur mitarbeiten zu helfen, nämlich an der Herstellung einer altchristlichen Sittengeschichte.

Die Kunst, sei sie nun dichtende oder bildende, ist das wahrhafte Spiegelbild des idealen Lebens jedes Volkes und jeder Zeit. Zu der Gesammtheit der Geister will und muss sie reden, von allen muss ihre Wirkung empfunden werden können, soll sie anders echte Kunst sein.

Während die Wissenschaft immer exclusiv über dem geistigen Durchschnitt der Menge steht, und der Versuch, sie zu popularisiren, selten der Gefahr sie zu verflachen entrinnt, so lässt sich eine exclusive Kunst, die nur für einen kleinen Kreis Eingeweihter bestimmt wäre, ohne Verleugnung ihres innersten Wesens nicht denken. Der höchste Ruhm des Dichters und bildenden Künstlers, die Wurzel seiner dauernden, lebendigen Geltung wird immer bleiben, für das allen geistig Gemeinsame die edelste Form und den schönsten Ausdruck gefunden zu haben. Von dieser aller Kunst innewohnenden Nothwendigkeit aus, ihrer Form und ihrem Inhalte nach populär im edelsten Sinne zu sein, gewinnt die altchristliche Kunst für die kirchenhistorische Forschung einen besondern Werth. Die kirchliche Literatur jener Zeit ist der Hauptsache nach eine theologisch wissenschaftliche, dient der Feststellung und Vertheidigung der christlichen Lehre gegenüber heidnischen Angriffen und ketzerischen Abweichungen innerhalb der Kirche selbst. Meist in gelehrter Form für Gelehrte bestimmt, von Männern herrührend, die durch eine gründliche, theilweise aus heidnischer Schule mitgebrachte Bildung hindurchgegangen sind, gibt sie uns damit wol ein Bild von der theologischen Wissenschaft, weit weniger aber von der Denk- und Anschauungsweise, der Glaubensreife und den geistigen Eigenthümlichkeiten des eigentlichen christlichen Volkes. Es bedarf, diese zu ergründen, anderer Quellen, und unter denselben zählt die altchristliche Kunst, die bildende wie die dichtende, weil auch sie aus dem Gesammtgeiste des Volkes ihrer Zeit zu reden, und zur Erbauung und Erhebung des Volkes zu wirken hatte. Sie ist als Quelle in diesem Sinne doppelt werthvoll, weil sie fast die einzige ist.

Wenn ich demnach in der vorliegenden Arbeit vornehmlich das Verhältniss der Gedichte des Prudentius zu dem altchristlichen Bilderkreise, und die verwandtschaftlichen Beziehungen zwischen beiden zu beleuchten versuche, so ist meine nächste Absicht dabei, einmal für den altchristlichen Bilderkreis eine neue Betrachtungsweise, sowie für manche Eigenthümlichkeiten des Dichters eine neue Erklärung zu gewinnen, die weitere aber die, durch die Vergleichung beider zu einem Einblick in das geistige Wesen des christlichen Volkes zu gelangen, für welches der Dichter schrieb und der Bildner malte und meisselte. Wie eine vergleichende Betrachtung der Dichtung und bildenden Kunst zu gegenseitiger Erklärung bereits vielfach unternommen worden ist, so eignet sich die Poesie des Prudentius ganz besonders zu einer derartigen Zusammenstellung mit dem altchristlichen Bilderkreise, da des Dichters Bekanntschaft mit den ältesten Stätten altchristlicher Kunstleistung, den römischen Cömeterien, zweifellos feststeht, und die Zeugnisse deutlich hervortreten, dass die Darstellungen derselben nicht ohne Einfluss auf seine Anschauungen gewesen sind. Auch de Rossi hat in seiner „Roma sotteranea cristiana" in diesem Sinne Prudentius zur Interpretation altchristlicher Bilder benutzt.

Hat das letztere Unternehmen im allgemeinen seine gewagte Seite, so scheint doch das Problem bedeutend genug, um dem auch unvollkommenen Versuche, es zu lösen, einige Theilnahme zu gewinnen und einige Nachsicht zu sichern. Auf beides hoffe ich auch für die Kapitel, die der Analyse der Dichtungen und namentlich der Theologie des Prudentius gewidmet sind. Die erstere hatte ihre besondere Schwierigkeit, da es sich nicht um ein geschlossenes System, sondern um das freie Gedankenspiel eines Dichters handelte, an das nicht immer der Massstab logischer Strenge gelegt werden konnte, und das auch nicht völlig aus der eigenthümlichen, oft barocken Form des

Dichters herausgeschält werden durfte, sollte der Einblick in das originelle Wesen desselben offen bleiben. Die Erörterungen über die Theologie des Prudentius fanden in Middeldorpf's gründlichen Untersuchungen, wie es nicht anders sein konnte, ihre Basis. Mein Bestreben ging namentlich darauf aus, die Verwandtschaft der theologischen Anschauungen des Dichters mit denen Tertullian's ins Licht zu stellen.

Leider gewährte mir der vielfache Anspruch, den meine Doppelbeschäftigung im praktischen und akademischen Berufe an mich stellt, nicht eine ununterbrochene Arbeitszeit, und vielleicht hat die Nothwendigkeit, in einzelnen Zeitsplittern das Ganze zusammenzufügen, auch der Arbeit selbst ihre Spur aufgedrückt. Mag dieser Umstand zur Entschuldigung für manchen der Schrift anhaftenden Mangel im Ganzen, wie im Einzelnen dienen.

Leipzig, im Februar 1872.

INHALT.

	Seite
Erstes Kapitel. Zeit, Leben und Schriften des Prudentius	1
Zweites Kapitel. Die polemischen Gedichte des Prudentius	20
Drittes Kapitel. Die apologetischen Gedichte des Prudentius: Die beiden Bücher gegen Symmachus	44
Viertes Kapitel. Das Buch Cathemerinon	81
Fünftes Kapitel. Das Buch Peristephanon. Das Dittochäon	100
Sechstes Kapitel. Werth und Bedeutung der Poesie des Prudentius	162
Siebentes Kapitel. Die Theologie des Prudentius	175
Achtes Kapitel. Die Abhängigkeit des Prudentius von seinen Vorgängern und Zeitgenossen	203
Neuntes Kapitel. Die archäologische Bedeutung des Prudentius	230
Zehntes Kapitel. Ueber Zusammenhang und Tendenz der altchristlichen Poesie und Kunst	272
Anhang. Uebersetzung der Apotheosis	309

ERSTES KAPITEL.

Zeit, Leben und Schriften des Prudentius.

Die nachkonstantinische Zeit zeigt nebeneinander den Contrast des verfallenden Staates und der erstarkenden Kirche. Konstantin theilte mit seinem Vorgänger das Streben, dem Staate innere Festigkeit und eine Bürgschaft seiner Einheit zu geben. Wie sein Vorgänger, versuchte er es nach der Besiegung seiner Feinde in umfassenden politischen Organisationen. Aber, wie dieser erkannte er auch, dass das Fundament dieser Einheit ein ideales sein müsse. Nach altrömischer Tradition, die das gesammte öffentliche Wesen, die Existenz des römischen Staates und dessen stolze Anforderung an sich selbst, Herrscher des Erdkreises zu werden, auf religiösem Boden begründete, in der Religion die Idee Roms selbst, und im römischen Staate nur die Ausführung ihrer religiösen Principien behauptete, hatte auch er für die kaiserliche Universalmonarchie das religiöse Moment als feste Grundlage erkannt. Augustus schon hatte gegenüber dem chaotischen Eindringen fremder religiöser Elemente in der Stärkung und Förderung des heimischen religiösen Wesens nicht den geringsten Theil der Stärke der kaiserlichen Gewalt gesucht. Das höchste priesterliche Amt des Pontifex maximus gehörte, wie das des Imperators über das Heer, zu den Attributen, in deren Zusammengusse die Kaiserwürde sich gestaltete. Die Vergötterung des Kaisers war der Schlussstein eines Religionssystems, in dem die religiöse Idee und die politische Macht sich deckten. Deshalb, wie auch einzelne Kaiser in der stoischen Philosophie ihre Stellung im Weltganzen zu finden suchten, oder in einem aus den zusammenströmenden Culten aller Völker gebildeten Religionsconglomerate sich selbst eine phantastische Verehrung zuwandten, einige auch Christo in dieser Göttermischung einen Platz gaben, so lenkte doch das religiös-politische Machtprincip mit consequenter Strenge auf die römische Götterverehrung zurück.

Diokletian, der vollbewusste Träger der Kaiseridee, ein hartnäckiger Anhänger des römischen Cultus und überhaupt eine bis zum Abergläubischen streng religiöse Natur[1], unternahm, wenn auch äussere Einflüsse hinzukamen, hauptsächlich zum Schutze der römischen Sacra, die grösste und blutigste Verfolgung des Christenthums, das sich in immer engerm Kreise um das altersschwache Heidenthum zusammenzog. Dass das Heidenthum gegenüber dem Christenthume nichts vermochte, hatte diese Verfolgung bewiesen. In Kampf und Leid war das Christenthum siegesstark hervorgegangen und der wüthendste und grausamste Verfolger unter den Heiden, Galerius, bat sterbend um das Gebet der Christen für Kaiser und Reich.

Konstantin, ein Mann, der in allen Dingen seine Zeit mit starker Hand erfasste, der in dem religiösen Eklekticismus, welcher sich über die engen Schranken des römischen Cultus erhoben hatte, gross geworden und dadurch schon zur Toleranz gestimmt war, begriff die Solidität einer Religion, die ihre Feuerprobe bestanden. Schon der Gegensatz gegen seine christenfeindlichen Gegner machte ihn zum Christenfreunde, und seine Siege über sie zu Siegen des Christenthums. Aus einer anfangs geduldeten Religion erhob es sich so zur Staatsreligion und trat als idealer Unterbau der neuen Universalmonarchie in das Erbe der von frühern Kaisern zu gleichem Zwecke benutzten altrömischen Sacra. Der politische Gewinn, den Konstantin aus dem Christenthume zog, wurde ein wesentliches Motiv für seine Stellung zu dem Christenthum. Er war ein eifriger Sohn der Kirche, wenn er auch im Leben und im Glauben ein höchst zweifelhafter Christ war, wenn sich das Bild Christi auch mit dem früher von ihm geübten Apollocultus verschmolz, und er neben der Würde des Summus episcopus in der Kirche, die des heidnischen Pontifex maximus fort und fort führte. — Der unvermittelte Gegensatz christlichen Eifers und unchristlichen Verhaltens, der von ihm auf

---

[1] Burkhardt, Die Zeit Konstantin des Grossen, S. 47 fg. — Richter, Das weströmische Reich etc. 1865, S. 49 fg.

seine Söhne überging, die weltliche Gestalt, die die heilige Idee des Christenthums in der aus Zwecken, die ihrem Wesen fremd waren, beschützten Kirche bereits anzunehmen begann, konnte den an den Erinnerungen des Heidenthums grossgezogenen Julian zu dem Glauben verführen, dass eine Restitution des Heidenthums in alter Weise möglich, ja Aufgabe sei. Mit dem letzten Glanze der Nachblüte heidnischer Philosophie suchte er die abgestorbene Mythologie desselben neu zu beleben, an christlichen Beispielen das Heidenthum praktische Bethätigung zu lehren, durch Einschränkung und Zurücksetzung der Christen das Christenthum zu unterdrücken. Aber seine Schöpfung war ein künstliches Gewächs. Bittere Enttäuschungen mussten den verirrten Schwärmer belehren, dass die Zeit der alten Religion vorüber, und die Versuche, durch Verachtung und Zurücksetzung das Christenthum zu brechen, ohnmächtig seien, und vergebens verschwendet brach seine reiche Kraft ermattet zusammen. Der christliche Glaube gelangte nach Julian aufs neue in den Besitz des Thrones. Ein aggressives Vorgehen gegen das Heidenthum, die letzten stehen gebliebenen Reste des alten Cultus zu tilgen, bezeichnet das Verfahren der ihm folgenden Kaiser. Indessen die Hoffnung, die Konstantin an das Christenthum für den Staat geknüpft haben mochte, erfüllte sich nicht. Das Wort Christi bestätigte sich: „Mein Reich ist nicht von dieser Welt." Dem ausgelebten Römerreiche konnte und sollte das Christenthum keine frische Lebenskraft zuführen, aber es ging in dem Verfall des Reiches, unbekümmert um denselben, um so siegreicher seine eigenen Wege.

Die gewaltige Strömung der Völkerwanderung drang heran. Von dem Anprall der Hunnenschwärme im Osten aus ihren Sitzen gestossen, schoben sich zahllose germanische und gallische Schwärme in die römischen Culturgebiete hinein. Anfangs gelang es, ihre Wucht durch Verträge friedlich abzuleiten. Aber die drohende Uebermacht forderte die Gewalt heraus. Bereits waren die Kaiser gezwungen, die Hülfe der ersten und edelsten Eindringlinge in ihr Reichsgebiet, der Gothen, gegen den neuen wildern Nachschub zu benutzen. Der Vandale Stilicho, und anfangs auch Alarich, waren die Seele der Vertheidigung gegen das einstürmende Völkergewimmel geworden. Germanien, Helvetien, Rhätien, Gallien, Spanien, Afrika wurden von den durcheinandergeflossenen Völkerschaften überschwemmt. Ueber das Herz des Abendlandes, Rom, zog sich die Wetterwolke zusammen. Die Gothen warendie ersten, die erfahrenen Undank rächend, ihre Faust auf die degenerirte Stadt niederdrückten. Seitdem begannen in wechselnder Reihe die germanischen Völker bald mit wilder Plünderung, bald in beengender Oberherrschaft die Stadt ihre Kraft fühlen zu lassen, die mit dem Nachschimmer einstiger politischer Bedeutung den mittelalterlichen fränkischen und deutschen Weltherrschaftsplanen als ideales Centrum dienen, mit dem Nachhall ihrer geistigen Herrlichkeit die Bildungsgelüste der germanischen Völker befriedigen, mit dem Glanze ihrer apostolischen Gründung die Völker jahrhundertelang bewundernd und anbetend zu sich hinziehen sollte. Aus einer Weltherrscherin war sie, selbst verkommend und verwildernd, zur weltbestimmenden Geistesmacht geworden.

In jener Zeit, in welcher Konstantin dem römischen Reiche im Christenthume ein neues, ideales Fundament zu geben suchte, seine Nachfolger auf demselben Wege fortarbeiteten, Julian noch einmal das alte Heidenthum an Stelle des Christenthums einsetzen wollte, und doch schon in den heranströmenden Barbarenvölkern das Gericht über die eine Hälfte des römischen Reiches hereinhing, gedieh das Geistesleben der Kirche zur höchsten Ausbildung, und zwar trotz des Friedens, der ihr äusserlich gegeben war, in neuen Kämpfen anderer Art, durch deren Reibungen sie frisch erhalten wurde und in denen sie zur Klarheit über sich selbst gelangte.

Schon vor Konstantin hatte die Kirche eine Defensiv- und Offensivstellung einnehmen müssen, einmal gegen die Angriffe, welche das Heidenthum vom Standpunkte der Philosophie und mit stolzem Hinweise auf den Erbbesitz einer glänzenden Cultur gegen die demüthige Erscheinung des Christenthums in Leben und Lehre unternahm, sodann gegen die aus Amalgamationen des Christenthums mit orientalischer und hellenischer Mythologie und Philosophie herausgewachsenen Systeme der gnostischen Häresie. Die Literatur der vorkonstantinischen Zeit bewegt sich so wesentlich auf apologetischem und polemischem Gebiet. Sie muss den Geistesfactoren, die ihr gegenüberstehen, einmal die geistige Wahrheit des Christenthums erweisen und das aus dem sie umgebenden Geistesleben in dasselbe eingeflossene Fremdartige ausscheiden. Bereits beginnt aber schon der Conflict tiefer zu gehen. Die ersten Versuche, die

Geheimnisse des Glaubens, die sich an die Person des Erlösers ketten, dem denkenden Geiste zu vermitteln und die Wahrheit der Schriftlehre festzustellen, hat die christlichen Theologen untereinander selber entzweit. Die Ansprüche der apostolischen Einsetzung auf der einen und der mit der Zeit sich ausbildenden kirchlichen Praxis und des kirchlichen Bedürfnisses auf der andern Seite ziehen in der Cultusfrage gelegentlich der Feier des Osterfestes, in der Verfassungsfrage gelegentlich der Organisation der kirchlichen Einheit in der bischöflichen Obergewalt, mannichfache Steitigkeiten nach sich.

Die Konstantinische Umgestaltung der Verhältnisse der Kirche konnte dieselben nur theilweise endigen. In der Verfassungsfrage war durch die Gründung der Obergewalt des Episkopats der Anstoss zu einer Weiterentwickelung des in demselben vertretenen Grundsatzes gegeben, der die unter dem bischöflichen Haupte zur Einheit organisirten Gemeindekörper in immer umfassendere Complexe unter einzelne, die übrigen durch Bedeutung des Sitzes und den Glanz apostolischer Gründung überragende, Häupter zusammenschlug.

Zugleich musste der neuen Stellung der Kirche als Staatskirche Rechnung getragen, das Verhältniss der Kirche zu der nunmehr kirchlich gewordenen kaiserlichen Staatsgewalt bestimmt werden. Schliesslich hatte die gesammte Organisation der Kirche in ihrem amtlich anstaltlichen Charakter den Gegensatz der frommen Subjectivität, wie er schon früher aufgetaucht und niemals in der Kirche zum Schweigen gebracht war, auszuhalten und zu überwinden. An die Confessorenstreitigkeiten schlossen sich die Donatistenkämpfe an. Die Forderung extremer Sittenstrenge als höchste Aufgabe des christlichen Lebens trat der Praxis der Kirche tumultuarisch entgegen und wurde das ideale Princip einer Insurrection, die mit der ersten Aufstellung der katholischen Staatskirche und — mit dem Schwerte bekämpft wurde. Das christliche Leben empfing in dieser Zeit seine Ausprägung und Uebertreibung durch das Klosterleben und die Mönchsascese, die an die Stelle der höchsten christlichen Bewährung im Märtyrerthume traten. Fast alle grossen Theologen dieser Zeit sind durch das Mönchs- und Einsiedlerthum hindurchgegangen und haben einen Theil ihres Lebens darin zugebracht. Athanasius entzündete das Abendland zur Nachahmung des heiligen Antonius. Hieronymus suchte das Mönchthum dort einzubürgern und gründete, wie früher in Alexandrien geschehen war, unter den vornehmen Männern und Frauen Ascetenvereine.

Das Cölibat wurde eine immer entschiedener an die Priester gestellte Forderung. Wie in einer schroffen Weltflucht ein Surrogat der Märtyrerheroismus, so machte im Cultus sich die Reliquienverehrung geltend. Vereinzelt fanden diese neuen Erscheinungen ihre Gegner, die wiederum von den strengen Männern der Kirche heftig und eifrig bekämpft wurden.

Die Glaubensstreitigkeiten gewannen im Streben, eine geschlossene Orthodoxie festzustellen, an Breite und Heftigkeit, sie wurden durch die Theilnahme der Kaiser, durch ihre Begünstigungen und Antipathien, die von den Parteien gesucht und gefürchtet wurden, durch die aus der Einmischung der weltlichen Gewalt resultirenden irdischen Vortheile und Nachtheile, aus der rein kirchlichen Sphäre herausgezogen und zu politischen Conflicten erweitert. In die vornicänischen Differenzen über die Stellung des Sohnes zu Gott dem Vater, die die Gegensätze des Subordinationismus und der Gottgleichheit des Sohnes zuerst aufstellten und bald eine ebionitische bald eine speculative Begründung der entgegengesetzten Anschauungen versuchen liessen, setzte die grosse Controverse des Athanasius und Arius ein, die bald in Compromissversuchen vermittelnder Parteien scheinbar zusammengeschmolzen, in ihren extremsten Consequenzen auseinandergehend, die gesammte Kirche durchwühlte und, nachdem in unermüdlicher Geistesarbeit das Problem durchgearbeitet war, mit dem Siege des Athanasius und der Feststellung der orthodoxen Trinitätslehre endete.

Auf dieser metaphysischen Feststellung, an der fast das ganze 4. Jahrhundert gearbeitet, geht die Lehrbildung weiter, die dann über das Verhältniss der göttlichen und menschlichen Natur in Christo, in dem nestorianischen, monophysitischen und monotheletischen Streite, mit mannichfacher trüber politischer und persönlicher Beimischung bis zum Ende des 7. Jahrhunderts sich fortbewegt.

Daneben erhebt sich im Abendlande, das in diesen Kämpfen meist zuwartend sich nüchtern und fest zu der Lehre gehalten, die später als orthodoxe siegte, und weniger durch tiefsinnige Erörterungen, als scharfsinnige Zusammensetzungen und entscheidende Vota sich betheiligte, der dem Geiste der dortigen Kirche näher liegende Streit über das praktisch thatsächliche Verhältniss zwischen

Mensch und Gott, über Sünde und Gnade, menschliche Freiheit und göttliche Vorbestimmung, der mit dem Siege des Augustinismus endigte, ohne dass doch die erschütternde Kühnheit der Consequenzen dieser Lehre ins allgemeine Bewusstsein aufgenommen wurde. — Wie hier der Streit um die Lehre innerhalb der Kirche sich in aller ergreifenden Gewalt und Schärfe ausbildete, so hat der Kampf mit den alten schon früher bestrittenen Mächten nicht aufgehört.

Jene in kühnen Speculationen aufgebauten Systeme, die in mannichfachen Verschiedenheiten auf dem einen Princip des Dualismus sich gründeten, deren edelste Gestaltung die Gnosis des Valentinus, deren gemässigtste die Lehre des Marcion, deren phantastischste die Doctrin der Manichäer war, erhielten sich, und gerade in der letztgenannten Form am beständigsten. Die Manichäer sind fähig, einen Geist wie Augustin jahrelang in ihren Banden zu halten. Eine Abart der Manichäer, die Priscillianisten in Spanien, erscheinen ihren Gegnern doch so gefährlich, dass sie von einem rohen Tyrannen Maximus die Hinrichtung ihrer Häupter erwirken, und in solcher Kampfweise den Anfang mit der schreiendsten Sünde der katholischen Kirche, der Ketzerverfolgung, machen.

Aber auch das Heidenthum war noch ein Gegner, dessen Gefährlichkeit sich den hervorragenden Männern des Christenthums nicht verbergen konnte.

Es gab, wie viele sich auch nach dem Konstantinischen Umschwung zur Taufe drängten, noch viele Anhänger der alten Sacra, und nicht nur bäurische Einfalt sicherte an entlegenen Orten den gestürzten Gottheiten noch eine Verehrung, sondern auch vornehme Männer, die mit der Verehrung für die altrömische Grösse auch die altrömische Religion festhielten und dabei, durch Bildung und Tugend gleich anerkannt, auch unter den christlichen Kaisern sich in Würde und Achtung behaupteten, standen zu ihnen. Einem gewaltsamen Vorgehen, die geheiligten Zeichen der alten Götter zu erhalten, setzten sie ihr beredtes Wort entgegen, freilich mehr in dem Wunsche, eine geheiligte theuere Erinnerung geschont zu sehen, als in der Hoffnung zu siegen. Zugleich war, wenn auch die christliche Anschauung sich mehr und mehr von der heidnischen abwandte, dies doch immer das Resultat eines langsamen Processes. An der Hand der altclassischen Literatur waren auch die christlichen Schriftsteller emporgewachsen. In mannichfacher Berührung wenigstens mit heidnischer Sitte hatte sich das christliche Leben lange Zeit bewegen müssen. Anschauungen und Vorstellungen waren aus dem Heidenthum vielfach unbewusst ins Christenthum mit hinübergenommen worden. Christliche Schriftsteller, wie Hieronymus, tadeln es an sich und andern, in heidnische Wendungen und Bilder zurückzufallen.[1] Eine neue Stütze schien den abgelebten Resten des Heidenthums aus den grossen Gerichten, die in der Völkerwanderung über das Reich hereindrohten, zu erwachsen. Der Glaube entstand, und Männer wie Libanius und Symmachus nährten denselben, das Unglück des Vaterlandes sei eine Strafe für die Untreue gegen die vaterländischen Götter, und viele begannen in diesen schweren Zeiten den Göttern wieder zu opfern. Daneben behaupteten sich in einzelnen Kreisen die alten abenteuerlichen Göttergestalten des Orients mit ihren wilden und aufregenden Culten.

Ueberblicken wir die gesammten Erscheinungen jener Zeit, die der Kirche den Frieden nach ihren ersten Existenzkämpfen gab, so sehen wir keineswegs feste consolidirte Zustände. Alle Gebiete der Kirche sind im Fluss, alle Fragen auf dem Felde der Kirchenverfassung, des kirchlichen Lebens und der Kirchenlehre dem Streite noch offen. Die widersprechenden Ansichten der Theologen stossen unter der Parteinahme der Kaiser nur um so heftiger aufeinander, die alten Gegensätze ragen in einzelnen Ranken in das Glaubensgebiet der Kirche hinein. Das Heidenthum, in seinem Marke wol verdorrt, gewinnt eine Scheinberechtigung für einzelne, für das allgemeine Unglück der Völkerwanderung das Christenthum verantwortlich zu machen.

---

[1] Besonders interessant ist ein Brief und ein mit demselben zusammenhängendes Gedicht, von Paulinus von Nola an einen gewissen Jovius gerichtet. Dieser, ein Christ, hatte sich einer philosophischen Meinung ergeben (wahrscheinlich der epikurischen), dass die Gottheit nicht alle Dinge regiere, sondern hierbei auch der Zufall stattfinde. Paulinus von Nola sucht ihm diese Meinung auszureden, ergreift aber zugleich die Gelegenheit, ihm seine Beschäftigung mit der heidnischen Literatur, die wie Sirenengesänge zu verlocken im Stande sei, auszureden. „Omnium poëtarum floribus spiras, omnium oratorum fluminibus exundas, philosophiae quoque fontibus irrigaris, peregrinis etiam dives literis Romanum os Atticis favis imples . . . . Vocat tibi ut et Philosophus sis, non vocat ut Christianus sis."

In diesen gewaltigen Geisteskämpfen entfaltet sich nun eine literarische Productivität, die das 4. und die Anfänge des 5. Jahrhunderts zum Höhezeitalter der altkirchlichen Literatur stempelt. Genöthigt, zu den grossen Fragen ihrer Zeit Stellung zu nehmen, werden hervorragende Männer angeregt zu Leistungen verschiedenster Art. Der Athanasianische Streit zieht die Spitzen der Theologenwelt des Morgenlandes, einen Gregor von Nazianz, einen Basilius, einen Gregor von Nyssa zur Erörterung dieser Frage heran, gibt Anlass zu einer streng wissenschaftlichen Behandlung der Heiligen Schrift von seiten der Antiochenischen Schule, wird Ursache zu den Werken des Hilarius von Pictavium und des Augustinus über die Dreieinigkeit im Abendlande.

Im Kampfe mit den Häresien wurde Augustin durch die Polemik gegen die Manichäer zu seinen epochemachenden Erörterungen über das Böse geführt, und schlug in den grossen Sätzen, dass das Böse nicht eine principielle dem Guten entgegenstehende Macht, sondern nur eine Störung im Verlaufe des Guten, und dass die Sünde nicht durch einen von aussen wirkenden Zwang, sondern durch eigensten Willensentschluss des Menschen hervorgebracht sei, den Dualismus entscheidend aufs Haupt. Dem Kampfe gegen das Heidenthum, das dem Christenthume die Schuld an der Ueberwältigung Roms durch die Gothen vorwarf, verdankt die Kirche das vollendetste Werk Augustin's, die grossartige Apologie „De civitate Dei", die den Gang des Staates Gottes und des Reiches der Welt nebeneinander ausführt, den Fall Roms als Strafe einer lang contrahirten Schuld darstellt und den Christen den Trost bietet, dass der Fall der Stadt für die Stadt Gottes kein wahres Unglück sei.

Der überhandnehmenden Werkheiligkeit gegenüber, die in der Mönchsascese ihre Verherrlichung fand, und gegen deren äusserliche Uebertreibung ein Vigilantius und Jovinianus manch kühnes und wahres Wort gesprochen, entwickelt Augustinus im pelagianischen Streite seine eingreifendste und für die Kirche aller Zeiten grundlegende Lehre von dem alleinigen Empfang des Heils durch die Gnade Gottes und von der Prädestination. Die Kämpfe mit der tumultuarisch ascetischen Separation der Donatisten werden für ihn Anlass, seine Lehren über die objective Geltung der Kirche gegenüber der frommen Subjectivität auszusprechen. Die Gesammtentfaltung eines so mächtigen die Kirche seiner und der folgenden Zeit beherrschenden Geistes war nur in den Streitfragen, in denen er lebte, und die ihm fortwährende Anregung boten, seine Meinung auszusprechen, möglich.

Die gehässigen Angriffe, die Origenes' ideale Anschauung durch Epiphanius und Hieronymus erfahren und die zur Verbannung des edeln Beschützers seiner Anhänger, des Chrysostomus, führten, veranlassten Rufinus zu einer Vertheidigung und zu dem Versuche, durch Uebersetzung Origenes dem Abendlande bekannt zu machen.

Durch diese obwaltenden Streitfragen angeregt, hier der Vertheidigung, dort der Bestreitung einer Glaubens- und Lebensansicht dienend, erhielten die schriftstellerischen Leistungen dieser Zeit einen unmittelbaren Zweck und dienten meist der Abhülfe eines vorliegenden Bedürfnisses. Dieser Zug, dem praktischen Nutzen zu dienen, der Noth der Gegenwart abzuhelfen, prägt sich namentlich in den theologischen Leistungen des Abendlandes aus.

In dieser Zeit entwickelt sich auch die christliche Poesie, die der wissenschaftlichen Literatur zur Seite fortschreitet.

Die christliche Poesie ist so alt, als das Christenthum selbst. Sehr früh schon waren zu den Psalmen christliche Hymnen gekommen.[1] In häretischen Kreisen hatte man auf Ausbildung des Hymnengesangs grossen Werth gelegt. Die Kirche fand um so mehr Veranlassung, ihrerseits den Gesang zu pflegen, um nicht ein Reizmittel zu entbehren, dessen Darbietung von jener Seite möglicherweise von Gefahr sein konnte.

Der so in den Dienst der Kirche tretenden Lyrik gesellen sich auch epische Leistungen zu, ja dem Gregor von Nazianz wird ein christliches Passionsspiel nach dem Vorbilde antiker Dramen zugeschrieben, das das erste Beispiel christlicher Tragödie bilden würde.

Wie der Charakter der griechischen Hymnenpoesie von Anfang an mehr der einer mystischen Versenkung in das Wesen der Gottheit ist, die in wechselnden Bildern und Beziehungen dem emporgekehrten Gemüthe des Dichters sich darstellt, ein Zug, der bei Synesius noch durch den Neuplatonismus ein eigenthümliches Gepräge erhält, so tritt in den lateinischen Liedern der praktische Zweck hervor, dem Bedürfnisse der Gemeinde zu dienen und ihrem Verständnisse nahe zu kommen.

---

[1] Col. 3, 16.

Statt in dem Schwunge der griechischen Hymnen, der mitunter zur Ueberschwenglichkeit wird, bewegen sich Hilarius, den man als den Vater der lateinischen Hymnologie ansehen kann, und Ambrosius in einem kleinen, öfter wiederholten Kreise biblischer Scenen, die sie als Anhaltepunkte benutzen, um die christliche Lehre und die Grundsätze christlicher Sitte der Gemeinde in einfacher Form nahe zu bringen. In einer andern mehr an die classische Dichtung erinnernden Weise, und weniger für den unmittelbaren Gebrauch der Gemeinde, dichtet Paulinus von Nola neben poetischen Episteln an seine Freunde und poetischen Verherrlichungen zu freudigen und traurigen Gelegenheiten, namentlich Feiergedichte auf den heiligen Felix von Nola, an dessen Grabe er ein idyllisches Einsiedlerleben führte. Mehr einen praktischen Zweck verfolgt wiederum die epische Dichtung der Lateiner im 4. und 5. Jahrhundert, durch Juvencus[1], Sedulius, Victor und Dracontius vertreten, in poetischer Umschreibung grösserer und kleinerer Stücke der Heiligen Schrift, die mit mehr oder weniger Freiheit verfasst sind, eine Gattung der Poesie, die in der griechischen Kirche Nonnus in seiner Paraphrase der evangelischen Geschichte nach Johannes vertrat. Als eine kaum mehr poetisch zu nennende Abart der Dichtung dieser Zeit, die sich trotz ihrer Mängel bis in spätere Zeiten fortpflanzte, ist die Centonenpoesie zu nennen, die in musivisch zusammengefügten Versen heidnischer Dichter, bei den Griechen namentlich des Homer, bei den Lateinern des Virgil, bestand, um aus denselben eine Weissagung auf das Christenthum zu erweisen.

Die verschiedenen Gattungen der Poesie, wie sie bisher aufgetreten sind, in eigenthümlicher Weise angewendet, zu höherer künstlerischer Vollendung und freier, selbständiger Behandlung erhoben, finden wir vertreten in den Gedichten des Aurelius Prudentius Clemens, des Dichters, auf den wir im Vorliegenden unsere Aufmerksamkeit wenden. Es wird dieselbe schon durch die Beachtung hervorgerufen, die Prudentius bis auf unsere Tage in der katholischen Kirche gewonnen hat. Kein lateinischer Dichter hat, wie er, in der Folgezeit Verbreitung und Nachahmung gefunden.

---

[1] A. R. Gebser, De Caji Vettii Aquilini Iuvenci presbyteri Hispani vita et scriptis. Dissertatio theologica.

Unter allen Autoren, die das Mittelalter las, ist er der gelesenste
gewesen. Kein Buch mit Ausnahme der Heiligen Schrift ist so vielfach mit althochdeutschen Glossen versehen als Prudentius' Hymnen
und Märtyrerlieder.[1] Von seinen Hymnen wurden vierzehn ins römische
Breviarium aufgenommen. Dem mittelalterlichen Zuge der Heiligen-
verehrung gaben seine Märtyrerlieder eine willkommene Nahrung.
Prudentius scheint der eigentliche Schulschriftsteller für die mittelalterliche Jugend gewesen zu sein. Von Erzbischof Bruno von Köln,
dem gelehrten Bruder Otto I. wird berichtet, dass er[2] schon als
Knabe den Prudentius gelesen. Ein Humanist des 15. Jahrhunderts,
Louis Vivés, dringt darauf, dass mit den Classikern auch die christlichen Dichter, vornehmlich Prudentius, auf der Schule getrieben werden
sollten[3], und in der katholischen Kirche sind auch in unserer Zeit
aufs neue Stimmen dafür laut geworden.[4]

Die katholische Kirche hat fort und fort dem Prudentius ihre
Aufmerksamkeit zugewendet.

Dressel, der neueste Herausgeber der Gedichte des Prudentius,
zählt dreiunddreissig Handschriften auf, die er zu seiner Ausgabe benutzt hat, und mit der seinigen, die 1860 erschien, existiren drei-
undsechzig Ausgaben.[5] Ausserdem sind die Hymnen, die Märtyrer-
gesänge, und die Psychomachia von Silbert ins Deutsche übersetzt
worden, eine Uebersetzung bei der man nicht weiss, ob man die
Unbekanntschaft mit der lateinischen Sprache, oder die Unbeholfen-
heit in der deutschen mehr anstaunen soll.[6] Uebersetzungen einzelner

---

[1] Rudolf von Raumer, Die Einwirkung des Christenthums auf die althoch-
deutsche Sprache, S. 104.

[2] Leibnitz, Scriptores rerum Brunsvic., I, 275.

[3] Lud. Vivés, Epist. II de ratione Studii puerilis, p. 10.

[4] J. B. Brys, De Vita et scriptis Aurel. Prudentii, dissertatio inauguralis
(1855, Vorrede). — Vgl. Bähr, die christlichen Dichter u. s. w. (Supplementband,
I. Abtheilung, S. 10).

[5] Dressel, Aurelii Prudentii Clementis quae extant opera, prolegg. Cap. III,
de codicibus Mss. ed editionibus Pr.

[6] Silbert, Aurelius Prudentius Clemens. Feiergesänge, heilige Kampf- und
Siegeskronen, metrisch übersetzt und mit Noten begleitet (Wien 1820).
Als Probe der Silbert'schen Uebersetzung gelte nur die Stelle: Peristeph 2, 116.
„Tundatur, inquit, terga crebris ictibus plumboque cervix verberata extuberet",
die Silbert folgendermaassen übersetzt:
„Zerbläut mit Streichen seinen Rücken, ruft er aus,
Es schwelle hoch sein Hirn von Blei zerschlagen auf."

Gedichte fanden ins Französische, Italienische, Spanische, Holländische, Griechische statt. Verschiedene seiner Editoren haben in ihren Prologomenen umfassende Erörterungen über die Schriften des Prudentius, ihre Bedeutung und ihren Charakter angestellt, und dabei auch aus den dürftigen Notizen, die die Vorrede des Prudentius über sein Leben gibt, ein Bild von demselben zu entwerfen versucht. Ich nenne hier neben Aldus Romanus[1], Weitz[2], Tulichius[3], Ludwig[4], Chamillard[5], namentlich Faustus Arevalus[6], Obbarius[7] und Dressel.

Neben den ältern Kirchenhistorikern Flacius, Arnold und Tillemont, haben Schröckh in seiner Kirchengeschichte, die überhaupt einen reichhaltigen Abschnitt über die christlichen Dichter enthält[8], Bähr in seinen christlichen Dichtern und Geschichtschreibern Roms[9], Teufel in seiner römischen Literaturgeschichte, Augusti in seinen Denkwürdigkeiten der christlichen Archäologie[10] über Prudentius' Gedichte gehandelt. Der letztere hat in einer Dissertation, mit richtigem Blick auf die Bedeutung des Dichters für die Dogmatik, namentlich in Bezug auf seine originelle Ansicht von der Wiederkunft Christi hingewiesen.[11] Middeldorpf hat eine sehr gründliche Darstellung des theologischen Systems des Prudentius gegeben und dem Dichter dadurch den ihm gebührenden Platz in der Dogmengeschichte zu erringen gesucht. Freilich eignet sich die etwas spröde Behandlung Middeldorpfs[12], die die theologischen Vorstellungen und Begriffe des Prudentius unter die einzelnen dogmatischen Kategorien einzuordnen sich bemüht, kaum dazu, ein deutliches Bild von den originellen, bald in scharfen und hellen Gedankengängen, bald in

---

[1] Aurelii Prudentii vita par Ald. Romanum in ed. ejus app. (Venet. 1501).
[2] Weitz, Hann. in Encomiis doct. virorum.
[3] Herm. Tulichius, Vita Prudentii ante edit. Perist. hym. x. (Lips. 1815).
[4] Ludwig, Ict. Dissertat. de vita Aurelii Prudentii (Viteb. 1642).
[5] Chamillard, Vita Prudentii in ed. Paris. 1687, Londin. 1824.
[6] Faust. Arevalus ed. Roman. (1788), I, 10 sq.
[7] Obbarius, Ed. Prud. (Tubing. 1845, prolegg. c. 1).
[8] Schröckh, Christliche Kirchengeschichte, VII, 100—123.
[9] Bähr, Geschichte der römischen Literatur (Supplementband, I. Abtheilung, S. 41).
[10] Augusti, Denkwürdigkeiten aus der christlichen Archäologie, V, 302 fg.
[11] Augusti, De audiendis in theologia poëtis (Jenae 1809).
[12] Middeldorpf, Commentatio de Prudentio et theologia Prudentiana (Zeitschrift für historische Theologie, 1832 II, part. II, p. 127—190).

mystisch allegorischen Spielereien sich bewegenden theologischen
Anschauungen des Dichters zu geben, und es wird deshalb diese
fleissige Arbeit mehr zu einer Studie für denjenigen, der eine umfassendere Monographie des Dichters zu schreiben unternimmt, als dass
sie an und für sich bereits eine abschliessende Arbeit über die Theologie des Prudentius abgiebt. Brys hat in einer Dissertation den
Dichter nach verschiedenen Beziehungen behandelt.[1] Er beklagt
in der Vorrede, dass es ihm nicht gelungen sei, die Middeldorpf'sche
Arbeit zu Gesicht zu bekommen. Möglicherweise ist das auch ein
Grund, weshalb in seiner Schrift die Partie über die Theologie des
Prudentius so mager ausgefallen ist. Im ganzen hat diese Arbeit,
die von ausgeprägt katholischem Standpunkt geschrieben ist, dem Bedürfnisse nach einer Monographie des Prudentius nicht abgeholfen. Sie
bietet nach keiner Seite Erschöpfendes und lässt ein unbefangenes
Urtheil allzu sehr vermissen. Protestantischerseits hat man zwar
den Hymnen des Prudentius Aufmerksamkeit geschenkt, aber es ist
nach der Middeldorpf'schen Arbeit neuerdings nichts Umfassenderes
über den Dichter erschienen.

Ueber das Leben des Prudentius wissen wir wenig, oder fast
nichts. Einige dürftige Anhaltepunkte für dasselbe bietet das poetische Vorwort mit dem er seine Gedichte einleitet, ausserdem
einzelne Angaben in seinen Gedichten selbst. Aus demselben ergibt sich, dass er unter dem Consulate des Philippus und Salia, die
348 das Consulat führten, geboren war[2], dazu passt, dass er unter
Kaiser Julian (361—64) noch ein Knabe gewesen ist.[3] Als er
diese Vorrede schrieb, war Prudentius 57 Jahre alt[4], er schrieb

[1] Joh. Baptist. Brys, Dissertatio de vita et scriptis Aurelii Clementis Prudentii (Lovanii 1855).

[2] Haec dum vita volans agit,
irrepsit subito canities seni
oblitum veteris me Saliae consulis arguens:
ex quo prima dies mihi (Praef. 22 sq.).

[3] Principibus tamen e cunctis non defuit unus
me puero, ut memini ductos fortissimus armis
conditor et legum, celeberrimus ore manuque etc. (Apoth. 449 sq.).

[4] Per quinquennia jam decem,
ni fallor, fuimus: septimus insuper
annum cardo rotat, dum fruimur sole volubili (Praef. 1 sq.).

sie demnach im Jahre 405 n. Chr. Zu dieser Zeit scheint er alle
seine Gedichte vollendet zu haben, da er die Mehrzahl derselben in
der Vorrede anführt, und da ihre Fassung auf eine Art von Abschluss
hindeutet. Wann er gestorben ist, lässt sich nicht mit Bestimmtheit
sagen. Er muss früh gealtert sein. Er redet von seinem weissen
Haupte, und eine melancholische Todessehnsucht spricht sich an
mehreren Stellen aus, die vielleicht eine Todesahnung war.[1] So
ist möglich, dass er bald nach Abfassung seiner Gedichte im Jahre
405 starb. Dass sein Tod nicht nach dem Jahre 410, also nach
der Eroberung Roms durch die Gothen, stattgefunden habe, beweist die stolze Art, mit der er über den Glanz des christlichen
Rom wider Symmachus spricht. Ja andere Punkte, wie z. D. sein
Urtheil über Stilicho[2], weisen vielleicht für seinen Tod auf jene
Zeit, da Stilicho noch auf der alten Höhe stand, also vor dem
22. August des Jahres 408, in welchem derselbe ermordet wurde.

Sein Vaterland, — darin stimmen die äussern Zeugnisse überein,
und innere Gründe machen es mehr als wahrscheinlich, — ist Spanien gewesen. Die Städte Saragossa (Cäsaraugusta) Calahorra
(Calagurris) und Tarragona, die er in ihren Märtyrern verherrlichte[3],
streiten darum, seine Vaterstädte zu sein.[4] Ueber seinen Lebensgang
berichtet er in kurzen Zügen mit herber Bitterkeit. Seine Kindheit
weinte unter der strengen Zuchtruthe. Seine Jugend, in der er die

---

[1]   Haec dum scribo vel eloquor,
vinclis o utinam corporis emicem
liber, quo tulerit lingua sono mobilis ultimo (Praef. 43 sq.).

Audi benignus supplicem
Christi reum Prudentium
et servientem corpori
absolve vinclis sacculi (Perist. 2, 581 sq.).

[2] Adv. Symm. II, 743 sq.
[3] Peristeph. 3, 4, 5, 6, 7.
[4] Die Anhaltepunkte dafür, welche Stadt seine Vaterstadt sei, werden von denen, die das Anrecht an Prudentius für die eine oder andere Stadt in Anspruch nehmen, hauptsächlich darin gesucht, dass er die eine oder die andere Stadt als „nostra" bezeichnet. Indess da eben dies nostra sich bei jeder dieser Städte findet, so beweist es für die Heimathsangehörigkeit des Prudentius in derselben nichts. Und es kann höchstens daraus auf seine spanische Herkunft geschlossen werden, während man sich bescheiden muss, seinen Geburtsort nicht zu kennen. Höchstens aus innern Gründen könnte man aus Perist. hym. 4 auf

Laufbahn des Sachwalters ergriff, lernte auch die sophistische Lüge, war mit Frivolität und frecher Ausschweifung beschmuzt. Sein Ehrgeiz als Sachwalter zog ihm schwere Erfahrungen zu.¹ Ungewiss ist hierbei, ob er wirklich befleckende Jugendsünden, wie mancher Kirchenmann seiner Zeit, der sich aus den Lastern des Weltlebens dem Christenthume zuwandte, zu beweinen hatte, oder ob er in einer herben Strenge sittlicher Forderung an sich selbst sich auch den kleinen Fehler zum schweren Verbrechen machte.

Er berichtet, dass er zweimal die Zügel bedeutender Städte gelenkt, dass ihm das kaiserliche Wohlwollen eine hohe Stellung verschafft und ihm den Rang in der Umgebung des Kaisers selbst gegeben habe.² Diese hohe Stellung mag einige zu der Meinung

---

Cäsaraugusta schliessen, weil der Dichter diese Stadt mit entschiedener Vorliebe behandelt und sich viel Mühe gibt, ihr das Anrecht auf einen Märtyrer Vincentius, obgleich derselbe daselbst nicht das Märtyrerthum erduldet hatte, zu sichern (vs. 89—108). Man mochte die Ansprüche der Städte Cäsaraugusta und Calagurris insofern zu befriedigen, als man den Vater aus der ersten, die Mutter aus der zweiten Stadt stammen liess.

1 Aetas prima crepantibus
    flevit sub ferulis; mox docuit toga
    infectum vitiis falsa loqui: non sine crimine,
    tum lasciva protervitas
    et luxus petulans, (heu pudet ac piget),
    foedavit juvenem nequitiae sordibus, ac luto (Praef. 7. sq.).

2 Bis legum moderamine
    frenos nobilium reximus urbium,
    jus civile bonis reddidimus, terruimus reos.
    Tandem militiae gradu
    evectum pietas principis extulit,
    Assumptum propius stare jubens ordine proximo (Praef. 10 sq.).

Es scheint damit die Würde eines Präfecten, wahrscheinlich unter Kaiser Theodosius, gemeint zu sein, von der er zu dem „gradus militiae" aufstieg, der ihn in die nächste Nähe des Kaisers brachte. Faustus Arevalus und nach ihm Brys wollen darin keinen militärischen Rang erkennen, sondern berufen sich auf den Cod. Theod. in dem „ad supernas militias ascendere" vom Aufsteigen zu hohen Staatsämtern gebraucht wird. Dagegen macht Dressel das Zeugniss des Gennadius, „De viris illustribus" geltend, der annimmt, Prudentius sei miles palatinus gewesen, und weist auf seine kriegerisch geschulte Anschauung in dem Gedichte „Psychomachia" hin. Jedoch tritt dieselbe nicht so hervor, dass Prudentius deshalb eine militärische Laufbahn anerkannt werden müsste, während mehrere Notizen von ihm für seine Wirksamkeit im Rechtsfache sprechen. Wie es scheint ist mit dem „militiae gradus" nur ein höheres Hofamt bezeichnet, da

verführt haben, die Sigle V. C. vir clarissimus als vir consularis zu verstehen, was sich in einigen Ausgaben findet.

Nach einer so glänzenden, ehrenvollen Laufbahn, weiss Prudentius nichts anderes zu sagen, als: „Quid nos utile tanti spatio temporis egimus?" In trüber Schwermuth gedenkt er des schnell verrauschten Lebens, das ihm nichts mehr bringen kann. Aber aus diesen Betrachtungen über der Welt Eitelkeit rafft er sich auf, mit dem Gesange wenigstens Gott zu ehren, da er's mit Verdiensten nicht vermag und, wie andere innere und äussere Gaben bringen, will er schnelle Jamben und rollende Trochäen Gott opfern, er selbst ein irdenes, unscheinbares Gefäss, neben vielen köstlichen goldenen (Epilogus).

Prudentius zählt auf, was er in seiner Poesie bieten wolle.

> Atqui fine sub ultimo
> peccatrix anima stultitiam exuat
> saltem voce Deum concelebret, si meritis nequit
> hymnis contimuet dies,
> nec nox ulla vacet, quin Dominum canat:
> pugnet contra haereses, catholicam discutiat fidem.
> conculcet sacra gentium:
> labem, Roma, tuis inferat idolis
> carmen martyribus devoveat, laudet apostolos (Praef. 34 sq.).

Leicht lassen sich einzelne seiner Gedichte an dieser Charakteristik erkennen: die Festhymnen (Praef. vs. 37 sq.), die Apotheosis (Praef. vs. 39), die Bücher gegen Symmachus (Praef. vs. 40 sq.), die Märtyrerlieder (Praef. vs. 42). Auf die Gedichte Psychomachia, Hamartigenia und das Dittochäon finden sich in dieser Aufzählung keine deutlichern Hinweise. Doch werden dieselben, durch das Zeugniss des Gennadius, „De viris illustribus" dem Prudentius zuerkannt, und ausserdem stimmt der Charakter, wenigstens der beiden erstern Gedichte, so völlig mit den im Vorwort genannten überein, dass keiner die Autorschaft des Prudentius an ihnen bezweifelt hat. Anders verhält es sich mit dem sogenannten Dittochäon, einer Reihe epigrammatisch kurzer Beschreibungen einzelner Gestalten und Scenen aus dem Alten und Neuen Testament, deren trockene, schmucklose Kürze gegen die lebendige Ausdrucksweise, die Prudentius in seinen

---

diese Bezeichnung dafür nach Konstantin üblich wurde, und namentlich im 5. Jahrhundert das Wort militia und militare auch für Hofämter vielfach gebraucht wird. Vgl. Dufresne, „Thesaur. mediae et infimae latinitatis militare".

andern Gedichten kundgibt, allerdings absticht. Man hat das Gedicht deshalb ihm entweder ganz abgesprochen und einem gewissen Prudentius Amoenus zuerkannt, oder gemeint, dass dasselbe nur einen Auszug aus einem echten Werke des Prudentius bilde. Indess von jenem Prudentius Amoenus findet sich sonst nirgends eine Spur, und es liegt die Vermuthung[1] nahe, dass dieses Epitheton nur die Glosse eines Abschreibers sei. Den eigenthümlichen Charakter dieses Gedichtes erklärt aber der höchst wahrscheinliche später zu erörternde Zweck desselben. Dagegen werden dem Prudentius andere Werke zugeschrieben, so wird von Gennadius ein „Exaemeron de mundi fabrica usque ad conditionem primi hominis et praevaricationem ejus" angeführt. In dem Vorwort des Prudentius ist davon nichts genannt, doch würde das nichts dagegen beweisen, dass dieses Werk von Prudentius existirt habe und verloren gegangen sei. Eigenthümlich ist aber, dass Johann von Trittheim, der dem Prudentius ohne allen Beleg noch Auslegungen der Heiligen Schrift und viele Briefe zuschreibt, dieses Gedicht nicht erwähnt. Ein anderes Gedicht, zwei Bücher „De trinitate", scheint wesentlich identisch zu sein mit dem Vorwort der Apotheosis und dem Gedichte selbst. Vielleicht ist das auch der Fall mit dem von Notker Balbulus erwähnten Gedichte „De laudibus Dei".

Die Ordnung der Gedichte wird von Verschiedenen verändert. Die älteste Handschrift (Cod. Alex. 321) aus dem 10. Jahrhundert bringt sie in der Ordnung in der sie Dressel in seiner Ausgabe bietet. Das Buch Cathemerinon, die Apotheosis, die Hamartigenia, die Psychomachia, die zwei Bücher gegen Symmachus, das Buch Peristephanon, das Dittochäon.[2] Es ist kein genügender Grund vorhanden, von dieser Eintheilung abzugehen. Streitig is tes, ob das zehnte der Gedichte Peristephanon, das Martyrium des heiligen Romanus behandelnd und 1140 Verse enthaltend, nicht eine Sonderstellung verdiene, da das Martyrium des Heiligen nur der Rahmen ist für eine apologetisch polemische Schilderung des Christenthums. In Cod. Alex. 321 findet sich dieses Gedicht auch von den Märtyrerliedern gesondert angesetzt. Auf der andern Seite aber kann es trotz seiner apologetischen Excurse doch nur als zur Verherrlichung des Romanus

---

[1] Dressel Aurelii Prudentii Clementis opera quae extant, 1860. Proll. c. II, p. XIV.
[2] Dressel, l. l. Proll., c. III, p. XLVI.

gedichtet angesehen werden, und seine Stellung im Kreise der Märtyrerlieder rechtfertigt sich.

Um einen Einblick in den Charakter und Zweck der Poesie des Prudentius zu gewinnen, bedarf es zunächst einer Analyse seiner Gedichte.[1] Nach dem Charakter der Form wie des Inhalts scheiden sich die Lehrgedichte Apotheosis, Hamartigenia, Psychomachia als polemische, und die beiden Bücher gegen Symmachus als apologetische Dichtungen, von den lyrischen des Cathemerinon- und Peristephanonbuches. Die erstern werden zunächst ins Auge zu fassen sein.

---

[1] Da ich im Anhange eine metrische Uebersetzung des Gedichtes Apotheosis biete, so wird die Analyse desselben kürzer ausfallen als die der andern Gedichte. Bei diesen Analysen habe ich nicht nur den Gedankengang in strenger Kürze festzuhalten, sondern soviel als möglich auch die eigenthümliche, oft barocke Form, in der sich Prudentius bewegt, die Abschweifungen und bildlichen Spielereien wiederzugeben versucht, um ein lebendigeres Bild von dem Dichter und seiner Individualität zu erhalten.

ZWEITES KAPITEL.

Die polemischen Gedichte des Prudentius.

Das erste der polemischen Gedichte des Prudentius ist die Apotheosis, der Vertheidigung der orthodoxen Lehre von dem Verhältniss des Sohnes zum Vater gewidmet. Die Apotheosis erörtert, nach einer kurzen Aufstellung des Dogmas von der Dreieinigkeit und einer einleitenden Klage über die verwirrenden Irrwege und die tückische Sophistik der Häresie, die, wie der Räuber den arglosen Wanderer, den ungeschulten Christen überfällt, und gleich dem Unkraut unter dem Weizen aufwächst, bis die Zeit der Sichtung gekommen, das Dogma von Christo, zuerst gegen die Patripassianer. Hier geht der Dichter aus von dem Evangelium des Johannes, dessen Lehren über Gott und Christus für ihn überhaupt die massgebenden sind. Von dem Ausspruche: „Niemand hat Gott je gesehen"[1], und dem Worte Christi: „Wer mich siehet, der siehet den Vater"[2], geleitet, beantwortet er die Frage: ob Gott leidensfähig sei. Er schliesst: Gott könne nicht leidensfähig sein, da man ihn nicht einmal sehen könne.[3] Die Gestalt, in der sich die Gottheit dem Schauen darbiete, sei eben Christus. Wo im Alten Testament von Theophanien die Rede sei, sei es immer der Sohn, in dem der Vater geschaut wurde; der sei Abraham erschienen, der habe mit Jakob gerungen, in dem sei die Herrlichkeit des Vaters an Moses vorübergegangen[4], der sei das Feuer im Dorn-

---

[1] Joh. 1, 18.
[2] Joh. 14, 9.
[3] Passibiline deus? Cujus species et imago nulli visa unquam: nec enim conprendier illa majestas facilis sensuve oculisve manuve (Apoth. 6, sq.).
[4] 2 Mos. 33, 22.

busche gewesen, der sei endlich von der Jungfrau empfangen und geboren worden, als das Fleisch gewordene Wort und der Abglanz der Gottheit, der zu Philippus sagen konnte: „So lange bin ich bei euch und du kennest mich nicht? Wer mich sieht, siehet den Vater." Und zwar sei er ins Fleisch gekommen, um die irdische Natur sich verwandt zu machen, und mit der Gottheit erfüllt, zur Wohnung des Vaters emporzuheben. Aber der Vater selbst sei unsichtbar, und er sei es, weil er unkörperlich sei und deshalb künne er auch nicht leiden, denn sichtbar und leidensfähig sei nur, der geboren worden sei, Gott aber habe keinen Anfang, da er über aller Zeit stehe.[1]

Hat Prudentius hiermit zwischen dem Wesen des Vaters als des unsichtbaren, und dem des Sohnes, als des in sichtbare Erscheinungsform eintretenden unterschieden und negativ festgestellt, dass der auf die Welt gekommen sei und gelitten habe, der Vater nicht gewesen sei, so wendet sich Prudentius gegen die Sabellianer, um das Verhältniss des Sohnes zum Vater, und die Oekonomie der Dreieinigkeit auseinanderzusetzen. Er geht tiefsinnig davon aus, dass dem Vater etwas entzogen werde, wenn der Sohn nicht in seiner Sonderpersönlichkeit anerkannt werde; Gott höre auf Vater zu sein, wenn er den Sohn nicht habe, er werde zu einem Namen, zu einer blossen höhern Macht, wie sie die Heiden auch anerkennten.[2] „Aber, wir sind", so führt er fort, „eben keine Heiden, wir haben den Herrn gesehen, den die Propheten geweissagt, den König aller Dinge, der die ganze Natur durchmessen, sie in den Schos

---

[1] Hunc (scil. majestatem patris) igitur non flagra secant, non sputa salivis adspergunt, alapis non vexat palma relisis
nec perfossa cruci clavorum vulnera figunt.
Illa adfecta caro est hominis, quem femina praegnans
enixa est sub lege uteri, sine lege mariti.
Ille famem patitur, fel potat et haurit acetum
ille pavet mortis faciem, tremit ille dolorem (Apoth. 94, sq.).

[2] Ecquis in idolio recubans inter sacra mille
ridiculosque deos venerans, sale, caespite, ture
non putat esse Deum summum et super omnia solum?
Quamvis Saturnis Junonibus et Cythereis
portentisque aliis fumantes consecrat aras:
attamen in coelum quotiens suspexit, in uno
constituit jus omne Deo, cui serviat ingens
virtutum ratio variis instructa ministris (Apoth. 186, sq.).

des Vaters zurückzubringen: das ist unser Heil, dass wir durch ihn Gott Vater nennen können." Darauf folgt die Auseinandersetzung der orthodoxen Trinitätslehre gegen Sabellius; die sabellianische Prosopenlehre, nach der der Vater bald er selbst, bald der Sohn sein solle, wird Thorheit genannt.[1] Auf das etwaige Forschen, wie aber der Sohn entstehe, antwortet Prudentius, dies sei Geheimniss, wehrt nur die Vorstellung ab, als wenn durch die Erzeugung des Sohnes das Wesen des Vaters etwas verliere. Das Licht nehme nicht ab, wenn man ein anderes Licht daran anzünde. Wem dies nicht genüge, und wer dies nicht glaube, den nennt Prudentius mit erzürnten Worten einen Heiden.

Die Erörterung der Sohnschaft Christi führt ihn auf dessen Verächter, die Juden. Er beklagt ihre unglückliche Verblendung, durch die sie, was ihr eigenes Gesetz weissagend in sich berge, was ihr Passahfest symbolisch vorhersage, die Passion und das Sacrament des Herrn nicht verständen. Mit glänzenden Farben malt er aus, wie das Wort, das Pilatus damals über das Kreuz hebräisch, griechisch, lateinisch habe schreiben lassen, sich erfüllt habe, wie alle Welt Christum preise, die Heidengottheiten vor ihm bebten, bis in die Einöden der Wildniss sein Reich gedrungen, die heidnische Orakelstimme verstummt sei, nur das jüdische Volk sei unbeweglich geblieben.[2] Er kommt

---

[1] Nec pater' ipse autem, qui filius, ut quia natum
scimus ab innato, vere Pater, et aala vere
ait soboles: hac sit genitor sibi filius ipse,
sive Pater natus fuerit, sive ipse repente.
Perquam ridiculum est et futile, natus ut ex se
nascendi nova materies ac se Deus ultro
ediderit natumque sibi se fecerit Ipsum (Apoth. 245 sq.).

[2] Die unter dem Einflusse des Christenthums hinsinkende Macht des Heidenthums ist von Prudentius in ergreifender Schönheit geschildert (Apoth. 386—448):
Quidquid in aere cavo reboans tuba curva remugit
quidquid ab arcano vomit ingens spiritus haustu,
quidquid casta chelys, quidquid testudo resultat,
organa disparibus calamis, quod consona miscent,
aemula pastorum quod reddunt vocibus antra,
Christum concelebrat, Christum sonat, omnia Christum
uula etiam fidibus sanctis animata loquuntur.
O, nomen praedulce mihi, lux et decus et spes
praesidiumque meum, requies o certa laborum
blandus in ore sapor, fragrans odor, inriguus fons

nun anscheinend ziemlich unvermittelt auf ein misglücktes Opfer
Julian's des Abtrünnigen zu sprechen, den Prudentius, abgesehen
von seiner religiösen Richtung, als Feldherrn, als Gesetzgeber, als
Staatslenker, als Redner und Arbeiter sehr hoch stellt. Die Störung des Opfers, bei dem die Fackeln verlöschen, das Feuer in
den Rauchpfannen verglüht, der Diener den Balsam verschüttet,
das Opfermesser von dem Thiere abgleitet, wird durch die Anwesenheit eines deutschen (flavicomans) christlichen Soldaten verursacht,
der das Zeichen des Kreuzes an sich trägt.[1] Der Kaiser verlässt
infolge dessen erschüttert den Tempel, die anwesenden Soldaten
bekehren sich zu Christus. Prudentius schildert darauf die Strafe

> castus amor pulchra species, sincera voluptas!
> . . . .
> Audit adventum Domini, quem solis Iliberi
> vesper habet, roseus et quem novus excipit ortus.
> Laxavit Scythicas verbo penetrante pruinas
> vox evangelica, Hyrcanas quoque fervida brumas
> solvit, ut exutus glacie jam mollior amnis
> Caucasea de cote fluat Rhodopejus Hebrus.
> Mansuevere Getae, feritasque cruenta Geloni
> lacte mero sitiens exanguia pocula miscet
> libatura sacros Christi de sanguine potus:
> novit et Atlantis pridem plaga perfida Mauri,
> dedere crinitos ad Christi altaria reges.
> Ex quo mortalem praestrinxit, spiritus alvum,
> spiritus ille Dei, Deus et se corpore matris
> induit atque hominem de virginitate creavit:
> Delphica dampnatis tacuerunt sortibus antra,
> non tripodas cortina tegit, non spumat anhelus
> fata Sibyllinis fanaticus edita libris.
> Perdidit insanos mendax Dodona vapores,
> mortua jam mutae ingent oracula Cumae,
> nec responsa refert Lybicis in syrtibus Ammon:
> ipsa suis Christum Capitolia Romula maerent
> principibus lucere Deum destructaque templa
> imperio cecidisse ducum: jam purpura supplex,
> Sternitur Aeneadae rectoris ad atria Christi,
> vexillumque crucis summus dominator adorat.

[1] Diese Anführung Julian's bei der Bestreitung der Juden hat ihren tiefern
Grund. Julian hatte in seiner Feindschaft gegen das Christenthum die Juden
in einer erkünstelten Toleranz begünstigt, und ihnen sogar den Tempelbau gestattet (Juliani epist. 25), der aber, wie Gregor von Nazianz, Chrysostomus, Am-
mianus Marcellinus, Sokrates, Sozomenus, Theodoret berichten, durch Erdbeben

der Juden für ihre Verstocktheit. Der salomonische Tempel liegt in Trümmern, Pompejus und Titus haben den Juden gezeigt, was sie verdienen. Verbannt und erniedrigt irrt der Jude umher, aber der Tempel Christi, von keinem menschlichen Baumeister zusammengefügt, sondern durch das Wort des Herrn, der sich die Heidenwelt gewonnen hat, steht unverletzt und ewig (vs. 503—551).

Von den Juden geht Prudentius auf die Ebioniten, die den Juden geistig verwandteste christliche Richtung über. Hat er gegen die Patripassianer und Sabellianer den Unterschied zwischen Vater und Sohn und die Sonderpersönlichkeit des letztern festgestellt, so wendet sich jetzt seine Polemik gegen diejenigen, die den Unterschied zwischen Vater und Sohn so weit ausführen, die Gottheit des Sohnes zu leugnen. Diese zu beweisen ist sein Zweck (vs. 552—781). Er geht davon aus, dass jedes grosse Werk ein Ergebniss geistiger und leiblicher Kräfte sei. Beide aber zeigen ihre Vergänglichkeit, sie nehmen mit den Jahren ab. Bei dem Herrn sehen wir diese Abnahme nicht, und das kommt eben daher, weil er nicht aus menschlichem Samen und in menschlicher Lust geboren ist, sondern von dem Heiligen Geiste, der den Schos der Maria durchhauchte. Die jungfräuliche Geburt wird Bedingung und zugleich Beweis für die Gottheit Christi. Der Glaube der Maria ist der Grund, weshalb sie zur Mutter des Herrn erwählt war. Der Glaube — das ist die Nutzanwendung — ist deshalb auch für uns Bedingung, Christum zu empfangen (vs. 581).

---

und Feuer zerstört wird. Auch die Kaiser Valentinian I., Maximus und Theodosius, den Ambrosius deshalb heftig zur Rede setzte (Epist. l. II, ep. 17), waren mild gegen die Juden. Vielleicht hat gerade deshalb Prudentius hier das störende Eingreifen Christi in den Opfercultus Julian's zeigen wollen, um den Juden, gegenüber der Gewalt Christi, auch ihre kaiserlichen Beschützer als ohnmächtig zu erweisen, ja der Fortgang der Polemik, in dem der Aufbau des Tempels Christi glänzend geschildert, während den Juden der Fall des salomonischen Tempels, die Eroberung Jerusalems durch Pompejus, die Zerstörung durch Titus recht nahe gerückt wird, lässt hier um so mehr an eine Bezugnahme auf jenen von Julian begünstigten Versuch eines Tempelneubaues denken. Der Dichter will den Juden ihren Fall zu Gemüthe führen und die Anwendung der Vergänglichkeit alles Irdischen speciell auf sie machen:

.... in nihilum quondam redit omne politum
quod fieri recipit, recipit quandoque perire (vs. 517 sq.).
Und den römischen Juden war der Name des Titus, den Prudentius erwähnt,
Quid mereare, Titus docuit, ...
stets lebendig durch den Triumphbogen des Titus an der Via sacra in Rom.

Die Begrüssung des noch ungeborenen Christus, durch Johannes im Leibe seiner Mutter (Luk. 1, 41), wird zum zweiten Beweise der Gottheit Christi (vs. 587 sq.), die prophetische Weissagung des Jesaias auf den Immanuel (Jesaias 7, 14) zum dritten (vs. 595 sq.). Daran reihen sich verschiedene Vorgänge und Wunder im Leben des Heilands an. Das Kommen der Magier, wobei Prudentius die astrologische Conjunction, die sie zu Christus zu kommen veranlasst, auf das lebendigste, allerdings den biblischen Text mit poetischer Licenz behandelnd, beschreibt.[1] Der, an dem solche Zeichen geschehen, der so am Himmel gesehen und auf der Erde befunden wurde, der ist Gott, der Himmel und Erde beherrscht. Als solcher bewährt er sich weiter, da er auf dem Meere wandelt und dem Sturme gebietet (Matth. 8, 26; Joh. 6, 19 fg.), da er den Blinden mit speichelgefeuchteter Erde heilt und ihn im Wasser Siloah sich waschen heisst (Joh. 9, 6 fg.), da er mit fünf Broten und zwei Fischen die Menge speist, und da er den Lazarus auferweckt.[2] Durch diese Wunder, bis zum letzten, der Besiegung

[1] Estne Deus, cujus cunas veneratus Eous
saucibus auratis regalia fercula supplex
virginis ad gremium paanis puerilibus offert?
Quis tam pinnatus, rapidoque simillimus austro
nuncius aurorae populos atque ultima Bactra
attigit, inluxisse diem lactantibus horis
qua tener innupto penderet ab ubere Christus?
Vidimus hunc, ajunt, puerum per sidera ferri
et super antiquos signorum ardescere tractus.
Diriguit trepidans Chaldaeo in vertice pernox
astrologus: cessisse anguem, fugisse leonem,
contraxisse pedes lateris maneo ordine cancrum,
cornibus infractis domitum mugire juvencum,
sidus et hircinum laceris marcescere villis.
Labitur hinc pulsus puer hydrina, inde sagittae,
palantes geminos fuga separat, improba virgo
prodit amatores tacitos in fornice mundi:
quique alii horrificis pendent in nubibus ignes
luciferum timuere novum: rota lurida solis
haeret et excidium sentit jam jamque futurum
seque die medio relandam tegmine glauco
Splendoremque poli periturum nocte diurna
orbe repentinis caput obnubente tenebris (vs. 608—630).

[2] Es entgeht uns nicht der vorherrschende Gebrauch des Johannesevangeliums. Wie die ganze theologische Anschauung des Dichters an Johannes sich

des Todes, sucht Prudentius zu erweisen, dass in dem Menschen Jesus die Gottheit Fleisch angenommen habe. Hier greift Prudentius in den Ausgangspunkt seiner antiebionitischen Polemik zurück, wo er von der Ausrüstung des Menschen durch Geistes- und Leibeskräfte gesprochen hatte (vs. 558 sq.), um den als Bildner der Natur zu bekennen, der sie selber annahm. Dies führt ihn auf eine weitere Erörterung, nämlich den Irrthum derer zurückzuweisen, die die Seele nicht eine Schöpfung, sondern einen Theil der Gottheit selbst nennen (vs. 782—952).[1]

Von der schwierigen Frage ausgehend, wie die Seele, als von Gott eingehaucht, die Qual der Hölle leiden könne, bestimmt er ihr Wesen näher, als nicht mit Gott zusammenfallend, aber höher als alle Dinge, Gott ähnlich, aber von Gott geschaffen (factura), nicht gezeugt (generatio), was allein dem Sohne zukomme. Er setzt die Aehnlichkeit und die Unähnlichkeit auseinander: Gott habe die Seele sich ähnlich geschaffen, dass sie weise und Herrscherin der Dinge, in mancherlei Kunst geschickt, sich zum Himmel erhebe, aber seine Unermesslichkeit und seine Allwissenheit gab er ihr nicht. Sie ist eben ein Hauch aus Gott (flatus), wie der Athem vom Mund ausgehend und wie die Luft der Flöte eingegossen, aber nicht Geist Gottes selbst. Zeitlich entstanden und darum endlich beschränkt,

---

anschliesst, braucht er auch am liebsten seine Gleichnisse. Auch die Wendung:
Milibus e multis paucissimus quaeque retexam.
Summatim relegam, totus quae non capit orbis (vs. 704 sq.),
die die Stelle Joh. 21, 25 poetisch wiedergibt, beweist dies.

[1] Es haben einige hier den Anfang einer Polemik gegen neue Irrlehren gesucht, und Faustus Arevalus hat dabei gnostische Doctrinen vermuthet, die die Seele für einen Theil der Gottheit erklärten. Mir scheint Prudentius sich gegen jene noch immer bestehende präexistentianische Ansicht zu kehren, die Gregor von Nazianz, Gregor von Nyssa und Augustin, „De civit. Dei", 11, 23 in der Widerlegung des Origenes bestreiten. Er wird darauf geführt, um einem Irrthume zu begegnen, der aus dem Vorhergehenden möglicherweise entstehen konnte. Er hatte von der Wiedervereinigung von Seele und Leib bei der Auferweckung des Lazarus gesprochen, und später das Verhältniss von Seele und Leib so bestimmt: „Finxerat hoc digitis, animam sufflaverat ore"; und dass nun nicht der Irrthum entstände, als ob deshalb die Seele ein Theil der Gottheit selbst wäre, geht er zu weiterer Betrachtung über, in der er den Creatianismus bekennt, und zugleich die Ansicht von einer Körperlichkeit der Seele zurückweist, die auch zu seiner Zeit noch ihre Anhänger hatte.

kann die Seele auch schwanken und deshalb sündigen, wie alles Geschaffene, selbst die Engel; und sie hat gesündigt; die Sünde Adam's ergoss sich durch das ganze Geschlecht, und keiner wird unschuldig geboren. Doch geschieht das nicht durch eine Fortpflanzung der Seele aus der Seele nach Weise des Fleisches, sondern immer aufs neue wird die Seele von der Fleischessünde des Ahnen hingezogen, und weil sie mit dem sündigen Fleische vereint nun selber für diesen Sündengenossen Anreizerin zur Sünde geworden ist, so trifft Leib und Seele die Strafe gemeinsam. Von dieser Strafe befreit uns Christus allein, weil er rein von Schuld ist und deshalb Strafe und Tod über ihn nichts vermögen, denn der Tod, von der Schuld genährt, ist in Christus verschlungen, und verschmachtet, weil er an seiner Schuldlosigkeit keine Nahrung hat.

Nachdem Prudentius das Wesen der menschlichen Seele festgestellt und damit zu erweisen gesucht hat, dass sie nicht ein Theil aus Gott sei, und in dieser Abschweifung auf das anthropologische Gebiet, das Wesen Christi im Unterschiede von der menschlichen Natur hervorgehoben hat, will er zum Schluss auch dem doketischen Irrthum der Manichäer begegnen, als wenn Christus keinen Körper, nur das Scheinbild eines Leibes gehabt habe (vs. 952—1061). Er geht dabei aus von der Wahrhaftigkeit der göttlichen Natur, der eine solche Scheinkörperlichkeit widersprechen würde; er braucht zum Beweise die irdische Genealogie Christi; er fragt, was Christus an uns gethan hätte, wenn er verschmäht hätte in den Stoff einzugehen, aus dem er selbst den Menschen gebildet. Die Herrlichkeit seines Werkes, die seine Gottheit erweise, sei dann verloren. Christus sei nicht wahrer Gott, wenn er nicht wahrer Mensch sei. Seine Rückkehr zum Vater sei nichts, wenn nicht der leibliche Tod vorherginge, nur, da Christus unser Fleisch getragen hat, können wir auf Auferstehung hoffen. Mit dieser Hoffnung auf eine vollkommene und verklärte Herstellung des Leibes in Christo, und einer Mahnung, den Tod nicht zu fürchten, schliesst das Gedicht.

Das zweite polemische Gedicht ist die Hamartigenia. Wie die Apotheosis die orthodoxe Lehre von der Gottheit Christi gegen eine Reihe von abweichenden Meinungen vertheidigt, so tritt die Hamartigenia gegen den Dualismus in die Schranken und bestreitet in der Gnosis des Marcion die Lehre vom Demiurgos.

Das in jambischen Trimetern gedichtete Vorwort bringt die Geschichte des Kain und Abel; Kain wird als der Urheber der getheilten Opferfeier, als Darbringer lebloser Opfergaben und Typus der Feindschaft gegen das lebendige Opfer, als Symbol des Kampfes des Fleisches wider den Geist aufgefasst, und Marcion, der die Herrschaft Gottes gleichsam an zwei Götter vertheilt und Gott auseinandergespalten hat, ihm zur Seite gestellt.

In Hexametern begibt sich der Dichter alsbald in mediam rem. Die Aufstellung zweier Götter, eines guten und eines bösen, nennt er Blasphemie, denn bei solcher Doppelherrschaft müsse Gott nothwendig eine Eigenschaft fehlen: die unbeschränkte Allmacht[1], um der Vollkommenheit Gottes willen müsse schon seine Einheit festgehalten werden, und als den Einigen preist Prudentius Gott, als ungetheilten Inbegriff der Gewalt, als einigen Quell der Welt, dem alles entstammt, das Licht, die Zeiten, die Zahl, der einig, wie die Eins, die Anfängerin der Zahl, ist. Diese Einheit Gottes stört auch nicht das Sein des Sohnes. Er ist der erste und einzige (in virtute sua primus tum primus in illo, quem genuit etc., v. 41), und das eine beiden gemeinsame Wesen bezeichnet die Einheit beider. Gott habe aber vorhergesehen, dass ein solcher dualistischer Irrthum, wie der der Marcioniten aufkommen würde, und habe deshalb in seiner Schöpfung ein Bild, an dem die Einheit Gottes selbst in der Verschiedenheit der Wirkungen klar erkannt werden könne: die Sonne; sie habe dreierlei Wirkung: das Licht, die Wärme, die zeugende Kraft (vegetamen), und doch sei sie ein Gestirn, und eine Substanz liege der dreifachen Wirkung zu Grunde. Niemand habe darum zwei Sonnen gesehen, wenn nicht durch nebelbewirkte Täuschung, oder weil sein Auge geblendet sei (sub glaucomate). Solche Nebeldecken und solche Blendung herrschten auch in den Gemüthern, es folge der Geist einem Doppellichte und errichte einem zwiefachen Gotte Altäre. Unter solchen Bedingungen, wenn zwei Gottheiten beständen, könnten ebenso gut Tausende bestehen. Wenn zwei Gottheiten sich in die Himmelsherrschaft theilten, so könne man auch den Wolken, Quellen, Wäldern, dem Meere u. s. w. seine

---

[1] Distantes quoniam, proprium dum quisque revulso
vindicat imperio, nec summa, nec omnia possunt
jus varium non est plenum, quia non habet alter,
quidquid dispar habet, cumulum discretio carpit (Hamart. v. 23 sq.).

Gottheiten zutheilen, oder, wenn es anstössig sei, die Heidengötter heraufzubeschwören und man bei der Zweizahl stehen bleiben wolle, so könne man den einen zum Erdgott, den andern zum Meeresgott machen. Prudentius betrachtet nach solcher spottenden Zurückweisung das Argument des Marcion näher und geht auf die Eigenthümlichkeit seines Dualismus ein. Marcion stelle einen schlimmen Gott auf, den Schöpfer der Erde und den Ursprung alles Uebels, dem das Alte Testament gegeben, und setze ihm den guten Gott, den Bringer des Neuen Testamentes, entgegen. Dass ein „pater scelerum" sei, sei wahr; mit lebendigen Farben schildert ihn Prudentius:

> Marcionita Deus, tristis, ferus, insidiator,
> vertice sublimis; cinctum cui nubibus atris
> anguiferum caput et fumo stipatur et igni
> liventes oculos suffundit felle perusto
> invidia impatiens justorum gaudia ferre.
> Hirsutos juba densa humeros errantibus hydris
> obtegit et virides allambunt ora cerastae;
> ipse manu laqueos per lubrica fila reflexos
> in nodum revocat, facilique ligamine tortas
> innectit pedicas, nervosque in vincula tendit.
> Ars olli captare feras, animalia bruta
> irretire plagis, retinacula denique caecis
> indeprensa locis erranti opponere praedae.
> Hic ille est venator atrox, qui caede frequenti
> incautas animas non cessat plectere, Nebroth;
> qui mundum curvis anfractibus, et silvosis
> horrentem scopulis, versuto circuit astu,
> fraude alios, tectisque dolis innectere adortus,
> porro gigantels alios luctando lacertis
> frangere, funereos late exercere triumphos (Hamart. 129 sq.).

Solches Verderben wolle ein Mensch als seine Gottheit verehren, das Opfer des Beils seinen eigenen Henker anbeten! Nein, dieser Erfinder des Uebels sei nicht Gott, sondern ein Sklave der Hölle, ein entarteter Engel, der früher herrlich dastand, ehe der Drang nach grösserer Ehre ihn erfasste. — Seine Diener habe sich der ewige Gott erschaffen, von denen einer, von höchster Schönheit, allzu reich ausgestattet mit Gaben, sich übermässig erhob, sich einredete, er habe sich selbst geschaffen, sich den Stoff gegeben aus dem er entstanden sei, und bedürfe keines höhern Herrn. Diesen Wahn habe er nun der marcionitischen Sekte mitgetheilt, dass er als Herr der Nacht von Anfang an verborgen gewaltet habe, eifersüchtig auf Gott, willens, seine Werke zu vernichten. Doch das sei wider die Vernunft, jener Herrscher sei, wie alles, von Gott, und zwar gut erschaffen; durch Neid, Hass und Schmerz sei er gefallen. Er sah den irdischen Stoff vom Hauche Gottes durchwärmt, den Menschen zum Herrn der Erde eingesetzt, die Natur bestimmt, ihm ihre ganze Fülle zu geben. Da hauchte er in seinem Grimme dem Menschen den Hochmuth ein, die einfältige Sprache ward zur verschlagenen Zweideutigkeit, so lernte der Mensch sich selbst künftig ohne Lehrer zu verderben, und wie ein Räuber, nachdem er den Besitzer erschlagen, die Beute, zieht der Verführer in der Sünde den Herrn der Schöpfung, die reiche Schöpfung mit hinein ins Verderben (Ham. 159 sq.).

Hier reiht sich eine ergreifend schöne Schilderung der Verderbniss der gesammten Natur durch Adam's Fall an, in vieler Hinsicht eines Milton würdig. Unkraut trägt, böswillig geworden, der Acker statt des Weizens, der Löwe bricht in die Heerde, den Wolf lockt der Lämmer Geblök in die Ställe, die Heuschrecke fällt in die Saaten, gierige Vögel hacken an den Trauben, Betrug und Falschheit schärft die Sinne der Thiere. Die Pflanzen füllen sich mit tödlichem Gift, der Wind reisst mit wüthendem Brausen Wälder nieder, der Bach ergiesst sich angeschwollen verheerend über die Gefilde. Eine wilde Zügellosigkeit durchbricht die vom Schöpfer verliehenen Gesetze. Zu diesen verwirrten Erschütterungen des Erdbaues hat der Mensch das Beispiel gegeben. Mit glühenden Farben fährt die Schilderung fort, das Verderben der Menschen durchzugehen, und es fällt mancher Seitenblick des Dichters auf seine Zeit. Kriege wüthen. Im unreinen Feuer glüht die Begierde. Haufen von Gold schlürft der Geiz im weiten Schlunde ein, und am Gewinn wächst der Durst nach Gewinn des Geldes, der Saat und Wurzel alles Uebels. Nach Schmuck und glänzenden Steinen werden Wasser und Land durchforscht; das Weib, nicht zufrieden mit ihrer Schönheit, als hätte ein Pfuscher ihr Gesicht gemacht, behängt sich mit Steinen und Muscheln, bemalt und beschminkt sich. Mütter selbst fangen an, die Töchter zu bemalen, und der Mann, der Herr und König des Weibes, dem Gott die Kraft und die stählernen Glieder gegeben, schämt sich, von Luxus entnervt, ein Mann zu sein, hüllt sich in feine Wolle, schmückt sich mit Vogelfedern und färbt und durchduftet sich wie ein Weib.

Genuss für alle Sinne zugleich erstrebt der Verwöhnte, und wider die Natur wird gesündigt. Mädchen sehen tanzenden Eunuchen zu, die Ohren öffnet der Wüstling dem Gesange der Buhlerin; gab dazu Gott das Gehör? Leckerbissen und Wein durch ihn zu senden, gab Gott dazu den Mund? Wohl dem, der von dieser Welt ferne bleibt, den sie mit ihrem Glanze nicht täuscht, wie einen Knaben, der unter der trüglichen Hülle ihr Gift einsaugt. Und doch, fährt der Dichter fort, ist der Ursprung dieser Welt gut und rein, sie ist es, von der Gott sahe, dass sie gut war, denn sie ist es, die der Vater und der Sohn, eins der Natur, dem Willen, der Kraft, der Liebe nach geschaffen, die beide, weil sie völlig eins sind im Wirken und Wollen, nicht zwei Gottheiten, sondern eine sind (Hamart. 215 sq.).

Prudentius hat hiermit das Hauptthema wieder aufgenommen und wendet sich der Frage nach der Entstehung des Bösen zu. Rein entspringe die Quelle; erst wenn sie im Laufe sich mit Schlamm berührte, werde sie unrein. Wenn ein Mensch getödtet werde, so sei nicht das Schwert, sondern die Hand, die es führe, wenn ein Pferd im Circus rase, so sei der Mensch, der es jage, daran schuld, und z. B. an den blutigen Circusspielen zeige sich nur die Sünde menschlicher Einrichtungen. Der Mensch selber ist schuld an allem Uebel, da er nicht seine Seele zu Gott erhebe, nicht zu ihm bete, seine Hoffnung nie emporsende, da ihm nur das schön dünke, was die Erde hervorbringt, und er sich mit irdischer Sorge belastet habe, weil er der Erde Lust mit vollen Zügen schlürfe; daher kommen der Menschen Verbrechen und Laster, daher Irrthum und Abfall. Unter dem Bilde des Kampfes Israels mit den sieben kananäischen Stämmen schildert Prudentius den Angriff der Sünde gegen den Menschen, wie er von innen und aussen davon bestürmt wird und wie er, unkundig des Kampfes, falschen Verheissungen trauend, in schimpfliche Gefangenschaft geräth. Das sei das wahre Babylon, der wahre Sieg Assur's, den Jeremias beklage, der Gefangenschaft derer gleich, die das Vaterland vergassen, nach fremder Sitte lebten, derer gleich, für die es besser gewesen wäre, in der ägyptischen Knechtschaft geblieben zu sein, da sie das gelobte Land, die mühsam erbaute Stadt doch nicht vertheidigen konnten, der Gefangenschaft derer gleich, die nie wussten wer der Eckstein war, der dem Feinde und allen seinen Versuchen widerstanden hat. Wer

diesen Eckstein besitze, dem vermöge die Welt, dem vermöge selbst
die marcionische Gottheit nichts anzuhaben.

Der Dichter beantwortet nunmehr die Frage, was es eigentlich
sei, was den Menschen schuldig mache. Ausgehend von der von
ihm poetisch ausgeführten Stelle (Eph. 6, 12): „Denn wir haben
nicht mit Fleisch und Blut zu kämpfen, sondern mit den Fürsten
und Gewaltigen, nämlich mit dem Herrn der Welt", bestreitet er
einen Dualismus im Menschen selbst.[1] Der Mensch dürfe bei seiner
Sünde eben nicht Fleisch und Blut anklagen, denn die Seele sei
stärker und vorzüglicher als das Fleisch und könne es beherrschen.
Der Geist, weise, scharf, rein, beweglich, schnell, könne die Verführung abweisen, wenn er nur den Schöpfer verehre und der Welt
sich nicht hingäbe; der Sitz des Uebels ist des Menschen Herz,
er fällt nur, wenn er der Sünde zustimmt.[2] So erzeugen wir
alle Uebel aus uns selbst. Wie David einen schlimmen Sohn,
Absalom, erzeugte, der unheilvoll in seinem Hause wüthete, so
gebiert auch unsere Brust in unsern Sünden unheilvolle Söhne, die
gegen das eigene Fleisch wüthen. Wie die Viper durch ihre eigene
Nachkommenschaft, die ihren Leib durchfressend zur Welt komme, getödtet werde und ihrem Männchen den Kopf abbeisse, den es, sie zu
befruchten, ihr in den Mund gesteckt hat[3], so empfängt auch unser
Geist vom Belial den sündigen Samen, zieht ihn in heissen Küssen in
sich hinein und wird mit Fehlern geschwängert. Das todbringende Geschlecht bringt seine Werke hervor, die der Mensch mit Strafe bezahlen
muss für die Unzucht seiner Seele und die Vernichtung des Gatten[4]; sie
selber wird verzehrt durch tausend Sündenzeugungen, und von ihrem
Untergang nähren sich ihre Sündengeburten, die der Böse mit dem
gierigen Fleisch erzeugte. Von Christus berufen, sich mit ihm zu
vermählen, hat die Seele sich den Umarmungen Satans überlassen

---

[1] Hier allerdings nicht in Uebereinstimmung mit Paulus (vgl. Gal. 5, 17; Röm. 7, 18 fg.).

[2] Es ist leicht erkenntlich, wie, wenn Prudentius auch eine Fortpflanzung der Sünde Adam's zugesteht, doch eine Wirkung der Erbsünde im Augustin'schen Sinne ihm unbekannt war.

[3] Eine im Alterthume verbreitete Fabel (Plin. X, 62).

[4] Prudentius führt das Bild zwischen Belial und den die Viper begattenden Schlangenmännchen unrichtig aus, indem er so weit geht, eine Vernichtung Belial's durch die Seele, indem sie, den Sündensamen empfangend, die Sünde ge-
wissermassen selbst vernichte, anzunehmen.

und, den Spross der Jungfrau verachtend, die Geburt ihres Ehebruchs gepriesen. — Nunmehr sucht Prudentius dem Einwurfe zu begegnen, weshalb Gott, der das Böse nicht wolle, es doch habe geschehen lassen? An ihm habe es doch gelegen, dass die Menschen nicht mehr unschuldig und rein seien. Gott sei deshalb der Urheber des Bösen. Prudentius provocirt dem gegenüber auf die vielfach bewiesene Güte Gottes, namentlich darauf, dass er die Todten erwecke, Glieder seines himmlischen Reiches zu sein. Wäre er der Urheber des Bösen, er würde niemals den Sündern diesen Zugang eröffnen. Gottes That sei das Bewahren, während der Mensch sich den Fall bereite. Dass der Mensch dies thue, beweist Prudentius erhaben und schön aus der Freiheit des Menschen; Gott, der dem Menschen alles Gute mitgetheilt, habe ihm auch das Gut der Freiheit nicht vorenthalten. Ihm, dem er die Herrschaft über den Erdkreis anvertraut, habe er nicht geizig die Selbstbestimmung entzogen, als einem des Genusses der Freiheit Unwürdigen; der der König der Erde sei, sei auch König seiner selbst. Er hätte nicht seine Ehre, hätte er nicht seine Freiheit. Er wäre nicht gut, wäre er nicht aus freiem Willen gut. Seine Tugend wäre kein Ruhm, wenn sie erzwungen sei, und nicht das Gemeine verschmähend, der bessern Natur getreu, das Rechte erstrebe. Er lässt Gott selbst so zum Menschen reden:

> Vade, ait ipse parens opifexque et conditor Adae,
> vade, homo, adflata nostri praenobilis oris
> insubjecte, potens, rerum arbiter, arbiter idem
> et judex mentis propriae, mihi subdere soli
> sponte tua, quo sit subjectio et ipsa soluto.
> libera judicio: non cogo, nec exigo per vim,
> sed moneo, injustum fugias justumque sequaris.
> Lux comes est justi, comes est mors horrida iniqui,
> elige rem vitae, tua virtus temet in aevum
> provehat, aeternum tua damnet culpa vicissim,
> praestet et alterutram permissa licentia sortem (Hamart. 697 sq.).

Durch solche Güte Gottes überreich ausgestattet, habe der Mensch seine Grenze überschritten und das für vortheilhafter gehalten, was gegen Gottes Verbot ihm die Schlange zugeflüstert. Das Weib gehorchte der Lockung, der Mann stimmte zu. Gott durfte die Freiheit selbst zur Sünde der Seele lassen, da er gewarnt hatte. Zwischen dem Herrn des Lebens und des Todes schwankend, gehorchte der Mensch aus freier Wahl dem Bösen.

Prudentius führt nun an einer Reihe von Bildern aus, wie die Freiheit der Entscheidung Gottes Mahnungen gegenüber verschieden benutzt werde. Lot, wie seinem Weibe, sei geboten worden, ohne sich umzusehen, Sodom zu verlassen; Lot habe gehorcht und sei entkommen, sein Weib sei wegen ihres Umkehrens zur Salzsäule geworden.¹ Der Arpa wie der Ruth habe es freigestanden, bei der Naëmi zu bleiben. Arpa ging und nährte das Geschlecht der Ungläubigen, Ruth blieb und ward die Ahnin David's. Zwei Menschen ständen an demselben Scheidewege, der eine ginge rechts, vielleicht auf steinigem Pfade, der andere links durch grünende Fruchtgelände, und jener steige hoch empor, jener verkomme im Sumpfe. Ein Taubenflug fliege auf dasselbe Feld hernieder, die einen, von dem Korn gelockt, verstrickten sich in die gelegten Netze, die andern schwebten frei hinauf. So stiegen, von einem Himmel gleich begabt, die Seelen nieder, wenige kehrten zurück, in den Netzen der Erde blieben viele hängen.

Wie Prudentius nunmehr festgestellt hat, dass die Sünde des Menschen Schuld sei, da er die Freiheit besass, zu sündigen oder die Sünde zu fliehen, gelangt er zum Ende. Mit glühenden Farben schildert er Hölle und Paradies². Gott habe die Hölle mit

---

[1] Vs. 738—776 vergl. die lebendige Schilderung des Unterganges der Stadt, sowie der Verwandlung, die lebendig an ähnliche Scenen in Ovid's „Metamorphosen" erinnert.

[2]
Praescius inde Pater liventia tartara plumbo
incendit liquido pleraeque bitumine fossas
infernalis aquae furvo suffodit averno,
et Phlegetontea sub gurgite sanxit edaces
perpetuis scelerum poenis inolescere vermes.
Norat enim flatu ex proprio vegetamen inesse
corporibus nostris animamque ex ore perenni,
formatam non posse mori, non posse vicissim
pollutam vitiis rursum ad convexa reverti,
mersandam penitus puteo ferventis abyssi.
Vermibus et flammis et discruciatibus aevum
immortale dedit, senio ne poena periret,
non pereunte anima: carpunt tormenta foventque
materiem sine fine datam: mors deserit ipsa
aeternos gemitus et flentes vivere cogit.
At diversa procul regionibus in paradisi
praemia constituit majestas gnara futuri

ihren Bleiflüssen und Pechgruben und dem nimmer sterbenden Wurme ausgerüstet, weil er wisse, die Seele, aus seinem Hauche stammend, könne nicht sterben, könne, beschmuzt mit Sünde, sich auch zum Himmel nicht erheben. Die Qual habe er wie die Seele, dass beide für einander nicht endeten, unsterblich gemacht, selbst der Tod verlasse die in der Pein zu leben Verdammten. Aber

> spiritibus puris et ab omni labe remotis,
> quique Gomorrhaeos non respexere ruinas;
> . . . .
> Ac primum facili referuntur ad astra volatu:
> unde fluens anima structum vegetaverat Adam.
> Nam quia naturam tenacem declivia vitae
> pondera non reprimunt, nec tardat ferrea compes,
> concretum celeri relegens aera aera lapsu,
> exuperatque polum fervens scintilla remensum
> carcereos cnosa situs, quibus haeserat exul.
> Tunc postliminio redeuntem suscipit alto
> cana fides gremio teneriaque oblectat alumpnam
> deliciis, multos post diversoria carnis
> ore renarrantem querulo, quos passa, labores.
> Illic purpureo latus exporrecta cubili
> floribus aeternis spirantes libat odores,
> ambrosiumque bibit roseo de stramine rorem.
> Diebus et longo fumantibus intervallo,
> fluminaque et totos coeli sitientibus imbres,
> implorata negat digitum inseriare palato,
> flammarumque apices bumenti extinguere tactu.
> Nec mirere, locis longe distantibus inter
> dampnatas justasque animas concurrere visus
> conspicuos meritasque vices per magna notari
> intervalla, polus medio quae dividit orbe (vs. 824—866).

Ich habe diese Stellen ganz ausgeschrieben, weil sie nach mehr als einer Seite höchst interessant sind. Soviel ich weiss, ist diese Schilderung der Hölle, wie des Paradieses, die erste ausführliche, die wir in der alten Kirche besitzen. Der Dichter gibt von beiden nach den Andeutungen der Schrift ein plastisch greifbares Bild, in das sich bei der Darstellung des Paradieses auch classische Reminiszenzen mischen. Eigenthümlich ist aber, namentlich bei der Schilderung der Hölle, die Benützung gewisser Motive, die wir bei den Schilderungen dieser Sphären in Dante's „Divina Commedia" finden: die Gruben von Pech, das Blei, der Jammer der Hoffnungslosigkeit, der diese Leiden krönt, während in der Schilderung des Paradieses das Aufsteigen der Seele zu den Sternen an die Dante'sche Wanderung durch die neuen Sternensphären bis zum Empyreum, und die Aufnahme der Seele in den Schoss der cana fides an die Aufschlüsse erinnert, die Dante in den Himmelsphären von den Seligen erhält.

die Künftiges wissende Herrlichkeit Gottes' bestimmte Lohn den unbefleckten Geistern, und so erhebt sich, von des Leibes Gefängniss befreit und von irdischer Schwere entladen, die reine Seele zu den Sternen, woher sie kam, um von dem Glauben die Erquickung für die auf Erden erduldeten Leiden zu empfangen, die sie ihm klagt, ambrosischen Thau auf Blumenbetten zu geniessen, während ein weiter Raum sie von den Verdammten trennt, die erquickungslos verschmachten. Prudentius führt weiter aus, dass die Seele diese Geheimnisse ergründen könne und ohne sich vom Leibe zu trennen doch in jene Tiefen blicke, wohin das Auge nicht trage. So habe Johannes das Künftige erschaut bis zum Ende der Welt. Wie erst, so endet er, wird das Schauen sein, wenn die Seele des Leibes entladen ist!

Den Beschluss macht ein demüthiges Gebet des Dichters zu Christus für sich selbst, er hofft, obgleich er Strafe verdient hat, doch, dass er durch Christi Gnade nicht die Beute eines Räubers der Hölle werde. Er verlange nicht, in den vielen Wohnungen des Vaters zusammen zu sein mit den heiligen Weltüberwindern und gottgeweihten Jungfrauen; nur dass er keine Höllengestalten sähe, dass, wenn er Feuerpein erdulden müsse, milder Hauch den Brand lindere. Mögen andere mit der Krone geschmückt das ewige Licht schauen, er erbitte nur milde Bestrafung.

Das dritte der epischen Gedichte, die Psychomachia, kann man in einen gewissen Zusammenhang mit dem vorigen setzen. Es behandelt den Kampf der Tugenden und Laster in der menschlichen Brust, die in allegorischer Gestalt einander gegenübergestellt werden. Das Gedicht, vielleicht das farbenreichste und glänzendste des Prudentius, hat in den Anschauungen des Mittelalters eine bedeutende Geltung erlangt und wurde durch jene plastisch beschriebenen allegorischen Gestalten anregend für Dichter und Künstler.[2]

Auch hier geht eine kurze Einleitung voraus, die sich an eine biblische Gestalt, an Abraham, den alttestamentlichen Typus des Glaubens, anlehnt. Seine Bereitwilligkeit, den Sohn zu opfern, die Befreiung Lot's aus den Händen der Könige von Sodom und Gomorrha, seine Begegnung mit Melchisedek, der Besuch der drei

---

[1] Mit scharfer Unterscheidung hält Prudentius, indem er eine Prädestination verwirft, an einer Prisclenz Gottes fest.
[2] Schnaase, Geschichte der bildenden Künste, IV, Abthlg. I, S. 93.

Engel, die Verheissung an Sarah werden vorgeführt und symbolisch gedeutet, als Mahnung zum Kampfe, die Seele von der Sünde zu befreien, und zwar durch den, den die mystische Zahl der 318 Knechte uns vorzeichnet.[1] Der soll, wie Melchisedek Abraham, unsere Seele speisen, durch den werden wir, wie Abraham die drei Engel, die Dreieinigkeit empfangen, der wird die ihm vermählte Seele befruchten, wie Sarah befruchtet wurde.

Hierauf folgt eine Anrufung Christi, das Heer zu nennen, das die Laster der Brust besiege, die zu bekämpfen Christus der Seele befohlen und gelehrt hat. Es treten sodann aus den Heeren der Tugenden und Laster die streitenden Paare auf. Zuerst der Glaube mit blossen Armen und fliegendem Haar nach Kampf dürstend. Die Abgötterei mit heidnischer Priesterbinde geziert, wird von ihm untergetreten. Das zweite Paar ist die Keuschheit und die Unzucht, die Schwefel und Pech lodernd von der jungfräulichen Gegnerin niedergeworfen wird; höhnend verkündigt die Siegerin, dass, wie einst dem Holofernes das Haupt durch Judith abgeschlagen, so, nachdem Christus in der jungfräulichen Mutter Fleisch und dadurch das Fleisch veredelt worden, auch die Unzucht gefällt sei. Nachdem sie das Schwert getrocknet und im Heiligthum aufgehangen, braust der Zorn mit funkelnden Augen heran, fordert die mit dreidrähtigem Harnisch bedeckte Geduld mit Spiess und Schwert heraus, und durchbohrt sich selbst, als sein Angriff mislungen, während die Gegnerin, von Hiob begleitet, davonzieht. Ein neues Paar: Auf einem Ross mit Löwenfell gedeckt, mit hochgelocktem Haar und blendendem Mantel sprengt die Hoffart heran, der im ärmlichen Aufzuge die Demuth von der Hoffnung begleitet entgegentritt. Die Hoffart brüstet sich, die erste Heldentugend zu sein, die Völker besiegte, Reichthum gewann, Länder beherrschte, die von der Geburt an schon im Menschen wohnte, Adam schon zur Ueberschreitung der Paradiesesgrenze trieb.[2] Ihr gegenüber sei es ein

---

[1] Die 318 Knechte Abraham's, in griechischen Zahlzeichen TIH, wurden als mystischer Typus auf Christus und das in der alten Kirche häufig in T-Form dargestellte Kreuz, schon im Briefe des Barnabas (Kap. 9), später von Clemens von Alexandrien, Tertullian und andern gedeutet.

[2] Totum hominem et calidos a matre amplectimur artus,
vimque potestatum per membra recentis alumpni,
spargimus et radibus dominamur in ossibus omnes.

freches thörichtes Beginnen der Gegnerin, sie und ihre Genossen von ihrer Stelle vertreiben zu wollen — sie verlasse sich dabei wol auf die Aussicht künftiger Güter, aber sie fragt darauf:

> Quid ni illos spes palpet iners, quos pulvere in isto
> tirones Bellona trucl non excitat aere,
> intellesque animos Virtus tepefacta resolvit?
> anne pudicitiae gelidum jecur utile bello est,
> an tenerum pietatis opus audatur in armis?
> Quam pudet, o Mavors et Virtus conscia, talem
> contra stare aciem ferroque lacessere nugas,
> et cum virgineis dextram conferre choreis (Psych., vs. 235 sq.).

Sie führt darauf die einzelnen Krieger der Demuth an:

> Justitia est ubi semper egens et pauper Honestas,
> Arida Sobrietas, albo Jejunia vultu,
> Sanguine vix tenui Pudor interfusus, aperta
> simplicitas, et ad omne patens sine tegmine vulnus
> et prostrata in humum, nec libera judice sese
> mensahumilis, quam degenerem trepidatio prodit (Psych, vs. 243 sq.).

Dieser jämmerlichen Schar will die Hoffart den Garaus machen, aber vorwärts sprengend stürzt sie mit ihrem Rosse in die Grube, die einer ihrer Kriegsgefährten, die Täuschung, der Feindin gegraben. Die Demuth schaut dem Falle zu, und empfängt von der Hoffnung das Racheschwert, mit dem sie der Gefallenen das Haupt vom Rumpfe trennt.[a]

> Quis locus in nostra tunc vobis sede dabatur,
> congenitis cum regna simul dilionibus aequo
> robore crescebant? nati nam luce sub una
> et domus et Domini paribus adolevimus annis,
> ex quo plasma novum de consepto paradisi
> limite progrediens amplum transfugit in orbem
> pellitosque habitus rumpsit venerabilis Adam,
> nudus adhuc, ni nostra foret praecepta secutus (vs. 217—227).

Prudentius lässt in diesen Versen die Hoffart sich rühmen, die Ursache des Sündenfalls gewesen zu sein, die sie unter dem Gesichtspunkte eines Culturfortschrittes rechtfertigt. Vielleicht ist hierin eine versteckte Polemik gegen eine gnostisch-antinomistische Häresie zu suchen.

[a] Es ist ein feiner Zug im Charakter der Demuth, dass sie nicht unmittelbar die Ursache des Falls der Feindin wird, sondern dieselbe durch eigene Bundesgenossen fällt. Schön sind die Worte, mit denen jene den Fall begleitet:

Es tritt nunmehr das vierte Paar auf den Kampfplatz, die
Ueppigkeit und die Mässigkeit. Charakteristisch wird der Aufzug der Ueppigkeit beschrieben. Sie naht von den Grenzen des
Abendlandes[1], auf zierlichem Wagen, das Haar salbentriefend, das
Auge schmachtend, von Wein duftend; sie schleudert nicht Pfeile,
sondern Blumen in das Heer der Gegnerin, und haucht also süsses
Gift durch ihr Gebein, dass die Reihen wanken und ihr sich zu-
wenden, da stemmt die Mässigkeit das Kreuz auf die Erde, schilt
die, die die Salbung des Chrisam empfangen und nun die Binde
der Wüstlinge tragen wollen, die von dem lebendigen Wasser,
dem Fels der Wüste und dem Manna vom Himmel genährt, dem
Rausche sich hinzugeben im Begriffe sind; sie mahnt an den Adel,
der durch Christus bis zu David herabsteige; führt das Beispiel
Jonathan's an, der sogar den unbewussten Bruch des Fastenge-
botes bereute, und mit der Berührung des Kreuzeszeichens treibt
sie die verwundete Gegnerin in die Flucht, ohne dass sie die üppige
Beute beachtet, die jene zurücklässt.

Hier setzt sogleich der Kampf des fünften Paares ein, des
Geizes mit der Vernunft. Der Geiz bemächtigt sich der von der
Ueppigkeit zurückgelassenen Beute. Sorge, Kummer, Hunger, Furcht,
Angst, Blässe, Schlaflosigkeit, Meineid, Betrug, Bestechung sind
seine Genossen. Der Dichter schildert mit erschütternder Gewalt
das Wüthen des Geizes. Alle Verbrechen regen sich, von dem
Geize erweckt; um des blinkenden Helmes willen erschlägt der
Bruder den Bruder, von der Leiche des Vaters raubt der Sohn

> Desine grande loqui, frangit Deus omne superbum,
> magna cadunt, inflata crepant, tumefacta premuntur.
> Disce supercilium supponere, disce cavere
> ante pedes foveam, quisquis sublime minaris.
> Pervulgata viget nostri sententia Christi,
> ascendere celsa humiles et ad ima redire feroces (vs. 285—290).

Es folgt dann eine Berufung auf den Kampf des Goliath und David, der Repräsentanten der Hoffart und der siegenden Demuth. Die ganze Schilderung ist, wie
mehr oder weniger diese Seelenkämpfe alle, ein Sinnbild des Sieges des Christenthums über das römische Heidenthum. Die Hoffart und ihr Stolz auf kriegerische
Tugenden, die Abgötterei, die Ueppigkeit und ihr Gefolge, das Heer der Demuth,
Hoffnung, Gerechtigkeit, Mässigkeit, Scham, Fasten, der stolze Aufzug auf der
einen, der bescheidene auf der andern Seite, setzen dies ausser Zweifel.

[1] Es ist die Frage, ob Prudentius hierbei an Spanien, seine Heimat, denkt,
oder an Rom, wie wol mit grösserer Wahrscheinlichkeit anzunehmen ist.

das Wehrgehänge, der blutenden Beute sich freuend. Kriege hat er wie keine andere Leidenschaft erregt. Gemordet hat er mit grausamsten Martern; das Auge dem Blinden geraubt und ihm den Stab genommen, sich zu stützen; den Sehenden durch Arglist berückt. An alle wagt er sich, selbst an die Priester des Herrn; diese aber schützt mit ihrem Schilde die Vernunft. Staunend sieht der Geiz die Wirkungslosigkeit seiner Geschosse, trotzdem er bisjetzt kein ihm unüberwindliches Herz gefunden. Habe er doch die Hölle durch manchen zu ihr Gesandten sich verpflichtet, den Tischgenossen Gottes, Judas Ischarioth, Achan, der mit dem Schwerte gesiegt, mit dem Golde der Feinde überwunden. Sein Sieg sei auch in der Christen Geschichte verzeichnet. . Auch hier zu siegen, will er sich zur List bequemen. Hier folgt nun eine Schilderung von tiefer psychologischer Wahrheit, die den scharfen Menschenkenner beweist:

> Dixerat, et torvam faciem furialiaque arma
> exuit, inque habitum sese transformat honestum.
> Fit virtus specie vultuque et voce severa:
> quam memorant frugi, parce cui vivere cordi est
> et servare suum, tamquam nil raptet avare,
> artis adumbratae meruit, ceu sedula, laudem.
> Hujus se specie mendax Bellona coaptat:
> non ut avara luce, sed virtus parca putetur,
> nec non et tonsto pietatis tegmine crines
> dissimulet rabiem diroque obtenta furori,
> quod rapere et clepere est avideque abscondere parta,
> natorum curam dulci sub nomine jactet.

Unter dieser trügerischen Form täuscht er die Gegner; auf der Tugend Wege glauben sie zu sein und sind von der Erynne gefesselt, und wissen in der Verwirrung nicht, wer Freund und Feind ist. Da tritt das Erbarmen ein, ledig aller Schätze, die es an die Armuth gespendet hat, und in ihr findet der Geiz seine Siegerin, zerschlagen wird er der Schätze beraubt, die alsbald der Armuth verliehen werden; den Geretteten wird verkündet, dass die Wurzel alles Uebels ausgerottet und nun Ruhe vor ihm gewonnen sei; diese Ruhe aber fordere Genügen an Wenigem, nicht Sorge um Essen und Kleidung, wie die Vögel unter dem Himmel nicht säen und ernten. Gott, der das Leben gegeben, werde auch die Speise verleihen. Jede Sorge soll sich nur auf die Speisung mit Licht richten.

Damit fliehen die Genossen des Geizes, Sorge, Furcht, Mühsal, der Betrug und das Verbrechen. Die Eintracht tilgt die Spuren des Krieges. Christus erschliesst den unter der Führung der Eintracht, gleich den Israeliten, die das Rothe Meer durchwandert, mit Hymnengesang Einziehenden die himmlische Burg. Aber vor dem Eintritt in dieselbe vollzieht sich der letzte Zweikampf. Die Zwietracht hat von des Feindes Heer sich verrätherisch in die Schar der Sieger eingeschlichen und stösst mit meuchlings gezücktem Dolche der Eintracht eine Wunde. An ihrem Schrecken verräth sich die Feindin und wird nun befragt, wer und woher sie sei, welches ihr Name, ihr Vaterland, ihr Gott. Sie antwortet darauf:

> . . . Discordia dicor,
> cognomento Heresis: Deus est mihi discolor, inquit
> nunc minor est major, modo duplex et modo simplex,
> quum placet aerius et de phantasmate visus
> aut innata anima est, quotiens volo ludere numen:
> praeceptor Belia mihi, domo et plaga mundus (709—714).[1]

Darauf wird der Zwietracht von dem Glauben der Mund gestopft und sie von seinem Heere zerrissen.

Der Kampf ist nun zu Ende. Der erste Sieger aus den sieben Zweikämpfen, der Glaube, tritt der geretteten Eintracht zur Seite auf einen hohen Felsen und hebt zu reden an:

Der Sieg über das Heidenthum sei erstritten, die öffentliche Ruhe aber bestehe doch nur in der Freundschaft der Einzelnen; was immer uneins sei, schwanke nach aussen, darum sollten sie Friede halten; zunächst herrsche Glaubenseintracht:

> Ergo cavete viri, ne sit sententia discors
> sensibus in nostris, ne secta exotica tectis
> nascatur conflata odiis, quia fissa voluntas
> confundit variis arcana biformia fibris (vs. 758 sq.).

Dann aber einige das Leben die Liebe. Wie zwischen Gott und Mensch Christus als Mittler stehe, das Sterbliche dem Vater zu verbinden, so einige ein Geist, was wir mit Leib und Seele beginnen.

---

[1] Die Haupthäresien der Zeit sind in kurze Verse zusammengedrängt. Deus major et minor: der Arianismus; duplex: der gnostische Dualismus; aerius et de phantasmate visus: der Doketismus, der in mannichfacher Gestalt auftretend, von Prudentius in der Apotheosis bekämpft wurde; innata anima: die Lehre von der platonischen Weltseele, die sich auf verschiedenen Wegen in das Christenthum eingedrängt hatte.

Der Friede ist der Tugenden höchste, jeder Mühe Krone, des Krieges Preis, der Sterne und der Erde Grund. Werthlos wird die Gabe am Altare des Märtyrerthums selbst, wenn Friede und Liebe nicht herrschen. Der Friede ist auch für Christus das lieblichste Opfer. Hier greift die Rede in das Lehrgebiet zurück. Mit der Bemerkung, dass so leicht der Wolf sich in die Lämmerheerde schleiche, erwähnt die Eintracht die Namen Arius und Photinus „immanes feritate lupi" (vs. 794 sq.). Daran schliesst sich die Rede des Glaubens, der nach dem Siege der Eintracht ein Werk, gleich dem des Salomo nach des Krieges Vollendung, zu vollbringen, einen künstlichen Tempel zu errichten anordnet, in dem, gleichwie Gott in dem Salomonischen, Christus wohne. Es wird darauf dieser Tempelbau beschrieben (823—867, wesentlich eine Paraphrase von Offenbar. 21, 11—21). In ihrer Mitte steht der Thron der Weisheit, die mit dem Scepter aus lebendigem Holze, an dem Rosen und Lilien wie an dem Stabe Aaron's blühen, die Menschen beherrscht. Eine Danksagung an Christus bildet den Schluss. Voll der Empfindung, wie schwer es sei die Sünde zu besiegen, und weil im Dunkel der Mensch befangen, er oft im Wechsel des Kampfeserfolgs an die Sünde verloren gehe, oft nach dem Siege über das Laster aufs neue dem innern Kampfe preisgegeben sei, klagt der Dichter über die Doppelnatur des Menschen, den Streit zwischen Leib und Seele, die in des Leibes Kerker seufze[1]. Christus allein endlich ist es, der die bewährten Seelen in den Tempel der Weisheit einführt.

Der Schluss des Gedichtes gibt uns einigen Aufschluss über Tendenz und Disposition desselben. Es ist einmal, wie schon der Name sagt, ein seelischer Vorgang, der darin beschrieben wird, ein farbiges Bild der verschiedenen Kämpfe, die der menschlichen Seele beschieden sind. Zugleich wird es zu einer Schilderung der Kirche und ihrer Schickungen. Prudentius geht von dem Kampfe des Glaubens gegen das Heidenthum aus, und endet mit dem Kampfe der Eintracht mit der Zwietracht, d. h. der Häresie; dazwischen

---

[1] Prudentius entfernt sich hier (vs. 905 sq.), indem er den Kampf der Sünde wider die Gerechtigkeit, als den Kampf des Fleisches wider den Geist fasst, von der in Hamartig. 523 sq. ausgesprochenen Ansicht, dass keiner sein Fleisch als Anreiz zur Sünde ansehen solle, und der Geist allein für die Sünde verantwortlich sei.

liegen die Kämpfe, die die Christentugenden: Geduld, Demuth, Keuschheit, Mässigung, Erbarmen, mit den verschiedenen ethischen Einflüssen des Heidenthums zu bestehen haben. Das Gedicht hat somit einen Mischcharakter. Wie die gesammte Poesie des Prudentius lehrhafter Natur, hat es ausserdem seine apologetische und polemische Seite, und steht so mitten inne zwischen den polemischen beiden Gedichten Apotheosis und Hamartigenia, und den apologetischen[1], den beiden Büchern gegen Symmachus.

---

[1] Ich fasse die Begriffe „polemisch" und „apologetisch" durchaus im Sinne Schleiermacher's. (Kurze Darstellung des theologischen Studiums, §. 39—41.)

DRITTES KAPITEL.

Die apologetischen Gedichte des Prudentius: die beiden Bücher gegen Symmachus.

Ist der Anlass, auf den hin die vorher betrachteten Gedichte des Prudentius höchst wahrscheinlich geschrieben sind, mehr allgemeiner Art, so beziehen sich die zwei Bücher gegen Symmachus auf ein bestimmtes Factum: die Wegnahme des Altars und des Bildes der Victoria, die Cäsar in der Basilika Julia, dem spätern Senaculum hatte aufstellen lassen. Seit Augustus wurde keine Senatssitzung ohne Opfer vor dem Bilde eröffnet. Bereits von Konstantius entfernt, von Julian wieder zurückgebracht, hatte Kaiser Gratian im Jahre 382 Altar und Statue aufs neue wegschaffen lassen. Die heidnischen Senatoren Roms sahen in diesem Bildwerk das letzte Symbol der altrömischen Herrlichkeit sinken. Das Heidenthum wurde sich an seiner stolzesten Stelle seines Falles bewusst. In ihren heiligsten Erinnerungen gekränkt, wandte sich die heidnische Minorität des Senats an den Kaiser. Es war nicht mehr der Glaube an einen möglichen Sieg des Heidenthums, sondern nur das Verlangen nach Schonung desselben in seiner Scheidestunde, das ihnen die Bitte um Wiederherstellung des Altars in den Mund legte. Die Stütze ihrer Partei, der Präfect Symmachus, war ihr Wortführer beim Kaiser. Allein die christlichen Senatoren hatten damals durch den Papst Damasus dem Ambrosius geschrieben, dass sie mit der Bitte der heidnischen Amtsgenossen nicht einverstanden seien, ja den Senat nicht wieder betreten würden, wenn jener Altar wiederhergestellt werden sollte. Die Bitte der Heiden wurde dadurch vereitelt. Zwei Jahre darauf, im Jahre 384, nachdem 383 Gratian durch Maximus ermordet worden war, hatten die heidnischen Senatoren sich an den zweiundzwanzigjährigen Bruder Gratian's, Valentinian II., den Gratian schon im vierten Jahre 365 zum Augustus im Orient erhoben hatte, aufs neue gewendet. Wieder sprach Symmachus für sie, die Wiederherstellung des Heiligthums und die Gewährung anderer dem Heidenthum entzogenen Privilegien, namentlich der Einkünfte der Tempel, zur Bestreitung des Cultus und zum Unterhalte der Priester bestimmt, zu erwirken. Da warf Ambrosius sein energisches Wort dazwischen.[1] Sein Brief an den Kaiser ist scharf, fast drohend. Die Menschheit gehorche dem Kaiser, solange er selbst Gott gehorche, d. h. dem Gotte der Christen, nicht den Dämonen der Heiden. Wer Gott diene, müsse Glaubenseifer zeigen, und dürfe nicht den Götzendienst begünstigen. So müsse man sich nun wundern, dass es einigen in den Sinn gekommen sei, die Wiederherstellung der Altäre der Heidengötter und der Einkünfte zur Bestreitung ihrer Opfer zu erbitten, nachdem sie Christenblut vergossen, christliche Tempel zerstört und neuerdings durch Julian's Gesetz den Christen das Recht zu lehren abgesprochen hätten. Ihr Plan sei, Schwache zu bestricken und ins Heidenthum zurückzuführen, was ihnen bei vielen auch unter den christlichen Kaisern gelungen sei. Des Kaisers Bruder Gratian habe den heidnischen Cultus unterdrückt, nun möge seine Jugend von keinem sich in die Bande des alten Aberglaubens aufs neue schlagen, sondern sich warnen lassen. Es seien verdiente Männer, die an ihn jene Bitte gerichtet hätten, aber Gottes Angelegenheiten ständen über jeder Rücksicht. In militärischen Angelegenheiten möge er jene fragen, aber nicht in religiösen. Sie mögen ihre Meinung haben, oder mögen ihre Opfer bringen: „Libere enim debet defendere unusquisque fidele mentis suae et servare propositum." Aber ihnen ihre Bitte gewähren, hiesse, was auch die christlichen Senatoren fürchteten, allen das Zeichen zum Rückfall geben, denn dieser Altar sei eben das Symbol des Heidenthums; ihn aufstellen heisse die Verpflichtung restituiren, auf ihm den Eid zu leisten, d. h. die Verpflichtung, eine Gotteslästerung zu begehen, und die Christen würden darin nur den Anfang einer neuen Verfolgung er-

---

[1] Ambros. epist. l. II, ep. XVII. Vgl. die Darstellung des Streites bei Richter, „Weströmisches Reich", S. 517.

blicken. So ermahne er den Kaiser, denn es sei eine Glaubenssache, also seine Sache, als christlicher Priester, — und alle Bischöfe ständen hinter ihm, auch die christlichen Mitglieder des Senates, — er möge nicht willfahren, die Bischöfe dürften und könnten es nicht dulden. Er würde in die Kirche kommen und keinen Priester finden. Man würde seine Geschenke zurückweisen, da er die Heidentempel mit seinen Gaben geschmückt habe. Man könne eben nicht zwei Herren dienen; gottgeweihten Jungfrauen, christlichen Priestern gebühre sein Schutz. Was heisse es dann, heidnische Dittschriften vorziehen? Wolle er sich mit seiner Jugend entschuldigen? Er möge an jene Knaben denken, die in der Verfolgung Christum bekannt hätten? Was wolle er seinem ermordeten Bruder Gratian sagen, dessen Trost im Sterben gewesen sei, ihn zum Erben zu haben? Würde er ihn nicht zum zweiten male tödten, und seine Decrete misachtend, ihm Aergeres anthun als der schlimmste Feind? Wie wolle er vor seinem Vater bestehen? Werde der ihm nicht sagen, er habe ihn gröblich misverstanden, wenn er meine, dass er dadurch, dass er den Altar habe stehen lassen, das heidnische Unwesen gebilligt habe. Darum möge der Kaiser weder Gott noch dem Vater, noch dem Bruder durch seine Entscheidung ein Wehe anthun. — Der Kaiser, vielleicht durch das Ansehen der verdienten Heiden wankend gemacht, wurde durch diese kräftige Mahnung des geistesstarken Bischofs zu einer abschlägigen Antwort bestimmt. Aber die Liebe zu ihrem Heiligthum war bei jenen römischen Männern zähe. Symmachus wagt eine dritte Bitte, die er in aller Macht seiner Beredsamkeit vorträgt.[1]

Wiederum trete er, so schreibt er dem Kaiser, als Abgeordneter der Schmerzen des Senates vor ihn hin. Nur der Gedanke an des Kaisers Ruhm bewege ihn und seine Gesinnungsgenossen an jene Religion zu erinnern. Sie wollten ja künftig alles Augenfällige vermeiden, nur die Geltung des Namens erhalten wissen, nicht die der Gottheit selbst, der der Staat seine Grösse verdanke. Hätten doch selbst christliche Kaiser den Altar der Victoria stehen lassen, — und bedürfe Valentinian der Victoria etwa nicht? Sein Ruhm sei doch durch sie bedingt und werde durch sie bedingt sein. Die mögen dagegen sein, die von diesem Ruhme nichts gehabt hätten,

---

[1] Symmachus epistolae l. X, ep. LXI.

aber der Kaiser möge bedenken, was seiner Herrlichkeit fromme; wo sollten seine Gesetze und seine Erlasse beschworen, durch welches Band der Meineid gefesselt werden? Dieser Altar gebe dem Senatsgebäude die religiöse Weihe. Konstantin habe das erkannt und deshalb die alte Religion nicht geschädigt, obgleich er Christ gewesen sei. Der göttliche Geist habe nun einmal verschiedene Wege und Arten, das Rechte zu finden, bestimmt. Und nun möge der Kaiser das ehrwürdige Alter der römischen Religion ins Auge fassen. Es folgt die berühmte Stelle, in welcher Symmachus Rom selber redend einführt:

„Romam nunc putemus assistere, atque his vobiscum agere sermonibus. Optimi principes, patres patriae reveremini annos meos, in quos me pius ritus adduxit, ut utar caerimoniis avitis: neque enim poenitet. Vivam more mea, quia libera sum. Hic cultus in leges meas orbem redegit: haec sacra Annibalem a moenibus a Capitolio Senonas repulerunt? Videro quale sit, quod instituendum putatur. Sera tamen et contumeliosa est correctio senectutis. Ergo Diis patribus Diis indigetibus pacem rogamus. Aequum est, quidquid omnes colunt, unum putari. Eadem spectamus astra, commune coelum est, idem nos mundus involvit. Quid inter est, qua quisque prudentia verum inquirat? Uno itinere non potest perveniri ad tam grande secretum."

Doch bricht Symmachus nach dieser ergreifenden Wendung ab: Er wolle bitten, nicht streiten. Aber den vestalischen Jungfrauen werde von dem grossmüthigsten Kaiser entzogen, was die sparsamsten gewährten. Zwar sei Ehre deren einziger Reichthum, und durch darbende Armuth vermehre sich sogar das Verdienst ihrer Keuschheit, aber der Schatz rechter Fürsten wachse durch Feindesbeute, nicht durch die eingezogenen Einkünfte der Priester. Solle die römische Religion rechtlos in Rom sein? Sollen frühere Kaiserworte erschüttert werden? Was nütze es, das Reich mit himmlischen Mitteln sichern, wenn sich zu den Waffen nicht die Tugenden gesellten? Unter solchen Umständen, da die Priester und vestalischen Jungfrauen um die Einkünfte kämen, die ein frommer Sinn ihnen vermacht habe, sei das Los der Sklaven erträglicher, und schon komme die Strafe: die Hungersnoth wüthe in den Provinzen, das Volk stürze wieder zu den Orakeln von Dodona. Der Aberglaube rege sich, weil man das geordnete Priesterthum erschüttere, weil man die Einkünfte ihm verweigere. Um so schlimmer sei es, wenn sie nur scheinbar dem Fiskus, in der That dem Unterhalt einer andern Religion zugewiesen seien, denn nicht die Willkür, Gerechtigkeit solle herrschen. Nur erhalten möge der Kaiser, was der erlauchte Vater des Kaisers erhalten habe; er schaue von seiner Sternenwohnung auf die Thränen der Priester und sehe sich einer Verletzung beschuldigt, da er nur bewahren wollte, darum möge der Kaiser die That seines Bruders zurücknehmen und das Aergerniss ungeschehen machen, das jener nicht gekannt habe.

Von dieser wehmüthigen, an eine grosse Vergangenheit mächtig erinnernden Klage hatte aber der wachsame Ambrosius bereits eine Abschrift sich verschafft. Aufs neue lässt er seine markige Beredsamkeit gegen den trauervollen Zauber der Symmachischen Rhetorik erklingen. Er ermahnt den Kaiser, so jung an Jahren, so alt an Tugend, einmal nicht die Eleganz der Worte, sondern die Gewalt der Thatsachen ins Auge zu fassen. Es sei wol die Sprache des Symmachus eine goldblinkende und fähig, das Herz zu berücken, aber er solle auf die Sache sehen: jener rede von Gott, und um ein Götzenbild handele es sich. Er geht auf die drei Vorstellungen des Symmachus ein: 1) dass Rom selber seinen Gottesdienst zurückverlange; 2) dass man den vestalischen Jungfrauen ihre Einkünfte zurückerstatten möge; 3) dass die allgemeine Hungersnoth eine Strafe für die Aufhebung der Vergünstigungen der Priester sei. Ohne Rücksicht auf die in ihrer Pietät für die gebrochene Religion der Väter wol rührende, in ihrer Beweisführung wenig stichhaltige Appellation des Gegners, beleuchtet der stolze Bischof die vorgebrachten Behauptungen und gibt in wuchtigen Antithesen ein kurzes Meisterstück zermalmender Polemik. Zum ersten Punkte bemerkt er: jene Götter, um die Rom weine, hätten Hannibal, den sie besiegt haben sollten, bis vor die Thore Roms dringen lassen, die Semnonen seien nicht durch Jupiter, sondern auf das Geschnatter einer Gans gewichen; und selbst ein Sieg der Römer durch ihre Götter beweise nichts, Hannibal hätte dieselben verehrt, und auf der einen Seite siegreich, seien sie auf der andern besiegt worden. Er kommt nun auf den Altar der Victoria zu sprechen und wirft des Symmachus sentimentale Vertheidigung prachtvoll zurück. Rom kenne jene Klage nicht, es sage vielmehr: nicht in Opferblut und in zuckenden Thiereingeweiden, in den Trophäen der Krieger lägen seine Siege. Mann gegen Mann wider Hannibal, nicht an den capitolinischen Altären, habe Scipio seine Triumphe errungen. Und, abgesehen davon, fragt er, sei der Altar der Victoria je ein Schutz der Gerechtigkeit gewesen? Die grössten Greuel, seien sie nicht geschehen, als dieser Altar bestand? Die Klage darüber, dass man der greisen Roma noch eine Aenderung zumuthe, habe keinen Grund. Zum Lernen sei es nie zu spät. Erröthen solle das Alter, das sich nicht bessern könne. Die Höhe der Jahre sei nichts Lobenswerthes, sondern die der Tugend; es sei keine Schande, zum Bessern überzugehen. Ebenso trifft er Symmachus' Aeusserung, man könne nicht auf einem Wege zu dem grossen Geheimniss der Gottheit gelangen. Wie könne man jenen glauben, die nicht wüssten was sie verehrten? Rom sage ihnen: hier auf Erden sollten sie nicht Opfer bringen, sondern Kriegsdienst für den Himmel lernen. Gott aber möge sie selbst über sein Geheimniss belehren. Sie, die Christen, hätten diese Belehrung von Gott, und suchten ihn nicht in dunkeln Vermuthungen, wie die Heiden, und nur deshalb hätten sie, wie Symmachus meine, mit ihnen keine gemeinsame Sache. In stolzem Gefühle der Ueberlegenheit setzt er die Unterschiede in kurzen Antithesen fort. „Vos pacem diis vestris ab imperatoribus obsecratis, nos ipsis Imperatoribus a Christo pacem rogamus. Vos manuum vestrarum adoratis opera: nos injuriam ducimus omne, quod fieri potest, Deum putari." Ihre Steinbilder, die eigenen Weisen der Heiden hätten sie verlacht. Sie wollten die Verehrung der Gottheit Christi als Aberglaube den Christen vorwerfen und hielten ihre Holzfiguren in schmachvoller Ehrfurcht für Gott, und der Kaiser werde genöthigt, jenen Bildern Altäre zu errichten, der allein den Altar Christi zu verehren lernte? Hätten heidnische Kaiser etwa Christo Altäre gebaut? Nein. Dies Beispiel sei lehrreich genug, die christlichen Kaiser anzuweisen, ihre Religion zu ehren und auf dem begonnenen Wege weiter zu gehen. Mit einem Blicke auf die Blut- und Leidensvergangenheit der Kirche endet die Argumentation und schlägt hierdurch mit sehr ernsten Gründen die Klagen des Symmachus über angethanes Unrecht zurück:

„Nos sanguine gloriamur, illos dispendium movet. Nos haec victoriae loco ducimus, illi injuriam putant. Nunquam nobis amplius contulerunt, quam quum verberari christianos atque proscribi ac necari juberent. Praemium fecit religio, quod perfidia putabat esse supplicium."

Zu der zweiten Bitte des Symmachus, die Restitution der Einkünfte der vestalischen Jungfrauen betreffend, bemerkt Ambrosius, dass einmal eine Jungfräulichkeit keinen grossen Werth habe, die nur auf Belohnung hin erhalten werde. Dass factisch die Jungfräulichkeit der Vestalinnen nicht viel Ruhm verdiene, und Ausschweifung und Luxus bei ihnen allzu verbreitet seien. Er hält dagegen das Bild der gottgeweihten christlichen Jungfrauen: „Videant plebem pudoris, populum integritatis, concilium virginitatis. Non vittae capiti decus, sed ignobile velamen. — — — Non illa purpurarum insignia, non luxus deliciarum, sed usus jejuniorum: non privilegia, non lucra" — — eine Jungfräulichkeit, die um den Preis irdischer Belohnung erwählt werde, sei keine echte. Er weist darauf die Insinuation zurück, als wenn die christliche Kirche von Reichthum überflösse und danach trachte. Auch ihr seien Einkünfte entzogen worden, und keiner beklage sich. Verlören die Heiden an die Christen, nun so wäre es eine Vergeltung für das von ihnen geübte Unrecht, — und ausserdem, was die Kirche besitze, gehöre nicht ihr, sondern den Armen. Die Heiden möchten doch die aus ihren Mitteln losgekauften Gefangenen und unterstützten Armen aufweisen. Mit beissendem Sarkasmus schildert er die heidnischen Priester, die so jämmerlich klagten, als ob sie seitdem von Eicheln in den Wäldern leben müssten, und kommt auf den dritten schwächsten Punkt der Bittschrift des Symmachus, die Behauptung, dass die im vergangenen Jahre eingetretene Hungersnoth eine Strafe der Götter für den Abfall zum Christenthume sei. Mit glücklichem Witze weist er auf das Ungereimte hin, dass die Götter für die Verweigerung des Unterhalts an ein paar Priester alle hungern liessen. Die Strafe sei grausamer als die Schuld es werth sei. Ausserdem datire die Aufhebung der Tempelgerechtsame von weit früher, und jetzt erst falle es den Göttern ein, deshalb Rache zu nehmen? Und wenn sie im vorigen Jahre die Rache ausgeübt hätten, weshalb liessen sie sich in diesem ruhig verachten, und weshalb, wenn auch in einigen Provinzen schlecht, sei doch die Ernte in andern um so besser gewesen? Scharf und bestimmt tritt aber der Bischof der Aeusserung entgegen, dass die Heiden verehrten, was die Stütze der Kaiser selbst sei; er könne nicht dulden, dass jene im Namen des Kaisers ihren Götzendienst trieben, ebenso wenig, dass sie das Uebersehen des Altars der Victoria von seiten einzelner christlicher Kaiser für Anerkennung desselben ausgäben. Jene Gottheiten mögen ihren Schutz den Ihrigen gewähren. Aber wenn sie denen, von denen sie verehrt werden, nicht helfen können, wie sollen sie den Kaiser vertheidigen, von dem sie nicht verehrt würden?

Sehr geschickt bekämpft er auch die Forderung des Symmachus, die Riten der Vorfahren seien zu ehren. Sei denn nicht alles im Fortschritt zum Bessern begriffen, habe die Welt sich nicht aus dem ungestalteten Stoffe zu bestimmten Formen entwickelt? Schreite der Mond nicht durch seine Phasen dem Vollwerden entgegen? Die Pflanze, gelange sie nicht vom Keime zu Blüte und Frucht? Der Mensch, lege er nicht im Mannesalter die Unvollkommenheiten des Kindesalters ab? Wenn alles in seinen Anfängen bliebe, wie würde die Welt aussehen; und ist es eben nicht werthvoller, das Dunkel der Seele als des Leibes Unvollkommenheiten zu heben? Wer immer nur das ehrwürdige Alter des Glaubens betone, tadle alles Wachsthum der Natur, und wenn die alten Riten so sehr in Ehren gehalten würden, weshalb habe man denn in Rom fremde eindringen lassen, weshalb die Cybele, den Mithras, die Isis? Die Victoria selbst sei eine Soldatengöttin. Sei es nicht genug, sie in ihren Tempeln zu verehren, weshalb die Christen beleidigen, dass man sie gerade an einem Orte aufstellen wolle, wo dieselben gezwungen seien, hinzugehen, müssten sie doch ihre Bilder in Häusern, Portiken, Strassen genugsam sehen? Die Verpflichtung, bei ihr zu schwören, mache die Christen, wenn sie dazu bereit wären, zu Gottesleugnern, wenn nicht zu Lügnern. Die Behauptung, dass der Schwur auf kaiserliche Gesetze und Verordnungen nur an diesem Altar geleistet werden könne, sei eine Beleidigung des Glaubens der Kaiser wie aller Christen; und diesen stände ihr Glaube höher als selbst der Kaiser, für den sie doch bereit seien, ihr Liebstes zu geben. Und während die frömmsten und höchsten Heidenfürsten doch in dem Wechsel der irdischen Verhältnisse untergegangen, wie zuletzt Julian, so hätten christliche Verheissungen keinen getäuscht. — Mit einer Mahnung an den Kaiser, behutsam zu sein und sich von den Verordnungen seines Bruders nicht abbringen zu lassen, schliesst der Brief.

Auch diesmal war Ambrosius siegreich. Welchen Eindruck auch Symmachus' Vorstellungen gemacht haben mochten, der Altar der Victoria wurde entfernt. Wiederholte Versuche um seine Restituirung fruchteten nichts. Aber noch einmal sollte er zum Aergerniss der Christen in die Curie zurückkehren. Valentinian war 392 durch dem Franken Arbogast ermordet, der Rhetor Eugenius auf den Thron von ihm erhoben worden. Das Heidenthum wurde noch einmal von der Welle der kaiserlichen Gunst emporgetragen, Eugenius suchte in demselben eine Stütze, die alten Culten wurden wieder eingeführt, der Altar der Victoria wiederhergestellt. Nochmals trat Ambrosius mit herrlicher und entschiedener Würde auf.[1] Der Herr gehe ihm über alles; er werde nicht schweigen, sondern als Bischof seine Pflicht thun, wie er vor Valentinian sie gethan zu haben glaube. Eugenius habe den Bitten um Restitution des Altars nachgegeben; er solle Gottes des Allmächtigen gedenken, und es sei wol seine Pflicht gewesen, um der Verehrung Gottes willen, jenen kräftiger zu widerstehen. Die Christen neideten nicht, was er jenen gegeben. Sie deutelten nicht an seiner Freigebigkeit, aber sie seien die Vertreter des Glaubens; als Kaiser müsse er Gott um so mehr gehorchen. Hätten die Väter unter dem Drucke der Verfolgung die Opfer verweigert, so solle es der Kaiser, den keiner zwingen könne, um so mehr thun. Er sage das zu ihm, weil er nicht schweigen könne; es dränge ihn, was sein Herz bewege, zu offenbaren; er fühle, dass er recht thue. Er gebe jedem die Ehre, die ihm gebühre. Ehre dem Ehre gebühre; aber sei in seiner Seele auch Ehrfurcht, so fehle ihm die Gabe der Schmeichelei.

Der Triumph des Heidenthums unter Eugenius sollte nicht lange währen; im Jahre 394 wurde Eugenius von Theodosius gestürzt, und unter ihm und seinen Söhnen verschwand der Altar der Victoria und wurde das Heidenthum durch fortwährende Edicte mehr und mehr aus seinen Positionen gedrängt. Aber der Sieg der Christen schien durch ein anderes drohendes Ereigniss zu nichte werden zu sollen. Die Westgothen drängten heran; die Heiden erhoben aufs neue ihre Stimme, den Abfall von den Göttern als Grund solcher Gerichte zu bezeugen. Da wurde Rom noch einmal ein glänzender Triumph kurz vor der Zeit eines jahrhundertlangen Schmachtens in fremder Botmässigkeit beschieden. Stilicho wandte durch den Sieg bei Pollentia momentan die Gefahr der gothischen Eroberung

---

[1] Ambros, ep. LVII. ed. Bened.

ab. Honorius zog 403 in Rom triumphirend ein. Freilich das Glück war nur ein Sonnenblick gewesen; die fortgesetzten Unterhandlungen, zu denen Stilicho mit dem übermächtigen Gegner sich genöthigt sah, wurden Anlass für seine Feinde, ihn zu stürzen. Bange Ahnungen des nahen Falls durchzogen die Stadt und sollten sich bald erfüllen.

In jenen Augenblick des Triumphes, den Rom nach den Siegen bei Pollentia noch einmal erlebte, fallen des Prudentius beide Bücher gegen Symmachus, sie gewinnen dadurch auch ein einigermassen sicheres Datum ihrer Abfassung.[1]

Eine Einleitung in asklepiadeischen Versen macht wie bei den übrigen epischen Gedichten des Prudentius in beiden Büchern den Anfang. Die Einleitung zum ersten Buche beschreibt den Schiffbruch des Paulus bei Malta und den Biss der durch das angezündete Feuer erwärmten Otter, die Paulus abschleuderte und ins Feuer warf (Apostelg. 28), so habe denn auch, nachdem der Sturm der Verfolgung, die Herrschaft heidnischer Fürsten vorüber gewesen, die Kirche den Biss des Heidenthums, das sich nach dem Siege der Christen schweigend zurückgezogen hatte, ertragen müssen. Auf die in den Friedenshafen Eingelaufenen sei, von der Liebes- und Glaubens-

---

[1] Die Bittschrift, die Symmachus an Valentinian II. gerichtet hatte, die durch ihn oder durch einen andern dem Kaiser Honorius aufs neue insinuirt worden zu sein scheint, gab den Anlass dazu, wie die Widerlegung der einzelnen Punkte derselben im zweiten Buche erweist. — Vgl. die Stellen in der Bittschrift des Symmachus: „Quis ita familiaris est barbaris ut aram Victoriae non requirat sq." mit l. II c. Symm., vs. 12 sq.

Die Stelle des Symmachus: „Suus cuique mos, suus cuique ritus est. Varios custodes urbibus cunctis mens divina distribuit" mit l. II c. Symm., vs. 70 sq., 277 sq. und 377 sq.

Die Stelle: „Uno itinere non potest perveniri ad tam grande secretum" mit l. II c. Symm., vs. 143 sq.

Die Einführung der klagenden Roma und die Berufung auf ihr Alter bei Symmachus: „Vivam meo more; quia libera sum . . . . ad hoc ergo servata sum, ut longaeva reprehendar?" mit l. II c. Symm., vs. 83 sq., vs. 270 sq., vs. 655 sq.

Die Klage des Symmachus über die den Vestalinnen entzogenen Einkünfte mit l. II c. Symm., vs. 90 sq., vs. 1064 sq.

Die Folgerung, dass die Hungersnoth in den Provinzen Strafe des Abfalls von den Göttern sei, bei Symmachus mit l. II c. Symm., vs. 917 sq.

Dass die Bittschrift des Symmachus, die er schon zwanzig Jahre früher an Valentinian II. übergeben hat, hier gemeint sei, ist zweifellos. Prudentius schliesst sich mehrfach sogar an die Widerlegung an, die dieselbe bereits von Ambrosius erfahren. Seltsam ist es aber, dass, wenn Symmachus selbst an Honorius sich wandte, er dieselbe Bittschrift wiederholte und keine neue verfertigte.

flamme erwärmt, aufs neue das Ungeheuer losgestürzt, freilich hafte damit das Gift der schönberedten Lippe nur auf der Oberfläche des Christenthums und dringe nicht ins Herz desselben ein. Dennoch bittet Prudentius den Erhalter des romulischen Geschlechts, er möge sich der Unerfahrenen erbarmen, dass sie nicht unversehens das Gift einsaugten, um dann in das ewige Feuer zu stürzen. Zur Sache selbst übergehend klagt Prudentius, er habe geglaubt, seit Konstantin den Frieden gegeben habe, sei es mit dem Heidenthum zu Ende. Aber aufs neue erhebe sich die alte Pest, und Hülfe sei nur bei Gott. Habe nun Theodosius etwa nicht verhindern wollen, dass man Gott ferner in ehernen Bildnissen anbete und die Elemente an Stelle Gottes setze? Wol sei das seine Pflicht gewesen, die eben vernarbende Wunde nicht aufs neue dem giftigen Angriff auszusetzen, aber er habe ein höheres Ziel verfolgt, nämlich des Menschen Inneres zu kräftigen, dem Gifte zu widerstehen. Das sei die bessere Arznei gegen die Verschuldung heidnischer Vorgänger, die so viele ins Verderben gestürzt habe. Nun aber solle man ihm, dem weisen Fürsten, der in seiner Weisheit das Glück seines Staates sei und als ein Weiser auch der Lehre der Weisheit anhange[1], da er nur das Heil seines Volkes wolle, gehorchen und, dem Irrthume der Ahnen entsagend, den einen Allesbeherrschenden nur für Gott halten.

Es folgt hierauf eine ausgedehnte bewegte Schilderung der römischen Mythologie, die dann zu den von fremdher eingeschleppten Gottheiten übergeht. Hier verfolgt Prudentius im allgemeinen das Verfahren seiner Vorgänger Minucius Felix und Tertullian, die menschlichen Schwächen und Laster der Gottheiten in scharfen Zügen ans Licht zu stellen. Von Saturn, dem flüchtig Verbannten, geht er aus (42—58); es folgen Jupiter mit seinen zweideutigen Liebschaften (59—83), Mercur, der Lehrer der Diebe und der Zauberer (84—101), sodann Priapus, der Gott der Gärten, mit seiner lüsternen Frechheit (102—116), Hercules' Knabenliebe, des Bacchus Weichlichkeit und Hurerei mit Ariadne, sein lasterhafter Gottesdienst, Mars' und Venus' Ehebruch werden mit scharfen Strichen hin-

---

[1] Nimirum pulcre quidam doctissimus: «Esset publica res», inquit, «tunc fortunata satis, si vel reges saperent, vel regnarent sapientes» (vs. 30 sq.). (Ein bekannter Ausspruch Plato's, Rep. V, den Prudentius auf Theodosius anwendet.)

gezeichnet. Dazu kommt der ausländische Götterschwarm, die pelasgische Athene, die libysche Juno, die Venus vom Eryx, die Magna mater vom Ida. Diese Schandgestalten seien die Gottheiten der Väter, die aus Troja sorgfältig gerettet wurden, diese Götter hätten die alten Könige verehrt, und diese Verehrung sei ununterbrochen fortgegangen bis zu der Enkel Geschlechter.[1] Wie sehe der heilige Weg aus! Vor dem Tempel der Venus und Roma[2] brüllen die Opferstiere, der Platz sei überfüllt mit den Bildsäulen des Hercules, der Dioskuren, des Tros, Italus, Janus, Saturnus, Sabinus, Picus, und jeder habe seinen Altar und jedes Cultus werde gefeiert (217 sq.). So sei es gegangen durch Jahrhunderte. Neue Gottheiten habe man geschaffen, dem Kaiser göttliche Ehre angethan, Antinous Hadrian's Sklaven zum Ganymed seines göttlichen Herrn verklärt. Was die Erde, das Meer, das Feuer hervorgebracht habe, sei zur Gottheit gemacht worden, das Feuer, selbst als Vulkan, werde zum Gott, und ebenso die Sonne: und doch sei sie, wenn nicht kleiner als die Erde, kleiner als der Himmel, habe ihren Lauf fest vorgezeichnet und könne davon nicht abweichen, müsse dem Schöpfer gehorchen, der grösser als alles sei, und darum wahrer Gott. Aber nicht nur die Höhen des Himmels, auch die Schatten der Unterwelt gaben Rom seine Götter. Die Herrin der Eumeniden, Proserpina, hebt ihr Haupt empor in vielfacher Beziehung, bald als Mond, bald als Jagdgöttin, bald als Herrscherin der Furien angebetet, in Wahrheit das Gespenst der Kreuzwege, Hekate, die Sinnbethörende. Und als letzte komme Dis, die furchtbare Todesgöttin, der die Kämpfe der Gladiatoren ihre blutigen Opfer bringen, zur Freude der unterirdischen Gottheit.[3] Schämt sich das Volk nicht, solcher Gottheit Opfer zu

---

[1] Ut semel obcedit gentilia pectora patrum
vana superstitio, non interrupta cucurrit
aetatum per mille gradus: tener horruli haeres
et coluit, quidquid sibimet venerabile cani
monstrarant atavii puerorum infantia primo
errorem cum lacte bibit: gustaverat inter
vagitus de farre molae, inita inlita ceris
viderat unguentoque lares humescere nigros (vs. 197 sq.).
[2] Der schönste Tempel Roms, von Hadrian als ein Doppeltempel gebaut.
[3] Respice terrifici scelerata sacraria Ditis,
cui cadit infausta furus gladiator arena:

bringen und durch das „Dis Manibus" der Grabinschriften an der lateinischen und salarischen Strasse des Todtenreichs Herrschaft selber anzubeten?

Nachdem Prudentius die Idololatrie Roms bis in die Tiefen der Unterwelt verfolgt, kommt er auf Konstantin zurück, lässt ihn, nachdem er die heidnischen Gegner besiegt, Rom in mitleidigem Erbarmen anreden (vs. 415—505): „Entkleide dich des schändenden Gewandes und erhebe neu das stolze, mit Beute gezierte Haupt, das jetzt von Finsterniss umwebt, von Gespenstern und nächtlichen Bildern umflattert wird. Die Welt liegt dir zu Füssen, Gott gab dir selbst die Herrschaft und alles Sterbliche in deine Hand. Dir ziemt es nicht, in den gebrechlichen Einzelheiten, die du beherrschest, in Steinen, die zerbrechen, in Thon, der zerstäubt, in Erz, das rostet, deine Herrlichkeit zu suchen! Auch nicht die Erde, das Meer, die Gestirne, noch jene Gewalt in unterirdischer Finsterniss, die Verdammte richtet, auch nicht die Tugenden der Menschen, noch flüchtige Geistergestalten, seien dir Gottheit." Mit stolzem Römerbewusstsein fährt der Dichter fort:

Sint haec barbaricis gentilia numina pagis,
quos penes omnes metum est, quidquid formido tremendum
suasserit, horrificos quos prodigialia cogunt
credere monstra Deos, quos sanguinolentus edendi
mos juvat, ut pinguis hueo lanietur in alto
victima visceribus multo later vim vorandis.
At te, quae domitis leges ac jura dedisti
gentibus, instituens, magnus qua tenditur orbis,
armorum, morumque feros mansuescere ritus,
indignum ac miserum est, in religione tenenda
hoc aspere, immanes populi de more ferino
quod sapiunt, nullaque rudes ratione sequuntur (449 sq.).

heu male lustratae Phlegethontia victima Romae!
Nam quid vesani sibi vult ars impia ludi,
quid mortes juvenum quid sanguine pasta voluptas,
quid pulvis caveae semper funebris et illa
amphitheatralis spectacula tristia pompae? (vs. 379—385.)

verglichen mit L. II c. Symm. vs. 1091—1132, wo der Dichter, den Kaiser in bestimmten Worten um Aufhebung der Gladiatorenspiele bittend, beweist, dass zur Zeit der Abfassung des Gedichtes die Gladiatorenspiele in Rom noch bestanden und dass jene von Theodoret berichtete heldenmüthige Opferthat des orientalischen Mönches Telemachus, der sich zwischen die Kämpfenden stürzte und wegen der Störung des Spiels von dem wüthenden Volke zerfleischt wurde, noch

Die Ermahnung schliesst sich daran, dem Zeichen Gottes, dem
Kreuze zu folgen. Mit diesem Zeichen habe Konstantin Rom von
Maxentius befreit, der der Mörder der Männer und Schänder der
Weiber war, diesem Zeichen, das Christus auf der purpurnen
Fahne, auf Schilden und Helmen anbringen hiess[1], hätten sich beim
Einzuge des Siegers die Senatoren demüthig gebeugt. Infolge
dessen möge nun Rom, an dem sich die Kraft des wahren Gottes
in solcher Weise bewährt habe, endlich seinen Aberglauben, seine
Spukgestalten, seine kindischen Festlichkeiten lassen. Von dem
Marmor möchten sie der Opfer Besprengung waschen, die Kunst
möge ja ihr Recht haben:

— liceat statuas consistere puras
artificum magnorum opera; haec pulcerrima nostrae
ornamenta sunt patriae, nec decolor usus
in vitium versae monumenta coinquinet artis (vs. 502 sq.).

Auf solche Anreden sei Rom den alten Irrthümern entflohen,
habe auf die Bahn Christi die Schritte gelenkt und seine Hoffnung
auf die Ewigkeit gerichtet. Errüthend habe es, durch sein Alter
gelehrig[2] geworden, die Greuel vergangener Tage erkannt, habe
sich des unschuldig vergossenen Blutes der Gerechten erinnert, die
Tausende von Grabstätten mit Schmerz gesehen, die ungerechten
Gerichte und die für die schimpflichen Heiligthümer entflammte
Wuth bereut, und durch den Glauben an Christus die anklagende

---

nicht geschehen war. Diese That, die die Abschaffung der Spiele durch Honorius zur Folge hatte, geschah 404. Wir gewinnen somit ein bestimmteres Datum für Abfassung des Gedichts, nämlich die Zeit vor 404 n. Chr.

[1] Prudentius berichtet hier die Entstehung des Labarum nach dem Zeugnisse
des Lactantius, „De mortibus persecut.", c. 44. Christus habe im Traume dem
Kaiser die Bezeichnung der Schilde mit dem Monogramm, statt des römischen
Adler angeordnet, und übergeht die bei Eusebius, „Vita Const.", 1, 28—32 erwähnte Erscheinung des Kreuzes am Himmel am Mittag. Es ist immerhin seltsam, dass Prudentius bei seinem Streben, den Sieg des Christenthums in aller
Weise zum Ausdruck zu bringen, hier nicht den wunderbareren Bericht gewählt
hat. Es ist aber wahrscheinlich, dass er ihn nicht kannte. Man vergesse nicht,
dass sein Zeitgenosse Rufinus erst durch die Uebersetzung des Eusebius demselben allgemeine Bekanntschaft im Abendlande verschaffte und Prudentius nicht
Griechisch verstanden zu haben scheint.

[2] „Tunc primum sesto doctilis sua saecula Roma erubuit" (vs. 511). Mit diesen Worten scheint Prudentius auf die Klage des Symmachus anzuspielen: „Sera
tamen et contumeliosa est emendatio senectutis", um zu erweisen, dass das Alter
gerade Rom gelehrig gemacht habe.

Wunde zu heilen gesucht. Der Sieg des Marius über Jugurtha, die Vernichtung der Catilinarischen Verschwörung durch Cicero, seien von geringerer Bedeutung für Rom als die That Konstantin's:

> ... multos Catilinas
> Ille domo pepulit: non saeva incendia tectis,
> ani ücus patribus, sed tartara nigra animabus
> internoque hominum statui tormenta parantes (v. 529 sq.).

Wo die Feinde des Volks durch Tempelhallen über das Forum geirrt, verschworen den Seelen der Bürger ihr Gift einzugiessen, habe der friedliche Triumphator blutlose Siegeszeichen aufgerichtet und habe durch das himmlische Reich die Sache Roms für Jahrhunderte befestigt.

> Denique nec metas statuit, nec tempora ponit:
> Imperium sine fine docet, ne Romula virtus
> jam sit anus, norit ne gloria parta senectam.

Prudentius, auf der Höhe des christlichen Siegesgefühls, zählt die stolzen Römergeschlechter auf, die sich Christo zugewandt haben.

Entzücken erfüllt die Senatoren, die Lichter der Welt. Es freut die Catonen, ihre Priestergewänder mit dem Kleide der Gerechtigkeit vertauschen zu können. Wenige bleiben auf dem Tarpejischen Felsen, die andern eilen aus der Curie zu den reinen Tempeln der Nazariter und zu den apostolischen Quellen. Die Nachkommen des Annius, des Probus, des Anicius[1] nahen sich, der Ruhmes- und Namenserbe des Olybrius legt die Fasces vor Christo nieder. Die aus dem Stamme der Pauliner, die Basser, gaben ihrem edeln Geschlechte durch die Hingabe an Christum Bestand für ewige Dauer. Die Sprossen der volksfreundlichen Gracchen lassen kraft ihrer Aemter die Götterbilder niederreissen und weihen sich Christus. Sechshundert edle Häuser haben sich zu Christus aus den Tiefen des Heidenthums erhoben.

Eine Minderzahl nur ist in den Thorheiten des Heidenthums und in den alten Gottesdiensten geblieben, denen es eben gefällt, am hellen Mittag die Sonne nicht zu sehen.

Und mit dem Volke ist es nicht anders. Wie gross ist noch die Zahl derer, die es nicht ekelt vor Jupiter's befleckten Altären? Die Armen, die im obersten Stockwerk wohnen, die auf dem Strassen-

---

[1] Probus und Anicius waren die ersten christlichen Senatoren.

pflaster sich umhertreiben und die von geschenktem Brote leben, sie besuchen das Grab am vaticanischen Hügel, das den Staub des Petrus birgt, sie eilen zur Basilika des Lateran [1], um mit dem Kreuzeszeichen, mit heiligem Oel gesalbt zurückzukehren. [2] Und wir zweifeln noch, dass Rom, Christo geweiht, in seine Dienste übergegangen sei, und Volk und Adel das irdische Reich auch über die Sterne ausdehnen wolle? Die kleine Zahl der Irrenden, die das Auge verschliessen, gelte dagegen nichts, wenn auch verdiente und adelige Namen, Consuln und Senatoren darunter sind. Diese Minderzahl bilde eben nicht den Senat. Es sei der Wille Einzelner nur, die allgemeine Stimme sei dagegen.

Mit vollzähliger Stimmenzahl habe der Senat beschlossen, die Lagerstätte Jupiter's und alle Götterbilder zu entfernen, und der Beschluss sei ohne Zwang, nur durch die Vernunft veranlasst, gefasst worden. [3]

Dennoch, so fährt Prudentius fort, habe der gütige Kaiser Theodosius für irdische Verdienste auch die Heiden zu belohnen nicht unterlassen, und die Höhen irdischer Ehren ihnen frei gehalten:

— quoniam caelestia numquam
terrenis solitum per iter gradientibus obstant (vs. 620).

Einer, der solche Begünstigung erfahren, sei Symmachus selbst. Die Consulwürde habe er, der für die Herstellung der tollen Götterwirthschaft sich verwandt, von dem Kaiser empfangen, dessen Religion er verschmähe. Mit einer Appellation an die Verdienste

---

[1] Diese Basilika war von Konstantin bei dem Palast, den er durch seine Gemahlin Fausta, der Erbin der alten Familie Lateranus, besass, erbaut und Christus dem Salvator geweiht, erst im 6. Jahrhundert erhielt sie den Titel Johannes des Täufers.

[2] „Unde sacrum referat regali chrismate signum" (vs. 586). Es bezieht sich dies auf die Taufe, die damals noch mit der Salbung (später Firmelung) verbunden war. Das Eilen zu der Basilika ist deshalb ein Eilen zu dem mit der Basilika verbundenen Baptisterium, das schon zu Konstantin's Zeiten sich dort befand.

[3] Auch diese Anspielung geht gegen Symmachus' Behauptung, dass eine grosse Zahl im Senate die Wiederherstellung des Victoriaaltars wünsche. Schon Ambrosius hatte, wie oben bemerkt, von den christlichen Senatoren eine Gegenerklärung gegen den Antrag des Symmachus und seiner Genossen zur Eingabe an Kaiser Valentinian erhalten.

und den Geist des von ihm hochverehrten Gegners, wendet er sich zum Schlusse noch einmal an ihn:

> O, linguam miro verborum fonte fluentem,
> Romani decus eloquii, cui cedat et ipse
> Tullius, has fundit dives facundia gemmas!
> Os dignum, aeterno tinctum quod fulgeat auro,
> si mallet laudare deum, cui sordida monstra
> praetulit et liquidam temeravit crimine vocem:
> haud aliter, quam si rastris qui temptet eburnis
> caenosum vernare solum, limoque madentes
> excolere aureolis si forte ligonibus ulvas:
> splendorem dentis nitidi scrobis inquinat atra,
> et pretiosa acies squalenti sordet in arvo (vs. 632 sq.).

Prudentius geht in seiner Anerkennung noch weiter. Er entschuldigt sich, dass er diese Vertheidigung unternommen habe, die kein Geisteskampf sein solle. Er könne sich mit dem beredten Gegner nicht messen und von der Bittschrift desselben sagt er selbst:

> Illaesus maneat liber excellensque volumen
> obtineat partam dicendi fulmine famam (vs. 648 sq.).

Aber es müsse erlaubt sein, die eigene Brust vor Verwundung zu schützen und fremde Geschosse abzuwehren, und wenn sein Glaube mitten im Frieden angegriffen werde, warum solle es ihm nicht erlaubt sein, den Angriff abzuschlagen.

Hat das erste Buch gegen Symmachus im allgemeinen durch Schilderung der Verwerflichkeit des Heidenthums und der sittlichen Eroberungen des Christenthums unter Adel und Volk den Kampf eröffnet, so wird das zweite Buch zu einer ausführlichen Widerlegung der einzelnen Punkte der Bittschrift des Symmachus beim Kaiser.

Das Vorwort dieses zweiten Buches schildert den Sturm auf dem See von Tiberias und das Wandeln Jesu auf den Wellen, in dem Augenblicke, wo er dem sinkenden Petrus, der ihm entgegenzugehen versucht, rettend die Hand reicht. So habe ihn, den Prudentius, der sich mit Petrus in keiner Weise vergleichen könne, die geschwätzige Zunge in die Gefahr gestürzt, von dem Sturme der Beredsamkeit seines Gegners Schiffbruch zu leiden, und nur Christus selbst könne ihn davor bewahren, der Redefertigkeit des Gegners nicht erliegen zu müssen.

Prudentius knüpft unmittelbar an das erste Buch an, er weist auf den Inhalt desselben zurück, den Ursprung der Götter, den Grund ihrer Verbreitung, den Sieg des Glaubens in Rom, die er daselbst geschildert hat. Jetzt wolle er die Vorwürfe des Symmachus zu widerlegen suchen. Derselbe habe sich an die Fürsten gewandt, die im Lager geboren und angesichts des alten Bildes der Victoria erzogen worden seien¹, um mit einschmeichelnder Redekunst ihre Herzen zu berücken. Er habe gesagt, wenn vergangener und künftiger Sieg ihnen am Herzen liege, so müsse die Victoria ihren Altar behalten. Wer sei also Freund der Feinde Roms, dass er dem Reiche die Verehrung der Victoria verbieten wolle, bei dem sie stets geweilt und dem sie Ruhm und Ehre gebracht habe? Diese Appellation beantwortet Prudentius ganz in derselben Weise wie Ambrosius, er lässt die Fürsten, an die jenes Gesuch gerichtet ist, selbst antworten: Wir wissen, wie wohlthuend der Sieg den Tapfern ist, aber wir wissen auch, auf welche Weise er herbeigeführt wird, nicht durch Altäre, nicht durch Opfer wird die Victoria günstig gestimmt, sondern:

> — labor impiger, aspera virtus
> vis animi, excellens ardor, violentia, cura,
> haec tribuunt, durum tractandis robur in armis:
> quae si defuerint bellantibus, aurea quamvis
> marmoreo in templo rutilas Victoria pennas
> explicet et multis surgat formata talentis,
> non aderit versisque offensa videbitur hastis (vs. 24—30).

Der Krieger, der den eigenen Kräften misstraue, werde an einem Frauenbilde sich keine Ermuthigung holen. Auf ein geflügeltes Mädchen werde er im Schlachtgetümmel wenig schauen. Seine Siegesgöttin ist seine kräftige Hand und der allmächtige Gott im Himmel.² Prudentius lässt die Fürsten gegen die Bildnisse weiter polemisiren. Ihre Gottheiten stammten von den Händen der Künstler.

---

¹ Es lässt sich nicht nachweisen, ob und welcher bestimmte Fürst hier gemeint sei. Mir scheint es, als wenn Prudentius sich im allgemeinen an den kriegerischen Geist der Fürsten wendet. Als bestimmte Personen könnten nur Arcadius und Honorius gemeint sein.

² Vgl. Ambrosius, Epist. ad Valentinianum cont. Symm. II: „Non in fibris pecudum sed in viribus bellatorum trophaea victoriae sunt .... Africanus non inter Capitolii aras, sed inter Annibalis acies triumphum invenit."

Diese erfänden ihre Gestalten oder fänden sie im Aberglauben des Tempeldienstes vor und stützten sie durch die Dichtkunst. So verfolgen sie einen Weg: Homer, Apelles und Numa. Das verwandte Uebel der Bildwerke, der Dichtung, des Aberglaubens, habe sich zur Täuschung verschworen. Die Selbstentmannung der Cybelepriester, des Attis, die unkeusche Liebe der Diana zu Hippolyt[1] habe die Kunst gefeiert. Sie möge endlich unterlassen, unkörperliche Dinge darstellen zu wollen in körperlicher Form, und Menschengestalten mit Flügeln zu versehen.[2] Willst du, Rom, deine Senatsgebäude schmücken, so hänge die mit Blut erkämpfte Beute auf, gestürzter Könige Diademe, gefällter Götter Zierden seien deine Siegeszeichen. Sie beweisen nicht nur einen Sieg für die Erde, sondern er wird auch angeschrieben stehen über den Sternen des Himmels.

Prudentius geht auf die weitern Motive des Symmachus ein, um die Restitution des Altars zu erlangen: die Berufung auf das hohe Alter der römischen Religion und die Pflicht, den Vätern in Bewahrung einer durch Jahrhunderte gehegten Religion zu folgen, sowie die Behauptung, dass, wie den Menschen die Seelen, so den Städten und Völkern ihr Verhängniss und ihre Schutzgeister zugetheilt werden; dass man ihr geheimes Wesen und Wirken am besten nach den glücklichen Erweisen beurtheile, und dass diese Erweise für die römischen Gottheiten sprechen. Er kommt zuletzt auf die Einführung der klagenden Roma selbst, ihre Berufung auf ihre Freiheit und ihr Alter und ein Gemeinsames in allem Gottesdienste, mit dem auf verschiedenen Wegen die Völker dem Geheimniss der Gottheit zustrebten.

Auf diese glänzenden Declamationen lässt Prudentius den persönlich eingeführten Glauben antworten, der kräftig sei, die Pforten der Wahrheit zu öffnen. Zu klein und zu eng sei allerdings der menschliche Geist, den anfangslosen Schöpfer, der, älter als das Chaos, die Welt schuf, zu ergründen, und in seiner eigenen Schwäche

---

[1] Prudentius spielt hier an auf Virgil, „Aen.", VII, 761—798.

[2] Anspielung auf das Victoriabild, das bei den Römern in der auch jetzt noch bewahrten künstlerischen Tradition mit Flügeln versehen war, die bei den griechischen Victoriabildern fehlen. (Vgl. Schmidt, Prudentiana. Zeitschrift für die gesammte lutherische Theologie und Kirche; Jahrgang 27, 1866. S. 650.)

würde er erliegen. Aber der Glaube umfasse den Allmächtigen, der gegenwärtige Gabe spende und künftige verleihe, dass der Mensch nicht nach kurzem Lebensgenuss untergehe. An der Gabe sei der Spender erkennbar, wie an der vergänglichen der sterbliche Mensch, so der ewige an der ewigen. Der Glaube beweist weiter die Herrlichkeit Gottes aus der Gabe der Ewigkeit. Das Zeitliche, Vergängliche verliere durch die Kürze seiner Dauer auch seinen Werth und sei des ewigen Schöpfers nicht würdig; dessen Fülle bestehe in seinem ewigen Sein und der Fähigkeit, dem Menschen Ewiges zu geben. Er wäre arm, schwach, der höchsten Ehre unwerth, ein leerer Schatten der Gottheit, wenn er nur das leicht Verderbliche zu geben im Stande wäre, nicht das, was für die Ewigkeit bleibt. Deshalb schliesst der Glaube, der sei der wahre Gott, der uns die Hoffnung befehle, das, was wir sind, für unvergänglich zu halten; die irdischen Sorgen heisse er fliehen, da wir zum Himmel aufsteigen sollten. Denn wie der Himmel von der Erde, so sei das Irdische von dem Künftigen getrennt. Was der Natur Uebel, zu altern und zu vergehen, an sich trägt, gelte für nichts, weil es zu nichte wird. Gott selbst redet nun weiter. Was da sei und entstehe, habe er geschaffen, geschmückt und den Samen zur Neuerzeugung gegeben, doch habe er ein Mass gesetzt dem Genusse, wie es dem schwachen Menschen zukomme, dass er nicht alles Gute nur in den irdischen Dingen suche, und eine Grenze aufgerichtet, innerhalb welcher sich der Rechtschaffene bewähre, dass nicht ungeübt die Tugend den Kampfplatz verlasse. Zu bekämpfen habe der Mensch die Lust, Standhaftigkeit zu beweisen, dass er nicht von dem Zauber der Sinne festgehalten werde. Auf rauhen Bahnen müsse er den Weg der Tugend verfolgen, dass weder Golddurst noch die Lust, in der Gunst des Volkes zu glänzen, noch die Ländergier sich sein bemächtige, dass nicht ein irdischer Zug sein Thun und Handeln allein der Sinne Wirkung zuschreibe, das Nützliche nicht dem Rechten vorziehe, dass der Mensch alle Hoffnung vielmehr auf Gott setze und auf seine unvergängliche Gabe. Und werde nicht der in der Tugend Feste dem kurzen Irdischen das Ewige, der Weise der Sinnenlust die Freude des Geistes vorziehen? Bezeichne es den Menschen nicht im Unterschiede vom Thiere, dass er nicht nur das Nächstliegende, sondern das in die Ewigkeit Dauernde hoffend erfasse? Der Dichter führt fort, das Bestehen der Unsterblichkeit aus der ethischen Nothwendigkeit derselben für das Erdenleben zu argumentiren. Wenn mit dem Ende des Leibes auch das Leben vorüber sei, welcher Herrscher des Himmels, welcher Gott, welche Macht sei dann noch zu fürchten? Zu allen Schandthaten, Ausschweifung, Schamlosigkeit, Betrug, Gewaltthat, Bestechung würde der Mensch dann straflos bereit sein. Dem stelle Gott drohend das Wort entgegen, dass des Menschen Werke mit seinem Scheiden nicht aufhören. Der Geist gehe nicht unter, er leide die ewige Strafe dafür, dass er hier den Trieben des Fleisches gehorchte. Einem Flammenmeere werde der Mensch übergeben, und schmerzhafte Qualen werden ihm auferlegt, denn Gott erneuere den Leib, der zu Staube geworden, zur alten Gestalt. Dass er das Untergegangene wiederherstellen könne, zeige das Beispiel der aus Verwelken und Erstarren sich erneuernden Natur. Sei es zur Belohnung oder Strafe, der Mensch werde von Gott erneut. Infolge dessen sei es die Pflicht des Menschen, ihn anzubeten. Prudentius schreitet weiter zur Behauptung der Untheilbarkeit Gottes. Leib und Seele habe er geschaffen als der Einige, denn nicht sei ein Gott, der die Seele, ein anderer der den Leib gebildet, ein anderer der die Saaten, ein anderer der den Weinstock hervorgebracht habe. Was die Heiden ihren Gottheiten zuschrieben, was sie durch schändliche Lust entweihten, die Fortpflanzung der Menschen, sei sein Werk. Unermüdlich regiere er die Elemente, unvergänglich, von nicht denkbaren Zeiten her, ohne Hülfe zu brauchen. Auch die Legionen der Engel seien seine alleinige Schöpfung. Die Heiden haben sein Wesen und seine Kräfte an tausend Gottheiten vertheilt und ihn zum Theile gemacht, da doch der von niemand Geschaffene niemals ein Theil sein könne, und das Geschaffene und Zusammengesetzte am wenigsten ein Theil von dem, der es selbst aus nichts hervorgebracht habe. Darum habe der Mensch Gott allein Tempel zu bauen, aber nicht von parischem, punischem, lacedämonischem Marmor, sondern einen Tempel im Geiste, auf dem Goldfundamente des Glaubens errichtet, von schneereiner Frömmigkeit aufgebaut, mit Gerechtigkeit überdacht, ausgemalt durch heilige Zucht und durch Scham bewahrt, einen Tempel, den das wahre Licht Gottes, Gott selbst mit seiner Herrlichkeit durchflossen, und zu dem er Leib und Seele sich zur Wohnung gemacht habe. Denn vollkommen habe Gott den Menschen geschaffen, um zu ihm hin und nach dem was droben

ist zu streben, und da der Mensch von ihm hinweg sich zur Erde
gewandt habe, musste Gott ihn wiederherstellen und den eigenen
Geist in seine Brust einsenken, deshalb habe er die Menschheit angenommen und in die Gottheit übertragen.

Wiederum wendet sich Prudentius gegen die Aufstellung des
Symmachus, dass der alte Brauch zu bewahren sei, um seines
Alters willen. Könne jener, ein Mann von Geist und Scharfsinn, dies
wirklich behaupten? Der alte Brauch solle in der That höher stehen,
als der Weg der Gerechtigkeit, der Glaube an die Wahrheit, die
Regel der rechten Gemeinde?

In seinen weitern Argumentationen schliesst sich Prudentius
aufs neue den Gedanken des Ambrosius im zweiten Briefe an Valentinian an, dass bei einem starren Festhalten des Alten jeder
Fortschritt ausgeschlossen sein würde und die Welt sich eigentlich
im Zustande des Urchaos befinden müsse. Mit viel Lebendigkeit
führt er diesen Gedanken aus. Jede Verbesserung wäre dann
tadelnswerth, und auf den Urstand müsste sie zurückgeführt werden.
Statt dass der Landmann den Pflug führte, würde der Mensch von
Eicheln sich nähren.[1] Mit Keilen müsse man wieder das Holz
spalten und das eiserne Werkzeug in das ursprüngliche Metall um-
schmelzen. Statt der Kleidung müssten ungenähte Felle uns be-
decken und kalte Höhlen unser Aufenthalt werden. Zur alten
Roheit müssten die in ihrer Wildheit gebändigten Völker zurückkehren, der Scythe müsste seinen greisen Vater nach barbarischer
Sitte ins Wasser werfen, die Kindesopfer müssten auf den Altären
des Saturn nach wie vor dampfen. Aber, wirft darauf der Dichter
ein, ist denn Rom der alten Sitte wirklich treu geblieben? Diesen
schlagenden Einwurf des Ambrosius bringt auch Prudentius wieder:

> Roma antiqua sibi non constat, versa per aevum,
> et mutata sacris, ornatu, legibus armis:
> multa colit, quae non coluit sub rege Quirino:
> Instituit quaedam melius, nonnulla refugit.
> Et morem variare suum non desinit et quae
> pridem condiderat jura, in contraria vertit (v. 305 sq.).

---

[1] Vgl. den zweiten Brief des Ambrosius an Valentinian II.: „Exerceri in fructus terrae ante nesciebant, post ubi imperare arvis sollicitus coepit agricola et informe solum vestire vinetis, silvestres animos domesticis mollitae cultibus exuerunt."

Prudentius sieht darin nichts Trauriges, sondern nur ein Aufdecken einer bisher verborgenen Wahrheit. Denn — und hier geht Prudentius wiederum dem Gedankengange des Ambrosius nach — im allmählichen Fortschritt wächst das Leben des Menschen heran und gewinnt durch lange Erfahrung. Es kriecht das Kind, es schwankt unsicher der Schritt des Knaben, es erglüht die nervige Jugend, gestählt erhebt das Mannesalter sich, und schwächer an Kraft, aber reicher an Rath das Alter; so geht es mit dem Menschengeschlechte auch. In seinen Anfängen schwankend, dem Thiere gleich an der Mutterbrust saugend, werde es bald geschickt, im gelehrigen Geiste zur Kenntniss von mancherlei Kunstfertigkeiten. In Sünden habe er sich in seinem Jugendalter verstrickt, bis sich die Manneskraft abgeklärt habe. Jetzt aber sei die Zeit gekommen, da nach dem Göttlichen und Ewigen der Geist zu streben lerne.[1] Prudentius will jedoch einmal den Satz gelten lassen, dass man bei den alten Sitten bleiben solle, dann aber solle man auch zum Aeltesten zurückkehren, wie die heiligen Bücher es aufbewahren. Das erste Geschlecht der Menschen, von dem wir abstammen, habe einem Gotte gedient, und dies sei der wahre, angeborene Gottesdienst. Wenn nun hier der römische Cultus ins Auge gefasst werden solle, so wolle Prudentius ihn in seiner ältesten Gestalt, in der man nur wenige Götter, wenige Tempel und wenige Altäre gehabt[2], billigen, aber auf seiner Siegeslaufbahn habe Rom eine Unzahl neuer Götter heimgebracht und deren geraubte Bilder verehrt. Die besiegten Orte Corinth, Athen, Aegypten hätten ihren

---

[1] Vgl. den Brief des Ambrosius an Valentinian II. Ambrosius hat den Fortschritt in der Schöpfung durch die verschiedenen Bildungen des Sechstagewerkes, den Mondwechsel, die Veränderungen der Jahreszeiten erwähnt und in Analogie damit den Fortschritt des geistlichen Lebens gestellt. „Ergo et mundi sicut omnium rerum, a primaeva viam mutarunt ut venerabilis eanae fidel sequeretur senectus. Quos hoc movet, reprehendant meinem, quia sera foecunditas est; reprehendant vindemiam, quia in occasu anni est, reprehendant olivam, quia postremus est fructus; Ergo et messis nostra fides animarum est; Ecclesiae gratia meritorum vindemia est; quae ab ortu mundi virebat in sanctis, sed postrema aetate se diffudit, in populos, ut adverterent omnes, non rudibus animis irrepsisse fidem Christi."

[2] Prudentius tritt mit diesem Zurückgehen auf den ältesten Gottesdienst in gewissen Sinne in Widerspruch mit sich selbst, da er vorher das Princip des Fortschrittes, als einer Vorwärtsbewegung zum Bessern, aufgestellt hatte.

Beitrag gegeben. So oft ein Feldherr siegreich heimgekehrt sei, habe sich auch die Zahl der Altäre vermehrt, und den Göttern sei Ehre gebracht worden, die ihre heimischen Tempel nicht schützen konnten.¹ Des Symmachus Verlangen nach Bewahrung des alten Cultus habe kein Recht, da die Götterverehrung, für die er eintrete, ein Abweichen von der echten und alten, nicht einmal eine vaterländische sei.

Prudentius geht hierauf specieller auf Symmachus' Behauptung ein, dass jede Stadt ihren Genius empfange, wie jeder Neugeborene eine Seele.

Er fragt zuerst, was unter diesem Genius gedacht werden solle, welche seine Macht sei, woher er komme, ob er ein Geist sei ohne Körper, oder nicht, welchem Zwecke er diene? Symmachus habe ihn mit der Seele verglichen, von der der Leib Leben und Bewegung empfinge, aber des Menschen Leben leitet der lebendige Geist, kein erdichteter Gliedergenius, der niemals ist und niemals war. Dieser Geist walte in dem Körper, heisse ihn sich schützen, Gefahren zu meiden, Nützliches zu thun, geschickt zu werden in mancherlei Hantierung, er lehre den Menschen Gehorsam unter dem rechten Gebieter, lehre ihn den Schöpfer und Regierer des Weltalls erkennen. Aber jener Stadtgenius? Wann ergoss er sich denn in das neugegründete Rom? Floss er etwa von den Eutern der Wölfin, die Romulus und Remus ernährten? Kam er mit den Vögeln, gleich ein Wolkenschatten über die Stadt, sass er auf den Dächern, wurde er Schützer der Häupter, war er der Patron von Sitte und Recht, half er im Lager wider den Feind? Lächerlich sei es, das sich vorzustellen: aber gesetzt, es sei etwas, ein Schatten, eine Seele, die das Los des Staates bestimme, warum bestimmt es nicht das Gleiche über die Religion? Warum hält diese sich überhaupt an die Kette eines unvermeidlichen Fatums wie eine Gefangene gebunden und stellt, was doch sonst erlaubt war, verjährte Irrthümer nicht ab? Prudentius sucht aus dem Gange der Geschichte die Unhaltbarkeit eines solchen Genius zu erweisen. Jener Genius irrte 700 Jahre in den verschiedensten Regierungsformen

---

¹ Auch hier findet sich wieder ein Anklang an Ambrosius' Brief. Vgl.: „Itaque dum sacrorum potentia praedicatur, infirmitas proditur. Si in Romanis vicerunt sacra, in Carthaginiensibus ergo superata sunt etc."

umher. Anfangs die Königsherrschaft, dann die Patriciergewalt, der die Plebs zugesellt wurde, jene durch den Consul, diese durch den Tribun gestützt, dann die Decemviren, denen aufs neue die Consuln folgten, bis zur Blutzeit des Triumvirats. In diesen Staatsbildungen habe der römische Genius umhergeschwankt, bis er endlich das Rechte ergriffen und den Kaiser gekrönt, ihn zum Regierer von Volk und Senat, zum Heerführer und zum Schützer und Spender aller Wohlthaten gemacht und mit dem Namen Vater des Vaterlandes gekennzeichnet habe. Wenn nun jener Genius nach verschiedenen Verirrungen zu diesem Punkte gelangt sei, beweise das nicht, dass er die höhere Autorität Gottes anerkenne, die ihm nun offenbar geworden sei! Und so habe sich Rom, der echte Geist der Stadt, seine Bürger, nicht das Schattenbild eines Genius, Christo unterworfen. Uebrigens, — greift Prudentius nochmals zurück, — sei es ganz willkürlich, von einem Genius Roms zu sprechen, jedes Thorhaus, Bad, Stall habe seinen Genius, in jedem Winkel sei einer vorhanden. Es fehle nur noch, dass man jedem Haus, jeder Wand seinen Stern zuschreibe, nachdem sie aufgebaut werden und einstürzen, und den Faden der Lachesis in jedem Balken wiederfinde. Diesen Fatalismus, den Symmachus behauptet, führt Prudentius weiter aus.

Dem Fatum werde auch der Grund der Aufstellung des Zwölftafel-Gesetzes zugeschrieben, und weshalb es roth aufgezeichnet sei. — Der Dichter begegnet hier einem ähnlichen Gedanken, den er schon in der Hamartigenia bekämpft hat, dass dies Fatum zuletzt auch Ursache des bösen Handelns und der Mensch durch das starre Gesetz desselben dazu getrieben werde, dass er der Vollbringung des Verbotenen sich nicht widersetzen könne. Keine Strafe dürfe dann mehr verhängt werden. Keiner sei schuldig, wenn das Fatum regiere; schuldig nur der, der sich im freien Wollen demselben widersetze. Dagegen vertheidigt, wie in der Hamartigenia, der Dichter die wahrhaft sittliche Anschauung. Weil das Wollen sein eigen sei, so sei es nicht das Fatum, das ihm zum Schuldigen mache, sondern er wird schuldig durch eigene Wahl, und deshalb trifft ihn für böse Thaten die Strafe mit Recht. An Stelle des Fatums stehe vielmehr der allmächtige Gott, den weder die Macht der Sterne fernhalten, und dem zu gehorchen, die Deutereien der Sterne nicht hindern könnten. Frei hebt sich der Geist über die Sterne empor und tritt jene geträumten Schicksalsmächte zusammen. Dahin, zu dem Lichte, dem Schöpfer, zieme es der Menschheit sich zu wenden, als eine freie Gemeinschaft. Es gibt kein Fatum, oder wenn es bestünde, müsste es vor Christus verblassen. Darauf geht Prudentius auf die Behauptung des Symmachus über, dass der Nutzen dem Menschen die Verehrung der Götter rathsam mache. Denn da doch die höchste Wahrheit in Geheimniss gehüllt sei, müsse man sich an die Erinnerungen und die Zeugnisse glücklicher Zeiten halten, durch welche die Macht der Gottheit erkannt werde. Wenn nun, so beginnt er, viele Götter die Römer zum Siege geführt hätten, so möge die kriegerische Stadt sie einzeln nennen. Hätte ihnen etwa Jupiter den Sieg über Kreta, Pallas über Argos verschafft, Apollo Delphi, Diana Ephesus, Venus Rhodos, Bacchus Theben in die Hand gegeben? Wäre es so, nun so müsse man sagen, diese Städte seien durch Verrath der einheimischen Götter gefallen, und ihre eigenen Altäre hätten sie ausgeliefert. Ein schöner Grund, die zu verehren, die man als treulose Ueberläufer opfern sollte! Oder, das ist die andere Frage, versuchte sich diese Götterwelt gegen das Römerheer zu vertheidigen, und warf die stärkere Kraft derselben sie zu Boden? So ist es in der That: der Aberglaube ward zuerst besiegt, und der Verlust des Ruhmes folgte. Der Sieg über diese Götter war kein schwerer. Mit leichter Mühe überwand der Sammite die kretischen Korybanten, die Faustkämpfer der Arena der Etrusker, die Cybelediener vermochten nichts wider den Sohn der Apenninen. Ihre Rosen und Zitherspiel, Pfeil und Bogen der Diana waren keine unüberwindlichen Gegner, und die Aegypter zu Wasser und zu Land konnte weder Serapis noch Anubis schützen. Das kampfbrünstige Heer von Augustus geführt überwand sie alle. Weder Venus noch Minerva kamen zu Hülfe, die entartete Götterschar war als die erste besiegt worden.

Aber Symmachus wende vielleicht ein, die Götter hätten ausgewählt diejenigen, die ihnen eifriger gedient, zum Siege geführt und deshalb die Römer begünstigt, die treuesten Anhänger Numa's. Dagegen stellt Prudentius die Frage auf, ob denn der Raub des Pallasbildes durch Diomedes und Ulysses eine freiwillige That der Pallas, ob es der Wunsch der besiegten Gottheiten Lacedämons gewesen sei, den Siegeszügen des macedonischen Eroberers nach Assyrien

und Babylon zu folgen? Das Römerbewusstsein wallt in dem
Dichter auf:

> Non fero, Romanum nomen undataque bella
> et titulos tanto quaesitos sanguine carpi.
> Detrahit invictis legionibus et sua Romae
> praemia diminuit, qui, quidquid fortiter actum est,
> Adscribit Veneri, palmam victoribus aufert (551 sq.).

Er fährt fort, es als eine Schmähung seiner Helden zu schelten,
wolle man ihre Siege auf Götterwirkungen zurückführen. Weshalb
bewundere man die aufgestellten Siegeswagen und Standbilder eines
Fabricius, Drusus, Camillus, vor ihnen ins Joch gebeugt die gefangenen Völker und die Bruchstücke erbeuteter Waffen, wenn
Flora, Ceres, Maruta, Laurentia die wahren Siegerinnen über Brennus, Antiochus, Perseus, Pyrrhus und Mithridates seien. Oder
hätten günstige Vogelzeichen den Sieg gebracht. Was solle der
Ruhm des Corvinus, wenn eigentlich nur der Rabe Apollo's ihm den
Sieg verschaffte. Und warum fehlte der glückbringende Vogel beim
Unglückstage von Cannä, warum fehlte die göttliche Hülfe den
300 Fabiern, warum gaben Pallas und die taubengezogene Venus
den Crassus gegen die Parther preis? Aber, meint Prudentius,
Symmachus werde auf die Thatsache hinweisen, alles Glück und
alle Triumphe der Römer aufzählen und bei der Behauptung stehen
bleiben, dass der Erdkreis überwunden sei. Dagegen wolle er ihm
den wahren Grund der Thatsache erklären, warum Rom die Zügel
der gesammten Welt in die Hände bekommen habe. — Hier verfolgt
Prudentius einen bei den Apologeten öfters hervortretenden Gedanken. Die Völker verschiedener Zungen und verschiedener Gottesverehrung habe Gott in ein Reich vereinigen wollen, damit das
sanfte Joch hergestellt werde, das in der Religion die Herzen verbinde.
Denn das sei allein ein Christi würdiges Band, dass ein Sinn alle
Geschlechter umschlinge. Die Eintracht allein erkennt und verehrt
in würdiger Weise den gütigen Vater. Die Zwietracht, die die
wilde Kriegsgöttin von Ost bis West in blutigen Kämpfen erregt,
habe Gott dadurch überwältigt, dass er alle Römer werden liess,
an Rhein und Donau, vom Tajo und Ebro bis zum Ganges und
Nil. Ein Recht richtete er unter ihnen auf, und in Bruderbande
schloss er sie aneinander. Nicht anders lebten die Bewohner verschiedener Länder als die Bürger einer Stadt, getrennte Länder und

Gestade werden durch Verträge an eine Stätte gebunden, werden durch Handel und Verkehr eine gewaltige Gemeinschaft, durch Ehebande untereinander eine Familie. Das sei die Wirkung der Erfolge und Triumphe der Römer gewesen. Der Weg sei Christo bereitet worden, der schon damals kam, um diesen Friedensbund herzustellen. Wie könnte man sich eine Gottesstätte bei einer Völkertrennung denken, die weder die lichte Weisheit noch Gott betritt? Fest wird des Lebens Bestand nur, wenn die Regungen der Leidenschaften gezügelt werden, und ein fester Sinn Gott in sich hineinzieht und ein Geist ihm sich unterwirft. In prachtvollem Schwunge ruft Prudentius Christum als Weltfriedenbringer an:

> En ades, omnipotens, concordibus influe terris:
> jam mundus te, Christe, capit, quem congrege nexu
> pax et Roma tenent: capita haec et culmina rerum
> esse jubes, nec Roma tibi sine pace probatur:
> et pax ni placeat facit excellentia Romae,
> quae motus varios simul et ditione coercet
> et terrore premit. . . . . (634 sqq.).

Zugleich wendet er sich gegen die Berufung des Symmachus auf das Alter Roms, und die tragische, bemitleidenswerthe Gestalt, in der der Heide es einführt. Mit stolzem Gefühl sagt er:

> . . . . Nec enim spoliata prioris
> robore virtutis senuit, nec saecula sensit,
> nec tremulis, cum bella vocant, capit arma lacertis:
> nec tam degeneri venerandis supplicat ore
> principibus, quam vult praenobilis ille venator,
> orandi arte potens et callida fingere doctus
> mentitumque gravis personae inducere pondus,
> ut tragicus cantor ligno tegit ore cavato,
> grande aliquod cujus per hiatum crimen anhelet (640 sqq.).

Die Roma, die Symmachus, von Alter gebeugt, über ihre gestürzten Gottheiten wimmernd, eingeführt hat, lässt Prudentius mit einer andern Rede eintreten.

Sie hebt an mit einer Begrüssung des Arcadius und Honorius, der edeln Sprossen des unbesiegten Theodosius. Unter ihnen habe sich ihr Greisenthum verjüngt, und während sonst das Alter schwäche, scheue sie jetzt gerade kein Ende. Jetzt sei sie ehrwürdig und wahrhaft Haupt des Erdkreises, da sie ihr Haupt mit dem Oelzweige des Friedens bekränzt und in Waffen, doch ohne gewaltsames Vorgehen, Gott verehre. Zu frühern gewaltsamen Greuelthaten habe wol Jupiter sie vermocht und mit dem Blute Gerechter das schlachtgewohnte Schwert besudeln lassen. Durch ihn verleitet habe der Muttermörder Nero das Blut der Apostel getrunken, habe Decius in tollem Wahne gewürgt, und der Blutdurst der Menge habe das Todesleiden Unschuldiger zum Spiel gemacht und in der Erde Schos Todte auf Todte gestürzt. Jetzt aber haben die Zeiten der gepriesenen Fürsten[1] den alten Greuel gesühnt, fromm lebt Rom unter ihnen, da es unter Jupiter's Tyrannei und grausamen Forderungen sich mit Blut befleckte.

Nachdem Prudentius den Plan, den Gott mit der Machtausbreitung Roms im Sinne gehabt, auseinandergesetzt hat, sucht er nun dem in einzelnen Kreisen, wie es scheint, schwer wiegenden Vorwurfe zu begegnen, dass die unglücklichen Kriege Roms in der neuesten Zeit von der Verachtung der Altäre der Götter herrührten, die einst von den Pforten Roms den Hannibal, vom Capitol die Gallier zurückgeschlagen hätten. Aber siegesgewiss lässt der Dichter Rom versichern, dass unter Honorius und Arcadius dergleichen nicht wiederkehren werde. Wohl seien die Gothen von den Donauufern gekommen und hätten Oberitalien überschwemmt, aber in der Schlacht bei Pollentia seien sie glorreich geschlagen worden.[2] Die gothischen Reiterschwärme habe aber, wiederholt Prudentius, nicht die wachsame Gans des Capitols[3], sondern

> . . vis cruda virum perfractaque congredientum
> pectora, nec trepidans animus succumbere leto
> pro patria et puleram per vulnera quaerere laudem (vs. 705 sqq.)

---

[1] Honorius und Arcadius.

[2] Ueber den Ausgang der Schlacht von Pollentia weichen die Berichte Cassiodorus' und Jornandes' die den Gothen, und die des Prudentius, Claudianus, und Orosius, die den Römern den Sieg zuschreiben, voneinander ab. Die letztern sind als zeitgenössische Quelle dem Cassiodorus und Jornandes, da der eine am Ende des 5., der andere im 6. Jahrhundert lebte, vorzuziehen. Prudentius, dessen Gedicht unmittelbar nach der Schlacht geschrieben worden ist, konnte, falls die Gothen gesiegt hätten, unmöglich dieses zu derselben Zeit als einen Sieg der Römer hinstellen.

[3] Auch hier findet sich eine Reminiscenz an den öfter erwähnten Brief des Ambrosius. „Nam de Senonibus quid loquar, quos Capitolii secreta penetrantes Romanae reliquiae non tulissent, nisi eos pavido anser strepitu prodidisset? En, quales templa Romana praesules habent. Ubi tunc erat Jupiter? An in ansere loquebatur? — In viribus bellatorum trophaea victoriae sunt."

Nicht Jupiter's Gunst habe jenen Sieg gebracht, sondern der in Christo mächtige Heldenjüngling Honorius, und sein Schwäher[1] Stilicho, die einen Gott und Christum beide verehrten. Von ihren Altären schmetterte die Trompete der kreuzgezeichneten Schar, die Christusfahne (apex Christi Labarum) eilt der Drachenstandarte des Heeres voraus.[2] Und so musste das verruchte Geschlecht seine dreissigjährigen Schandthaten in Pannonien büssen, und bei Pollentia liegen zu Haufen erschlagen ihre raubgemästeten Leiber.

Wie diese ganze Rede aus dem Munde der Roma ertönt, lässt sie der Dichter nun weiter reden und den Honorius zum Einzug in ihre Mauern einladen:

> Si potui manibus Gallorum excisa levare
> de cinerum squalore caput, redeunte Camillo
> signa renidenti fumans si fronte recepi,
> si potui miseras sertis redimire ruinas
> et male pendentes lauro praecingere turres:
> quo te suscipiam gremio, fortissime princeps,
> quos spargam flores, quibus insertabo corouis
> atria, quae festis suspendam pallia portis,
> immunis tanti belli, ac te stante sub armis
> libera et aure tenus Geticos experta tumultus?
> Scande triumphalem currum, spoliisque receptis
> huc Christo comitante veni: dale vincula demum
> captivis gregibus, manicas deponite longo
> tritas servitio matrum javenumque catervae.
> Dediceat servire senex laris exul aviti,
> discat et ad patriam limen genetrice reversa
> ingenuum se nosse puer, timor omnis abesto:
> victimas, exultare libet[3] . . . . . (vs. 721—738).

---

[1] Stilicho war mit Honorius in doppelter Weise verwandt; er hatte die Serena, die Nichte des Theodosius, zum Weibe, und seine Töchter aus dieser Ehe Maria, und nach deren Tode Thermantia, dem Honorius vermählt.

[2] . . . primae hasta dracones
praecurrit quae Christi apicem sublimior effert (vs. 713 sq.).

Der Drache war ein von den Syrern auf die Griechen, von diesen auf die Römer überkommenes Heereszeichen; die unter demselben Kämpfenden führten den Namen „Draconarii". Es ist die Frage, ob das Drachenzeichen mit dem neuen Feldzeichen des „Labarum" combinirt und der Drache an der Fahnenstange unter dem Monogramm angebracht wurde, wie eine Medaille des Konstantius zeigt (Aringhi, II, 705, Martigny, „Dictionnaire des antiquités chrétiennes", p. 611), oder ob das alte Feldzeichen des Drachen als ein untergeordnetes neben dem Labarum geändert fortbestand, wie aus unserer Stelle hervorzugehen scheint.

[3] Diese schwungvollen Verse bieten den sichersten Anhalt für die Abfas-

Keinem sei nach der Besiegung der Punier Aehnliches gelungen.
Jene seien in Bajä in Weichlichkeit erschlafft gewesen, aber Stilicho
habe eine eiserne Schar zur Flucht gezwungen. Dem Besieger der
Punier haben die Ueppigkeit Campaniens und die lasterhafte Ausschweifung in Tarent, nicht Jupiter geholfen, dem Stilicho aber
stand seine Kriegstugend zur Seite und Christi Gottheit.

Welche Belohnung könne nun Rom dem Kaiser bieten. Es
wäre etwas sehr Niedriges, ihm ein Standbild zu setzen. Seiner
Heldentugend zieme solcher Lohn nicht, der etwas Vergängliches
darbringe. Erz, Gold und Silber verliere ja im Laufe der Zeiten
Pracht und Glanz. Dem Fürsten gebühre ein lebendiger Preis der
Tapferkeit, eine unsterbliche Zierde. Der Weltenherrscher Christus
möge sich ihm in Ewigkeit verbinden. Unter seiner Führung solle
er die Herrschaft Roms bis zum Himmel erheben, und darum möge
ihn nicht die Rednerstimme bewegen, die die dahingeschiedenen
Heiligthümer beweine und mit den Waffen der Rede und des Geistes
den christlichen Glauben angreife. Er möge ihn nicht ergeben
sehen dem Gotte, dessen Tempel geschlossen, dessen Altäre gestürzt seien. Der eine Christus solle herrschen in Roms Kaiser-
palast, kein Dämon die Burg des Romulus betreten, sondern die
Friedensstätte dem einen Gotte geweiht bleiben.

---

sungszeit des Gedichtes, nämlich zwischen dem Siege bei Pollentia und dem
Triumpheinzuge des Honorius in Rom. Beide im Jahre 403.

[2] Stilicho stand um diese Zeit, wie aus unserm Gedichte hervorgeht, auf
der Höhe seines Ruhmes. Eine ihm ungünstige Partei hat ihn später zum Verräther gestempelt, und seine Vermittelungsversuche mit den in der Folgezeit sieg-
reichen Gothen wurden ihm als geheimes Einverständniss mit dem Feinde aus-
gelegt. Namentlich der Vorschlag an den Senat, sich durch eine Summe von
4000 Pfund Gold von Alarich loszukaufen, der dem Stolz und Geiz der Römer
zugleich nahe trat, trug zu seinem Sturze bei. Der Kaiser gab ihn preis, und
der grosse Mann wurde in Ravenna ermordet. Auch Orosius, der nach seinem
Tode schrieb, steht in der Meinung von Stilicho's Verrath, den er auch auf
frühere Waffenthaten desselben überträgt und selbst in der Schlacht von Pollentia
wiederfinden will. Das Verfahren des Stilicho, auch wenn er Sieger geblieben,
sei immer gewesen, die Feinde entschlüpfen zu lassen und den Sieg nicht aus-
zubeuten. Ist das Verhalten des Stilicho auch nicht in allen Punkten aufgeklärt,
so gibt doch das Urtheil des Zeitgenossen Prudentius Zeugniss dafür, dass bei
der Schlacht von Pollentia von einer so zweideutigen Handlungsweise des Stilicho keine Rede sein konnte, und dass dessen nächste Zeitgenossen diesen unwürdigen Verdacht in keiner Weise hegten (v. 760—768).

Hier (vs. 768) endet die Rede der Roma mit der Bitte an die jugendlichen Kaiser, den Gesandten des Jupiter und nicht des Vaterlandes abzuweisen. Prudentius eilt, jene matte Behauptung des Symmachus zu bestreiten. „Aequum est, quidquid omnes colunt, unum putari. Eadem spectamus astra, commune coelum est, idem nos mundus involvit. Quid interest, qua quisque prudentia verum inquirat? Uno itinere non potest perveniri ad tam grande secretum." Prudentius erwidert darauf, er wolle nicht leugnen, dass an Luft, Sternen, Meer, Erde, Regen alle den gleichen Antheil beslssen, der Gerechte wie der Ungerechte auf derselben Welt lebten, der Keusche, wie der Blutschänder, die Braut und Buhlerin, der Priester und der Circuskämpfer dieselbe Luft athmeten, die Wolke vom West getrieben auf des Diebes wie auf des Gerechten Acker niederregene, dieselbe Quelle den Wanderer, wie den Räuber tränke, das Meer dem Kaufmanne, wie dem Korsaren diene. Die Natur unterscheide nicht nach dem Verdienste des Menschen und sei nur bestimmt, alle zu erhalten, nicht sie zu richten. So thun die Elemente das Ihrige, die Quelle fliesst, der Fluss schäumt, die Luft weht, das sei der Lauf der Dinge. Alle genössen ihre Wohlthat, ohne sie alle zu verdienen. Und wie auf derselben Erde, unter demselben Himmel, von demselben Ocean umspült, mit den Römern Sarmaten, Vandalen, Hunnen, Gothen, Alemannen, Sachsen lebten, so nähre der Thau mit der Saat der Menschen auch das Futter des Esels, in dem Flusse, der den Menschen erquickt, wälzt sich das Schwein, und der Hund athmet dieselbe Luft wie wir. Aber hier kündet sich die ganze Exclusivität des Römers:

> Sed tantum distant Romana et barbara, quantum
> quadrupes abjuncta est bipedi, vel muta loquenti,
> quantum etiam, qui rite Dei praecepta sequuntur
> cultibus a stolidis et eorum erroribus absunt (vs. 816 sqq.).

Die Mittheilung der Luft und des Himmels erzeugt und nährt den Körper und erneuert und bewahrt den Samen. Art, Gestalt, Verdienst machen keinen Unterschied für das, was die Wesen ihrem Körper nach sind, der aus irdischem Stoffe besteht. Ueberall bewährt sich die Wirkung des Schöpfers; auch auf das Gemeine und Niedrige geht sie über. Aber wie derselbe Sonnenstrahl goldene Dächer und rauchgeschwärzte Giebel bescheint, auf den Marmorbau fällt und auf die Spalten und Löcher schmuziger Zellen, so wird damit ein Gefängniss keine Königsburg, und die die Gottheit in Graburnen und Grüften suchen, und Gespenster mit Blut versöhnen, sind darum nicht eins mit denen, die den Herrn des Himmels verehren und den Tempel des Geistes schmücken. Jener gemeinsame Genuss der Gaben der Erde bewirkt darum noch keine Gleichheit der Religion, und was jene Ansicht betrifft, man könne nicht auf einem Wege zu dem erhabenen Geheimniss der Gottheit gelangen, und auf getheilten Pfaden und hundertfachen Bahnen müsse man den verborgenen Gott suchen, so ist eher das Gegentheil wahr, denn jene vielfachen Wege führen nur in die Irre, zur Wahrheit führt nur die eine Strasse, die jeder Abweichung fern, nie zwischen verschiedenen Richtungen schwankt. Allerdings ist nicht zu leugnen, dass zwei Wege seien, vor denen der Mensch sich zu entscheiden hat, der eine vielspaltig, einfach der andere, der eine Gott zuführend, der andere vielen Göttern folgend und so vielfach getheilt, als Tempel und Götzenungethüme sind. Hier reisst er zu Bacchusorgien, dort lockt er zu den Saturnalien, dort zu den Märchen von der Rettung des Jupiter, dort zu den Lupercalischen Läufen, wende den Orakeln des verzückten Cybelepriesters oder dem Götterschwarme der Aegypter, Isis und Serapis, dem hundsköpfigen Anubis, dem Krokodildienste sich zu, wie dem Dienste der Juno, der Diebesgöttin Laverna, des Priapus. So herrsche der mannichfache Aberglaube am Nil, wie an der Tiber, eins nur im Wahne. Und ihm entsprungen, wiewol von ihm geschieden, wandle der Unglaube, zum Thierischen herabgesunken, ohne Kenntniss himmlischer Dinge. Für ihn besteht kein Gott, der Zufall regiert für ihn, und ohne Herrscher rollt ihm der Lauf der Welt dahin.

Der Führer auf dem einfachen Wege ist Gott, er leitet auf demselben das Menschengeschlecht zu den himmlischen Höhen. Rauh, mühsam und öde erscheint des Weges Anfang, aber um so herrlicher ist sein Ende, reich an Schätzen, beleuchtet vom ewigen Lichte. Auf dem vielgestaltigen Wege des Aberglaubens hingegen führt der Geist der Finsterniss an, sieht die bürtigen Sophisten, die Reichen und Grossen sich nach, täuscht durch Vogelweisheit und Eingeweidebeschauer, durch Sibyllenwahnsinn und Gauklerkünste, beunruhigt und schreckt durch Vorzeichen und Ahnungen.

So winden die Wege sich hin, durch mancherlei Krümmung, einig darin, dass derselbe entsetzliche Führer auf demselben in des Todes Schlünde leitet, anfangs mit flüchtigen Gütern lockend, um am Ende den Bethörten zu vernichten.

So hat Prudentius jener Vermischung, die Symmachus zwischen dem Christenthum und Heidenthum behaupten wollte, dass beides ein Streben auf verschiedenen Wegen nach demselben Ziele sei, kräftig widersprochen. Er schliesst deshalb:

> Ite procul, gentes consortia nulla viarum
> sunt vobis cum plebe Dei: discedite longe
> et vestrum penetrate chaos, quo vos vocat ille
> praevius infernae perplexa per avia noctis:
> at nobis vitae Dominum quaerentibus unus
> lux iter est et clara dies et gratia simplex
> Spem sequimur gradimurque fide fruimurque futuris:
> ad quae non veniunt praesentis gaudia vitae
> nec currunt pariter capta et captanda voluptas (vs. 901 sq.).

Nachdem Prudentius die Polemik gegen die Bitte um Wiederherstellung des Altars der Victoria geendet, zieht er gegen den andern Klagepunkt des Symmachus, dass den Vestalinnen ihre Einkünfte entzogen seien, zu Felde und bekämpft zugleich die damit in Verbindung gebrachte Behauptung, dass die in dem betreffenden Jahre eingetretene Hungersnoth in den Provinzen dafür die Strafe sei.[1]

Wie Ambrosius jenes angebliche Eintreten der Hungersnoth als Strafe der Götter zunächst damit zurückwies, dass er auf die guten Ernten des Jahres in Gallien, Pannonien, Rhätien, Ligurien und Venetien hinwies und das Vorhandensein der Calamität leugnete, so führt Prudentius die guten Ernten am Nil an. Die Flüsse, die die Gegenden bewässerten, seien nirgends vertrocknet. Ebenso

---

[1] Fast möchte man bei dieser Stelle zweifeln, ob Symmachus selbst seine Bittschrift aufs neue dem Honorius insinuirt habe. Der Hinweis auf eine Hungersnoth die 20 Jahre früher stattgefunden hatte, hat in einer erneuten Ueberreichung derselben Schrift etwas so Unpassendes, um nicht gedankenlos genannt werden zu müssen. Die Vermuthung gewinnt um so mehr Grund, dass das rhetorische Kunstwerk des Symmachus, in heidnischen Kreisen von grosser Wirkung, von demselben aufs neue dem Honorius übermittelt worden sei, ohne dass die betreffende Stelle geändert wurde.

treffe das Getreide aus Libyen und Sicilien ein.¹ Welch ein Reichthum dem Erdkreis an Früchten entwachse, dafür biete die diesjährige Getreidespende an das Volk hinreichend Zeugniss. Sei die Ernte manchmal ungünstiger, so liege das eben in der Natur, wenn die schwüle Luft die Wolken austrockne, der Regen den Flüssen fehle, die junge Saat vom heissen Südwind getroffen werde. Das sei aber schon geschehen, ehe ein Palladium bestand, ein Vestafeuer brannte, ehe die Heimatorte dieses Feuercultus, Troja und Athen, gegründet worden seien. Ein alter Irrthum suche den Grund in ganz andern Dingen, als sie das Gesetz der Natur darbiete. Prudentius fährt in dieser rationalistischen Erklärung der Naturerscheinungen fort. Das Mutterkorn, der Frost, der mit der Hitze wechselt, der Reif, der auf die jungen Keime fällt, die Sonnenglut, die die Wurzeln abwelkt, hier Uebermass von Trockenheit, dort von Feuchtigkeit, werden für Misernten als Ursachen angeführt. Die Temperatur im allgemeinen erzeuge Krankheiten der Erde und treffe den Boden, gerade so, wie Ausschweifungen den Körper krank machten. Eine und dieselbe Natur habe der Acker und der Leib des Menschen. Aus nichts entstanden, fallen sie der Krankheit, dem Alter, anheim, und auch die Erde entbehre nicht des Makels der Vergänglichkeit. In diesem Jahre herrscht Ueberfluss, im andern wird des Landmanns Hoffnung getäuscht, immer aber hat der Himmel seine Erzeugnisse der Erde gespendet. Aber wenn dies Unheil eine Rache für das Unrecht an den vestalischen Jungfrauen sein solle, dann frage er, warum nicht blos die Aecker der Christen heimgesucht worden seien, die jenen die Einkünfte verweigert hätten. Sie bauten ihr Feld und genössen seine Frucht, obschon der alte Stein des Terminus, den vergangener Aberglaube mit Blumen geziert und mit Hühnerlunge

---

¹ Der Anschluss an Ambrosius wird hierbei fast ein wörtlicher. Vgl. die witzige Wendung des Ambrosius: „Jam enim nec herbarum volsis radicibus rusticana plebs pascitur, nec bacca sylvestris explorat solatia, nec cibum de sentibus rapit sed operum laeta feliciora etc.", mit l. II, c. Symm. (vs. 944 sq.).

ergo piris mensas silvestribus implet arator
poenus, et evulsas Siculus depascitur herbas.
Jamque Remi populo quernas Sardinia glandes
suppeditat, jam corna cibus lapidosa Quiritum?
Quis venit esuriens magni ad spectacula Circi
quae regio gradibus vacuis jejunia dira
sustinet, aut quae Janiculi mola muta quiescit.

bestrichen habe, gebrochen und heilige mit Binden gezierte Bäume niedergehauen seien. Das habe an der Ernte, an heiterm und regnerischem Wetter nichts geändert. Zugleich gibt Prudentius dem ganzen Ereigniss eine christlich praktische Wendung. Der Mensch brauche nicht viel, und Gewinn der Zeit reize den nicht, der seine Hoffnung auf ewige Güter gesetzt habe. Er preist den glücklich, der, wie das Feld, auch seine Seele bebaue.

Mit Benutzung des Gleichnisses vom viererlei Acker (Matth. 13, 3) schildert er den Ackersmann nach Christi Willen. Wie er sich hüte, dass nichts vom Samen auf das Steinige falle, wo der Samen bald aufgeht, aber bald verdorrt, dass nichts in die Disteln falle, die die jungen Keime mit umschlingender Umarmung ersticken, dass nichts auf den Weg falle zur Speise der Vögel, wie er den Samen des göttlichen Wortes vielmehr zu Herzen nehme und den inwendigen Menschen nicht minder eifrig besorge, als sein Acker die Ernten zeitige. Dieses Bild wird für ihn zur Mahnung:

> Extirpamus enim sentes de pectore veprem,
> ne vitiosa necent germen vitale flagella,
> ne frugem segetemque animae spinosa malorum
> impediat senilis scelerum peccamine crebro,
> glarea ne tenuis jejunis siccet arenis
> marcentem sub corde fidem, ne pectoris aestus
> fragret et effetis urat charismata venis.
> denique ne jecoris detrita in parte relinquat
> villa cura Deum, ne spem, qua vescimur intus,
> deserat obscoenisque avibus permittat edendam
> et projecta fides hosti sit praeda volucri (l. II, adv. Symm. 1040 sq.).

Eine solche Sorgfalt bietet hundertfältige Frucht, für die man weder vor Wurm noch Käfer sich zu fürchten habe.

Dies sei auch die beste Mitgift der Jungfrau: Ehre, die sich verschleiernde Scham, die stille, nicht öffentlich gekennzeichnete, Sittigkeit, Mässigkeit und nüchterner Sinn. Diese Gaben raubt kein Dieb, denn Diebstahl und Betrug wenden sich auf das Irdische, nicht auf das Himmlische.

Damit macht Prudentius den Uebergang auf die Vestalinnen. Mit tiefer Menschenkenntniss durchschaut er den wunden Punkt ihrer jungfräulichen Sittsamkeit, und weiss dieselbe als eine äusserliche, die um so mehr Sünden hervorbringe, zu kennzeichnen. Als kleine Kinder vor der Regung des eigenen Willens wurden sie erwählt, und als freie Genossenschaft, die nach dem Ruhme der Keuschheit brenne und aus Liebe zu den Göttern die heiligen Bande der Ehe verschmähe, hingestellt. Diese also erzwungene Keuschheit, wenn sie auch den Körper der Sinnenlust entziehe, erhalte doch den Geist nicht rein; unruhig wälze sich die Ehelose auf dem Lager und seufze um die verlorene Liebesfreude. Und dann, wenn ihre Zeit vorbei, wenn das Alter gekommen[1], glühe das geheim genährte Feuer noch fort. Jungfräulich zu sterben reue die Vestalin, und ohne der Jugend Kraft, der Mutterfreude beraubt, vermähle sich die Verblühte, verlasse den Herd, an dem sie der heiligen Flamme gepflegt, und die kalten Glieder erfülle nun sündige Glut. Aber während ihrer priesterlichen Zeit fahren sie in weichen Kissen sitzend nach dem Circus, zu den blutigen Kampfspielen, sehen Wunden ertheilen, Todte dahinsinken, freuen sich der Panzer und der Spiesse. Sie stehen auf, die Sanften, Zarten, wenn der Sieger dem Unterlegenen die Gurgel durchstosse, sie geben mit dem Daumen dem Verfolger ein Zeichen zum Morden. Das sei ihre Tugend, ihr Wachehalten am Feuer, das Umwinden von Haar und Schulter, ihre Reinigungsopfer und Murmelgebete, und ihr Thronen auf dem besten Platze im Circus, das eisenbedeckte Antlitz der Kämpfer zu schauen und die Blutspuren im Sande des Circus zu betrachten.

Mit einer Bitte an den Kaiser, die Greuel der Circusspiele, die seinen Ruhm nur schänden, enden zu lassen und, wie sein Vater die Stiermetzeleien verboten, so hier das Schlachten armer Menschen zu anderer Vergnügen zu verhindern, schliesst das Gedicht. Der Circus möge sich mit der Thierhetze begnügen und das gottgeweihte Rom, seiner Fürsten würdig, durch Tugend mächtig, wie zur Schlacht, so in der Frömmigkeit dem Kaiser folgen.[2]

[1] Die Vestalinnen mussten zwischen dem sechsten und siebten Jahre eintreten und 50 Jahre Priesterinnen und unvermählt bleiben.

[2] Es ist schon bemerkt worden, und geht auch aus dem Schlusse des Gedichtes hervor, dass die Gladiatorenspiele zur Zeit der Abfassung des Gedichtes noch nicht aufgehoben waren. Dieser Schluss bestätigt die Vermuthung, dass dieses Gedicht dem Honorius bei seiner Anwesenheit in Rom, 403, übergeben wurde. Die Betonung der Spiele weist auf Festlichkeiten hin, die wahrscheinlich mit der Ankunft des Kaisers in Verbindung standen.

VIERTES KAPITEL.

Das Buch Cathemerinon.

Weitaus bekannter als die besprochenen polemischen und apologetischen Gedichte des Prudentius sind die Hymnen und Märtyrerlieder desselben, und seine Berühmtheit in der Kirche beruht wesentlich auf ihnen.

Das Buch Cathemerinon enthält zwölf Hymnen, von denen sieben für die verschiedenen Zeiten und Vorgänge des Tages bestimmt sind, und so dem Namen Καθημερινῶν entsprechen, den das ganze Buch empfangen hat. Diese sieben Hymnen sind: 1) Hymnus ad galli cantum, 2) Hymnus matutinus, 3) Hymnus ante cibum, 4) Hymnus post cibum, 5) Hymnus ad incensum lucernae, 6) Hymnus ante sompnum und 7) der in dem Buche als neunter angeführte Hymnus omnis horae.

Dazu kommen noch der siebente und achte Hymnus: Hymnus jejunantium und Hymnus post jejunium, das Begräbnisslied: Hymnus ad exequias defuncti. Ausserdem die beiden Festlieder: der Weihnachtshymnus, Hymnus VIII Kalendas januarias und der Hymnus auf die Erscheinung des Herrn: Hymnus epiphaniae.

Betrachten wir diese Hymnen rein äusserlich, so unterscheiden sie sich von denen der zeitgenössischen Hymnologen, wie Hilarius von Pictavium und Ambrosius, durch ihre zum Theil beträchtliche Länge, dem Inhalte nach durch das in der Mehrzahl derselben stark hervortretende lehrhafte Element, das bisweilen geschickt mit der lyrischen Form verbunden ist, oft freilich dem lyrischen Schwunge Eintrag thut.

Der Dichter hat dabei die Eigenthümlichkeit, von der Tageszeit, von dem Feste, von der Verrichtung, die diese Hymnen besingen, ausgehend, sei es durch irgendeine biblische Analogie, sei es durch freie Ideenassociation, auf einen Punkt der christlichen Glaubens- und Sittenlehre zu kommen und diesen weiter oder gedrängter zu erörtern.

Das lehrhafte Element dieser Hymnen tritt besonders in dem ersten Hymnus: „Beim Hahnenruf" hervor. Der Dichter beginnt in demselben mit einer allgemeinen Ermahnung zu wachen, er geht über zu dem sündigen Schlummer des Herzens, aus dem Christus aufweckt und die bösen Geister vertreibt, die zur Nachtzeit ihr Spiel treiben. Hierauf führt ihn das Bild des Hahnes auf Petrus und die durch den Herrn infolge seiner Reue ihm ertheilte Vergebung, zugleich eine Mahnung, nicht aufs neue zu fallen. Ebenso berührt er die Verbindung, in die man Christi Rückkehr aus der Hölle mit der Dämmerung setzte, und die Auferstehung, die der Hahnenruf kündigt. Eine Bitte zu Christus heisst nochmals den Schlaf des Herzens fliehen und von den berückenden Träumen der Welt sich fernzuhalten.[1]

---

[1] Ein deutlicheres Bild von diesem charakteristischen Hymnus zu geben füge ich eine eigene Uebersetzung desselben in dem von Prudentius gebrauchten Versmasse aber mit Anwendung des Reimes hinzu:

Mit lautem Rufe zeigt der Hahn
Des Tages helles Dämmern an,
So unser Heiland Jesus Christ
Erwecker uns zum Leben ist.

Erhebt euch von den Kissen warm,
Entreisst euch trägen Schlafes Arm!
Ehrbar und nüchtern harrt des Herrn!
Wacht auf, er ist euch nicht mehr fern!

Wenn hell die Sonn' am Himmel schwebt,
Spät ist's, wer sich erst jetzt erhebt,
Wenn er nicht tief bis in die Nacht
Bei seiner Arbeit zugebracht.

Des Hahnes Krähen hoch vom Dach,
Wenn rings die Welt im Schlafe lag,
Und Tages Schein schon dringt herfür,
Scheint wie des Richters' Stimme mir.

Der zweite Hymnus: „Zum Morgen" beginnt ungefähr in gleicher Weise. Die Nacht als die Brutzeit der Sünde, des Diebstahls, des Raubes, der Wollust, die das Dunkel sucht, wird dem Tage

---

Die von der finstern Nacht bedeckt
Auf trägem Lager hingestreckt,
Die mahnt er mächtig: Werdet wach!
Nicht schlafend finde euch der Tag.

Dass, wenn die Morgenröthe glänzt,
Mit Rosenlicht die Wolken kränzt,
Der Sonne Licht mit neuer Kraft
Erwarte, wer da fleissig schafft.

Der Schlaf, geschenkt für kurze Frist,
Des langen Todes Bildniss ist.
Die Sünde, gleich der finstern Nacht,
Hat uns in Schlaf und Traum gebracht.

Doch Christi Stimme hochher klingt
Und mahnend an die Seele dringt:
Steht auf, es strahlt das helle Licht!
Seid trägen Schlummers Knechte nicht!

Dass Ihr nicht bis ans Ende schlaft,
Bis euch der Tod von hinnen rafft,
Das Herz ins Sündengrab versenkt
Des Himmelslichts nicht mehr gedenkt.

Die irre Geisterschar sie wacht,
Sie freuet sich der finstern Nacht,
Doch bei des Hahnes erstem Ton
Ist sie zerstreut, ist sie entflohn.

Ihr ist verhasst die Nachbarschaft
Des Lichts, des Heils, der Gottheit Kraft;
Denn sinkt die Nacht dem Lichte hin,
Da müssen jene Mächte fliehn.

Ein Gleichniss ist's, sie ahnen's wol,
Dass Hoffnung neu uns grünen soll,
Da unser Herz, vom Schlaf befreit,
Sich Gottes sel'ger Ankunft freut.

Worin nun liegt des Hahnes Art?
Der Herr hat's Petro offenbart,
Dass Petrus, eh' der Hahn gekräht,
Ihn dreimal schon verleugnet hätt'.

gegenübergestellt, der die Geheimnisse der Nacht offenbar macht, den berauschten Zecher ernüchtert, zu ernster Arbeit ruft, freilich auch zur Befriedigung der Ehre und Gewinnsucht. Aber der Tag

    Denn die Verleugnung war geschehn,
    Eh' noch der Hahn mit hellem Krähn
    Verkündete der Welt das Licht,
    Das aller Sünde Nacht durchbricht.

    Darnach weint Petrus bitterlich,
    Dass er vom Herrn in Schwachheit wich;
    Er fiel aus schwachem Fleischestrieb,
    Im Geist der Glaube feste blieb.

    Sein Mund, der einmal schwach gefehlt,
    Sich rein von neuer Schuld erhält,
    Des Hahnenschreis hat er gedacht
    Und jeder Sünde abgesagt.

    Drum glauben alle weit und breit,
    Dass in der stillen Ruhezeit,
    Da tönt des Hahnes lauter Schrei,
    Christus der Höll' entstiegen sei.

    Gewalt des Todes ist besiegt,
    Der Hölle Macht gebunden liegt,
    Des Tages Helle überwand
    Und hat die finstre Nacht gebannt.

    Jetzt ende alles böse Thun,
    Die finstre Schuld soll schlafend ruhn,
    Im Todesschlaf des Todes Weh
    Welk und ermattend untergeh'.

    Indess der Geist zu dieser Frist,
    Was noch von Stunden übrig ist,
    Bevor die Nacht weicht vor dem Tag,
    Bereit zum Schaffen bleibe wach.

    Ruft Jesum an mit hellem Laut,
    Mit Thränen und Gebet, und schaut,
    Wie ein Gebet voll Kraft und Geist
    Ein reines Herz dem Schlaf entreisst.

    Lang schon die träge Seele schlief
    Im Selbstvergessen schwer und tief,
    Mit festen Banden eingeschnürt,
    In eitle Träume dumpf verwirrt.

wird Symbol des geistigen Tages in Christo und die ihm Geweihten treiben Christi Werk. Dass der Herr dazu helfe und in der Reinigkeit der Taufe dieselben bewahre, und so das Leben zu einem Tagesleben mache, dass er die Seele selbst davor behüte, wie Jakob mit Gott den nächtlichen Kampf zu versuchen, und sie stärke das Fleisch zu bändigen, das wider den Geist gelüstet, auf dass Friede und Gerechtigkeit über den Menschen kommen möge, ist des Prudentius Bitte, an die sich die Mahnung knüpft, des Richters zu gedenken, der alles sieht.

Breiter und poetisch reicher angelegt ist der dritte Hymnus: „Vor dem Essen". Christus, der Jungfrauensohn und der Lichtschöpfer, wird angerufen, die Speise zu segnen, denn ohne ihn fehle Weihe und Segen in allem, in Speise, in Wort und Spiel, in Scherz und Ernst. Aber wo er sei, bedürfe es keiner Rosen, keiner bacchischen Epheukränze, sondern die Muse erfreue dann mit süssem Gesange. — Das Mahl, das genossen wird, führt den Dichter auf den Herrn, der dem Menschen gegeben hat, was Erde, Meer und Luft erzeugt. Es reiht sich daran eine schwungvolle Schilderung des Gewinns, den der Mensch von diesen Gaben heimträgt, und geistreich findet Prudentius den Bezug zu dessen Mahle. Er schildert den Vogelsteller, der mit Netz und Leimruthe die Segler der Lüfte einfängt, den Fischer, der mit Angel und Netz den Fisch gewinnt, er geht über zu den Früchten des Feldes und des Weinstocks. Mit der enthaltsamen Forderung, die Pflanzenkost zu wählen, die blutige Fleischspeise aber den Heiden zu lassen, rühmt er die schneeige Milch, des Honigs würzigen Nektar, der Aepfel rothwangige Fülle und sieht in ihnen die rechten Preisstimmen auf Gott herrlicher, als

  Denn eitel ohne jeden Werth
  Ist, was die stolze Welt verehrt,
  Was wir gleich Schlafenden vollbracht
  Die Wahrheit ist nur die: Erwacht!

  Vergnügen, Lust und blinkend Gold,
  Reichthum und Ehre, Glückes Sold,
  Die oft uns ins Verderben ziehn —
  Der Morgen kommt, wo sind sie hin?

  O, Christus mach' vom Schlaf uns frei,
  Die Kette brich der Nacht entzwei,
  Die alte Sünd' ertödte Du
  Und führ' das neue Licht uns zu.

irgendeine Leier alter Dichter ertönend.[1] Gott, der dies alles gegeben, ertöne zu jeder Stunde Preis und Ehre, jeder Herzschlag verkünde seine Herrlichkeit; denn er habe den Menschen nach seinem Bilde geschaffen, in des Paradieses Herrlichkeit ihn versetzt. Der Mensch habe, von der Schlange verführt, durch Ungehorsam, indem er von dem verbotenen Apfel gegessen[2], sich um jene Seligkeit gebracht und sei dem Tode verfallen, da erschien ein anderer Mensch, rein von der Sünde Befleckung, von der Jungfrau erzeugt, das fleischgewordene Wort Gottes. Ein ewiger Kampf beginnt zwischen der Schlange und Adam's Geschlecht. Der Fuss des Weibes zertritt jener den Kopf, weil die Jungfrau des Erlösers Mutter wurde. Der blutdürstige Wolf kann der Heerde nichts mehr schaden, das Lamm hat den Leuen, die Taube den Vogel der Nacht überwunden. Dass nun durch Mässigkeit der Schlange gefährliches Gift ferngehalten werde, dass, nachdem Christus die Schuld gesühnt, nicht neue Opfer der Schlange gebracht würden, ist des Dichters angeknüpfte Mahnung, an die ein Blick auf die

---

[1]
>Spumea mulctra gerunt niveos,
>ubere de gemino latices,
>perque coagula densa liquor
>in solidum coit et fragili
>lac tenerum premitur calatho.
>
>Mella recens mihi Cecropria
>nectare sudat olente favus:
>haec opifex apis aerio
>rore liquat tenuique thymo,
>nexilis inscia connubii.
>
>Illinc quoque pomiferi nemoris
>munera milla proveniunt,
>arbor onus tremefacta suum
>deciduo gravis imbre pluit
>puniceosque jacit cumulos (h. 3, vs. 66 sq.).

[2] Es sei hier die Ansicht von Dieuel erwähnt, die derselbe in einem Aufsatze: „Das Alte Testament im Lichte der ältern christlichen Kunst", ausgesprochen hat (Gelzer, „Monatsblätter für innere Zeitgeschichte", 1870, Bd. 35, Heft 6): dass diese Aepfel im Paradiese, von denen die Schrift allerdings nichts weiss, eine antike Reminiscenz an die goldenen Aepfel der Hesperiden seien, und die verhängnissvolle todtbringende Wirkung dieses Genusses mit einer Erinnerung an den Granatapfel der Proserpina zusammenhänge, während Nikolaus von Lyra die Tradition gewöhnlicher Aepfel als des Paradieses Frucht befestigt habe. — Vgl. Piger, „Mythologie der christl. Kunst", Abth. 1, S. 66 fg.

Unsterblichkeit und die auf den erstandenen Christus gegründete Auferstehung sich anschliesst.

Der vierte Hymnus: „Nach der Mahlzeit" beginnt, mehr in der Weise der griechischen Hymnen, mit einem begeisterten Lobe des himmlischen Vaters, der ohne Ursprung ist und ohne Ende, der Gründer der Welt, der Urheber des Erdkreises, die Quelle des Lebens, der Spender des Glaubens, der Säemann der Keuschheit; mit ihm preist er den Sohn und den Heiligen Geist, den Bewahrer reiner Herzen, den die vom Laster angesteckte Seele flieht. Auf dass die Seele rein bleibe, solle der Mensch vor Völlerei sich hüten, Gott erquicke auch bei kärglicher Speise, denn er nähre mit dem Leibe zugleich die Seele. Als Beweis dafür wird die Erhaltung und Speisung des in der Löwengrube befindlichen Daniel durch Habakuk, nach dem apokryphischen Stücke vom Drachen zu Babel ausführlich berichtet, wobei Daniel dem Dichter zugleich der Repräsentant des von ihm gerühmten Sichbegnügens mit Pflanzenkost wird.[1] Sowie jener von den Löwen, werde der Christ von der Macht der Welt bedrängt, und Verfolgung, Marter und Hass werde ihm von ihr zutheil. Aber, wie der mässige Daniel von Habakuk gespeist wird, wird der enthaltsame Christ von Christus mit dem Himmelsworte ernährt, und die Macht der Welt ist ihm nicht mehr furchtbar. Darum bleibe die Seele getreu im Bekenntnisse zu dem Herrn.

Ueber die Bestimmung des folgenden fünften Hymnus gehen die Meinungen auseinander. Eine grosse Zahl älterer katholischer Ausleger, so Faustus Arevalus, denen sich Sübert und Brys anschliessen, betrachten diesen Hymnus als zur Feier der Osterkerze oder zur Feier der Ostervigilie bestimmt. Protestantische Archäologen, wie Hospinianus, darauf gestützt, dass zu Prudentius' Zeiten der Brauch der Osterkerze noch nicht bestanden habe, Heinsius, mit Berufung auf die Autorität der gewichtigsten Codices, die die Ueberschrift „Ad incensum lucernae" bringen; Tillemont und mit ihnen Dressel, wollen diesen Hymnus nur als einen

---

[1] Dan. 1, 12. Vgl. damit Hymn. 3, v. 61 fg.:
Sint fera gentibus indomitis
prandia de nece quadrupedum:
nos oleris coma, nos siliqua
feta legumine multimodo
paverit innocuis epulis.

Gesang, der die Reihe der Tagesverrichtungen, mit denen das Cathemerinon beginnt, weiterleitet, ansehen und leugnen eine besondere Beziehung auf die Osterkerze oder Ostervigilie. Die Stelle, auf die gegründet die letztere Bezugnahme vertheidigt werden könnte, ist die (vs. 135—140):

> Nos festis trahimus per pia gaudia
> noctem conciliis votisque prospera
> certatim vigili congerimus prece
> extructoque agimus liba sacrario.

die auf eine festliche Vereinigung hinweist.

Ebenso kann die andere Stelle (vs. 125—136), in der von der Höllenfahrt Christi und der Befreiung der Geister durch Christus die Rede ist[1], die man sich in der Osternacht vollzogen dachte, während die Erwartung der Rückkehr des Herrn aus dem Grabe und auch die von ihm verheissene zweite Wiederkunft das eigentliche Feierstück der Ostervigilie bildete, nicht minder endlich das Verweilen bei der Wanderung des Volkes Israel aus Aegypten und der alttestamentlichen Gründung des Osterfestes, ferner bei dem Durchgange durch das rothe Meer, und dem Felsen, aus dem Moses das Wasser schlägt, beides Typen der Taufe, die man in der Ostervigilie zu vollziehen pflegte, den Hymnus als einen Festhymnus für die Ostervigilie erscheinen lassen. — Indessen ein bestimmter Hinweis auf die Ostervigilie findet sich nicht. Die erwähnten Beziehungen auf die Höllenfahrt Christi und die symbolischen Andeutungen der Taufe trifft man auch anderweitig, wo ein näherer Zusammenhang mit dem Osterfeste nicht gegeben ist (Cath. Hym. 1, 65—73). Prudentius liebt es, in seinen Cathemerinonliedern jeder Zeit und Ver-

---

[1]   Sunt et spiritibus saepe nocentibus
poenarum celebres sub Styge feriae
illa nocte, sacer qua rediit Deus
stagnis ad superos ex Acheronticis.
  Non sicut tenebras de face fulgida
surgens oceano lucifer imbuit,
sed terris Domini de cruce tristibus
major sole novum restituens diem.
  Marcent suppliciis tartara mitibus,
exultatque sui carceris otio
functorum populus liber ab ignibus,
nec fervent solito flumina sulphure (Hym. 5, 125—136).

richtung eine christliche Seite abzugewinnen, die er dann auch in Bedeutungen sucht, die die betreffende Zeit und Verrichtung für christliche Feste und gottesdienstliche Handlungen hat, und so kann das Lichtanzünden ihn wol auf die durch Lichter erhellte Osternacht führen, ohne dass eine specielle Beziehung auf dieselbe angenommen zu werden und die verbürgte Ueberschrift „Ad incensum lucernae" in die „De novo lumine cerei paschalis" verwandelt zu werden brauchte; und der Umstand, dass dieser Hymnus in der Mehrzahl der Handschriften zwischen dem nach dem Essen und dem vor dem Schlafe sich findet, in die Reihe der Tagesvorgänge also vortrefflich passt, lassen jener Ansicht, dass der Hymnus einfach ein Lied zur Verrichtung des Lichtanzündens sei, den Vorzug geben.

Der Hymnus beginnt mit einer Bitte an Christus um Licht, da die Sonne gesunken sei. Wennschon Mond und Sterne schimmerten, so habe doch Christus gelehrt, dem Steine den Funken zu entlocken, dass, wie er selbst der Stein sei, von dem alles Göttliche glänze, die Hoffnung auf sein Licht in den Seelen erweckt werde. Es beginnt nun eine wahrhaft poetische Schilderung der brennenden Flamme, der Gott die Nahrung im Fette des Oels und im blumenerzeugten Honigwachs biete, die sie im Lämpchen rinkt, während von der Spitze der Flamme ein Duftregen gleich süssen Thränen herabrinnt:

> Nectar de liquido vertice fervidum
> guttatim lacrimis stillat olentibus,
> ambustum quoniam vis facit ignea
> imbrem de madido flere cacumine (vs. 21 sq.).

Die lichterleuchteten Häuser aber werden dem Dichter zum Bilde der alles bescheinenden Huld des Vaters. Prudentius geht hierauf auf die Feuererscheinungen im Alten Testament über: den brennenden Dornbusch, die Feuersäule in der Wüste, der das von der Knechtschaft befreite Israel folgte. Er gelangt so an dem Faden der Geschichte weiter zu dem Durchzuge der Kinder Israel durch das Rothe Meer und Pharao's schmählichen Untergang. Er preist Christus um dieses Wunders, wie um des Wasserquells aus dem Felsen willen, findet den Typus des Kreuzes in dem Holze, das das bittere Wasser süsse machte, und erwähnt die Speisung mit dem Manna und den Wachteln als einen Hinweis auf die mystische Sättigung des Abendmahles. In Analogie mit dem Einzuge der Israeliten in das gelobte Land wird der Einzug in das himmlische Vaterland gepriesen, und die Wonne desselben mit seinen Blumengefilden, seinem Dufthauche und den Jubelgesängen der Seligen in hellen Farben geschildert. Der Ueberschwall der Seligkeit theilt sich den Verdammten selbst mit: ihre Qualen rasten, da der Herr aus den Tiefen des Tartarus zurückkehrt, in dessen düstere Flammen durch ihn der helle Tag gekommen ist. Hieran reiht sich ein Preis der festlich zugebrachten Nacht, der Anlass bot, den ganzen Hymnus als Ostervigiliengesang anzusehen. Ein Vergleich der flammenden Lampen mit dem Sternenschimmer und ein Hinweis auf ihre Bestimmung, ein Opfer für Gott zu sein, dem Spender des Lichts, dem der Dichter auch das Licht seiner Seele darbringen will, schliesst unter Anrufung der Dreieinigkeit das Gedicht ab.

Wie der fünfte Hymnus mit dem Preise der Dreieinigkeit abgeschlossen hat, so beginnt der sechste: „Vor dem Schlafe" mit demselben wieder, zugleich mit einem Rückblick auf die getragene Last des Tages und auf die Stürme des Herzens, denen jetzt der Schlaf den Lethetrank bietet, der von Gott dem schwachen Leibe zur Erquickung gespendet wird. Indessen erhebt sich der Geist, der nimmer ruhen kann, in bunten Bildern, das von dem Tagesgewirr Verhüllte in Gestalten zu schauen, die er selbst geschaffen hat. Lüge und Wahrheit mischen sich da. Dem Lasterhaften führen die Träume schreckliche Gespenster vor, dem Reinen aber wird das Schauen tiefer Geheimnisse gegeben. So war dem Joseph die Traumdeutung verliehen, Johannes schaute im Geiste das Lamm, das mit zweischneidigem Schwerte bewaffnet, zum Richter eingesetzt, die Sünder mit Milde behandelt, aber den Antichrist in die Tiefe der Hölle hinabstürzt.[1] Doch zu solchen Gesichten sind nur Heilige würdig; darum wohl dem, der trotz seiner Sünde nur der süssen Ruhe des Schlafs geniesst. Dazu zeichne sich jeder mit dem Kreuze, das mit heiligem Oel einst auf seine Stirne gestrichen worden, denn das Kreuz schreckt die bösen Geister ab, die alte

---

[1] Es ist wegen der Bezugnahme auf die Apokalypse an Johannes den Evangelisten zu denken.

Schlange muss vor dem geheiligten Zeichen fliehen. Aber die von
ihm befreite Seele gedenkt Christus auch im Schlummer.

Mit dem siebenten Hymnus beginnt der Dichter eine Reihe
von Liedern, die den Kreis, den er mit dem Namen Cathemerinon
im engern Sinne vorgezeichnet hat, verlassen und mehr im kirchlichen Geiste kirchliche Zeiten und kirchliche Feierlichkeiten poetisch
verherrlichen.

Der siebente und achte Hymnus beschäftigt sich mit der Faste.

Der siebente Hymnus: „Hymnus Jejunantium", beginnt mit einer
Anrufung Christi, die Faste, die ihm als Opfer dargebracht wird,
gnädig anzunehmen. Es wird sodann die Faste aus schon früher
von dem Dichter gebrauchten Motiven gepriesen, dass sie das Herz
läutere, des Bauches Gier lähme, Völlerei und Trunkenheit, Ausschweifung, lose Reden und alle Neigungen der Sinnlichkeit in Zucht
halte. Allzu reichliche Nahrung, den fleischlichen Theil ernährend,
lähme die Kraft und lösche den edeln Funken des Geistes, der in der
nüchternen Enthaltsamkeit der Glieder sich zum Schöpfer aufschwingt.

Prudentius führt Beispiele edler Faster an, so des Elias, der
aus der verderblichen Umgebung der Jesebel in die Wüste floh und
für sein Fasten durch die Entrückung zum Himmel auf feurigem
Wagen belohnt wurde. Durch vierzigtägiges Fasten, da nur Thränen
seine Kost waren, sei Moses erst fähig geworden den Gott der
sieben Himmel zu schauen. Ebenso habe Johannes der Täufer dem
Herrn als sein Herold den Weg bereitet, und habe für die Wahrheit die Bahn geebnet, da er im Fasten sich übte. Seine Geburt,
sein Auftreten, seine Tracht, seine Speise werden weiter beschrieben.
Prudentius geht dann auf Ninive über, die Stadt voll Uebermuth
und Bosheit, in geilen Lastern versunken und von frechem Hochmuth aufgebläht. Gott habe für sie sein Racheschwert gerüstet,
doch ihr noch eine kurze Frist vergönnt, die alte Thorheit aufzugeben, und mit dem Urtheil zögern wollen. Er habe den Jonas
aufgerufen, der Stadt die Busse zu predigen. Es wird nun die Geschichte des Jonas, seine Meerfahrt, um dem Auftrage des Herrn
zu entfliehen, sein Aufenthalt im Walfischbauch, seine Busspredigt
nachdem ihn der Fisch ausgespieen, und deren Wirkung erzählt,
wobei Prudentius die glänzenden Farben nicht spart.[1] Der

---

[1] Vgl. vs. 141—170.

Zweck ist auch hier, zu zeigen, wie das Fasten den Zorn Gottes
sühnt und auch die verderbten Niniviten durch dasselbe von
dem Zorne Gottes errettet werden. Von diesen Beispielen wendet
sich Prudentius zu Christus, der selbst die Faste geübt, und als der,
der das wollüstige Fleisch durch das Gesetz der Tugend gefesselt,
durch sein vierzigtägiges Fasten Kraft gewonnen habe, dem Ver-
sucher zu widerstehen. Dieses Beispiel ahme nun die Gemeinde
nach und suche durch Ueberwindung der Lust an der Speise den
Geist zur Gewalt zu bringen; dies sei ein Anreiz zum Neid für
den Höllengeist, aber Gott um so gefälliger, erwerbe Gnade, wecke
Glauben, mache das Herz munter und vernichte, wie Wasser das
Feuer lösche, die Sonne den Schnee schmelze, die alte Sünde. Zum
Schlusse berührt Prudentius die schöne Zugabe der Faste, die Mild-
thätigkeit an den Armen, und jene allgemeine Gleichheit zwischen
Arm und Reich, die die allgemeine Erniedrigung hervorbringt. Ein
Lob der Mildthätigkeit, die die Linke nicht wissen lasse, was die
Rechte thut, schliesst diesen Hymnus.

Der achte Hymnus ist der Hymnus: „Nach der Faste", und bezieht sich auf die neunte Tagesstunde, in der die Faste endete und
die Mahlzeit an den Fastentagen beginnt.

Auch er hebt mit einer Anrufung Christi an, dem sanften Be-
zähmer der menschlichen Natur, der selbst die Beschwerden des
Leibes getragen und so ein Beispiel den Seinigen sei. Die neunte
Tagesstunde sei eingetreten, die Sonne hinabgesunken und die Zeit
der Mahlzeit gekommen. Christus wird wegen seiner Milde gepriesen, dass er nach der leichten Entsagung die Erquickung den
Gliedern gönne. Es folgen Ermahnungen, statt des Ernstes
die Heiterkeit walten zu lassen, den Körper zu reinigen, das Haar
zu kämmen. Der Dichter vergleicht den Christen mit dem verirrten, von den Dornen der Wüste zerrissenen Schafe, das der gute
Hirt sucht, reinigt und zur Weide auf grünenden Wiesen, ohne
Disteln und Kletten führt, wo Palmen rauschen und Fluten kühlen.
Solcher Wohlthat gegenüber, die Christus gespendet, sei allerdings
das strengste Fasten nur eine dürftige Gegengabe, aber die Schwachheit des Leibes fordere für den Menschen nur eine leichte Fastenpflicht. Doch was auch der Mensch thue, ob er faste oder esse,
beginnen soll er das Werk mit Anrufung der Gottheit, die auch die
Speise zum Segen werden lasse. Darum fleht der Dichter zum Schlusse.

Es ist nicht ersichtlich, ob diese beiden Fastenlieder sich auf die Quadragesimalfaste vor Ostern, wie katholische Interpreten wollen, oder auf die Wochenfaste am Mittwoch und Freitag beziehen. Ein besonderer Bezug auf das Osterfest und die Leiden Christi findet sich in beiden nicht. Die Erwähnung der vierzigtägigen Faste des Moses und Christi im siebenten Hymnus (vs. 36 sq. und vs. 176 sq.), kann hierfür keinen Beleg bieten, da auch andere Beispiele von Fasten, bei denen die Ausdehnung auf vierzig Tage fehlt, darin vorkommen. Auf der andern Seite scheint der achte Hymnus mit der öftern Betonung einer leichten Fastenordnung eher auf die milder gehaltene Wochenfaste, als die Quadragesimalfaste hinzuweisen.

Ein eigenthümliches Gedicht ist das folgende, der neunte Hymnus mit der Ueberschrift: „Omnis horae". Sein Inhalt ist ein Preis Christi und seiner Wunder, sozusagen eine kurze Charakteristik seiner Persönlichkeit aus den verschiedenen Wirkungen seines Lebens heraus. Der Titel „Omnis horae" erklärt sich daraus: Christus ist das A und Ω jedes Christen, in jeder Stunde soll derselbe Christi eingedenk sein, und das Lied hat somit seine Geltung und seine Bedeutung für jede Stunde. In der Weise der antiken Dichter beginnt Prudentius:

> Da puer plectrum, choreis ut canam fidelibus
> dulce carmen et melodum, gesta Christi insignia:
> hunc camena nostra solum pangat, hunc laudet lyra (vs. 1 sq.).

Christo, den schon David besungen habe, solle auch sein Lied gelten, und zwar den Wundern, durch die die Erde seine Gottheit geschaut habe. Er geht auf Christi vorweltlichen Ursprung zurück und preist ihn als Anfang und Ende, als Grund aller Dinge, die da waren und sein werden, als Schöpfer des Himmels, der Erde und des Meeres. Er geht weiter über zu seiner Menschwerdung, die Welt zu erlösen, preist seine jungfräuliche Geburt, schildert den Engelgesang über seiner Wiege und die Erfüllung der prophetischen Weissagung. Sodann wendet er sich den einzelnen Wundern zu. In lebendiger Darstellung reihen sich die Weinverwandlung zu Kana, die Heilung des Aussätzigen und des Blinden, die Beschwichtigung des Sturmes, die Heilung des blutflüssigen Weibes, die Erweckung des Jünglings von Nain und des Lazarus, das Wandeln auf dem Meere, die Heilung des Besessenen von den in die Schweine fahrenden Dämonen, die Speisung der Fünftausend aneinander. Christus wird charakterisirt als das Brot des Lebens, das nicht den Leib, aber die Seele sättige, als der Arzt der Tauben, Blinden, Stummen, Lahmen, als der Befreier aus den Tiefen der Hölle, deren Pforten er brach, da er selber in sie hinabstieg. Dieser Act der Höllenfahrt führt den Dichter auf den Tod Christi zurück, das Hinaufführen der in der Hölle Gefangenen zum Licht, zum Erblassen der Gestirne über Golgatha:

> Sed Deus dum luce fulva mortis antra inluminat,
> dum stupentibus tenebris candidum praestat diem,
> tristia squalentis aethrae polluerunt sidera.
> Sol refugit et lugubri sordidus ferrugine
> igneum reliquit axem seque maerens abdidit;
> fertur horruisse mundus noctis aeternae chaos (vi. 76—81).

Prudentius geht hierauf zu dem Wunder des Kreuzes über; Blut und Wasser, der Seite des Herrn entströmend, werden ihm Sinnbild der Taufe und der Märtyrerkrone. Die alte Schlange sieht das heilige Opfer und verliert ihr Gift. Nichts hat ihr die Verführung des ersten Menschen genützt, da der Mensch gewordene Gott die Schuld sühnt. Auch der Tod, dem er sich hingab, um die durch die Sünde Gestorbenen zum Leben zu befreien, währt nur kurze Zeit. Von den Vätern und Heiligen gefolgt, erhebt sich der Herr am dritten Tage in neuer Umkleidung des Leibes und schwingt sich zur Rechten Gottes auf, da er den Menschen das Leben gebracht hat, einst zum Gericht wiederzukehren. Indessen besingt ihn der Chor der Menschen, alte und junge, Greise und Jünglinge und die ganze Natur:

> Flumina lapsus et undae, litorum crepidines,
> imber, aestus, nix, pruina, silva et aura, nox, dies,
> omnibus te concelebrent saeculorum saeculis (vs. 109 sq.).

Von weit grösserm poetischen Werthe ist der folgende, zehnte Hymnus: „Ad exequias defuncti", der zu den bekanntesten und populärsten Dichtungen gehört, die von Prudentius herrühren. Das Gedicht athmet einen sanften feierlichen Schwung, der aus der ernsten Resignation über die Vergänglichkeit des Irdischen sich zur klaren Freude des ewigen Lebens erhebt, und auch die Schrecken des Grabes freundlich zu umkleiden weiss.

Es beginnt das Gedicht mit einer logischen Auseinandersetzung über das Verhältniss von Leib und Seele. Gott, der Feuerquell des Irdischen, habe aus zwei Stoffen den sterblichen Menschen geschaffen, Geist und Fleisch, beide sein Eigenthum. Mit der Lösung des beide einigenden Bandes hört auch das Sein des Menschen auf. Zur Erde kehrt der Leib zurück, und der Geist zum Aether. Alles in der Natur welkt alternd dahin und löst in seine Theile sich auf. Gott habe aber einen Weg gewiesen, der auch die gestorbenen Glieder dem Grabe entziehe, dass nämlich, so lange des Leibes Kerker währt, das unsterbliche Theil die Herrschaft übe. Wenn der irdische Wille hersche, so gehe der Geist auch mit den Gliedern unter, wenn aber der feurigen Herkunft eingedenk, der Geist sich dieser trägen Herrschaft entreisst, so führt er auch die ihm verblüdeten Glieder zur Sternenheimat zurück. Kurz nur ist die Frist, bis der vom Leibe getrennte Geist dem Leibe sich neu vermählt, und diese Gewissheit der Auferstehung des Leibes ist der Grund der Sorgfalt für die Gräber. Deshalb hüllt man die Leichen in Tücher, bestreut sie mit Rauchwerk, höhlt die Felsengräber aus, setzt prangende Monumente. Man sieht sie an als Schlummernde, nicht durch den Tod Geraubte. Deshalb ist es als ein heiliges Werk anzusehen, unbeerdigten Leichen ein Grabmal zu graben und dem Fremden als Verwandten eine Todtenfeier zu halten. Das war das Verdienst des frommen Tobias, der des Mahles nicht achtend Todte begrub, und dafür durch Heilung seiner erblindeten Augen mit des Fisches Galle belohnt wurde. Die Geschichte der Heilung des Tobias wird zugleich dem Dichter zum Sinnbild dafür, wie das Auge nur durch bittere und scharfe Mittel zum Schauen des Lichtes aufgethan wird, wie der Blindheit Nacht und der Wunde Schmerz dazu gehört, in das Reich Gottes zu gelangen. Deshalb sind die Schmerzen des Todeskampfes ein Weg zum Himmel.

Hier lenkt Prudentius auf das Hauptthema zurück und berührt aufs neue die Auferstehung des Leibes in verklärter Verjüngung, die er schwungvoll schildert:

Haec quae modo pallida tabo,
color albidus inficit ora,
tunc flore venustior omni
sanguis cute tinget amoena.

Jam nulla deinde senectus
frontis decus invida carpet,
macies neque sicca lacertos
suco tenuabit adeso.

> Morbus quoque pestifer, arcus
> qui nunc populatur anhelos,
> sua tunc tormenta resudans
> luet inter vincula mille.
>
> Hunc emissus aere ab alto
> victrix caro jamque perennis,
> cernet sine fine gementem
> quos moverat ipse dolores (vs. 97—112).

Er fragt, warum deshalb die Hinterlassenen um ihre Dahingeschiedenen weinten, und es beginnt jene berühmte in der Hymnologie der Kirche allgemein bekannte Stelle:

> Jam maesta quiesce querela,
> lacrimas suspendite matres,
> nullus sua pignora plangat,
> mors haec reparatio vitae est (vs. 117 sq.).

Wie das Korn in der Erde neugrünend der frühern Aehre Bildung erneuere, so würde der Seele einstige Behausung, die Stätte der himmlischen Weisheit, die in der Erde verborgen ist, wiedergefordert von dem, der sie nach seinem Bilde geschaffen hat. Es kommt der Tag, an dem Gott alle Hoffnung erfüllt, da muss der geöffnete Schos der Erde die ihm anvertrauten Leiber herausgeben. Nicht in Alter, nicht in Staub und Moder lässt Gott den Menschen zu Grunde gehen, bis zum Erscheinen jener Zeit lässt Gott den Geist in Abraham's Schose ruhen. An jene Worte des Erlösers wollen wir uns halten, da er den Tod besiegend dem reuigen mitgekreuzigten Schächer das Paradies verhiess. Das von der Schlange geraubte Paradies strahlt vor den Augen der Gläubigen in lichter Herrlichkeit; dort in ihrem heimischen Sitze, dem zu traurig irrender Pilgerschaft der Mensch entflohen, möge der himmlische Führer die Seele geleiten, während die Gebeine Blumen und Laub bekränzen und Wohlgerüche von dem Grabstein duften.

Die beiden folgenden Hymnen, der elfte und zwölfte, sind eigentliche Festlieder. Der elfte Hymnus: „VIII Kalendas Januarias", auch bestimmter „Hymnus natalis Domini" genannt, geht auf das Weihnachtsfest, das, nachdem bereits im 3. Jahrhundert eine Berechnung der Geburt des Herrn versucht wurde, im 4. Jahrhundert in allgemeine Aufnahme kam und als besonderes Feierstück von dem Epiphaniasfest, am 6. Januar, mit dem es vereinigt gewesen war, getrennt wurde. Ambrosius, Prudentius und Paulinus von Nola sind Zeugen für die in der zweiten Hälfte des 4. Jahrhunderts durchgeführte Feier des Festes. Der Dichter beginnt den Hymnus mit Erwähnung des mystischen Zusammenhangs zwischen dem Kommen Christi und dem Zunehmen der Tage vom 25. December ab. Weshalb erweitere sich der enge Cirkel des Sonnenumlaufs, da der Tag bisher so schnell geschwunden und fast zu erlöschen drohte? Sei Christi Kommen nicht die Macht, die dem Lichte die Bahn weite, dass jetzt allmählich fortschreitend Himmel und Erde in hellerm Glanze strahlen? Prudentius geht darauf auf Christus selbst über. Er berührt zuerst sein metaphysisches Verhältniss zu Gott, aus dessen Hauche entsprossen, er als Weisheit in des Vaters Schose ruhend, Urheber aller Dinge geworden, bis er nach Jahrtausenden zur sündigen Welt kam, welche Schatten, Erz, Stein, Holz als Gottheit verehrte, und dadurch dem Satan unterthan, in den rauchenden Höllenpfuhl hinabstürzte. Dass also nicht des Vaters Werk zu Grunde ginge, habe Christus den sterblichen Leib angezogen, die Kette des Todes zu brechen. Darauf preist Prudentius die Jungfrau, die ohne Beschwerde der Schwangerschaft den Knaben in ihrem Schose getragen, der Licht und ein neues goldenes Zeitalter bringen sollte. Die ganze Natur begrüsst ihn, selbst die Wüste bedeckt sich um seinetwillen mit Narde und Nektar, und Kräuter wachsen auf kahlem Gestein. Von den Felsen fliesst Honig, Balsam von den Stämmen der Eichen. Die heilige Wiege des Kindes wird von den Hirten, ja von dem Vieh verehrt, nur das Geschlecht des Herrn selbst versagt ihm in toller Verblendung die Aufnahme, und doch sei dies Kind der Herrscher von Judas Fürsten, in seiner Wiege der König der Welt, und herabgeworfen, die eigene Schuld beweinend, werde das sündige Geschlecht ihn in den Wolken sehen, wenn die Posaune ertöne zur Verbrennung der Erde. Dann werde er als Richter Urtheil fällen zur Seligkeit und zum Gericht, und der Jude werde in dem Blitzstrahle vom Kreuze erkennen, wer es sei, den er zu Tode gebracht und den der Tod habe wiedergeben müssen.

Der zwölfte Hymnus dient der Feier des Epiphanienfestes, und es sind von demselben drei Stücke in das Breviarium Romanum aufgenommen worden.

Prudentius als Abendländer hat auch dasjenige Feierstück des Epiphanienfestes speciell im Auge, das vornehmlich für das Abendland galt: die Anbetung des Christkindes durch die Weisen aus dem Morgenlande, während im Morgenlande das Epiphanienfest vorzüglich als Tauffest gefeiert wurde. Er fordert die Verehrer Christi deshalb auf, emporzuschauen, den Stern zu sehen, der die Ankunft des Herrn künde und darum herrlicher als die Sonne, nicht nur die Nacht erhelle, sondern, den ganzen Himmel beherrschend, den Lauf der Tage bestimme. Während andere Gestirne mit Wolken bedeckt würden, strahle es in Ewigkeit; alle andern Sterne müssen vor ihm verbleichen. So sei das Gestirn den persischen Magiern erschienen und habe ihre Verwunderung erregt:

> Quis iste tantus, inquiunt,
> regnator astris imperans,
> quem sic tremunt coelestia,
> cui lux et aethra inserviunt.
>
> Illustre quiddam cernimus,
> quod nesciat finem pati,
> sublime, celsum, interminum
> antiquis coelo et chao (vs. 33 sq.).

Sie erkennen das Kind als den König der Welt, den an Abraham Verhiessenen, den David'schen Spross aus der Wurzel Jesse, und wandern dem Sterne nach, der am Himmel seine Lichtfurche zieht. Die Gaben, die sie bringen, werden zu Sinnbildern seiner Person und seines Werkes, das Gold als Gabe an sein Königthum, der Weihrauch als Opfer seiner Gottheit, die Myrrhe als Hinweis auf sein Grab, das er lebendig durchbrechen sollte. Die Herrschaft des Neugeborenen, dem Gott als Erbe Erde, Himmel und Hölle übergeben hat, erregt die Wuth des Herodes, das Kind zu tödten. Mit dramatischer Lebendigkeit wird der bethlehemitische Kindermord geschildert, und aus verschiedenen Strophen desselben ist der bekannte Gesang, der mit der Strophe: „Salvete flores martyrum" beginnt, zusammengesetzt worden. Die Fruchtlosigkeit dieser Metzelei, da Christus errettet worden ist, führt den Dichter auf den alttestamentlichen Typus dieser Errettung: die Bewahrung des Moses, den Gott sich zum Befreier und Gesetzgeber seines Volkes aufbewahrte. Der Vergleich wird weiter geführt, die Befreiung aus Aegypten wird mit der Erlösung vom Irrthum, die Durchwandelung des Rothen Meeres mit der reinigenden Kraft der Taufe, die betend erhobenen Hände des Moses in der Schlacht wider die Amalekiter mit dem Kreuze zusammengestellt. Jesus selbst ist der höhere Josua, der sein Volk in das wahre gelobte Land führte, die zwölf im Jordan aufgerichteten Steine werden als Typen der Apostel gefasst, auf die Christus sein Reich gründete. Deshalb, so fährt der Dichter fort, haben die Weisen Jesum mit Recht als den König von Juda, als den Herrn des Tempels, den die Stämme Judas anbeten, begrüsst; aber seiner Herrschaft unterwirft sich auch das götzendienerische Heidenvolk, sie verlassen ihre Götter von Stein, Erz und Holz, Christum anzubeten. Im weiten Ueberblick über die Völker ruft der Dichter zum Preise der Allherrschaft Christi aus:

> Gaudete quidquid gentium est,
> Judaea, Roma et Graecia
> Aegypte, Thrax, Persa, Scytha,
> rex unus omnes possidet.
>
> Laudate vestrum principem
> omnes beati ac perditi,
> vivi, imbecilli ac mortui:
> jam nemo posthac moritur (vs. 201 sq.).

FÜNFTES KAPITEL.

Das Buch Peristephanon.

Das Buch Peristephanon (περὶ στεφάνων) „Ueber die Kronen" ist das in der katholischen Kirche am meisten gerühmte und bewunderte. Es enthält vierzehn Lieder, in denen die Leiden verschiedener bekannter und unbekannter Märtyrer besungen werden[1], und zwar scheinen diese Lieder bei Gelegenheit der Gedächtnisstage der genannten Märtyrer gedichtet worden zu sein (vgl. Perist., 1, 120). Die spanische Herkunft des Dichters findet in diesen Gedichten ihre Begründung, da spanischen Märtyrern, die zu weniger allgemeiner Bedeutung gelangt sind, in diesen Liedern ein hervorragender Platz gesichert wird. — Gleich das erste dieser Märtyrerlieder, zu Ehren des Hemeterius und Celidonius, behandelt das Märtyrerthum zweier Spanier. Es sind das, wie es scheint, dieselben, die Peristeph., 4, 31, ausserdem auch von der mozarabischen Liturgie erwähnt werden. Sie werden als Calagurritonen genannt, wahrscheinlich nach dem Orte ihres Märtyrertodes, weil der Todestag,

---

[1] Die katholischen Archäologen rühmen die Fülle von für die christliche Alterthumswissenschaft wichtigen Notizen. Es sind dieselben unzweifelhaft vorhanden; die katholische Archäologie legt aber hierbei ein Hauptgewicht auf die verschiedenen Henkerscenen, die Prudentius mit grossem Realismus ausführt. Faustus Arevalus hat sogar seiner Ausgabe eine Anzahl von Abbildungen der von Prudentius beschriebenen Hinrichtungsarten in sehr schlechten Holzschnitten zugefügt, die von derselben Tendenz und wüsten Phantasie sind, wie jene Fresken, die Tempesta und Pomerancio an den Wänden der Kirche San-Stefano Rotondo in Rom ausgeführt haben, von denen Gregorovius nicht mit Unrecht sagt, dass sie die Phantasie eines Metzgers entworfen habe.

als Tag der Geburt zum ewigen Leben für wichtiger angesehen wurde, als der leibliche Geburtstag. Ferner werden die Vasconen, die heutigen Gascogner, als diejenigen genannt, unter welchen jene beiden das Märtyrerthum erlitten (vs. 94), und ebenso eine Stadt am Ebro als diejenige, die ihre Glieder aufbewahrt (vs. 117). Alles passt auf die Stadt Calagurris (Calahorra). Ueber den Geburtsort beider wissen wir nichts Bestimmtes. Die Tradition bezeichnet als ihre Vaterstadt die Stadt Legio, das heutige Leon, und nennt sie Söhne des Marcellus, eines Centurio, dessen achtzehn Söhne Märtyrer geworden sein sollen. Prudentius beklagt, dass die götzendienerische Wuth der Heiden auch die Bücher vernichtet habe, die das Heldenthum ihrer Leiden meldeten.[1] Nur so viel geht aus den Notizen des Dichters hervor, dass beide Märtyrer Brüder waren und im Heere dienten (vs. 34—39 und vs. 64—66), aber, zum Opfer gezwungen, den Dienst verliessen, um schliesslich Märtyrer zu werden. Dies, in Verbindung mit der Verbrennung der Bücher, weisst auf den Beginn der Diokletianischen Verfolgung hin, die, mit einer Anmuthung an die christlichen Soldaten, das Opfer zu bringen, begann, und die ihr Hauptabsehen auf Vernichtung der Bücher der Christen richtete.

In diesem Märtyrerhymnus finden sich die drei Stücke, die in allen andern Märtyrerhymnen ebenfalls als das Wesentliche hervortreten: das standhafte Bekenntniss zu Christo, der qualvolle Tod, und ein Wunder, das die Annahme des Märtyrers bei Gott bezeugt.

Prudentius preist Spanien, das gewürdigt worden sei, die heiligen Gebeine dieser Märtyrer sein eigen zu nennen, und beschreibt die Wallfahrten der Bewohner Spaniens und der Fremdlinge, an den Gräbern derselben ihre Gebete zu verrichten und mit Trost im Herzen erfüllt, zurückzukehren; denn ihre Bitte werde von den Heiligen zu den Ohren des ewigen Königs getragen, der seinen Zeugen nichts abschlägt. Darauf wird der Glaube dieser Zeugen gepriesen,

---

[1] O vetustatis silentis obsoleta oblivio,
invidentur ista nobis, fama et ipsa extinguitur!
chartulas blasphemus olim nam satelles abstulit.
Ne tenacibus libellis erudita secula
ordinem, tempus modumque passionis proditum
Dulcibus linguis per aures posterorum spargerent (vs. 73—78).

die weder Ketten noch Tod geschreckt hätten, den einen Gott zu bekennen, im Allgemeinen zugleich die Herrlichkeit des Märtyrerthums erhoben, das die vergänglichen Glieder selbst dem Tode darbietend, den Feind und den Tod zugleich besiege, durch Wunder dem Geiste die Pforten der Seligkeit öffne und im Blutquell ihn rein wasche. Weiter beschreibt der Dichter, wie beide Märtyrer die Fahnen Cäsar's verlassen und von dem blutigen Handwerk des Krieges sich abgewandt hätten, um das Kreuz zu wählen, von dem Drachenzeichen sich dem Zeichen zugekehrt hätten, dem der Drache unterworfen blieb.[1] Da habe der wilde Feldherr das Opfer vor den Götzenbildern verlangt und dem Glauben an Christus mit allen Marterinstrumenten den Untergang geschworen. Unerschrocken sei der Glaube geblieben, wie auch durch Schläge, Folter, Gefängniss die Wahrheit verfolgt, die Tugend ausgerottet worden sei. Auch die beiden Brüder wichen nicht ab, welche Leiden ihnen auch drohten, sie sprachen:

> Nomne Christo procreati mammonae dicabimur,
> et dei formam gerentes serviemus seculo?
> Absit, ut coelestis ignis se tenebris misceat.
>
> Sit satis, quod capta primo vita sub chirographo
> debitum persolvit omne functa rebus Caesaris.
> Tempus est Deo rependi, quidquid est proprium Dei.
>
> Ite, signorum magistri, et vos, tribuni, absistite:
> aureos auferte torques sanctorum praemia,
> clara nos hinc angelorum jam vocant stipendia.
>
> Christus illic candidatis praesidet cohortibus,
> et throno regnans ab alto dampnat infames deos,
> vosque, qui videnda vobis monstra divos fingitis (vs. 58 sq.).

Es erfolgt auf diese kühne Rede die Marter beider Bekenner: Einkerkerung, bis ihre Haare lang wuchsen und Geiselung. Da tritt das göttliche Wunder ein, das beide bezeugt, der Ring des einen, das Orarium[2] des andern wird zum Erstaunen aller zum

---

[1] Ueber das Drachenzeichen vgl. Anmerkung S. 73 und Martigny, Dict. des antiquités chrétiennes, p. 221.

[2] Das Orarium wird verschieden erklärt. Leo Magister, der Hauptcommentator des Prudentius im Mittelalter, nimmt es identisch mit sudarium. Doch

Himmel entrückt, und der Henker, der sie enthauptet, erblasst bei diesem Anblick. Der Dichter wendet sich darauf an das Geschlecht der Vasconen, das jene Märtyrer geopfert hat, und fragt sie, ob sie nun glauben, dass jener Märtyrer Seelen zu Gott erhoben seien. Er schreibt jene tolle Wuth, die die Heiligen damals mordete, den Dämonen zu, die, gleich Wölfen auf Lämmer, auf die Gemüther sich stürzen und den Menschen in die Wuth hineinquälen, dass er von unsichtbaren Ketten gefesselt, von unsichtbaren Geiseln gepeitscht wird. Aber die hohe Märtyrertugend bezwingt den Feind, der den Menschen inne hat; er kann die Beute nicht heimtragen, die er zu besitzen hofft. Er muss sie lassen und in den Höllenpfuhl zurückkehren, während Segen und Heilung von den Märtyrergebeinen ausgeht, die der Heiland selbst der von dem Ebro umspülten Stadt geschenkt hat, und, so begnadigt, möge jeder Gesegnete darum den festlichen Tag preisen.

Der zweite Märtyrerhymnus gilt dem heiligen Laurentius. Als Laurentius' Vaterland gilt nach mehrern Spanien, obschon Prudentius davon nichts erwähnt; andere suchen seine römische Herkunft zu beweisen. Wie aus unserm Hymnus hervorgeht, war er in Rom Archidiakonus:

Hic primus e septem viris,
qui stant ad aram proximi,
levita sublimis gradu
et caeteris praestantior (vs. 37 sq.).

Doch geht aus dieser Stelle nicht hervor, ob er den Vorrang vor den übrigen sieben Diakonen amtlich inne hatte, oder diesen Vorrang den Vorzügen seiner Persönlichkeit verdankte. Da er im Jahre 258 n. Christi starb[1], und zu dieser Zeit der Archidiakonen-

---

könnte auch von einem Gebetsmantel oder Gebetstuch nach Art der israelitischen Ephodiam die Rede sein, das die Christen möglicherweise von den Juden annahmen und das bei dem Klerus zu einem festen Kleidungsstück wurde. (Martigny, Dict. des antiqu., p. 478.)

[1] Fore hoc sacerdos dixerat
jam Xystus adfixus cruci
Laurentium flentem videns
crucis sub ipso stipite (Perist. 2, 24).

Bischof Sixtus II. (Xystus) ist 258 unter Kaiser Valerianus gestorben und nach unserm Gedichte Laurentius drei Tage nach ihm. Als Todestag des Lau-

rang als ein amtlich festgestellter noch nicht zu erweisen ist, ist das
letztere wahrscheinlich. Obgleich ein Fremder, wie es scheint, wurde
Laurentius doch der Lieblingsheilige der Römer, der, wie Petrus und
Paulus, als erster unter den Märtyrern eine Basilika erbaut erhielt.

Der Hymnus, 584 Verse enthaltend, beginnt mit einer Anrede
an Rom, das einst Tempel gegründet, Könige und Völker besiegt,
nun den höchsten Sieg, der ihm noch gefehlt, davontrage, den Sieg
über den Götzendienst, den, grösser als Cossus, Camillus und
Cäsar, Laurentius erstritten habe. Die bekannte Geschichte des
Laurentius, der von dem Präfecten aufgefordert, die Reichthümer
der Gemeinde herbei zu bringen, die Armen Roms, die mit diesen
Reichthümern erhalten wurden, herbeischaffen liess und für diesen
vermeintlichen Spott den Tod leiden musste, bildet den Inhalt.

Prophetisch habe der gekreuzigte[a] Bischof Sixtus II. Laurentius
den Tod drei Tage nach dem seinigen verkündigt, und es habe diese
Weissagung sich erfüllt. Prudentius schildert das Auftreten des Präfecten, der nach den Schätzen der Christen geizend, zuerst durch eine
scheinbar logische Argumentation den Laurentius, der in seiner Stellung
die Verwaltung des Kirchengutes inne hatte (vs. 41 sq.), zur Heraus-
gabe der Schätze überreden will. Die Christen beklagten sich über
die Verfolgungen der Heiden; er rede sanft und ruhig und wünsche
freiwilligen Gehorsam, er höre da von silbernen Kelchen, aus denen
heiliges Blut dampfe, von goldenen Lampen, von freiwilligen Spenden
und Güterverkäufen. Dieser Reichthum müsse in irgendeinem Winkel
der Kirche verborgen sein. Die Schätze brauche aber das öffentliche
Wohl, der Kaiser namentlich zu seinen Kriegen. Er sucht dann
den Laurentius mit einem christlichen Motiv zu bewegen. Christus
habe selbst gesagt: „Gebet dem Kaiser, was des Kaisers ist", und
es sei doch auch der Christen Geld mit des Kaisers Bild, nicht mit
dem ihres Gottes bezeichnet, auch habe Christus Geldmünzen nicht

---

rentius gilt nach den Martyrologien, die auf diesen Tag seine Station ansetzen,
der 10. August. Dem entspricht es, dass der Todestag Sixtus' II. am 6. August
gefeiert wird.

[a] Ueber die Todesart Sixtus' II. welchen die Berichte voneinander ab.
Nach der Ueberlieferung, die Prudentius benutzt und der auch d. officium Am-
brosii, L 1, c. 42 folgt, wurde er gekreuzigt. „Liber pontificalis" und das „Martyrologium roman." lassen ihn in der Katakombe des Prätextatus enthauptet und be-
stattet werden. (Vgl. Cypr. ep. ad Lucretium, 82).

vom Himmel heruntergebracht. Darum solle Laurentius, seinem Glauben folgend, das Geld herausgeben. Laurentius gesteht darauf den Besitz der Schätze ein; er setzt hinzu, sie seien gross und der Kaiser selbst besitze nicht so viel, als die Kirche. Er wolle ihm die gefüllten Kassen zeigen, doch bitte er erst um eine Frist, den Betrag genau aufzuzeichnen. Schon freut sich der Präfect der Aussicht auf die reichliche Beute. Er lässt mit Lobsprüchen den Laurentius von dannen ziehen. Dieser bringt indessen die Armen, Blinden, Lahmen, Aussätzigen, die Almosen von der Kirche empfangen, an allen Orten zusammen, schreibt ihre Namen auf und stellt sie vor der Kirche auf. Ungeduldig kommt der Präfect, des Geldes harrend; Laurentius lässt ihn anfangs in der Täuschung und reizt ihn mit der Aussicht auf das zu empfangende Gold. Als dieser nun, die unerwartete Schar der Elenden erblickend, Laurentius fragend ansieht, hält derselbe eine längere Rede, sein Verfahren zu erklären. Weshalb der Präfect diese verachte? Sei das Gold etwa besser? Er führt aus, wie es mit Schlamm und Schlacken vermischt zu Tage komme und geht auf seine unlautere Wirkung über. Das grosse Talent des Dichters für Sittenschilderung bewährt sich hierbei aufs neue:

> Aurum quod ardentes sitis,
> effossa gignunt rudera,
> et de metallis squalidis
> pacualis excudit labor;
>
> Torrens vel omnis turbidus
> volvens arenis implicat,
> quod terrulentum ac sordidum
> flammis necesse est decoqui.
>
> Pudor per aurum solvitur,
> violatur auro integritas,
> pax occidit, fides perit,
> leges et ipsae intercidunt (v. 189 sq.).

Wolle der Präfect den Glanz des wahren Goldes, unter den Menschen möge er es suchen. Und gerade jene Schwachen und Kranken seien Kinder des Lichts, weil in des Körpers Schwachheit der Geist um so ungehemmter sich entfalten könne, die Gewalt der Sinne und des Blutes geschwächt sei. Er selber zöge es vor, in äusserlicher Gebrechlichkeit zu wandeln, um nur im Innern ein um so schöneres Leben zu führen. Denn sei nicht das Verderben des Geistes furchtbarer, als alle Seuche des Leibes? Das sei der Unterschied zwischen den Christen und Heiden, jene seien, wenn auch äusserlich gebrochen, innerlich rein und gesund, aber unter der stattlichen Körperkraft der Heiden berge sich der Aussatz der Seele. Er fährt fort:

> Quemvis tuorum divitum,
> qui veste et ore praeniteant,
> magis probabo debilem,
> quam quis meorum est pauperum.
>
> Hunc, qui superbit serico,
> quem currus inflatum vehit,
> hydrops aquosus lucido
> tendit veneno intrinsecus.
>
> Ast hic avarus contrahit
> manus recurvas et volam
> plicans aduncis unguibus
> laxare nervos non volet.
>
> Istum libido fetida
> per scorta tractam publica
> luto et cloacis inquinat,
> dum spurca mendicat stupra (vs. 232—247).

In dieser Weise fährt Laurentius fort, die gesammten Laster des Heidenthums, als innere Krankheit, dem äussern Siechthum seiner Kranken gegenüberzustellen, und er macht den Beschluss damit, den Präfecten selbst um seines Götzendienstes willen krank zu nennen. Darauf geht er auf das Zukünftige über. Jene Elenden und Kranken würden verklärten Leibes in Purpurkleid und Krone in der Sternenburg des Vaters wandeln, während die Grossen der Welt in Lumpen und von Eiter und Aussatz bedeckt, ihrer eigenen Sünde Bild, dahinwandelten, und die Seele, die hier nur die äussere Schönheit gesucht habe, erscheine widrig und verzerrt. In diesen Kranken zeige er ihm die Schätze, die Motten und Rost nicht fressen, und wolle der Präfect prächtige Edelsteine sehen, so weise er ihn auf die gottgeweihten Jungfrauen und keusch gebliebenen Witwen. Das sei der Schatz, den er ihm biete, ein Schmuck für Rom, ein Reichthum für den Kaiser und ihn selbst. Der Präfect, vor Wuth schäumend, ruft aus, Laurentius wolle ihn verhöhnen und

glaube, wie ein Possenreisser ihm eine lustige Komödie vorspielen
zu können. Das sei die Achtung vor seinem Amte, der durch all-
zugrosse Milde vielleicht stumpf geworden sei! Bei seinem prahle-
rischen Worte, dass ihm der Tod Gewinn dünke, wolle er Laurentius
nehmen. Aber kein schneller Tod, eine langsame Pein solle ihm
beschieden, auf langsamem Kohlenfeuer solle er gebraten werden.
Gerade ihn, dem das Amt obliege, in der christlichen Lehre zu
unterweisen, solle die Strafe als warnendes Beispiel treffen, er wolle
ihm zeigen, was sein Vulkan vermöge. Laurentius wird auf den
Scheiterhaufen[1] gebracht; sein Antlitz glänzt gleich dem des Moses,
als er vom Sinai zurückkehrte, wie das des Stephanus, als er ge-
steinigt ward, wie das der im Bade der Taufe neu Erleuchteten.
Dagegen gleicht die Blindheit der Bösewichter, die ihr Auge dem
Lichte verhüllt, der ägyptischen Finsterniss, die die Heiden bedeckte,
während die Juden im Lichte blieben. Eine doppelte Wirkung
zeigt das verbrannte Fleisch, da es jenen übeln Dunst zuhaucht und
den Christen Wohlgeruch spendet; so erleuchtet das Feuer Christi,
das die Schuldigen brennt, die Reinen.

Als Laurentius auf der einen Seite geröstet worden, wird er
auf die andere unverletzte gelegt, die Marter aufs neue zu dulden.
Laurentius erhebt sich nun zu einem längern Gebete zu Christus
für Rom. Wie Christus es gefügt habe, dass unter den Grossen
Roms die verschiedenen Völker von mannichfaltigen Sitten und
Bräuchen sich vereinigten, so möge er auch geben, dass dieses ver-
einte römische Reich an Haupt und Gliedern endlich christlich
werde; noch aber seien die Römer von den aus Troja eingeschleppten Irrthümern gefangen, Vesta, Sterculus, Janus, Saturn und
die Penaten hätten ihre Verehrer im Senat. Dass es anders werde,
dafür sind Bürgen Paulus, der Heidenberufer, Petrus, der Himmels-
pförtner, und ihr Martyrium, unter Nero erduldet, bedeute das
Ende der Herrschaft Jupiter's. In den letzten Zügen bereits erhebt sich Laurentius zu einer Vision: er sieht einen künftigen Fürsten
die Tempel schliessen, die Opfer hemmen, dass die Marmorhallen

---

[1] Die Worte: „Decumbe digno lectulo" (vs. 354), und dann „Converte
partem corporis satis crematam jugiter" (vs. 401 sq.), weisen auf die Rostmarter
des Laurentius. Ein römisches Martyrologium weicht davon ab, indem es vom
Kochen des Laurentius in einem Kessel redet.

und die ehernen Bilder nicht durch Götzendienst entweiht, rein dastehen.¹ Die entseelte Hülle des Märtyrers wird nunmehr begraben; aber sein Tod wirkt mächtig zur Minderung des Götzendienstes, und die Waffe gegen ihn geführt, fällt auf der Verfolger Haupt zurück. Vesta's Heiligthum wird verlassen, die ehemaligen Priester heidnischer Gottheit wandeln zu der Apostel Gräber, Kinder werden von ihren Aeltern Gott geweiht, und das Claudische Haus, das früher seine Glieder der Vesta weihte, betet am Heiligthume des Laurentius an. Prudentius preist die Römer, denen dies vergönnt ist, während ihn und seine Landsleute in Spanien Flüsse und Berge davon trennen. Kaum wisse man es, wie viel der Heiligen und wie viele der Gräber der Märtyrer man in Rom verehre. Ihnen bleibe nur übrig, zum Himmel aufzuschauen, und die Wohnung des Geistes des Laurentius dort zu suchen, wo er als Bürger der ewigen Stadt die Krone trage. Im Geiste preist er den Märtyrer als Consul des himmlischen Rom. Seine Macht daselbst beweisen die Gebetserhörungen an seinem Grabe. Immer möge er den Angehörigen seiner Stadt nahe sein, er möge auch auf ihn, den einfachen Dichter hören, der seine Fehler frei eingestehe, der wohl wisse, dass nur der Märtyrer Fürbitte ihn der Erhörung werth mache. Das Gedicht schliesst mit dieser Bitte für sich selbst:

> Audi benignus supplicem
> Christi reum Prudentium,
> et servientem corpori
> absolve vinclis seculi.

Der dritte Hymnus gilt dem Martyrium der heiligen Eulalia. Eulalia ist ebenfalls eine spanische Heilige, aus der Stadt Emerita, das heutige Merida in Lusitanien, an den Ufern des Guadiana, wo sie im Anfang des 4. Jahrhunderts das Martyrium erlitt und ihr Todestag am 9. December gefeiert wurde. Daneben feiert noch Barcellona eine heilige Eulalia am 12. Februar², von deren Ge-

---

¹ Unschwer erkennt man hier dieselben Argumentationen wieder, die bereits gegen Symmachus vorgebracht worden sind. Uebrigens sind die Meinungen verschieden, wer gemeint sein könne; die meisten denken an Konstantin, Dressel hingegen an Theodosius, weil von ihm das volle Verbot des Heidenthums ausgegangen sei.

² Ausserdem wird von dem antwerpener Martyrologium auch eine römische Eulalia am 11. December, und eine Eulalia von Almeria in Spanien am 12. De-

beinen die Bollandisten und andere meinten, dass sie nach Italien
übertragen worden seien. Die Anhänger derselben behaupteten,
dass das Gedicht des Prudentius, die Hauptquelle für diese Heilige,
der barcellonischen Eulalia gelte und durch einen aus dem schon
im ersten Hymnus von Prudentius beklagten Verluste der Märtyrer-
acten (vs. 73—81) entstandenen Irrthume auf die Eulalia von Emerita übertragen worden sei, indessen existirt dafür kein Grund, ausser
der Wunsch von Barcellona, nähere Notizen über ihre Heilige zu
besitzen.

Eulalia wird von dem Dichter geschildert als eine zwölfjährige
Jungfrau von edelm Geschlechte. Schon als kleines Kind den Spielen
der Kindheit abhold, hatte sie auf immer der Ehe entsagt, verschmähte Blumen und Putz und lebte in Sitten, wie eine Greisin.
Die Verfolgung und der Versuch, die Christen zum Opfer zu zwingen, reizt sie, das Martyrium zu suchen. Ihre Aeltern, die das
gefährliche Vorhaben voraussehen, suchen sie in ländlicher Abge-
schiedenheit zurückzuhalten, aber sie entfernt sich heimlich zur
Nachtzeit und gelangt auf Seitenwegen durch Disteln und Dornen
mit blutigen Füssen in die Stadt, von einem himmlischen Lichte
geführt, wie die Israeliten von der Feuersäule in der Wüste. Sie
drängt sich, sobald sie angekommen ist, zum Richter, gibt sich als
Christin an und schmäht die heidnischen Götter und den Kaiser
Maximianus, jene als Werk, diesen als Verehrer des Werkes von Men-
schenhand. „Möge Maximianus", ruft sie, „sich durch seinen Götzendienst selber entehren, warum aber quält und tödtet er die Christen?"
Sei das die Weise eines gerechten und gütigen Fürsten, die Unschuld
zu ermorden? Nun möge er denn auch gegen sie wüthen mit Feuer
und Schwert, die irdischen Glieder vernichten, die Pein des Leibes
werde nicht ins Innere dringen. — Der Prätor fühlt Mitleid mit ihrer
Jugend und sucht sie zu retten, redet ihr von den Freuden der
Ehe, von dem Schmerz ihrer Aeltern, wenn sie sterbe, schildert ihr
die Martern der Zerfleischung und Verbrennung, wenn sie auf ihrem
Sinn beharre. Mit der Berührung eines Körnchens Weihrauch,
eines Stäubchen heiligen Salzes könne sie der Qual entgehen. Sie

---

rember gefeiert. Die letztere ist wol die emeritanische und nur durch eine
Verwechselung der Namen Almeria und Emerita entstanden. (Vgl. Vetustius occidentalis eccles. Martyr. Hieronymo attributum, p. 1077.)

entgegnet damit, dass sie dem Prätor ins Antlitz speit, das Götzenbild zerschlägt, das heilige Mehlgefäss mit Füssen tritt. Da befiehlt der Prätor ihr die Brüste und Lenden mit der Klaue zu zerreissen. Sie nennt dies furchtlos eine Schrift Christi, die den Sieg des Herrn verkündige. Die Marter wird gesteigert, in die Wunden werden Feuerbrände gehalten, und ihr damit auch das Haar, das ihren Leib verhüllt, verbrannt. Sie stirbt, und ihre Seele steigt als Taube empor; die Brände verlöschen. Schnee fällt plötzlich auf den Marktplatz nieder. Die Peiniger entfliehen. Prudentius ruft ihr nach:

> Cedat amor lacrimantum hominum,
> qui celebrare suprema solent,
> flebile cedit et officium:
> ipsa elementa jubente Deo
> exequias tibi virgo ferunt (vs. 181—185).

Der Dichter beschreibt darauf ihr Grab in Emerita und erwähnt namentlich den mit Blumen in musivischer Arbeit gezierten Boden der Kirche, unter deren Altar sie ruht. Es endet der Hymnus mit einer Aufforderung an die Jünglinge und Jungfrauen Emeritas, das Grab mit Blumen zu schmücken, die auch der Winter nicht versage.[1] Er wolle dagegen einen Kranz schwacher und armseliger Verse darbringen. Sie, zu den Füssen Gottes gelagert, sehe auf ihr Volk, ihre Gaben und Gesänge mild herab.

Der vierte Hymnus ist von wesentlich anderm Charakter, er enthält eine Art von Verzeichniss der Heiligen, die in Spanien, und zwar meist unter Maximianus Herculeus, am Anfange des 4. Jahrhunderts, durch dessen Präfecten Datianus das Märtyrerthum erlitten haben, sowie der Städte, die ihre Asche bergen. Mehrere der hier erwähnten Märtyrer werden dann in besondern Hymnen ausführlicher gefeiert. Die beiden Calagurritaner Hemeterius und Celidonius (vs. 31) sind bereits im ersten Hymnus, die heilige Eulalia (vs. 36—40) im dritten Hymnus besungen worden. Andere, wie Cyprianus (vs. 18), werden im dreizehnten, Fructuosus von Tarraco im sechsten, Vin-

---

[1]   Carpite purpureas violas
 sanguineosque crocos metite:
 non caret his genialis hiems,
 laxat et arva tepens glacies,
 floribus ut cumulet calathos (201—205).

centius im fünften Hymnus besungen. Die übrigen sind grösstentheils von geringerer Bedeutung, doch haben viele von ihnen in der mozarabischen Liturgie eine Stelle gefunden. Dem ganzen Charakter nach ist der Hymnus von geringerm poetischen Werthe, wenn schon anzuerkennen ist, dass er den spröden Stoff eines Heiligenkatalogs mit grosser Mannichfaltigkeit der Farben behandelt.

Die Anlage ist einfach die, dass die Städte, die die Asche der verschiedenen Märtyrer bergen, an dem Tage des Gerichts mit diesen köstlichen Gaben vor Gottes Thron treten und um dieser Asche willen Vergebung erlangen. Den Preis trägt Cäsaraugusta (Saragossa) mit achtzehn Märtyrern davon. Vorher werden die andern Märtyrer besitzenden Städte genannt. Karthago mit der Asche Cyprian's macht den Anfang[1], es folgt Corduba mit Acisclus und Zoëllus[2] und drei „Kronen", von denen unbestimmt ist, ob Männer oder Frauen gemeint sind.[3] Sodann folgt Tarraco mit einem Diadem von drei Edelsteinen, Fructuosus, Eulogius und Augurius[4], darauf Gerunda (Giron) mit den Gebeinen des heiligen Felix[5]; darauf Calagurris mit seinen beiden schon im ersten Hymnus

---

[1] Cyprian's Gedächtnistag war der 14. September, an dem sein Natalis mit dem des Bischofs Cornelius von Rom, der in der Crypte der Lucina im Callistcoemeterium begraben liegt, auch dort gefeiert wurde. Die engen Berührungen Spaniens und Afrikas vermögen wol den Prudentius, den Cyprian unter die spanischen Märtyrer zu zählen. (Vgl. Vetustius occid. ecclez. martyrol, p. 828 sq.; De Rossi Roma sotter. crist, Bd. I, Atl. tav. VI, wo auch das Bild des Cyprian mit dem des Cornelius zusammen dargestellt ist.)

[2] Acisclus am 18. November, Zoëllus am 27. Juni gefeiert. Beide fielen in der Diokletianischen Verfolgung. Vom Grabe des erstern werden wunderbare immerblühende Rosen erwähnt, die seine Heiligkeit bezeugen und die an seinem Festtage gepflückt werden. (Martyrol. Roman. und Vestust. orientalis eccles. martyrol. Hieronymo attribut, p. 976.)

[3] Tresque coronas (vs. 20). Ivo Magister denkt an die Heiligen Faustus, Januarius und Martialis, die allerdings das „Martyrol. Hieron." als Valentia angehörig anführt (p. 279). Dagegen Ruinart, Acta Martyrum ed. Galiura, III, 242 sq.). Cellarius an die drei Jungfrauen Agape, Chionia und Irene (siehe die Acten derselben Ruinart, Acta Martyrum, II, 400 sq.). Die Bollandisten sehen darin nur die den genannten Märtyrern verliehenen Kronen.

[4] Vgl. Hymnus 6.

[5] Ein wissenschaftlich gebildeter Mann, der im Anfang des 4. Jahrhunderts in Gerunda den Märtyrertod fand.

besungenen Blutzeugen, Barcellona mit Cucufatus[1], Narbo mit
Paulus[2], Arelate im narbonnensischen Gallien mit Genesius.[3] Augusta Emerita bringt die Asche der heiligen Eulalia, Complutum
das Blut der beiden Brüder Justus und Pastor.[4] Tingis (das heutige Tanger), in dem Spanien zinsbaren Mauretanien den heiligen
Cassianus, dessen Asche viel dazu beigetragen, die dortigen Heiden
zu Christen zu machen.[5] Prudentius übergeht hierbei noch andere
Städte, die mit einem, zwei, drei bis fünf Heiligen erscheinen, um
auf die hervorragendste Stadt, Saragossa, mit seinen achtzehn Märtyrern zu kommen, deren Zahl an die von Karthago und Rom, wie
der Dichter mit Stolz versichert, fast heranreicht, und deren Heldentod die Dämonen des Heidenthums besiegt und Saragossa zu einer
Stadt Christi gemacht hat.[6] Er nennt hierbei in erster Reihe den
Vincentius, den er aus der Zahl der Priester des Valerianischen
Hauses hervorhebt und im folgenden Hymnus noch besonders
feiert.[7] Er rühmt die Standhaftigkeit des Klerus von Saragossa,

---

[1] Vgl. „Vetustius occid. eccl. martyrol. Hieron. attributum", p. 324; das
Kloster St.-Denis bei Paris glaubt seinen Leichnam zu besitzen.

[2] Dieser Paulus wird als Bischof von Narbo am 22. März gefeiert. Die
Martyrologien geben auseinander, indem einige den Paulus, andere Paulinus anführen. (Vetustius. occid. eccl. martyrol., p. 393).

[3] Genesius wird ebenfalls von Rom in Anspruch genommen; als Exceptor
weigerte er sich, die Christen zu verfolgen, und ward dafür enthauptet (Martyr.
roman.). Seine Heiligkeit wird durch viele Krankenheilungen an seinem Grabe
bezeugt. (Vetust. martyr. Hieron. p. 777 sq.; Ruinart, Act. martyr. sincera, III, 251 sq.).

[4] Justus und Pastor wurden am 6. August gefeiert. Das „Martyrol. roman."
sagt über sie, dass sie als Knaben sich dem Christenthum zugewandt und unter
Datian wegen des Wegstossens der Bücher erwürgt worden seien. In der mozarabischen Liturgie findet sich ein auf sie bezüglicher Hymnus.

[5] Dieser Cassianus ist nicht der im neunten Hymnus besungene, sondern
nach dem römischen Martyrologium ein heidnischer Beamter, der von der Grausamkeit der Heiden angeekelt zum Christenthum übertrat und 303 das Märtyrerthum erlitt. (Martyr. roman. ad 3 Dec., und Ruinart, Acta martyrum
ed Galluri, II, 217.)

[6]   Nullus umbrarum latet intus horror,
       pulsa nam pestis populum refugit;
       Christus in totis habitas plateis,
       Christus ubique est.

[7] Es gab in Saragossa mehrere Bischöfe aus dem Hause des Valerius. Der
Klerus einer dieser Bischöfe, dem Vincentius als Diakon angehörte, zeichnete
sich, wie es scheint, durch Standhaftigkeit aus.

der bei den dort immer am heftigsten wüthenden Christenverfolgungen auch eine um so grössere Zahl von Märtyrern gestellt habe. Er zählt Vincentius unter sie, der, wenn er auch in einer andern Stadt, Sagunt, den Tod erlitten habe, doch dadurch, dass schon früher in Saragossa sein Blut geflossen sei, von den Einwohnern hoch verehrt werde[1]; und der, weil er in Saragossa als Knabe im Glauben geübt, zum Kampfe für denselben tüchtig geworden und dort am Beispiel der andern Märtyrer, als Jüngling den Glaubenstod zu suchen, begeistert worden sei, zu den Märtyrern von Saragossa gezählt werden müsse. Weiter nennt er unter den Märtyrern dieser Stadt die Jungfrau Enkrate, die, wie Eulalia, mit eisernen Klauen zerfleischt, nicht schnell getödtet, sondern mit zerrissener Brust in den Kerker zurückgebracht wurde und dort elend verschmachtete; ein Martyrium, das Prudentius mit schauderhafter Natürlichkeit beschreibt. Hierauf folgen achtzehn Märtyrer, die alle an einem Tage unter dem Präfecten Datian in der Diokletianischen Verfolgung den Märtyrertod erlitten: Optatus, Lupercus, Successus, Martialis, Urbanus, Quinctilianus, Julius, Fronto, Felix, Cäcilianus, Evotus, Primitivus, Apodemus und die vier sogenannten Saturniner[2], deren Namen des Versbaus wegen Prudentius nicht anführt[3] und

[1] Nonne, Vincenti, peregri necandus
martyr, his terris tenui notasti
sanguinis rore speciem futuri
morte propinqua? (vs. 87—93).

Es wird dies von einigen auf eine früher in Saragossa erlittene Marter des Vincentius, von Arevalus nach einem Epigramme des Bischofs Eugenius von Toledo auf ein Nasenbluten, das, als er von Saragossa fortgeführt wurde, ihm ankam, bezogen, ohne dass gesagt wird, ob dies Nasenbluten ein zufälliges, oder durch Misshandlung herbeigeführtes gewesen sei.

[2] Die Namen dieser Märtyrer stimmen genau mit dem „Martyrologium romanum" (ad XV cal. Maj.) überein, das dieselben als die Märtyrer von Saragossa anführt. Als die Namen der Saturniner gelten Januarius, Cassianus, Faustus und Matutinus.

[3] Quatuor posthinc superest virorum
nomen extolli renuente metro,
quos Saturninos memorat vocatos,
prisca vetustas.
Carminis leges amor aureorum
nominum parvi facit et loquendi
cura de sanctis otiosa non est,
nec rudis unquam (vs. 161—168).

die er sich tröstet im Buche des Himmels aufgezeichnet zu wissen. Hierzu rechnet der Dichter noch zwei Confessoren, Cajus und Cremens, die gemartert worden waren, ohne den Tod davonzutragen. Sie alle schlummerten unter dem ewigen Altare (Apokalypse 6, 9), und bäten für der Menschen Sünden. Prudentius fordert die Stadt auf, mit ihm gemeinsam ihrer Gräber Hoffnungszeichen, auf dass auch sie dereinst von den schweren Ketten des Leibes befreit würden, mit Thränen zu benetzen; Auferstehung und Leben würde auf solche Verehrung folgen.

Der fünfte Hymnus, zu Ehren des Gedächtnisstages des schon besprochenen heiligen Vincentius gedichtet[1], behandelt dieses Martyrium und die dabei geschehenen Wunder sehr ausführlich, ja mit ermüdender Breite.

Die Geschichte der Leiden des Heiligen leitet sich ähnlich wie die der Eulalia ein. Datian, der Präfect des Imperators Maximianus Herculeus, hat Vincentius, den vorzüglichsten der Diakonen von Saragossa, anfangs in Güte versucht, zum Opfer zu bewegen, und den „rohen" Dienst Christi zu verlassen. Vincentius besteht auf der Anbetung Gottes und Christi und nennt den Datian um seines Götzendienstes willen den Todten der Todten.[2] Nochmals sucht der Präfect mit der Drohung des Todes und mit Anspielung auf seine Jugend Vincentius zum Opfer zu bewegen. Vincentius verharrt auf seinem Bekenntnisse, das ihm Folter und Tod nicht entreissen könne, gibt den Vorwurf der Roheit dem Heidencultus zurück, der todte, vom Künstler geformte Götzen in den Tempeln mit Opfern

---

[1]
   Beate martyr prospera
   diem triumphalem tuum,
   quo sanguinis merces tibi
   corona, Vincenti, datur (vs. 1 sq.).

Das „Martyrologium romanum" zum 22. Januar führt das Gedicht des Prudentius an. Ruinart citirt die Acten des Vincentius, die sich gänzlich an das Gedicht des Prudentius anschliessen und wol als Quelle angesehen werden. Auffallend ist die Aehnlichkeit zwischen der Gestalt des Laurentius und der des Vincentius, was Amt, Haltung und Martyrium anlangt. Ebenso ist das Verhältniss beider zu ihren Bischöfen völlig übereinstimmend, endlich auch die Popularität die beide genossen. (Vgl. Ruinart, Acta Mart. III, 339 sq.)

[2] Nach den Acten des Vincentius werden er und sein Bischof Valerius vorgeladen, und Vincentius, als der Redegewandtere, führt das Wort.

verehren heisse, in welchen nur die zu allem Unrecht anspornenden Dämonen wohnten, die, Christo und seinem Reiche feindlich, doch seine Macht anerkennen und zitternd ihn bekennen müssten. Diesen christlichen Stolz will Datian brechen. Die Marter beginnt. Der Märtyrer wird erst zerfleischt, was er mit Lächeln und mit der Mahnung an die Henker, nur noch furchtbarer ihr Werk zu treiben, erträgt. Datian fordert die Henker zu schwererer Marter auf. Vincentius ruft ihm zu, dass, wenn er auch das schwächliche Gefäss des Leibes zerstöre, im Innern ein anderer Mensch still und ungefährdet lebe; diesen, der nur dem höchsten Gott gehorche, möge er zu zerschlagen und zu zerschneiden versuchen. Die Folter beginnt von neuem. Datian will, wenn Vincentius nicht zu opfern bereit sei, wenigstens die heiligen Bücher ausgeliefert erhalten. Vincentius' Antwort ist, dass das Feuer, in dem jener die Bücher vernichten wolle, ihn selber einst brennen werde; das göttliche Racheschwert werde seine Giftzunge treffen. Er nennt das Feuer von Sodom und Gomorrah, das Bild des Schwefelpfuhls, der einst dem Präfecten bestimmt sei. Der wüthend Gewordene lässt neue Foltern eintreten: einen Eisenrost mit Kohlen glühend gemacht und mit Salz bestreut, um den Vincentius zu braten. Um ihm den Blick nach oben zu rauben, wird er in ein finsteres Loch geworfen, seine Füsse werden in den Block gespannt, dem Rücken spitze Scherben untergelegt. Aber eine Engelschar erscheint und verwandelt die Scherben in Blumen; ein Engel ermuntert ihn, auszuharren und weist auf die baldige Erlösung durch den Tod und die Krönung durch Christus hin. Die Wächter, die das Wunder wahrnehmen, hinterbringen es Datian. Vincentius, dessen Wunden von den Gläubigen geküsst, dessen Blut aufgetrocknet wird und dessen Wunder selbst den Kerkerwächter zum Glauben bringt, schlummert auf dem Blumenlager zum Tode ein und wird von den Himmlischen, namentlich von Johannes dem Täufer, der gleich ihm gefangen war, in den Wohnungen des Lichts begrüsst. Der Tyrann sucht nun den Leib zu vernichten. Er setzt ihn den wilden Thieren aus, aber sie berühren ihn nicht, und ein Rabe, der Vogel des Elias, vor dem auch der räuberische Wolf entflieht, hält bei ihm Wache. Datian, in seiner Ohnmacht knirschend, befiehlt als letztes, ihn in einen Sack genäht ins Meer zu werfen, um entweder von den Fischen gefressen, oder von den Klippen zerstossen zu werden. Das Geheiss wird erfüllt, aber die Gotteskraft, die einst Christum auf dem Meere wandeln liess, das Volk Israel durch das Todte Meer führte, lässt die Leiche, trotz des Steines, der an ihr befestigt ist, nicht sinken. Der Leichnam schwimmt an das Gestade zurück, und umsonst bemühen sich die ihn aufs Meer gefahren haben, ihn zu erreichen. Am Gestade wird er begraben und beweint. Als die Feinde Christi besiegt worden sind, wird dem Vincentius eine Kirche erbaut. Prudentius ergeht sich hierauf darin, die Greuelthat hervorzuheben, die in dieser Mishandlung des Leichnams liege. Man habe den sieben Brüdern die Zunge ausgeschnitten, den Jesaias zersägt, aber einen Leichnam vor die Vögel, in die Fluten zu werfen, sei niemand eingefallen. In dieser doppelten Gewaltthat, an ihm vollbracht, gewinne der Heilige einen doppelten Kranz. Der Dichter ruft bei allen Einzelheiten seiner Marter den Heiligen an, sich der Gläubigen bei Christus anzunehmen. Mild möge er der ihn Feiernden gedenken, bis die Zeit komme, wo der Geist, mit dem Fleische neu vereint, die Herrlichkeit in alle Ewigkeit erbe.

Auch der sechste Hymnus gilt drei, schon im vierten Hymnus erwähnten Märtyrern, dem Bischof Fructuosus von Taraco und den beiden Diakonen Augurius und Eulogius. Der Gedenktag derselben, die im Jahre 259 unter Gallienus das Martyrium erlitten, war der 21. Januar, davon weicht die mozarabische Liturgie ab, die den Natalis auf den 14. Februar verlegt.[1] Zweifelsohne verdankt auch dieses Gedicht dem Gedenktage der Heiligen seine Entstehung.

Fructuosus und seine beiden Diakonen, die Zierden von Taraco, nunmehr an Christi lichtem Throne versammelt, werden zum Kerker geführt, und Fructuosus ermahnt die Gefährten zum standhaften Ausharren:

> Mecum state, viri, vocat cruentus
> ad paenam coluber Dei ministros:
> nec mors terreat, est parata palma.

> Carcer Christicolis gradus coronae est,
> carcer provehit ad superna coeli,
> carcer conciliat Deum beatis (vs. 22 sq.).

[1] Die Acten des Processes hat Ruinart zusammengestellt. Auch hier findet sich eine vollkommene Uebereinstimmung der Acten des Fructuosus mit dem ihm geweihten Hymnus des Prudentius bis auf die Einzelheiten. (Vgl. Ruinart, Acta Mart. II, 50 sq.)

Im Kerker, wo sie sechs Tage weilen, ertheilen sie die Taufe. Von dem Präfecten Aemilianus aufgefordert zu opfern, antwortet Fructuosus, wie die andern, mit dem Bekenntnisse zu dem einigen Gott und Christus. Sie werden infolge dessen zum Feuertod verurtheilt; und so streng sind sie in Beobachtung der kirchlichen Bräuche, dass, als ihnen der den Verurtheilten zuerkannte Labetrunk gereicht werden soll, sie den Becher, und zwar mit Berufung auf Christus, zurückweisen, weil die neunte Stunde, die Stunde des Endes der Faste, noch nicht gekommen sei:

>   Sic Christus sitiens crucis sub hora
>   oblatum sibi poculum recusans
>   nec libare volens sitim peregit (vz. 59—61).

Im Amphitheater wird ihnen der Scheiterhaufen bereitet. Als sich die Genossen bücken, dem Fructuosus die Schuhe abzuziehen, weist es der Bischof zurück und heisst sie, nicht weinen, da er für sie bei Christus zu bitten gehe. Wie Moses vor dem Dornbusche, löst er die Schuhe. Er preist dann das Los der Verbrennung als Verherrlichung, denn es gewähre Befreiung vom ewigen Feuer. Der Brand beginnt; aber die Bande der Hände lösen sich, um die kreuzweise Erhebung der Hände im Gebet zu gestatten. Wie die babylonischen Jünglinge stehen sie im Feuer, aber die Flamme, die jene verschonte, verzehrt sie; denn jetzt war der Tod durch Christus geheiligt. Ihr Flehen um baldigen Tod wird von der Gottheit erhört, und ihre Peiniger schauen ihnen den Himmel geöffnet und sie emporsteigen. Das Wunder bewirkt die Bekehrung der eigenen Tochter des Aemilianus, während ihr Vater in seiner Blindheit beharrt. Die Asche der Märtyrer wird mit Wein gelöscht und von den Christen in ihre Häuser getragen. Aber eine Vision von Engeln belehrt sie, die Asche zusammenzulassen und den dreien ein gemeinsames Grab zu bereiten. Entzückt preist der Dichter die dreifache Ehre, die damit der Stadt widerfahren ist, und freut sich des dreifachen Schutzpatrons, den sie gewonnen hat. Er schliesst daran die Aufforderung an Alt und Jung, Mann und Weib, in der Kirche die Helden zu besingen, und was am goldenen Dache widerklingt, das soll auch das Meer widerrauschen:

>   Hinc aurata sonent in arce tecta,
>   blandum litoris extet inde murmur,
>   et carmen freta feriata pangant (vz. 154—156).

Am Tage des Gerichts, so hofft der Dichter auch hier, werden diese Märtyrer die Stadt aus dem Brande der Hölle erretten, und Prudentius hofft Gnade und Linderung der eigenen Pein, weil er dieses Gedicht verfasst hat:

> Fors dignabitur et meis medelam
> tormentis dare prosperante Christo,
> dulces hendecasyllabos revolvens (vs. 160 sq.).

Einfach und von schlichter Frömmigkeit durchdrungen ist der siebente Hymnus auf Quirinus, Bischof von Siscia in Pannonien, jetzt Sissek, in Kroatien an der Sau gelegen. Ueber ihn berichten ausser Prudentius auch das Chronicon des Eusebius und das „Martyrologium romanum".[1] Neben beiden Zeugnissen bestehen noch andere Acten, angeblich von hohem Alter, die aber das Martyrium des Bischofs und die demselben vorhergehenden Wunder legendenartig ausführen.[2] Prudentius erwähnt, dass der Bischof unter Galerius das Martyrium erlitten habe[3], nicht durch Schwert oder Feuer, noch durch Zerfleischung, sondern durch Ertränken. Dass auch diese Todesart, obschon dabei kein Blut geflossen sei, die Märtyrerglorie biete, bezeugt der Dichter:

> Nil refert vitreo aequore,
> an de flumine sanguinis
> tingat passio martyrem;
> aeque gloria provenit
> fructu quolibet vivida (vs. 16—20).

Von einer Brücke, einen Stein um den Hals, wurde er in die Sau hinabgestürzt, aber trotz des Steines versinkt er nicht.[4] Schmerz-

---

[1] Chron. ed. Schöne, II, 189. Das „Martyrol. roman." zum 6. Juni stützt sich ganz auf Prudentius.

[2] So der Bericht bei Ruinart, „Acta mart.", III, 163 sq., in dem das einfache Factum des Ertränkens noch mit einer langen Reise, auf der mancherlei Wunder geschehen, eingeleitet wird. (Vgl. Rettberg, Kirchengeschichte Deutschlands, I, 165 fg.)

[3] Eine Differenz besteht in den verschiedenen Quellen darüber, ob Quirinus unter Maximianus Daza oder Maximianus Galerius gelitten habe. Doch lässt sich dieselbe nur für Galerius entscheiden, da Maximianus Daza Gouverneur des Orients war.

[4] In dieser Katastrophe stimmen alle Berichte überein. Die bei Ruinart angezogenen Acten lassen den Quirinus von Siscia aber vorher aus dem zweiten

lich steht seine Gemeinde am Ufer geschart, und als Quirinus ihr
Zittern und Beben wahrnimmt, erhebt er sein Haupt, ungeachtet
seiner Todesnoth, aus den Wellen, sie zu trösten und in dem Glauben
zu festigen, da er selbst das Weh des Todes überwindet. Der
Fluss aber trägt ihn weiter, und der Bischof fürchtet schon, dass
ihm die Märtyrerpalme entzogen werden solle. Da fleht er Christus
an. Auf die Wunder sich berufend, die Christus auf dem Wasser
gethan, sein Wandeln auf dem Galiläischen See, die Erhaltung des
Petrus über dem Wasser, als dieser auf Christi Geheiss auf den Wellen
ihm entgegenging[1], den Rückfluss des Jordan unter Josua, um den
Kindern Israels den Durchzug zu ermöglichen[2], erkennt er auch
darin, dass er nicht untersinkt, sondern von des Flusses Wellen getragen wird, ein Wunder der Kraft Christi. So meint er, nun sei
die Kraft Christi bewährt vor den Heiden, und er flehe jetzt um
Abberufung seines Geistes. Das, was Christus ihm, den er durch
das Wunder so gnädig bezeugt, noch geben möge, sei das köst-
lichste vor allen, für ihn sterben zu dürfen. Das Gebet wird
erhört:

> Orantem simul halitus
> et vox deserit et calor,
> scandit spiritus ardua:
> fit pondus grave maximum
> corpus suscipiunt aquae (vs. 86—90).[3]

Pannonien nach Sabaria zu dem Prinzen des ersten Pannonien Amantius führen,
nachdem er vorher peinlich befragt und geschlagen worden ist. Im Gefängnisse
bekehrt er den Wächter. Unterwegs fallen ihm, während er die Gläubigen
segnet, die Ketten von den Händen. Der Präfect versucht ihn nochmals zu
überreden, und nun erst kommt das Ertränken. Die im 12. Jahrhundert ver-
fassten „Quirinalia" des Mönches Metellus machen Quirinus zu einem Sohne des
Kaisers Philippus, der ermordet und in den Fluss geworfen und bis nach Lyka-
onien geschwommen, von wo er dann nach Rom gekommen sei. Das Martyrium
des Ertränkens hat hier eine Verwechselung hervorgerufen und eine ganz neue
Gestalt schaffen lassen. (Siehe Rettberg, Kirchengeschichte Deutschlands, II,
263 fg.)

[1] Matth. 14, 30.

[2] Jos. 4, 7 u. 18. Josua zählt nach der Namensgleichheit zu den alttestamentlichen Typen Christi.

[3] Der Bericht der „Acta Sanctorum" lässt den Körper des Quirinus bei dem
Einfall der Barbaren in Pannonien nach Rom schaffen, wo er in der Kalixt-
katakombe begraben sein soll. Es finden sich daselbst in der Krypte der heiligen Cäcilia drei Heiligengestalten gemalt, die nach de Rossi aus dem 5. Jahr-

Der folgende, achtzehn Verse lange achte Hymnus: „De loco, in quo martyres passi sunt, nunc baptisterium Calagurri", scheint eine Inschrift für das betreffende Baptisterium zu sein; der Zusatz „Calagurri" fehlt in den ältesten Editionen. Man hatte deshalb manche Vermuthungen über die betreffende Localität aufgestellt. Die Erwähnung zweier Märtyrer liess an Petrus und Paulus in Rom denken und Chamillard bezog die Stätte auf das mamertinische Gefängniss in Rom, wo Petrus gefangen gesessen, und wo er den Processus und Martialis getauft haben soll. Dagegen lässt sich einwenden, dass kaum der Dichter zwei so hervorragende Männer, wie die Apostelfürsten, ohne Nennung des Namens angeführt haben würde, sodann, dass Paulus nicht im mamertinischen Gefängiss gesessen, Petrus wenigstens dort nicht das Märtyrerthum zu erdulden hatte. Ausserdem bemerkt Arevalus mit Recht, dass, wenn Petrus den Processus und Martialis im mamertinischen Gefängniss getauft habe, dies noch immer nicht passe; denn es ist von einem zur Zeit des Dichters im Gebrauche befindlichen Baptisterium die Rede, und dies war in Rom das des heiligen Johannes im Lateran, während im mamertinischen Gefängniss keines existirte. Die Verlegung der Stätte nach dem schon öfter erwähnten Calagurris löst die Schwierigkeit. Wir haben hier die Leidensstätte der beiden Stadtmärtyrer Celidonius und Hemeterius, die zum Baptisterium geworden war, und Prudentius als Spanier hatte um so mehr Veranlassung, diesen heiligen Ort in einer vaterländischen Stadt zu verherrlichen. Der Inhalt ist sehr einfach, wie es eben einer Inschrift ziemt. Das vergossene Märtyrerblut und das Wasser der Taufe werden nebeneinander gestellt, beide mit ihrer sühnenden und reinigenden Kraft. Beide eröffnen

---

hundert stammen, also wahrscheinlich von Sixtus' III. Restaurationen herrühren. Die damgefügten Namen bezeichnen sie als Policamus, Sebastianus und Curinus, deren Leiber hier zusammen begraben sind; der Name Curinus ist nach de Rossi kein anderer Name, als Quirinus. Erhebt das Vorhandensein dieses Bildes eine Bestattung des Quirinus an dieser Stätte auch nicht zur unzweifelhaften Gewissheit, so wird doch eine solche dadurch wahrscheinlich gemacht und der Tradition eine Bestätigung gegeben. (de Rossi, Roma sotteranea, II, 119; Atl. tav., 7.) Laut einer Urkunde von 804 fand eine Uebertragung des Leibes des Quirinus nach Kloster Tegernsee im Sprengel Freisingen statt, deren Otto II. 979 gedenkt. Ein Mönch Metellus verfasste ihm zu Ehren im 12. Jahrhundert Gedichte: „Quirinalia", die aber eine fortgeschrittene sagenhafte Verdunkelung der Legende bezeugen. (Rettberg, Kirchengeschichte Deutschlands, II, 364.)

den Weg nach oben, das Blut den gekrönten Zeugen, das Wasser
den heilsdurstigen Seelen; der göttliche Geist, der jenen die Palme
gereicht hat, spendet diesen Versöhnung. Blut und Wasser führen
den Dichter auf die Blut und Wasser entsendende Seitenwunde Christi.
Christi Wunden sind es somit, die beide vereinigen, jene, indem sie
ihr Blut vergossen, diese, indem sie mit Wasser übergossen werden.
Das einfache Gedicht ist charakteristisch dadurch, dass jedes
Distichon die Parallele zwischen Wasser und Blut aufs neue
wiederholt.

Der neunte Hymnus berichtet die Marter des heiligen Cassianus
von Forum Cornelii, dem heutigen Imola. Die übrigen Berichte über
dasselbe sind unserm Gedichte entlehnt. Cassianus ist nicht der
tingitanische Märtyrer, den Prudentius Perist. 4, 45 anführt. Ebenso
wenig bestätigt sich die Ansicht des Baronius, dass er aus Brixen
gebürtig und von da vertrieben, nach Imola gekommen, dort Bischof geworden sei; auch sein Episkopat daselbst beruht auf keinen
sichern Zeugnissen. Aus Vers 31 wurde abgeleitet, dass sein Martyrium unter Julian Apostata falle, und zwar eine Bestrafung dafür gewesen sei, dass er den Unterricht der Kinder, der von Julian den Christen
entzogen wurde, fortgetrieben habe. Es ist dabei weniger an eine
Verfolgung im alten Sinne zu denken, sondern mehr an eine tückische
Rache gegen das aufgeblühte und zur Herrschaft gelangte Christenthum, wie denn auch die ganze Art des Martyriums diesen Charakter trägt. Dagegen aber, dass das Martyrium des Cassianus
unter Julian stattgefunden habe, sprechen verschiedene Gründe.
Einmal wird (vs. 32) als Ursache der Marter angegeben, dass
Cassian zu den Göttern zu beten verweigert habe, was auf die Zeit
der frühern Verfolgungen hinweist. Sodann sind auch die Worte
des Aedituus, der dem Prudentius die Geschichte des Cassian, wie
sie sich im Bilde dargestellt findet, erzählt:

Historiam pictura refert, quae tradita libris
veram vetusti temporis monstrat fidem (vs. 19 sq.),

ein Zeugniss dagegen. Hätte das Martyrium unter Julian stattgefunden, so hätten nicht alte Bücher davon berichtet, sondern die
Zeugen hätten noch leben können. So gehört denn das Martyrium
Cassian's einer frühern Zeit an, und vielleicht in eine Verfolgung
des 3. Jahrhunderts.

Der Dichter schildert einen Besuch, den er bei einer Reise nach Rom in Imola gemacht, bei welcher Gelegenheit er auch das Grab Cassian's besucht und daselbst gebetet habe. Als er an alle Schmerzen und Wunden seines Lebens sich daselbst erinnert, habe er sein Auge aufgehoben und ein Bild erblickt, den Märtyrer darstellend, von unzähligen kleinen Wunden durchbohrt, um ihn her eine grosse Anzahl von Knaben, die mit ihren Tafelgriffeln seinen Leib durchstechen.[1] Der Kirchdiener habe ihm darauf erzählt, dass sich das in Wahrheit so verhalte, und der Glaube alter Zeiten hier nur dargestellt sei, wie er aus Büchern überliefert werde. Cassianus habe die Jugend unterrichtet als ein Lehrer der Wissenschaften und habe die Schüler veranlasst, das Gelehrte auf ihre Tafeln aufzuzeichnen. Die Schüler hätten, wie die Jugend sei, den Zwang des Lernens, die Zucht der Schule ungern ertragen; und die Strenge des Cassianus wird dabei besonders erwähnt. Bei dem ausgebrochenen Sturme der Verfolgung habe man den Cassian, der den Göttern Ehre darzubringen sich geweigert hätte, ergriffen, und die Henker hätten folgende sinnreiche Qual ihm erdacht: ihn, der bisjetzt die Schüler schreiben gelehrt und sie gezüchtigt habe, den Schülern preiszugeben, dass sie wegen früher verhängter Strafen an dem Lehrer sich rächten. Der Beschluss wird ausgeführt, mit gebundenen Händen Cassian in die Mitte der Schüler gestellt, und hier beweist Prudentius wieder sein Talent für Einzelschilderungen, indem er den Angriff der wüthenden Brut auf den Wehrlosen darstellt, die ihren grausamen Muthwillen an ihm auslassen.

>Conjiciunt alii fragiles inque ora tabellas
>frangunt relisa fronte lignum dissilit.
>Buxa crepant cerata, genis impacta cruentis,
>rubetque ab ictu curta et humeris pagina.
>Inde alii stimulos et acumina ferrea vibrant,
>qua parte aratis cera sulcis scribitur,
>et qua secti apices abolentur et aequoris hirti
>rursus nitescens innovatur area.
>Illinc foditur Christi confessor et inde secatur:
>pars viscus intrat molle, pars scindit cutem.

---

[1] Die Handschrift von Bongars stellt die Marter des Cassianus in Miniaturen dar, auf einem Bilde Cassianus in der Mitte seiner Schüler und sie belehrend, auf dem andern Cassianus von den Griffeln derselben durchstochen.

Omnia membra manus pariter fixere ducenae,
totidemque guttae vulnerum stillant simul.
Major tortor erat, qui summa pupugerat, infans,
quam qui profunda perforarat viscera.
Ille levis, quoniam percussor morte negata
saevire solis acit dolorum spiculis;
hic quanto interius vitalia condita pulsat,
plus dat medelae, dum necem prope adplicat (vs. 47—64).

Verzweifelt ruft der Lehrer, sie möchten stärker stossen und
Grausamkeit solle der Schwäche der Jahre zu Hülfe kommen.[1]
Doch die Qual wächst, je milder die Quäler werden; dazu ertönt giftiger Hohn: er selber habe den Schülern ja den Griffel in die
Hand gegeben. Die Zeichen, die sie weinend gelernt, gäben sie ihm zurück. Nicht bäten sie ihn jetzt um die früher von ihm oft verlangten Ferien. Sie wollten jetzt punktiren und ritzen. Er möge
die Fehler verbessern, den schlagen, der sich jetzt träge in seiner
Arbeit erweise. Endlich erbarmt sich Christus des Gequälten und
sein Leben endet:

> Tandem luctantis miseratus ab aethere Christus
> jubet resolvi pectoris ligamina:
> difficilesque moras animae ac retinacula vitae
> relaxat artas et latebras expedit.
> Sanguis ab interno venarum fonte patente,
> viae secutus deseris praecordia,
> totque foraminibus penetrati corporis exit
> fibrarum anhelans ille vitalis calor (vs. 85—92).

Der Kirchdiener hat damit seine Erklärung des Bildes beendet
und versichert den Dichter, wenn er irgendeinen Wunsch und eine
Hoffnung habe, der Märtyrer höre sie und sei im Stande sie zu
erfüllen. Der Dichter gehorcht und trägt seine Wünsche und Befürchtungen vor, legt dem Heiligen seine Hoffnungen und das Schicksal seines
Hauses ans Herz und kehrt erhört zurück, um Cassianus zu preisen.
Der zehnte Hymnus auf den heiligen Romanus ist das längste
unter allen Gedichten des Prudentius, es umfasst 1140 Verse. Wegen
dieser Ausdehnung und des dieselbe bedingenden Inhaltes — es

---

[1] Auf jene Qual, die eben durch die Schwäche seiner Peiniger dem Cassianus bereitet wird, weist das „Martyrol. roman.": „quorum quanto infirmior erat aetas et manus eorum: tanto graviorem faciebant martyrii poenam."

enthält einen apologetischen Abriss des gesammten christlichen Glaubens und eine damit zusammenhängende Bekämpfung des Heidenthums, für die die Martergeschichte des Heiligen nur den Rahmen bildet — findet sich dieser Hymnus in einigen Codices aus dem Buche Peristephanon herausgenommen und besonders gedruckt. Andere wieder weisen ihm die letzte Stelle unter den übrigen Märtyrerhymnen an. Eine Aussonderung von den übrigen Hymnen des Peristephanon ist jedoch ohne Grund.[1] Wenn auch der eigentliche Marterbericht nur das Gerippe für das Ganze bildet und gegen die Reden des Romanus zurücktritt, so gehört er doch in denselben Kreis von Darstellungen, wie sie die Märtyrerhymnen bieten, ebenso gut wie der zweite Hymnus zu Ehren des Laurentius, und der fünfte zu Ehren des Vincentius, die ebenfalls von bedeutender Ausdehnung und mit längern Reden der Märtyrer über den christlichen Glauben unterwebt sind. Ueberhaupt hat der genannte Hymnus mit dem fünften auf Vincentius viele Aehnlichkeit, nur dass die Reden noch ausgeführter, die Martern noch furchtbarer, die Wunder noch glänzender berichtet werden.

Auch dieser Hymnus ist höchst wahrscheinlich zum Gedächtnisstage des Heiligen verfasst worden, der nach dem „Martyrologium romanum" auf den 18. November fiel. Ueber die Person des Besungenen hat ausser Prudentius auch Eusebius, in dem Abschnitte: „De martyribus Palaestinae", I, 2, einem Anhang zum achten Buche der Kirchengeschichte, berichtet[2], er nennt ihn Palästinenser von Geburt, und Diakonus und Exorcist der Kirche von Cäsarea. Zu Anfang der Diokletianischen Verfolgung nach Antiochia gekommen, entrüstet er sich über den Zudrang der Bevölkerung zu den Opfern der Götter und schilt das Volk in heftigen Worten. Zur Strafe dafür soll er den Feuertod sterben, und da ihm das Feuer nichts schadet, soll als eine neue Marter ihm die Zunge abgeschnitten werden. Indem er verkündet, dass denen, die für den Glauben duldeten, immer Gotteskraft gegeben werde, die die Schmerzen lindere, die Seele stärke, streckt er die Zunge dem Henker zum Abschneiden entgegen. Er wird dann ins Gefängniss geworfen, und als zum Jahresfeste der kaiserlichen Thronbesteigung alle Gefangenen freigegeben werden, allein zurückbehalten, in den Block gespannt und erwürgt.

---

[1] Vgl. S. 18.
[2] Vgl. Ruinart, Acta Mart., II, 327 sq.

Prudentius, an den sich das „Martyrologium romanum" anschliesst, weicht von diesem Berichte mannichfach ab. Er berichtet nur von Romanus' edler Geburt, aber erwähnt weder den Geburtsort noch den Aufenthalt, noch die Zeit des Martyriums des Romanus, die sich jedoch als dieselben mit den bei Eusebius erwähnten herausstellen; denn er nennt den Galerius als Imperator, und den Asklepiades als Präfecten, der unter Galerius damals Syrien verwaltete, unter denen Romanus das Martyrium erduldet habe. Ebenso finden sich noch andere Differenzen: es ist nicht die Strafpredigt über die zu den Opfern Eilenden, sondern der Widerstand, den Romanus den von Asklepiades die Kirchen zu zerstören Beauftragen leistet, der den Zorn des Präfecten und die Marter des Heiligen verursacht. Ferner beginnt das Martyrium bei Prudentius nicht, wie bei Eusebius, mit dem Scheiterhaufen, sondern mit Schlägen, Zerfleischung und Verrenkung, denen dann erst das Verbrennen und das Ausschneiden der Zunge folgt. Dazu flicht Prudentius noch das Martyrium eines kleinen Kindes ein, das von dem „Martyrol. romanum" Baralas genannt wird und nach furchtbaren Schlägen, von seiner Mutter durch das Beispiel der sieben Söhne, die unter Antiochus für den Glauben starben, zum Dulden ermuthigt, als Märtyrer stirbt, — eine Episode, die bei Eusebius fehlt. Dagegen erwähnt Prudentius nichts von der Befreiung der Gefangenen zu der Feier des zwanzigjährigen Thronbesteigungsfestes des Diokletian und der Zurückhaltung des Romanus, bei der derselbe seinen Tod fand.[1] Diese Differenzen erschienen Chamillard bedeutend genug, die Identität des von Eusebius und von Prudentius gefeierten Romanus zu bezweifeln und von zwei Romanus zu reden, die Prudentius durch Vermischung des über sie Ueberlieferten zu einem gemacht habe. Ueber jenen andern, von dem Diakonus zu Cäsarea verschiedenen Romanus, vermuthete man, dass es ein Mönch von Antiochien gewesen sei, einige versetzten ihn in die Zeit des Laurentius zurück. Ist die Differenz in den Berichten des Eusebius und Prudentius in einigen Stücken zuzugeben, so überwiegt doch die Identität in den Hauptpunkten, einmal in Betreff des Ortes, nämlich Antiochien, und in Betreff der Art des Martyriums, des Ausschneiders der Zunge. Der Geschichtschreiber und der Dichter handeln ohne Zweifel von

---

[1] Vgl. Vetustius occid. eccl. Martyr. Hieronymo attributum, p. 975 sq.

derselben Person, über die die Tradition nur in verschiedenen Eigenthümlichkeiten auseinanderging, namentlich aber sich ins Wunderbare verstärkte, sodass die Relation des Prudentius gegenüber der des Eusebius viel fabelhafte Zuthaten aufweist, ganz abgesehen von den längern Reden des Romanus, die sich bei Eusebius nicht finden.

Der Dichter geht von einer Anrufung des Romanus aus: Er, der, trotzdem ihm die Zunge, das „plectrum palati et faucium" ausgerissen worden, doch nicht zum Schweigen gebracht werden konnte, möge das Band des verstummten Mundes ihm lösen, da er bewiesen habe, dass Stumme reden könnten. Gestützt auf das Wort Christi an die Apostel: „Wenn sie euch aber führen werden in ihre Schulen und vor die Obrigkeit und die Gewaltigen, so sorget nicht, wie, oder was ihr antwortet, oder was ihr sagen sollt"[1], und auf dessen Zusage sich berufend, ihnen selbst dabei das rechte Wort zu geben[2], stellt er sich selbst als einen solchen dar, durch dessen Zunge Christus die letzte Wuthanstrengung des besiegten Dämons des Heidenthums, der, wie die vom Pfeile durchbohrte Schlange, in das immer tiefer dringende Eisen beisst und im Sterben um so giftiger wird, verkündigen werde. Prudentius geht damit zur Erzählung über, schildert das harte unversöhnliche Regiment des Galerius und sein Edict, das bei Todesstrafe die Verleugnung Christi verlangte, jenem Dämon vergleichbar, der ausrief: „O Jesu, bist du hergekommen uns zu quälen, ehe es Zeit ist?"[3] und der dann in die gergesener Schweine fuhr. Als Organ des Galerius habe der Präfect Asklepiades befohlen, das Volk von den Altären zu reissen und in Ketten zu schlagen und die christlichen Heiligthümer selbst zu zerstören. Romanus sei infolge dessen, die Seinigen zu ermuthigen, herbeige-

---

[1] Luc. 12, 11.
[2]   Evangelista scripsit, ipsum talia
    praecepta Messiam dedisse apostolis:
    Nolite verba cum sacramentum meum
    erit canendum, providenter quaerere;
    ego imparatis, quae loquantur, suggeram (vs. 16—20).

Prudentius citirt dabei nicht ganz genau, da Christus Luc. 12, 11, und in den Parallelstellen, Matth. 10, 19, Marc. 13, 11, nicht sowol sich, als vielmehr dem Heiligen Geiste das Eingeben der rechten Worte zuschreibt.

[3] Matth. 8, 29.

eilt, und habe die Christen in dem Vorsatze, lieber zu sterben, als
den Glauben zu verleugnen, bestärkt. Die abgeschickten Söldner verkündigen dem Präfecten die freudige Todesbereitschaft der Christen.
Dieser erräth in Romanus den Urheber solcher Kühnheit, und heisst
ihn gebunden vor sich führen. Romanus fügt sich dem, ja bietet
seinen Leib selbst der folternden Zerfleischung zur Verwunderung
seiner Peiniger dar. Es beginnt nun eine Stufenfolge von Martern,
die eigentlich nur die Abschnitte zwischen den ausführlichen Auseinandersetzungen des Präfecten und Märtyrers über die christliche
und heidnische Lehre bilden. Asklepiades nimmt das Wort zuerst.
Mit masslosem Zorn herrscht er den Romanus an: er sei der Aufwiegler des Volkes wider das Gesetz. Seinen Worten habe die
urtheilslose Menge Glauben geschenkt und wolle für die Ewigkeit den
Tod erleiden. Er sei deshalb verantwortlich für die Verurtheilungen
zum Tode, die ob dieses von ihm angestifteten Verbrechens willen
über das Volk ergehen müssten; er werde ihr Henker. Alle Strafe dafür,
ihn, den Präfecten, zur Hinrichtung so vieler gezwungen zu haben, solle
sein Haupt treffen (vs. 76 sq.). Romanus erklärt sich bereit, als Opfer für
das Volk zu sterben. Aber er beharrt darauf, dass den Götzen- und
Dämonendienern der Eintritt in die christlichen Heiligthümer versagt
bleibe, dass auch Asklepiades dieselben nicht betreten dürfe, ausgenommen wenn er, was Gott geben möchte, Christ würde (vs. 96 sq.).
Asklepiades antwortet mit dem Befehle, jenem die Eingeweide aus
dem Leibe zu reissen, und wird nur durch die Zuflüsterung seiner
Schergen, dass Romanus aus edelm Geschlecht stamme, dazu vermocht, die Strafe in Geiselung zu verwandeln. Mit der durch
bleierne Kugeln beschwerten Geisel gepeitscht, singt Romanus Lobgesänge und antwortet auf die von Asklepiades mit Rücksicht auf
Romanus' edle Abkunft gemachte Bemerkung, dass die Herkunft
einen Unterschied in der Art der Strafe wol bedinge, aber jeder
nach seinem Vergehen zu strafen sei, dass er durchaus nicht durch
das Blut seiner Ahnen einen Vorrang haben wolle; er kenne nur
einen Adel: die Nachfolge Christi. Mit Anklang an die Paulinische
Stelle: „Wir sind seines Geschlechts"[1], weist er hin auf die Abstammung aller von dem Einen Vater. Adelig sei der, der ihm
diene, unadelig der, der sich gegen ihn empöre, einen neuen Adels-

---

[1] Act. 17, 28.

rang aber verleihe es, der Zeugenehre gewürdigt zu werden und Wunden und Pein zu Gottes Ehre davonzutragen. Darum solle der Präfect seiner nicht schonen, mit allen Qualen gegen seinen Leib wüthen, damit er des wahren Adels nicht verlustig gehe, der sich eben nicht auf seine irdische Abstammung gründe. Hiermit geht er zu einer ausgedehnten Polemik gegen das Heidenthum über. Die Geringschätzung des eigenen Adels führt ihn zur Herabsetzung der römischen staatlichen Würden und Ehren. Die Würden der Consuln, der Senatoren gehen vorüber; der Aberglaube, der nach dem Vogelflug ausschaut, begleitet sie; der Adler des Triumphes wird ein Sinnbild des aufgeblähten Hochmuths des Triumphators, und dazu kommen das jammervolle Anbeten hölzerner Bilder, die abergläubischen Bräuche beim Feste der im schwarzen Steine verehrten idäischen Mutter, die von den Römern barfuss ins Bad begleitet wird, die Wettläufe Nackter am Lupercusfest, die die Betheiligten verächtlicher, als Sklaven machen. Er bricht in den schmerzlichen Ruf aus:

> Miseret tuorum me sacrorum et principum
> morumque, Roma, saeculi summum caput (vi. 166 sq.)

um zu einer Kritik der heidnischen Mysterien überzugehen. Er verkündet, dass ihn nicht der Wahnsinn, nicht der wilde Blick des Richters vor dem freien Bekenntniss zurückschreckten. Er und die Seinen sollten Götter und Göttinnen, die ganze unsaubere Familie anbeten, und doch sei von derselben nichts als Unzucht, Blutschande, Ehebruch zu berichten. Jeder Ort sei durch eine Göttersünde gezeichnet. In Delphi habe Apollo seinen Liebling, den Hyacinth im Diskusspiele getödtet und weide zur Strafe seiner Unkeuschheit des Admetos Rinder, während Hermes ihm seine Heerden sammt dem Geschosse raube. Cybele's Hain sei durch die Entmannung der Attys entweiht, und diese beklage nun den ihrer geilen Umarmung entrissenen Beischläfer. Und wende man sich zum Tempel des Jupiter, müsse dieser nicht von den römischen Gesetzen wider Ehebruch schwer betroffen werden? Saturn, der gepriesene Bringer des goldenen Zeitalters, sei er nicht geflohen vor Jupiter, der die Beschützer seines Vaters bestraft. Mars, musste er nicht durch Vulcan's Verehrung, Juno durch Hercules' Gottesdienst beleidigt werden? Wie über diesen Zwiespalt hinwegkommen? — Vielleicht könne man in

diesen Schilderungen dichterische Freiheit sehen, aber sie haben einen
tiefern Grund; es schmeichelten diese Mythen dem unsittlichen Geiste
der Heiden, während durch dieselben die Würde der Götter nur
geschändet werde. So sähe der Präfect mit Lachen auf dem Theater
die Liebesabenteuer des Jupiter spielen, erwärme sich an Venus'
Klage um den Adonis. Selbst die Erzbildwerke trügen die Spuren
des Lasters: der Adler des Zeus erinnere an die Entführung des
Ganymedes, die Gestalt der Ceres an den Raub der Proserpina,
Hercules an den weichlichen Dienst der Omphale. Und welche Fülle
von Aftergottheiten biete dazu noch Wald und Flur: Faunen, Priapen,
schwimmende Nymphen! Der Gottheit Würde müsse man im Wasser-
schilfe suchen. Asklepiades müsse selber über Tollheiten lachen, die
der Weinrausch eines Weibes ersonnen habe. Wolle er es ernsthaft
mit der Götterverehrung nehmen, so dürfe er sich nicht an gewisse
Hauptgötter halten, die Gottheiten Roms dürften ihm nicht höher
stehen als die Aegyptens. Wie Venus müsse er Affen, Krokodile,
Ibise, Hunde verehren. Ja, Schnittlauch und Zwiebeln müssten ihm
heilig sein, wenn er die Laren, die Gottheiten der Kochtöpfe anbete. Ein verführerisches Reizmittel für den Götzendienst sei die
Kunst; wohl seufzt Romanus über den bethörenden Zauber, den
der Meissel eines Myron und Polyklet ausgeübt und durch die
kunstvolle Bartkrause des Jupiter, durch Bachus' Locken, durch Minerva's Aegis die Gemüther hier in Angst gestürzt, dort zu frevler
Lust verführt hat. Er fragt ironisch, warum man jenen Künstlern
nicht selbst Altäre errichtet habe, die ja als Verfertiger die wahren Väter
der Götter seien, und endet seine Polemik mit der Frage an Asklepiades, ob er sich nicht schäme, diesen aus zerbrochenen Krügen,
Becken und Pfannen zusammengegossenen Gebilden zu opfern und
sich so den Hinterwäldlern gleichzustellen.[1] Er appellirt dabei an
das aristokratische Bewusstsein des gebildeten Mannes.

---

[1] „Non erubescis, stulte, pago dedite" (vs. 296); das „pago dedito" bezieht
sich weniger auf ein Opfern auf der Heide, wie Silbert will, sondern ist in dem
verächtlichen Sinne, wie paganus anfangs für die Bewohner der abgelegenen
Provinzen überhaupt, dann von seiten der Christen für die in dieser Abgeschlossen-
heit fortgesetzte Ausübung des Heidencultus gebraucht wurde, zu nehmen.
Die Bestätigung dafür liefern die Verse 300—309. Es involvirt, wie diese
Verse, in denen der heidnische Glaube den Ungebildeten zugewiesen wird, beweisen, den Vorwurf einer Hinneigung zur ungebildeten Borniertheit überhaupt.

> Ignosco satnis haec tamen vulgaribus,
> quos lana terret discolora in stipite,
> quos saepe fallax circulator decipit,
> quibus omne sanctum est, quod pavendum ranckiae,
> edentularum cantilenae susserint.
> Vos eruditos miror et doctos viros,
> perpensa vitae quos gubernat regula,
> nescire vel divina vel mortalia
> quo jure constent, quanta majestas regat
> quidquid creatum est, quae creavit omnia (v. 301 sq.).

Hiermit beginnt der apologetische Theil der Rede, der sich durch Schwung und Würde vor dem vorangegangenen polemischen vortheilhaft auszeichnet. Der Märtyrer beschreibt das Wesen Gottes des Ewigen, mit Gedanken und Blicken nicht zu Erfassenden, alles Menschliche Ueberschreitenden, Alles Erfüllenden und Ueberfüllenden, der da ist das Licht und der Urheber des Lichts, aus dem der Sohn erzeugt ward: Vater und Sohn ein Licht ausstrahlend, in der Einigkeit einer Gottheit bestehend, durch eine Kraft alles schaffend. Er geht weiter zu den einzelnen von beiden erschaffenen Dingen über, Himmel und Meer, Gestirne, Wind, Regen, Schnee, die Bildungen des Wassers und der Erde; sie alle vielgestaltig zusammengefügt, nicht durch mühsame Arbeit, sondern durch Befehl und Wort des Vaters.

Wie das Wesen der Gottheit, will er auch die Art ihrer Verehrung beschreiben, das Heiligthum in dem man ihr dienen, die Gelübde, die man ihr bringen soll, die Priesterschaft, die ihr genehm ist, die Opfer die sie fordert. Die Schilderung vollzieht sich in folgenden schönen Versen:

> Aedem sibi ipse mente in hominis condidit
> vivam, serenam, sensualem, flabilem,
> solvi incapacem posse nec destructilem,
> pulcram, venustam, praeeminentem culmine,
> discriminatis infimum coloribus.
>
> Illic sacerdos stat sacrato in limine,
> foresque primas virgo custodit Fides,
> innexa crines vinculis regalibus
> poscit lituri victimas Christo et Patri
> quas scit placere candidatas, simplices:

(Vgl. l. l, c. Symm. 449 sq., und die Anmerkung Dressel's, „Prudentii carmina etc.", zu Perist. 10, 396, p. 403.)

> frontis pudorem, cordis innocentiam,
> pavis quietem, castitatem corporis,
> Dei timorem, regulam scientiae,
> jejuniorum parcitatem sobriam,
> spem non jacentem, semper et largam manum.
>
> Ex his amoenus hostiis surgit vapor
> vincens odorem balsami, turis, croci,
> auras madentes Persicorum aromatum;
> sublatus inde coelum adusque tollitur
> et prosperatum dulce delectat Deum (vs. 346—365).

Wer immer dieser Lehre feindlich sei, widerstrebe auch dem rechten geheiligten Leben, wehre dem Himmelsfluge der Seele und lasse die Kraft der Weisheit nicht zur Geltung kommen.

Diese Worte bilden den Uebergang zu einem neuen Schelten auf das Heidenthum, das an die Erde gebunden, dem Verweslichen hingegeben, nur das Niedere im blinden Irrthum ins Auge fasse, ein Vorwurf, den Prudentius in der schon früher angewandten Weise ausführt und der gegen die Anbetung der geistigen Gottheit im irdischen Stoffe, sowie die Anbetung dieser Stoffe selbst sich richtet. Er schliesst mit der ernsten Mahnung, von dem schweren Unrecht gegen die tapfern und freien Christen abzustehen, die Liebe zur Wahrheit zu achten, die nichts schrecken könne, und der gegenüber selbst der Tod sich ohnmächtig erweise (vs. 371 sq.). Wüthend hat Asklepiades zugehört, jetzt bricht er aus und klagt sich selber bei Jupiter an, dass er diese Lästerung inmitten der Bilder der Götter schweigend hingenommen habe. Er versucht eine Art Widerlegung, indem er sich auf das Alter des Heidenthums beruft. Schon tausend Consuln hätten regiert, — der Zeit des Nestor ganz zu geschweigen — ehe das Christenthum entstanden sei. Als ein Neues sei es eingetreten, deshalb nicht ewig. Wo sei der Christengott gewesen, als Romulus die Siebenhügelstadt gegründet habe? Was Rom sei und gelte, verdanke es dem Jupiter Stator, deshalb sei es Brauch, ihm zu opfern, dass Sieg den römischen Waffen beschieden sei, und der Erdkreis Rom unterthan werde. Zum Opfer solle sich auch Romanus bereit machen, wenn er nicht augenblicklich den Tod erleiden wolle; sei doch ein Feind des Fürsten, wer das Heiligthum schelte.

Romanus antwortet, er werde für das tapfere Heer des Kaisers nur das Eine erflehen, dass es in der Taufe Christi dem Vater wiedergeboren werde und dass es den Heiligen Geist empfange, um den götzendienerischen Irrthum zu überwinden und das Licht der Ewigkeit zu erschauen, das man mit den Augen nicht erblickt, sondern nur mit reinen Sinnen aufnimmt; denn das Gleichartige vermag nur das Gleichartige zu erkennen.

> Pupilla carnis crassa crassum perspicit,
> et res caduca, quod resolvendum est, videt;
> liquidis videndis aptus est animae liquor,
> natura fervens sola ferventissimae
> divinitatis vim corruscantem capit (vs. 436—440).

Dass dies Licht den Kaiser erleuchte, sei sein inniger Wunsch, dadurch werde er allein zu seinem Kaiser; solange er dem christlichen Namen Widerstand leiste, sei er sein Kaiser nicht.

Der Präfect fragt darauf wüthend seine Diener, warum sie dem frechen Redner nicht die Eingeweide und damit die Lästerung schleudernde Seele herausrissen? (vs. 44 sq.) Die Schergen kommen, in furchtbarer Weise ihres Herrn Befehl zu erfüllen; doch Romanus versichert, da jene schon im Zerfleischen matt werden, gelänge es ihm, den Präfecten der Wahrheit zu gewinnen, so schmerze ihn auch die Marter nicht, das allein schmerze ihn, dass der Präfect in seinem Irrthum befangen bleibe und dass er mit seinem Irrthume auch die dem Schauspiel Beiwohnenden gefangen halte. Diese Gefahr einer Verführung zum Irrthum veranlasst den Märtyrer, nur um so lauter sein Bekenntniss zu wiederholen:

> Christus paternae gloriae splendor, Deus
> rerum creator, noster idem particeps,
> spondet salutem perpetem credentibus (vs. 468 sq.).

Er geht darauf zu einer Schilderung der unsterblichen Seele über, vor der zwei Lose liegen, entweder im Lichte zu glänzen, oder in ewige Finsterniss zu versinken, je nachdem sie Christo folge, oder von ihm sich trenne. Der Preis sei zu prüfen, den man für die Ewigkeit einhandle. Wenn auch seine Glieder zerfielen, die doch zerfallen müssten, ob sie durch Feuer und Eisen zerstört würden, ob durch langes Siechthum sie dahinwelkten, das oft schmerzlicher quäle, als die ausgesuchteste Marter, das achte er nicht. — In beredter Weise vergleicht Romanus die Schmerzen der Folter mit denen der Krankheit, den Schmerz des Seitenstechens mit dem der

Zerreissung durch eiserne Haken, den Brand des Fiebers mit dem des Feuers, ja das blasenziehende Sengen der Haut in der Feuermarter mit der ärztlichen Anwendung des Glüheisens, die Wunde zu heilen. Das Ausrecken der Glieder auf der Tortur erscheint ihm um nichts schmerzhafter, als das Podagra. Das Thun der Henker und das der Wundärzte wird ihm so am Ende dasselbe. Beide schnitten Wunden ins Fleisch; darum, so mahnt er, sollten sich die Henker nur Wundärzte nennen, denn wie diese das faule Fleisch vom gesunden lösend heilten, so sei die Marter des Leibes eine Heilung der Seele. Das Fleisch sei ja durch und durch verdorben und verderblich, der Sitz aller bösen Lust und Leidenschaft. Um des Fleisches willen scharre man Gold zusammen, werde Putz und Schmuck aus der listig beraubten Natur bereitet; die Ueppigkeit mäste das Fleisch, des Fleisches Begier erzeuge tausendfache Sünde. Von diesem allen solle der Henker ihn heilen, dass durch das Abschneiden des Fleisches der Geist um so freier werde. Darum sollten die Umstehenden nicht erschrecken, er verliere nur, was alle verlieren müssten, Könige und Knechte, Arme und Reiche; denn alles Fleisch sei bestimmt zu verwesen. Nur die Furcht mache diese Schmerzen wirklich zum Leide, der freie Wille solle sie zur Herrlichkeit stempeln.

> Jactura vilis mordet et dampnum leve,
> si, quo cavendum est, perdere extimescimus.
> Cur quod necesse est non voluntas occupat,
> natura cur non vertit in rem gloriae?
> legale dampnum deputemus praemiis (vs. 526—530).

Welcher Art diese „Praemia" seien, führt der Märtyrer weiter aus: ewig währen sie, eine Wiederkehr zum Himmel und ein Anschauen des Lichts in der Wohnung Gottes bedeuten sie. An jenem Tage, da Himmel und Erde zergehen, die Sonne zur Erde niederfallen, der Mond zertrümmert wird, werden jene Gerechten mit Gott und den Engeln allein übrigbleiben. Darum, solcher Aussicht gewiss, verachte der Mensch das Gegenwärtige, das er verlassen müsse, verachte den Leib, der Verwesung Raub, strebe dem Zukünftigen zu, der Welt und der Zeit spottend (vs. 531—545).

Die fortdauernde Beredsamkeit des Romanus veranlasst Asklepiades, die Marter nunmehr in anderer Weise zu versuchen, und jenem Mund und Wangen zerfleischen zu lassen. Der Märtyrer wendet diese neue Zerfleischung wiederum zu einem Bilde christlicher Herrlichkeit. Er dankt dem Präfecten, dass er nun, statt eines, so viele Munde an ihm öffne, den Herrn zu preisen (vs. 562 sq.). Die klaffenden Wunden würden ebenso viel Oeffnungen, durch die der Ruhm des Vaters verkündigt werde.

Der Präfect, von dieser Standhaftigkeit betroffen, droht jetzt, den Scheiterhaufen zu errichten, Romanus endlich durch den Tod zum Schweigen zu bringen. Er unterdrückt seine Verwunderung über diese vermeintliche Hartnäckigkeit, diese Tollheit der neuen Lehre nicht. Zugleich macht er einen nochmaligen ohnmächtigen Versuch, den Romanus zu widerlegen, indem er auf das verhältnissmässig späte Auftreten Christi und seinen Kreuzestod hinweist und damit auf sein früheres Argument von dem Alter des Heidenthums zurückkommt (vs. 401 sq.). Dies gibt Romanus Veranlassung, das Heil des Kreuzes zu rühmen, von dem die Erlösung gekommen sei. Wohl vermöge die Blindheit seines Richters das hohe Geheimniss nicht zu fassen, wie ja die Nacht das Licht nicht begreife, aber er selbst trage eine helle Fackel, dem Gesunden zur Leuchte, dem Blinden zur Blendung, und deshalb heisse dieses das Licht entfernen. Er schildert darauf die Erzeugung und Menschwerdung des Sohnes. Ausgehend von der Gleichheit und dem Ineinandersein des Vaters und Sohnes, geht er zu der Menschwerdung über: der Unsterbliche gab sich dem Sterblichen zu schauen und trug das Vergängliche an sich, damit es zum Himmel erhoben würde. Er starb als Mensch, um als Gott aufzuerstehen, der Tod habe den Kampf mit dem menschgewordenen Gott begonnen und, das Sterbliche verschlingend, ward er von dem Unsterblichen besiegt. Wohl möchte dies heidnischer Afterweisheit als Thorheit erscheinen, aber Gott habe das Thörichte vor der Welt erwählt, dass es thöricht der Welt, weise vor ihm erscheine.[1] Darauf widerlegt Romanus die Behauptung des Asklepiades von dem geringen Alter des Christenthums. Wenn Asklepiades auf die Zeit des Romulus und der Wölfin des Mars hinweise, so führe das auf eine Zeit von kaum tausend Jahren zurück. Sechshundert Reiche könne er ihm in der Welt aufzählen, die berühmt gewesen seien, ehe Jupiter, der Vater des Mars, an

---

[1] 1 Cor. 1, 27.

der gnossischen Ziege gesogen habe. Sie seien vergangen, auch
was jetzt bestehe, werde vergehen. Aber das Kreuz sei von Anfang
der Welt in Weissagung und geheimnissvollen Zeichen vorgebildet worden. Die Könige, Propheten, Richter und Priester hätten
im Cultus, im Opfern, im Kriege, mit dem Griffel die Form des
Kreuzes vorgezeichnet, und somit stamme das Kreuz aus den ältesten
Zeiten. Da sei der Weissagung die Zeit der Erfüllung gekommen,
und des Alterthums Vorherverkündigung habe sich verwirklicht, das
Kreuz habe die grosse Wahrheit gelehrt, dass der Körper, der dem
Grabe überliefert werde, nicht zu Grunde gehe, da Christus am
Kreuze gestorben sei und den von diesem Tode erweckten Leib
zum Throne des Vaters emporgeführt habe. Er schliesst damit,
das Kreuz als das Wahrzeichen der Christen hinzustellen, das den
Tod Christi nach seiner Menschheit und seine Wiederkunft nach
seiner Gottheit ihnen zugute bezeichne, und somit auf die Doppelnatur des Herrn hinweise, die für die Christen eine Weissagung
der eigenen Erhebung und Auferweckung sei.

> Crux illa nostra est, nos patibulum adscendimus:
> nobis peremptus Christus et nobis deus
> Christus reversus, ipse qui moriens homo est;
> natura duplex: moritur et mortem domat,
> reditque in illud, quod perire nesciat (vs. 641—645).

Doch er habe nun genug von diesen Heilsgeheimnissen gesprochen und wolle die Perlen nicht weiter vor die Säue werfen.
Nicht tiefe Weisheit wolle er durch Vernunftgründe länger entwickeln, sondern die ungeschminkte Einfalt solle Zeugniss ablegen.
Er ruft nach einem unschuldigen Kinde[1], und es beginnt damit die
Episode von dem Martyrium des Knaben, das Prudentius mit dem
des Romanus verbindet (vs. 651—845). Ein der Milch kaum Entwöhnter wird herbeigebracht, der den Christenglauben bekennen
soll. Romanus legt demselben die Frage vor, was besser sei,
Christus, und in ihm den Vater zu verehren, oder tausend Götter
anzubeten? Das Kind erwidert lächelnd mit einer logischen Auseinandersetzung. Sei etwas, das Gott genannt werde, so müsse es eins
sein und einzig; da Christus das nun sei, so sei er der wahre Gott.
Selbst Kinder glaubten nicht mehr an die Vielheit der Götter.

---

[1] Im „Martyrol. roman." Baralas genannt.

Der Präfect, der noch zaudert, das zarte Kind der schweren Strafe auszusetzen, fragt den Knaben, wer ihn das gelehrt habe. Das Kind antwortet: seine Mutter sei seine Lehrerin, diese habe Gott unterwiesen, mit der Milch habe er von ihr Christum eingesogen. Asklepiades heisst infolge dessen die Mutter herbeikommen, dass sie in der Marter ihres Kindes den Erfolg ihrer Lehre schaue. Nicht sie wolle er seinen Henkern überliefern, ihr Schmerz solle darin bestehen, das Kind leiden zu sehen. Er lässt den Kleinen darauf mit Ruthen geiseln. Schmerzlich bewegt schildert Prudentius diese Mishandlung:

> Quae cautis illud perpeti spectaculum,
> quis ferre posset acris aut ferri rigor?
> impacta quotiens corpus attigerat silix,
> tenui rubebant sanguine ude vimina,
> quem plaga flerat roscidis livoribus (vs. 701—705).

Das Volk, die Beamten, selbst die Schergen weinen, nur die Mutter des Kindes blickt freudig, durch Liebe zu Christus abgehärtet wider den Schmerz. Als der Knabe ausruft: ihn dürste, sieht sie ihn traurig an und schilt ihn: sie glaube fast, ihn bewege die Furcht vor dem Tode; sie habe ihn nicht Gott geweiht, nicht zur Hoffnung ewigen Ruhmes erzogen, dass er vor dem Tode zittere. Er fordere Wasser, da er doch den Brunnen des lebendigen Wassers habe, der Leib und Seele erquicke und die Unsterblichkeit schenke, er solle auch dazu gelangen, wenn er nur nach dem einen dürste, Christum zu schauen. Das lösche allen Durst und gäbe das Leben, in dem keinen mehr dürste. Er solle den Kelch trinken, den die Kindlein in Bethlehem getrunken hätten, ein bitterer Trank im Anfang, später ein süsser; zur Herrlichkeit sei ihr blutiges Sterben für sie geworden. Dieses Beispiel solle ihn stark machen. Gott habe jedes Alter der christlichen Tugend fähig, den Säugling selbst zum Siege tüchtig werden lassen. Sie führt fort, ihn an die Beispiele von Kindern voll opferfreudigen Heldenmuths zu erinnern, so an Isaak, der bereit gewesen sei, sich von seinem Vater tödten zu lassen, so an die sieben makkabäischen Märtyrerbrüder, die unter Antiochus Epiphanes duldeten.[1] Durch diese Vorbilder, zu denen sie die süssesten und beredtesten Bitten fügt:

---

[1] 2 Makk. 7. Prudentius berichtet den dort erwähnten Vorgang mit poetischer Freiheit; namentlich lässt er die Mutter der sieben Brüder immer an

Per hujus alvi fida conceptacula,
per hospitalem mense bis quino larem,
a dulce nostri pectoris nectar ubi,
a molle gremium, grata si crepundia,
pensate et horum munerum auctorem adsere (vs. 781—785)

und die mit der Mahnung schliessen, dem, der seinen Leib ihm gnadenvoll erschaffen, denselben zurückzugeben, macht sie das Kind fest, die Qual der Ruthenstreiche lächelnd zu erdulden. Der Präfect heisst vorderhand das Kind ins Gefängniss werfen, an Romanus aber das Zerfleischungswerk aufs neue zu beginnen; Romanus antwortet darauf mit Spott, feig nennt er seine Peiniger, unmännlich ihre Kraft, weichlich ihre Hand, dass sie seinen Körper nicht schneller zerrissen. Schneller zerrissen Hunde das Aas, würgten Geier ihre Beute, als sie in ihrer Blutgier ihr Werk zu vollbringen vermöchten (vs. 801—810). Asklepiades droht aufs neue mit dem Scheiterhaufen, Romanus antwortet aufs neue mit der Berufung auf Christus, jenes Verdict als nichtig zu erweisen. Darauf beschliesst Asklepiades zuerst die Enthauptung des Knaben. Die Mutter bringt, zärtlich an die Brust gedrückt, das Kind herbei, wie Abel sein Opferlamm. Sie übergibt es mit rührendem Kuss und Abschiedsworte und der Bitte an den kleinen Liebling, ihrer an Christi Throne zu gedenken, dem Henker, und singt, während des Kindes Haupt fällt, die Psalmenverse: „Der Tod seiner Heiligen ist werth gehalten vor dem Herrn", „Jener ist dein Knecht, deiner Magd Sohn."[1] Sie breitet dann den Mantel aus, das Blut und den abgehauenen Kopf des Kindes zu empfangen. — Nunmehr wird der Scheiterhaufen für Romanus aufgebaut, Romanus selbst darüber

---

die Art der Marter eine besondere christliche Wendung knüpfen, z. B. als dem einen der Söhne die Haut vom Kopfe gezogen wird (2 Makk. 7, 7), ruft sie nach Prudentius aus:

. . . . Patere, gemmis vestiet
apicem hunc corona regio ex diademate (vs. 764 sq.)

als dem andern die Zunge abgeschnitten wird, lässt sie Prudentius sagen, dass die Zunge wohl des Opfers für Gott werth sei, als edelstes Glied, und dabei die Zunge in schönen Worten preisen, als:

Interpres animi, enuntiatrix sensuum,
cordis ministra, praeco operti pectoris,
prima offeratur in sacramentum necis,
et sit redemptrix prima membrorum omnium (vs. 771—774).

[1] Ps. 116, 15 u. 16.

gehängt. Er aber versichert, dass er an dieser Marter nicht sterben werde. Es geschieht denn alsbald ein Wunder: ein Regenguss braust hernieder und verlöscht die Flammen, die die Bemühung der Schergen nicht wieder zu entzünden vermag. Asklepiades sieht darin Zauberei, die sein spottet. Wenn er den Romanus enthaupten liesse, wer bürge ihm dafür, dass das Schwert hiebe, dass nicht sogleich, wie bei der lernäischen Schlange, ein neues Haupt nachwüchse; er zieht es deshalb vor, die Glieder eins nach dem andern dem Romanus abreissen zu lassen und heisst einen Arzt herbeikommen, dieses Werk bei der Zunge zu beginnen. Die Operation wird mit grässlicher Natürlichkeit beschrieben.[1] In geschmackloser Spielerei wird das aus dem Munde über die Brust fliessende Blut ein Purpurkleid genannt, an dessen Glanze sich der Märtyrer weidet. Den also stumm Gewordenen hofft Asklepiades endlich zum Opfer zwingen zu können und lässt den Altar aufs neue rüsten. Als Romanus zurückschaudert, höhnt ihn sein Quäler, er möge nun frei reden, er gestatte es ihm, das Wort sei ihm frei. Da gewinnt Romanus durch ein neues Wunder die Rede wieder. Er beginnt Christus zu preisen, der dem, der von ihm rede, niemals die Sprache versage. In der gekünstelsten Weise führt er dabei aus, wie sich die Sprache bilde, wie aus der Lunge der Luftstrom komme, am Gaumen sich breche, an den Zähnen sich zu Worten bilde. Der, welcher das geordnet, könne auch machen, dass aus den Röhren des Schlundes ohne Zunge die Worte durch Lippenbewegung ertönten. Er leitet daraus die Wunderkraft Gottes ab, die Gesetze der Natur zu ändern, wie Christi Wandeln auf dem Meere und die Heilkraft, mit der er dem Stummen die Sprache, dem Lahmen das Gehen, dem Tauben das Hören, dem Blinden das Gesicht verliehen habe, bewiesen. Zeugniss dieses Wunders sei er selbst. Asklepiades, von Grauen erfüllt, fordert den Arzt vor und meint, derselbe habe die Zunge nicht völlig abgeschnitten. Der Arzt, Aristo genannt, fordert, nachdem er versichert hat, dass der kleinste Schnitt an der Zunge die Rede lähme, den Präfecten auf, dem Romanus in den Mund zu fühlen

---

[1] Linguam deinde longe ab ore protrahens
scalpellum in usque guttur inserians agit.
Illo secante fila sensim singula
numquam momordit martyr, aut os dentibus
compressit artis, nec cruorem sorbuit (vs. 901—905).

und erbietet sich, an einem Thiere den Beweis zu liefern, dass der ihm eigenthümliche Ton sich verliere, sobald es die Zunge verloren. Asklepiades ist nicht überzeugt, er bemerkt, am Ende sei es fremdes Blut gewesen, das Romanus heimlicherweise beigebracht worden und das zum Scheine nur aus seiner Wunde geflossen sei (vs. 866—1005). Diese Bemerkung veranlasst Romanus, nochmals einer Polemik des Heidenthums sich zuzuwenden, und zwar die verschiedenen Misbräuche die mit dem Blut getrieben werden, aufzuführen. Das erste ist die Erwähnung eines Tauroboliums, des Opfers eines Stieres über einer mit durchlöcherten Bretern bedeckten Grube, in welcher der Priester sich befand. Mit drastischer Lebendigkeit schildert Prudentius den widerlichen Anblick des mit Blut Besudelten, der nach der Feier aus der Grube wieder emporsteigt.¹ Romanus fährt dann fort, die Hekatomben zu schildern und jene Blutlachen darzustellen, durch die die Auguren kaum hindurchwaten könnten. Von den Heerdenmetzeleien bei den Lectisternien will er gar nicht reden², aber das

¹ Dass hier allein von einem Taurobolium, nicht von irgendeinem andern Stieropfer die Rede sein könne, haben nach Antonius' von Ihalen Vorgang, namentlich gestützt auf altrömische Inschriften, die Herausgeber des Prudentius, Arevalus und Dressel richtig geurtheilt. Diese Taurobolien, für die unsere Darstellung die Hauptquelle bildet, und die ihnen verwandten Kriobolien, wurden in der Zeit der synkretistischen Religionsmengereien, wie es scheint, in der zweiten Hälfte des zweiten Jahrhunderts, auch in Rom und den römischen Provinzen eingeführt, und namentlich zu Ehren des persischen Mithras, dann aber auch der Cybele, des Serapis und anderer Gottheiten gefeiert; sie galten als Sühnemette. Die christlichen Schriftsteller, die eine dem Christenthum verwandte Idee sowol in diesen blutigen Sühnehandlungen, als auch in den Waschungen der Mithrasmysterien sahen, suchten dieselben als monströse Nachahmungen der christlichen Sakramente darzustellen. (Vgl. Justin, Apol. major. 54; Dial. c. Tryph. 70, Tertull. d. baptism. c. 2 u. c. 5.) Schwierigkeit macht in des Prudentius Darstellung, dass der Priester derjenige ist, der die sühnende Blutwaschung empfängt, während man von ihm eher die Handlung des Opferschlachtens erwarten und man in ihm eher den vermuthen sollte, der die Brust des Thieres mit dem heiligen Speer (sacrum venabulum) durchbohrt, um einem andern den Blutregen zukommen zu lassen. Man hat sich über diese Schwierigkeit dadurch hinwegzuhelfen versucht, dass man einen stellvertretenden Empfang der Blutsühne annahm, in der Weise, wie auch die Taufe misbräuchlich durch Stellvertretung empfangen wurde. Um den widerwärtigen Vorgang vollkommen zu machen, musste der Blutriefende die besudelten Kleider als Zeichen seiner Heiligkeit forttragen. (Vgl. Burckhardt, Die Zeit Konstantin des Grossen, S. 223.)

² Sed quid macellum pingue pulvinarium,
quid maximorum lancinatores gregum,
eviscerata carne crudos criminor? (vs. 1056—1057).

blutige Wüthen kehre sich ja gegen den eigenen Körper, und, sich selber zu verwunden, gelte für ein heiliges Thun. Romanus beschreibt hierauf das Verfahren der Cybelepriester, die in fanatischem Wahnsinn ihre Glieder mit dem Messer zerfetzen und ihre Schamtheile der Göttin weihen; der Isispriester, die sich weibisch den Bart abschneiden und mit glühenden Nadeln sich die Glieder zeichnen, und wirft noch auf das heidnische Begräbniss einen Blick, das den Körper verbrenne, um ihn dann mit Metall zu belegen. In diesen selbstauferlegten unnatürlichen Qualen zeige sich die furchtbare quälende Tyrannei der Dämonen der Heidenwelt, die ihre Anhänger sich selbst zu martern und zu schänden zwingen; nur ihre Tyrannei sei es, die die Christen schlachte, und doch siegten diese gerade durch ihre Todesqualen. — Doch Romanus bricht ab; er wolle nun enden, es sei endlich die Marter vorüber, die Herrlichkeit warte sein, die der Tyrann ihm durch keine Qual mehr zu verkümmern vermöge. Die Antwort des Asklepiades ist die Drohung, ihn zu erdrosseln, die vom Lictor im Gefängniss ausgeführt wird. Asklepiades lässt in genauester Ausführlichkeit, gleich den Acten einer Tragödie, seine Schandthaten für den Fürsten niederschreiben. Doch dieses Werk frisst der Zahn der Zeit, während die Leiden des Romanus, seine Wunden, die Menge des vergossenen Blutes genau vom Engel Gottes im Buche Christi aufgezeichnet sind, wo es der Vergelter böser und guter Thaten liest. Der Wunsch des Dichters, dass, wenn er einst in der Schar der links gereihten Böcke vor Gottes Thron stehe, Romanus' Fürbitte ihn zu den Schafen zur Rechten gesellen lassen möge, endet diesen Hymnus, oder dieses dialogische Lehrgedicht, wie man es in seiner ausgedehnten Anlage wol nennen könnte.

Die Lectisternien wurden im Jahre 399 v. Chr. in Rom durch die sibyllinischen Bücher angeregt und gelangten zu ausgedehnterer Verbreitung. Die Feier bestand darin, dass man den Göttern Pfühle (pulvinaria), wie zu einem Mahle, bereitete, auf diese ihre Attribute oder Wachsmasken niederlegte und ihnen von den Opfern und Mahlzeiten mittheilte, die durch die Stadt begangen wurden. Dabei fanden gewöhnlich allgemeine Supplicationen statt, die bei den Pulvinarien gehalten und wobei Opfer an Weihrauch und Wein gebracht wurden. Man streitet darüber, ob dies ein altitalischer oder ein von Griechenland herübergekommener Brauch sei. Aehnliches kommt nach Preller im griechischen Apollocultus bei den sogenannten Theoxenien vor, und der Apollocultus scheint auf die Feier der Lectisternien grossen Einfluss gehabt zu haben. (Vgl. Preller, Röm. Mythologie, S. 123 fg.)

Künstlerisch bei weitem vollendeter, und an Lebendigkeit der
Schilderung oft an antike Darstellungen streifend, ist der elfte Hymnus auf das Martyrium des Hippolytus. Er ist an einen Bischof
Valerianus gerichtet. Ob derselbe mit der ruhmreichen Bischofsfamilie der Valerier in Saragossa (Perist. 4, 80) zusammenhing,
möglicherweise derselbe war, der 381 dem Concil von Saragossa
gegen die Priscillianisten beiwohnte, ist nicht nachzuweisen, obschon
Obbarius beide identificirt. Wichtiger ist die Frage, wer der genannte Hippolytus sei. Das römische Martyrologium führt drei
Hippolyte auf, einen Soldaten, den Laurentius bekehrt, welcher unter
Kaiser Valerian von Pferden zerrissen und am 13. August gefeiert wurde;
einen antiochenischen Presbyter, der in seiner Jugend ein Anhänger
des Novatus gewesen war, und den Bischof von Portus, dessen
Todestag auf den 23. August fiel. Um keinem der Genannten ein
Anrecht auf den Hymnus des Prudentius zu entziehen, behaupteten
einige katholische Gelehrte, unter ihnen Baronius, in derselben Weise
wie bei dem vorhergehenden Hymnus, dass Prudentius alle drei
Personen und ihre Schicksale zusammengeworfen habe und von dem
einen diesen, von dem andern jenen Zug entlehnend, den Helden
seines Hymnus zu einer Collectivperson gemacht habe. Hospinian
geht noch weiter und erklärt die Person des Hippolyt für eine reine
Fiction, deren Namen den Dichter angeregt habe, das unglückliche
Ende des Hippolyt, des Sohnes des Theseus, das Ovid im funfzehnten Buche der Metamorphosen beschreibt, zur Darstellung
eines Martyriums anzuwenden.[1] Kann nun nicht geleugnet
werden, dass der Name des Hippolyt im Zusammenhange
mit seinem Martyrium, Zerreissung durch Pferde steht, wie ja

---

[1] In den Martyrologien herrscht über Hippolyt grosse Unklarheit. Es war
der Hippolyt vom 13. August nicht der, den Prudentius als Bischof bezeichnet,
Arringhi vindicirt diese Würde vielmehr jenem, der am 23. August gefeiert
wurde und den Zunamen Nonnus führte, der aber nicht von Pferden zerrissen,
sondern ins Wasser geworfen wurde. Baronius macht diesen zu einem blossen
Mönch und gibt die Würde des Bischofs von Portus einem dritten, am 21. August gefeierten Hippolyt; dazu kommt noch der antiochenische am 26. Februar
gefeierte. (Vgl. Vetustius occid. eccl. martyrolog. Hieronymo attribut, p. 750
765 und 771.) — Auf die subtile Hippolytusfrage einzugehen, ist hier nicht der
Ort. Ueber Hippolyt's Person, seinen Bischofsitz und sein Martyrium siehe
Döllinger, „Hippolytus und Callistus' etc." (1853).

der Richter, von diesem Namen geleitet, ihm in grausamer Nachahmung der antiken Tradition diese Todesart verhängte (vs. 85 sq.), so ist doch die Person des Hippolyt, der im 3. Jahrhundert, ungewiss, unter wem und auf welche Weise das Märtyrerthum erlitt, durch unzweifelhafte Zeugnisse sicher gestellt und ausserdem völlig klar, dass hier allein der Bischof Hippolyt von Portus gemeint sein kann. Dafür spricht die Verehrung seiner Reliquien in Rom, die der Dichter weitläufig beschreibt und zu deren Begründung er darauf hinweist, dass die Asche des Märtyrers von Ostia, der Stadt die dem Bischofssitze des Hippolyt gegenüberlag, nach Rom gebracht worden sei, und namentlich die Schilderung seines Grabes. Prudentius erwähnt die „aedicula" in denen seine Reste gefasst sind, zugleich aber einen andern Tempel daneben (vs. 215 sq.), dessen Schönheit ausführlich auseinandergesetzt wird. Dieses „aliud templum" war, wie aus dem ganzen Bericht des Prudentius hervorgeht, nicht dem Hippolyt errichtet. Alle diese Umstände führen uns auf ein bestimmtes Local in Rom, den Ager Veranus am tiburtinischen Wege, wo die Kirche des heiligen Laurentius über den nach dem Heiligen benannten Katakomben steht. Dass hier Hippolyt sein Grab gefunden, wird durch die 1551 daselbst aufgefundene Statue desselben bestätigt[1], und die Beschreibung des Prudentius erhält, durch dies Zeugniss verstärkt, einen bedeutsamen archäologischen Werth. Ebenso beweist jene Statue, die den Märtyrer auf einer Kathedra, die auf der einen Seite das Verzeichniss der Schriften, auf der andern Seite den Ostercyklus des Bischofs eingezeichnet trägt, dass der Begrabene nur der Bischof Hippolyt gewesen sein kann. Die Erwähnung des Prudentius, dass derselbe früher Anhänger des Novatus gewesen und später sich zur correct katholischen Anschauung bekehrt habe, ein Zug, den das Martyrologium dem antiochenischen

---

[1] Die Schilderung des Grabes des Hippolyt passt in keiner Weise auf das von de Rossi erwähnte Cömeterium des Hippolyt, das sich in Verbindung mit dem Cömeterium des Callixtus in der Nähe der Gräber des Soter und Markus befand. Der dort mit einer Reihe anderer Märtyrer erwähnte Hippolyt, der von griechischer Abkunft gewesen zu sein scheint, kann vielleicht der von Laurentius bekehrte Soldat sein, der am 13. August gefeiert wurde. Doch passt das Datum seines Festtages nicht, indem für denselben schwankend der 13. der Kalenden bald des Juni, bald des Juli angeführt wird. Etwas Sicheres lässt sich nicht bestimmen. (Vgl. de Rossi, Roma sotteranea, I, 259 sq.)

Presbyter zuschreibt, beweist dagegen nichts. Dass er den antiochenischen Presbyter nicht meint, wird dadurch bestätigt, dass jener seinen Festtag am 26. Februar hatte, während Prudentius als Festtag seines Hippolyt die Iden des August (vs. 232) erwähnt, ein Termin, der in den Martyrologien jenem dritten Hippolyt, dem von Laurentius bekehrten Soldaten geweiht wurde. Dass aber Prudentius diesen nicht meinen konnte, obschon er das ihm zugeschriebene Martyrium darstellt, geht daraus hervor, dass er Hippolyt als Priester schildert. Somit weisen alle Thatsachen auf den Bischof Hippolyt hin. Der seltsame Umstand, dass ein so gefeierter und verehrter Märtyrer wie Hippolyt keine selbständige ihm geweihte Kirche in Rom erhielt, wie denn auch jetzt keine solche besteht, erklärt sich einigermassen daraus, dass derselbe in dem Cömeterium des Laurentius begraben und dadurch seine Ehre in die des Laurentius theilweise aufgenommen worden ist. So hat zum Beispiel auch der Bischof Fabianus von Rom, der 250 den Märtyrertod starb, keine Kirche geweiht erhalten, wol deshalb, weil er in dem Cömeterium, das nach Callixtus genannt wird, begraben lag.

Wie schon gesagt, zeichnet sich dieser Hymnus durch eine lebendige Glut der Farben aus, die Prudentius freilich heidnischen Vorgängern vielfach entlehnt. Ausserdem bietet er gerade das höchste archäologische Interesse, weil er uns eine anschauliche Schilderung der unterirdischen Cömeterien und der Basilika des Laurentius in ihrem damaligen Zustande bietet. Die Anlage des Ganzen ähnelt der des neunten Hymnus auf das Martyrium des heiligen Cassianus. Ein Besuch an der Grabstätte des Märtyrers und der Anblick eines Bildes, das seine Leiden darstellt, wird dem Dichter Anlass, die Geschichte zu besingen. Gleich der Anfang führt uns in die unterirdischen Nekropolen von Rom ein. Prudentius erwähnt die unzähligen Heiligenreste, die in Rom zu finden sind, und deren Namen die Grabsteine melden, oder die in Massengräbern zusammengeschichtet liegen, von denen das Epitaph nur die Zahlen der Bestatteten meldet, und deren Namen nur Christo bekannt seien. Unter diesen Grabmälern wandelnd gelangt der Dichter auch zu der Ruhestätte des Hippolyt. Er erwähnt dessen frühern Irrthum, dem Novatus sich angeschlossen zu haben, während er im Alter, zum katholischen Glauben zurückgekehrt, die Märtyrerpalme trug. Auf seinem Todes-

wege sei er noch befragt worden, welche Lehre er für die echte
halte, und er habe das Volk vor der fluchwürdigen Lehre Novatus'
gewarnt, seine frühere Meinung verworfen, die Nothwendigkeit der
Einigkeit im Glauben ausgesprochen und sich zum Gehorsam unter
die römische Doctrin bekannt.[1] Somit, ein Lehrer der Wahrheit, da
er früher dem Irrthum unterthan gewesen war, wird er vor den
Richter geführt, der in Ostia ein Bluttribunal für die Christen eingerichtet, nachdem man schon in Rom die Gläubigen hinge-
mordet hatte. Prudentius beschreibt hierauf die verschiedenen
Qualen, die der Richter die vor ihn Geführten erleiden lässt, um
sie zum Abfall von Christo zu zwingen: Geiselung, Zerfleischung;
die Todesarten, denen er sie unterwirft: Enthauptung, Verbrennung
und Ertränkung auf durchlöchertem Schiffe, um den Fischen ein
Opfer zu werden. Darauf wird, als Haupt aller, Hippolyt zur
Marter gebunden, in der Hoffnung, mit seinem Tode alle Christen
zum Dienste der Götter zu bringen. Als der Name Hippolyt's
genannt wird, wird ihm, gleich seinem mythologischen Namens-
ahn zu sterben, bestimmt. Er soll von wilden Pferden zu Tode
geschleift werden. Hier beginnt nun eine farbenprächtige Schilderung der wilden, den Heiligen nachschleppenden Rosse, die das
classische Vorbild Ovid's nicht verleugnet, ohne jedoch in sklavische
Nachahmung zu verfallen:

>   . . . duo cogunt animalia freni
> ignara insulto subdere colla jugo,
> non stabulis blandive manu palpata magistri
> imperiumque equitis ante subacta pati,
> sed campestre vago nuper pecus e grege captum,
> quod pavor indomito corde ferinum agit.

---

[1] Es ist aus den Worten des Prudentius nicht klar, ob er in Hippolyt einen
Anhänger des Afrikaners Novatus, oder des Römers Novatianus sah, die beide,
in ihren Ausgangspunkten verschieden, doch in der Opposition gegen die bischöf-
liche Autorität übereinstimmten, oder ob er, wie Eusebius, „Hist. eccl.", VI, c. 43
und l. VII, c. 8 beide verwechselt. Das Bekenntniss zu Paulus und Petrus
(v. 32) weist eher auf den Römer, als auf den Afrikaner hin, wie denn auch
die Haltung des Novatian zu Cornelius, wegen dessen milderer Stellung zu den
Gefallenen, der rigoristischen Anschauungsweise des Hippolyt, wie sie sonst in
seinen Schriften hervortritt, entsprach. Uebrigens war, da Novatian und Novatus
zuletzt zusammengingen, eine Verwechselung beider nicht von Belang.

Jamque reluctantes sociarant vincula bigas
oraque discordi foedere nexuerant.
Temonis vice funis inest, qui terga duorum
dividit et medius tangit utrumque latus:
deque jugo in longum se post vestigia retro
protendens trahitur transit et ima pedum.
Hujus ad extremum sequitur qua pulvere summo
cornipedum refugas orbita trita viae,
crura viri innectit laqueus nodoque tenaci
adstringit plantas cumque rudente ligat.
Postquam composito satis instruxere paratu
martyris ad paenam verbera, vincla, feros:
instigunt subitis clamoribus atque flagellis
illaque infectis perfodiunt stimulis.
Ultima vox audita senis venerabilis haec est:
„Hi rapiant artus, tu rape, Christe, animam."
Prorumpunt alacres caeco et terrore feruntur,
qua sonus atque tremor, qua furor exagitant:
incendit feritas, capit impetus et fragor urget,
nec cursus volucer mobile sentit onus.
Per silvas, per saxa ruunt, non ripa retardat
fluminis aut torrens oppositus cohibet.
Prosternunt sepes et cuncta obstacula rumpunt,
prona, fragosa petunt, ardua transiliunt.
Scissa minutatim labefacto corpore frusta
carpit spinigeris stirpibus hirtus ager.
Pars summis pendet scopulis, pars sentibus haeret,
parte rubent frondes, parte madescit humus (vs. 89—122).

Diese Scene sieht Prudentius an der Wand dargestellt, zugleich auch Hippolyt's Verehrer, die die abgerissenen Glieder sammeln, ihre Tücher mit dem Blute benetzen und sorgfältig alle Reste zusammenlegen:

Nec jam densa sacro quidquam de corpore silva
obtinet aut plenis fraudat ab exequiis.
Cumque recensetis constaret partibus ille
corporis integri, qui fuerat, numerus;
nec purgata aliquid deberent avia toto
ex homine, externis frondibus et scopulis (vs. 145—149):

Für die heiligen Reste wird Rom als Begräbnissstätte ausgesucht und Hippolyt von Ostia dorthin übergeführt.

Es beginnt nun (vs. 153—168) eine Schilderung der unterirdischen Cömeterien bei Rom, die für uns im höchsten Grade werthvoll ist. Wenn andere Zeugnisse fehlten, so würde diese Stelle in Verbindung mit einer andern des Hieronymus „Comm. in Ezech.", c. 40" den Beweis liefern, dass jene Cömeterien in derselben Anlage und demselben Zwecke geweiht, am Ende des 4. Jahrhunderts bestanden, wie sie ältere und neuere Ausgrabungen aufgedeckt und die archäologischen Forschungen bestimmt haben. Die Ansicht derer, die die Anlage dieser Stätten wesentlich dem Zwecke der christlichen Versammlungen dienen und den Zweck des Begräbnisses als einen secundären hinzutreten lassen wollen, und gar der Misson, Burnet und Zorn, die dieselben als einen im Mittelalter fabricirten Mönchsbetrug, um die Herkunft falscher Reliquien zu legitimiren, darstellen, wird durch diese Beschreibungen schon widerlegt.

> Haud procul extremo culta ad pomeria vallo
> merса latebrosis crypta patet foveis.
> Hujus in occultum gradibus via prona reflexis
> ire per anfractus luce latente docet.
> Primas namque fores summo tenus intrat hiatu
> illustratque dies lumina vestibuli;
> inde, ubi progressu facile nigrescere visa est
> nox obscura loci per specus ambiguum,
> occurrunt caesis immissa foramina tectis,
> quae jaciunt claros antra super radios.
> Quamlibet ancipites texant hinc inde recessus
> arta sub umbrosis atria porticibus,
> attamen excisi subter cava viscera montis
> crebra terebrato fornice lux penetrat.
> Sic datur absentis per subterranea solis
> cernere fulgorem luminibusque frui.[1]

Prudentius gedenkt dann weiter des Grabes selbst, das jener Art gewesen zu sein scheint, die man Arcosolium nennt, in das die Leiche nicht in eine horizontale Oeffnung der Wand hineingeschoben, sondern von oben herab eingesenkt und mit der Grabplatte

---

[1] Vgl. die Stelle bei Hieronymus: „Dum essem Romae puer et liberalibus studiis erudirer, solebam cum ceteris ejusdem aetatis et propositi, diebus dominicis sepulcra apostolorum et martyrum circuire crebroque cryptas ingredi, quae in terrarum profunda defossae, ex utraque parte ingredientium, per parietes habent corpora sepultorum, et ita obscura sunt omnia, ut propemodum illud propheticum compleatur: descendant ad infernum viventes; et raro desuper lumen admissum horrorem temperet tenebrarum, ut non tam fenestram, quam foramen demissi luminis putes. Rursumque pedetentim acceditur, et coeca nocte circumdatis illud Virgilianum proponitur: Horror ubique animos, simul ipsa silentia terrent."

von oben verschlossen wurde. Dasselbe war höchst wahrscheinlich mit einem nischenartigen Bogen, dem sogenannten Triumphbogen, überwölbt und der halbkreisförmige Raum unter demselben mit dem von Prudentius erwähnten Bilde des Martyriums des Heiligen geschmückt. Der Dichter spricht von der Ara über dem Grabe und nennt sie:

> ... sacramenti donatrix mensa eademque
> custos fida mei martyris adposita
> servat ad aeterni spem vindicis ossa sepulcro,
> pascit item sanctis Tibricolas dapibus (vs. 171 sq.).

Diese Grabstätte ist zugleich Abendmahlstisch und wir gewinnen aus dieser Stelle einen neuen Beleg für jene buchstäblich über den Gräbern der Todten gehaltenen Abendmahlsfeiern, in welchen das Grab selbst als Altar diente. Prudentius schildert diese Grabstätte als Ort der Andacht, an dem er selbst in Krankheiten des Leibes und der Seele gebetet habe, und schreibt diesen Gebeten seine frohe Rückkehr und die Möglichkeit, dem Valerianus seine Erlebnisse zu berichten, zu. Er beschreibt weiter das Aediculum, das diese heiligen Reste enthält, den Schmuck an Silber und Marmor, mit dem es verziert ist. Man könnte dabei an die Grabkammer des Cubiculum denken, in der sich das Arcosolium des Hippolyt befand, indessen ist es wahrscheinlicher, dass er eine kleine Betkirche, ein sogenanntes Martyrium meint, auf der Oberfläche der Erde über jenem Grabe erbaut. Schön und schwungvoll schildert der Dichter sodann das Zuströmen der italischen Stämme, das Grab zu verehren.

> Mane salutatum concurritur: omnis adorat
> pubis, eunt, redeunt solis adusque obitum.
> Conglobat in cuneum Latios simul ac peregrinos
> permixtim populus religionis amor:
> oscula perspicuo figunt impressa metallo,
> balsama defundunt, fletibus ora rigant.
> Jam cum se renovat decursis mensibus annus
> natalemque diem passio festa refert:
> quanta putas studiis certantibus agmina cogi,
> quaeve celebrando vota coire Deo?
> Urbs augusta suos vomit effunditque Quirites,
> una et patricios ambitione pari
> confundit plebeja phalanx umbonibus aequis
> discrimen procerum praecipitante fide,
> nec minus Albanis acies se candida portis
> explicat et longis ducitur ordinibus:

> exultant fremitus variarum hinc inde viarum,
> indigena et Picens plebs et Etrusca venit.
> Concurrit Samnitis atrox, habitator et altae
> Campanus Capuae, jamque Nolanus adest.
> Quisque sua laetus cum conjuge dulcibus et cum
> pigneribus rapidum carpere gestit iter.
> Vix capiunt patuli populorum gaudia campi,
> haeret et in magnis densa cohors spatiis.
> Angustum tantis illud specus esse catervis,
> haud dubium est, ampla fauce licet pateat (vs. 189—214).

Zugleich erwähnt Prudentius als Grund dieses grossen Zudrangs noch eines andern Tempels daneben, den er genau als eine dreischiffige Basilika, mit reichen Weihgeschenken geschmückt, beschreibt. Diese Basilika ist aber ohne Zweifel die erste Gründung der Kirche des heiligen Laurentius „vor den Mauern" am tiburtinischen Wege, die in dem „Liber pontificalis", bei Erwähnung Sylvester's I., dem Konstantin zugeschrieben wird und die später, im 6. Jahrhundert, durch Papst Pelagius II. neu aufgebaut wurde; ein Bau, von dem das hintere Stück der jetzigen Kirche herzurühren scheint. Nachdem Prudentius einen Blick auf diese mit Volk aller Art gefüllte Kirche geworfen, gibt er die Iden des August als den Tag der Festfeier des Heiligen an, ermahnt den Valerian, diesen Tag auch in die spanische Festordnung mit aufzunehmen und verheisst ihm dafür um so gewisser Erhörung seines Gebetes zu Christus für seine Gemeinde. Fern werde der Wolf dann seinem Schafstall bleiben, und auch ihn, den Prudentius, werde der Bischof vermögen, zur Heerde zurückzuführen, sich selbst aber zum Genossen des Hippolytus machen.

Wie dieser Hymnus auf den römischen Heiligencultus sich bezieht, so ist es noch mehr bei dem folgenden, zwölften der Fall, der von dem Martyrium des Petrus und Paulus handelt. Der kurze Gesang hält sich weniger bei den Leiden beider Apostel selbst auf, als bei der Schilderung ihrer Grabstätten. Er ist, wenn man will, ein poetisches Gedenkblatt an jene Gräber — wie der Dichter am Schlusse ausdrücklich erwähnt — für den Fremdling bestimmt, um in der Erinnerung an diese Orte das Fest daheim mit rechter Andacht zu begehen. Gleich der erste Vers versetzt uns in die Feier der beiden Apostelfürsten. Der Dichter weist auf die Menge derer hin, die nach Rom geströmt sind, um den Todestag beider zu feiern. Er huldigt dabei der Ueberlieferung, dass beide an demselben Tage, Petrus gerade ein Jahr vor Paulus, den Tod gefunden haben.[1] Zuerst wird das Martyrium des Petrus beschrieben, in der bekannten Tradition einer Kreuzigung mit dem Haupte nach unten, die sich der Apostel einmal aus Bescheidenheit, um sich dem Meister in der Todesart nicht gleichzustellen, dann aber auch in dem Vertrauen erwählt habe, dass, die sich selbst erniedrigen, am ersten zum Himmel erhöht werden.[2] Daneben wird die Enthauptung des Paulus gestellt, als Erfüllung seines Wunsches, abzuscheiden

---

[1] Aus der Stelle des Prudentius geht hervor, dass bereits im 4. Jahrhundert eine Doppelfeier der Apostel Petrus und Paulus in der abendländischen Kirche stattfand, die sich wenigstens seit dem 6. Jahrhundert auch in der morgenländischen Kirche nachweisen lässt. Dieser Festtag ist nach übereinstimmendem Zeugnisse der 29. Juni, an dem beide das Martyrium erlitten haben sollen. Das älteste Calendarium des Philokalus (354) und die Notizen des „Liber pontificalis" zu Cornelius geben den 29. Juni nicht als Tag des Martyriums, sondern als den der Beisetzung beider, des Petrus im Vatican, des Paulus am ostiensischen Wege, an, nachdem ihre Leichen vorher in den Katakomben gelegen hatten. Dem widerspricht aber der Kalender des Polemius Sylvius, der diese Beisetzung auf den 22. Februar festsetzt. Auch Gregor der Grosse scheint die Tradition von einem Martyrium beider am 29. Juni nicht festzuhalten, indem er in seinem Sacramentarium den 29. Juni als Natalis des Petrus, den folgenden als den Natalis des Paulus bezeichnete. Doch könnte damit auch nur eine zweitägige Feier des hohen Festes bezweckt sein, an dem der erste Tag hauptsächlich dem Andenken des Petrus, der zweite dem des Paulus geweiht war, wie auch der 30. Juni häufig den Namen „Commemoratio Pauli" führt. Eusebius giebt über die Hinrichtung beider an einem Tage kein bestimmtes Zeugniss, da er, gestützt auf einen Brief des Dionysius von Korinth, nur von einem Martyrium „κατὰ τὸν αὐτὸν καιρόν" spricht („Hist. eccl.", l. II, 28; III, 1), was Valesius veranlasst, einen kurzen Zeitraum zwischen beiden Todestagen anzunehmen. Die Ansicht des Prudentius von einem Todestage, aber nicht einem Todesjahre beider, wird ausser ihm noch von Augustin (Serm. 28), Arator, „Hist. apost." l. II, 12, Gregor von Tours, „De gloria martyrum" I, 29 getheilt. In mittelalterlichen Martyrologien findet sich sowol der Todestag wie das Todesjahr gemeinsam für beide angesetzt, eine Angabe, die Baronius in seiner Kirchengeschichte vertheidigt. Vgl. den Aufsatz: „Dass die Apostel Petrus und Paulus nicht am 29. Juni 67 gemartert sind" (Gütersloh, 1867).

[2] Der von Petrus gewählten Todesart, um nicht dem Herrn gleich gekreuzigt zu werden, scheint Tertullian zu widersprechen, der vom Martyrium des Petrus kurz erwähnt: „Petrus passioni Domini aequiparatur" („De praescriptione haereticorum", c. 36). Siehe übrigens die ausgedehnten Gründe, die Petrus für die Wahl seiner Todesart anführt, dass, da Jesus, der vom Himmel herabgekommen, mit den Füssen nach unten gekreuzigt wurde, er, der zum Himmel steigen wolle, mit den Füssen nach oben gekreuzigt werden müsse. (Vetustius occidentalis ecclesiae martyrologium, p. 110.).

und bei Christo zu sein (Phil. 1, 23). Sodann geht Prudentius zur Schilderung der Grabstätten beider über, die an den gegenüberliegenden Ufern der Tiber zu finden sind, und die er blühend und anmuthig beschreibt:

> Dividit ossa duum Thybris sacer ex utraque ripa,
> inter sacrata dum fluit sepulcra.
> Dextra Petrum regio tectis tenet aureis receptum
> canens oliva murmurans fluento;
> Namque supercilio saxi liquor ortus excitavit
> fontem perennem chrismatis feracem.
> Nunc pretiosa ruit per marmora lubricatque clivum,
> donec virenti fluctuet colymbo.
> Interior tumuli pars est, ubi lapidibus sonoris
> stagnum nivali volvitur profundo.
> Omnicolor vitreas pictura superne tingit undas,
> musci relucent et virescit aurum.
> Cyaneusque latex umbram trahit imminentis ostri:
> credas moveri fluctibus lacunar.
> Pastor oves alit ipse illic gelidi rigore fontis,
> videt sitire quas fluenta Christi (vs. 29—44).

Auf der andern Seite des Flusses, am ostiensischen Wege, erhebt sich die prachtvolle Basilika des Paulus:

> Parte alia titulum Pauli servat Ostiensis,
> Qua stringit amnis caespitem sinistrum.
> Regia pompa loci est, princeps bonus hac sacravit arcem
> lusitque magnis ambitum talentis.
> Bracteolas trabibus sublevit, ut omnis aurulenta
> lux esset intus, ceu jubar sub ortu.
> Subdidit et Parias fulvis laqueribus columnas,
> distinguit illic quas quaternus ordo:
> tum cameras hyalo insigni varie cucurrit arcus,
> sic prata vernis floribus renident (vs. 45—54).[1]

---

[1] Diese Schilderungen weisen uns auf römische Localitäten, aber die die Beschreibung des Dichters uns nicht völlige Klarheit gibt. Das sowol über die Einrichtungsstätte des Paulus, als die später über seinem Grabe an demselben Orte erbaute Kirche Gesagte ist allerdings deutlich und lässt eine genaue Orientirung zu. Schwieriger ist es bei der am andern Tiberufer gelegenen Märtyrerstelle und dem Grabe des Petrus. Prudentius spricht von der „überina palus, quae flumine lambitur propinquo" (vs. 7), wo der eine diesseits, der andere jenseits das Martyrium erlitten habe. Der Ort, wo Petrus gekreuzigt worden sein soll, ist aber nicht das sumpfige Tibergestade, sondern der Platz auf dem Janiculus, wo jetzt die Kirche San-Pietro in Montorio steht, die dem Grabe des Paulus nicht

Die letztere Beschreibung ist für uns höchst interessant deshalb, weil wir aus derselben ersehen, dass die grössere fünfschiffige Basilika, die Valentinianus II. und Theodosius statt der von Konstantin auf Anregung Sylvester's erbauten kleinem errichteten, zu der Zeit, als Prudentius diesen Hymnus dichtete, schon in aller Pracht vollendet war. Wir wissen, dass dies unter Honorius, im Anfange des 5. Jahrhunderts geschah, und es wird somit in diese Zeit auch dieser Hymnus zu setzen sein.

Nachdem der Dichter bei dem Bau lobpreisend verweilt ist, schliesst er mit einer Ermunterung an die herbeigeeilten Pilger, das Doppelfest zu feiern und beide heilige Stätten zu besuchen, um dann auch, in die Heimat zurückgekehrt, dieser Feier treu zu bleiben.

Den Zweck, einen Heiligen, auf den, wenn auch nicht dem Stamme, so doch dem Geiste nach, Spanien ein Anrecht habe, zu feiern, verfolgt der dreizehnte Hymnus auf die Marter des heiligen Cyprian von Karthago. Es unterliegt keinem Zweifel, dass Prudentius den berühmten Bischof Thascius Cäcilius Cyprianus meint. Er nennt ihn selbst Thascius, betont sein Episkopat zu Karthago und erwähnt dann jenen Zug, der auch von Gregor von Nazianz dem Cyprian zugeschrieben wird, dass er vor seiner Bekehrung der Zauberei ergeben gewesen sei. Dagegen finden sich, obschon dies leicht zu erklären ist, keine Andeutungen über das Verhalten des

---

direct gegenüber, sondern weiter nördlich zu finden ist. Noch mehr Schwierigkeiten macht die Beschreibung des Grabes des Petrus. Es wird dasselbe als in der Nähe eines durch einen Wasserfall gebildeten Beckens befindlich dargestellt, das in einem unterirdischen Gewölbe, das zugleich das Grab umschliesst, sich befindet. Diese Schilderung hätte manches, was auf den Janiculus und die Umgebung der Kirche von San-Pietro in Montorio hinwiese, namentlich passt dieselbe auf die Aqua Trajana', die daselbst ausmündet und als die jetzige Aqua Paola erhalten ist. Indessen gegen einen Bezug auf diese Localität spricht der Umstand, dass nicht von der Todesstätte, sondern von dem Grabe des Petrus die Rede ist, das nach übereinstimmender Ueberlieferung nur auf dem Vaticanischen Hügel gesucht worden ist. Dahin führt auch die Erwähnung des Pons Hadriani (vs. 61), der jetzigen Engelsbrücke, die dem Vatican die nächste ist. Es bleibt unter diesen Umständen nur möglich, die ganze Schilderung, die der Basilika des Petrus, die schon Konstantin über des Apostels Grab erbaute, in keiner Weise Erwähnung thut, wegen des darin erwähnten Wasserbeckens auf das Baptisterium der alten Peterskirche zu beziehen. (Vgl. Pletner und Bunsen, Beschreibung der Stadt Rom, II, 82.)

Bischofs während der Decischen Verfolgung und über die Conflicte in die er mit seinen Presbytern und Confessoren gerieth; ebenso fehlen die gerade bei diesem Martyrium durch anderweitige Berichte gegebenen reichen und schönen Details, die zu besingen sich Prudentius bei andern Märtyrern zur Aufgabe macht. Merkwürdig ist es, dass die Legende von der sogenannten Massa candida, jenen Bekennern, die, um Christum nicht zu verleugnen, sich in eine Kalkgrube stürzten, und deren Martyrium namentlich durch einige Reden Augustin's auf uns gekommen ist, in das Martyrium des Cyprian mit eingeflochten wird, wovon die sonstigen Berichte über Cyprian, namentlich die Biographie des Diakonen Pontius, nichts enthalten.[1] Diese fremden Züge in dem Bilde des karthagischen Bischofs, ebenso wie das Weglassen bekannter, können jedoch keineswegs die Annahme erschüttern, dass der Genannte gemeint sei. Indessen begegnen wir wiederum einer schon öfter bemerkten Unklarheit des Prudentius, in der er verschiedene Traditionen, auf fremde Autoritäten vertrauend, kritiklos benutzt und Widersprechendes zu einem Bilde zusammenarbeitet. Man kann ihm das z. B. hier bei der Erwähnung der Zauberei, mit der sich Cyprian in seiner Jugend abgegeben haben soll, nachweisen. Cyprian redet nach seiner Bekehrung in hohen Worten von der geistlichen Wiedergeburt, die er durch das Christenthum gefunden, und schildert die Nacht des Heidenthums, aus der er zum Christenthum hinübergelangt sei, in grellen Farben, aber in seinen ehrlichen, sich selbst anklagenden Bekenntnissen findet sich von einer Hingabe an die Zauberei nichts.[2] Wohl aber erwähnt Photius ein verloren gegangenes Gedicht der Eudocia, das einen antiochenischen Cyprianus, der in allem andern dem karthagischen ziemlich ähnlich ist, besingt. Dieser sollte sich vor seiner Bekehrung ein unredliches Gewerbe daraus gemacht haben, durch magische Künste Jungfrauen zum Dienste der Wollust zu verführen. So habe er auch auf Ansuchen eines heidnischen

---

[1] Ueber diese Massa candida finden wir mehrere Angaben in 306 und 311 der Sermones des Augustin und in desselben Erklärung des 144. Psalms. Danach weicht die von ihm befolgte Tradition von der des Prudentius und der mit demselben übereinstimmenden Martyrologien ab. Augustin verlegt das Martyrium nach Utika und zählt nur 150 Märtyrer, Prudentius nach Karthago und führt 300 Märtyrer auf. (Vgl. Ruinart, Acta prim. martyrum ed. Galtura, II, 141.)

[2] Ep. ad Donatum.

Jünglings Agladius eine christliche Jungfrau, Justina, der unreinen Glut desselben durch seine Kunst dienstbar machen wollen,, doch sei diese seinem Zauber mit dem Kreuze begegnet, sodass nicht nur sein Beginnen machtlos geworden, sondern er selbst sich bekehrt und später mit Justina den Märtyrertod erlitten habe. Rettberg in seiner Monographie über Cyprian bezweifelt die Existenz dieses antiochenischen Doppelgängers, den Baronius erst von dem karthagischen Cyprian unterschieden hat, und sieht in ihm nur eine orientalische Fiction, um die Tugenden des Afrikaners der morgenländischen Kirche zuzueignen (S. 26 fg.). Es ist wahrscheinlich, dass diese Tradition in unklaren Umrissen auch dem Prudentius bekannt war, und er, soweit sie ihm zugekommen und mit den andern Ueberlieferungen vereinbar war, dieselbe in seinen Hymnus aufnahm.

Seine Tendenz, den Cyprian auch seinem spanischen Vaterlande zuzueignen, spricht Prudentius gleich zu Anfang des Hymnus aus:

> Est proprius patriae martyr, sed amore et ore noster:[1]
> Incubat in Libya sanguis, sed ubique lingua pollet,
> Sola superstes agit de corpore, sola obire nescit (vs. 3 sq.).

Er schreitet zu einem begeisterten Lobe der Beredsamkeit des Bischofs fort. Solange Bücher bestehen, werde man die Schriften Cyprian's preisen. Der Geist der Propheten sei auf seine Zunge herabgeströmt; blendender als Schnee, süsser als Ambrosia sei seine Rede. Gott habe ihn der Welt gegeben, um ihr ein rechter Ausleger der apostolischen Schriften zu werden. Hiermit macht er den Uebergang auf die Person des Bischofs selbst und erwähnt, die wunderbare Führung Gottes zu erweisen, die besagten Zauberkünste, denen sich der Bischof vor seiner Bekehrung ergeben habe.

> Unus erat juvenum doctissimus artibus sinistris,
> fraude pudicitiam perfringere, nil sacrum putare:
> Saepe etiam magicum cantamen inire per sepulcra
> quo geniale tori jus solveret aestuante nupta[2] (vs. 21—24).

---

[1] Einen besondern Anlass dazu, den Cyprian geistig den Ihrigen zu nennen, konnten die Spanier, ausser dem allgemeinen Anrecht, das die gesammte Kirche auf ihre bedeutenden Männer hatte, darin finden, dass er an hervorragende Gemeinden Spaniens, die von Leon, Astorga und Merida, geschrieben hatte (vgl. ep. 67). Darauf beziehen sich vielleicht die angeführten Worte „amore et ore".

[2] Deutliche Beziehungen auf die Zwecke, für die der mythische antiochenische Cyprian die Zauberei trieb.

Diesem verwerflichen Treiben habe plötzlich Christus gesteuert, die Finsterniss in Cyprian's Herzen getilgt, ihm die rechte Liebe, den Glauben und die Gottesfurcht gegeben. Schon äusserlich sei diese Veränderung wahrzunehmen gewesen. Er habe das lange Haar sich abgeschnitten, seine Rede sei zuchtvoll geworden, den Ordnungen der Christen habe er nachgelebt, ihre Lehren ergründet, nach der Gerechtigkeit Christi habe er getrachtet.¹ So sei er zum Bischof erwählt worden. Da sei unter Valerius und Gallienus die Verfolgung eingetreten; Cyprian habe unermüdlich den heidnischen Versuchen, die Christen zum Opfer zu veranlassen, widerstanden, die Furcht vor der Marter mit dem Hinweis auf künftigen Lohn zu zerstreuen versucht, und gehiessen:

> Merce doloris emi spem luminis et diem perennem (vs. 43).

Denn schnell entfliehe mit der flüchtigen Zeit auch jegliches Uebel, und es sei nichts zu schwer, das ein Ende habe und dessen Lohn der Friede sei. Er verheisst selbst, in den Tod voranzugehen und sein Haupt dem Schwerte zuerst darzubieten.

Cyprian wird nach solchen Ermahnungen auf Befehl des Richters gebunden in eine dunkle Höhle geführt. Er ruft Gott und Christus an und schildert sich selbst, wie er durch ihre Gnade aus dem alten ein neuer Cyprianus geworden:

> Ille ego, vipereis quem tu bonus oblitum venenis,
> criminibus variis tinctum miseratus abluisti,
> jamque tuum fieri mandas, fio Cyprianus alter,
> et novus ex veteri, nec jam reus ant nocens, ut ante (vs. 57 sq.).

Wie Gott ihn so aus dem Schlamme und Banden der Sünde befreit habe, so möge er ihn jetzt aus dem Gefängnisse der Welt und des Leibes lösen. Er möge ihm gestatten, sein Blut zu vergiessen und verhüten, dass nicht Milde das Herz des Richters beschleiche und ihm das Märtyrerthum verweigere. Zugleich betet er für die Gemeinde, dass sie nicht schwach und zagbaft werde und wanke, dass er ihre ihm anvertraute Zahl bewahre und Gott übergeben könne. Das Gebet empfängt Erhörung: die Gemeinde ist stark und unerschrocken, um von den bevorstehenden Leiden nicht

---

¹ Diese Schilderung der jähen Veränderung in seinem Leben stimmt mit den Selbstbekenntnissen Cyprian's überein.

erschüttert zu werden, sie glüht vielmehr vor Begierde, das Märtyrerthum zu erleiden. Hieran reiht der Dichter die Erzählung von der „Massa candida" und dem freiwilligen Opfer der Dreihundert, um dem Glauben treu zu bleiben. Er beschreibt die rauchende Kalkgrube, aus deren Schlunde das kochende Gestein Feuer sprüht. An ihrem Rande befindet sich der Altar, und es ist den Christen die Wahl gelassen, entweder Salz und Lebern zu opfern, oder in die Grube zu springen. Jene Dreihundert wählen ohne Besinnen das letztere:

> Prosiluere alacres cursu rapido simul trecenti;
> gurgite pulvereo mersos liquor aridus voravit,
> praecipitemque globum fundo tenus implicavit imo (vs. 83—85).

Aus der Weisse der mit Kalkstaub umhüllten Leichname und dem Unschuldsweiss ihrer Seele erklärt der Dichter den Namen „Massa candida".

Cyprian, durch diesen Heldenmuth erfreut und gestärkt, bekennt sich vor dem Richter als Christi Verehrer und empfängt als Leugner des Jupiter das Todesurtheil. Unter Freudengesängen geht er zu Tode, von ganz Afrika betrauert und durch ein Grabmal über seiner Asche geehrt. Der Dichter schliesst mit der Mahnung, nicht den zu beweinen, der in das himmlische Reich eingegangen, und der belehrend und predigend doch bei ihnen bleibe, nicht blos ein Führer der libyschen Völker, sondern aller vom Aufgang bis zum Niedergang, der Gallier, der Britannier, der Völker Italiens und Spaniens:

> Denique doctor bumi est, idem quoque martyr in superais,
> instruit hic homines, illinc pia dona dat patronus (vs. 105 sq.).

Den Beschluss des Buches Peristephanon macht der zarte und liebliche Hymnus, der das Martyrium der heiligen Agnes besingt.

Ueber diese liebenswürdige und rührende Jungfrauengestalt, die in der Diokletianischen Verfolgung im ersten Jahrzehnt des 4. Jahrhunderts das Martyrium in Rom erlitt und in dem römischen Heiligenkreise eine hervorragende Stellung einnimmt, ist Prudentius die Hauptquelle. Ausserdem erwähnt sie ungefähr gleichzeitig Ambrosius. Augustinus, Damasus und Sulpicius Severus sind Zeugen, dass am Ende des 4. Jahrhunderts ihre Verehrung eine ziemlich allgemeine war. Die zunehmende Werthschätzung des jungfräulichen Lebens machte sie nach mehr als einer Seite zum bewunderten Vorbilde und liess die Kirchenväter sie gerade auch nach dieser Seite hin der Verehrung nahe bringen.[1] Auch die spätere Zeit hat sich mit besonderer Vorliebe mit ihr beschäftigt. Die Kunst hat sie zum Theil in hohen Meisterwerken verewigt. Der Muse unsers Dichters hat ihre Legende den Vorwurf zu einer seiner abgerundetsten und gelungensten Schöpfungen gegeben.

Auch dieses Gedicht ist der lebendige Nachhall der Reiseerinnerungen des Prudentius. Er versetzt sich im Geiste an das Grab der Jungfrau, von wo man die Thürme und Paläste Roms erblickt[1], und preist sie zugleich als Patronin Roms und der Fremdlinge, die ihr Grab zu besuchen kommen. Er rühmt ihr doppeltes Verdienst um die Sache Christi, einmal durch die bewahrte Keuschheit, sodann durch den Märtyrertod errungen, und knüpft daran ihre Geschichte. Kaum aus den Kinderjahren herausgetreten[3], sei auch ihr die Anmuthung zum Götzendienst gemacht worden. Durch Schmeichelei und Drohungen aber habe man über das Mädchen nichts vermocht, sie habe ihren Leib der Marter, wie dem Tode dargeboten. Da habe der Präfect in grausamer Bosheit sie an dem Gute zu strafen gesucht, das sie höher schätzte, als das Leben, ihrer Keuschheit. Falls sie nicht augenblicks am Altare der Minerva betete, solle sie in ein Bordell geführt und der Lust der römischen Jugend preisgegeben werden. Agnes hofft fest auf Christus, der seine züchtige Dienerin nicht besudeln lassen werde; könne auch das Schwert ihr Blut vergiessen, so doch ihre Glieder nicht die Schande beflecken. Darauf liess sie der Präfect nackt an der

---

[1] Vgl. Ambrosius, De virginibus l. I, c. 2; Augustinus, Serm. 273, c. 6.

[2] Diese Erwähnung weist uns mit unzweifelhafter Gewissheit auf die Stelle an der Via nomentana, wo heute noch ihr Grab verehrt wird. Ueber demselben, an das sich die nach ihr benannten Katakomben anschliessen, steht fast in gleicher Höhe mit der Sohle der Katakomben die ihr geweihte Kirche, schon von Konstantin dem Grossen erbaut und später von Honorius I., 625—638, von Grund aus neu aufgeführt worden, dicht neben der Kirche der heiligen Konstantia. Eine andere ihr geweihte Kirche in Rom selbst, S.-Agnese in Piazza navona, auf der Stelle des alten Circus Agonalis, bezeichnet die Stätte des Bordells, in dem Agnes der Schande preisgegeben werden sollte und den Ruhm der Jungfräulichkeit herrlich wahrte.

[3] Ambrosius, „De virginibus", l. I, lässt sie mit dreizehn Jahren das Martyrium erleiden.

Strassenkreuzung ausstellen, aber ehrerbietig wandte die Menge der Vorübergehenden das Auge von ihr ab. Nur einer hatte sie anzuschauen gewagt, war aber, vom Blitze getroffen, für todt weggetragen worden. Die Jungfrau preist Gott und Christus, die der Jungfräulichkeit zum Siege verholfen und selbst das Bordell zum Schutzort der Keuschheit habe werden lassen; zugleich bewährt sie ihre Milde. Prudentius führt an, dass sie, durch Flehen der Anverwandten des Jünglings bewogen, ihm das Leben wiedergegeben. Nach diesem glücklich überstandenen Martyrium der Jungfräulichkeit befiehlt der Richter, sie zu tödten. Agnes begrüsst dies Gebot mit freudigen Worten:

> Exulto, talis quod potius venit
> vesanus, atrox, turbidus armiger,
> quam si veniret languidus ac tener
> mollisque ephebus tinctus aromate,
> qui me pudoris funere perderet.
> Hic, hic amator jam, fateor, placet,
> ibo inruentis gressibus obviam,
> nec demorabor vota calentia:
> ferrum in papillas omne recepero
> pectusque ad imum vim gladii traham:
> Sic nupta Christi transiliam poli
> omnes tenebras aethere celsior.
> Aeterne rector, divide januas
> caeli obseratas terrigenis prius,
> ac te, sequentem, Christe, animam voca,
> cum virginalem, tum Patris hostiam (vs. 69 sq.).

Darauf beugt sie dem Schwerte ihr Haupt, das auf einen Streich fällt. Schön und erhaben schildert der Dichter das Aufsteigen ihres Geistes von den Gründen der Erde. Sie schaut auf die Welt zurück, die in Finsterniss hinter ihr liegt und freut sich, alles überwunden zu haben, was im finstern Wirbel der Erde Wechsel mit sich führt. Sie sieht Könige, Herrscher, Reiche und Würden, der Thoren Stolz, den Durst nach Geld mit so viel Unrecht gestillt, glänzende Paläste, eiteln Kleiderschmuck, den Zorn, die Furcht, die Wünsche, die Gefahren der Menschen, der Trauer Länge, die Flüchtigkeit des Glücks, des Neides qualmende Fackeln, die Hoffnung und Freude trüben, und vor allem des Heidenthums trübe Umnachtung. Sie selber wird zur Siegerin über den Drachen, der all dies Elend über die Welt gebracht hat und diese selbst der Hölle opfert. Unter der Heiligen Füsse gelegt, neigt er den giftgeschwollenen Kamm;

aber sie selbst empfängt von Gott die doppelte Krone, sechzig- und hundertfachen Preis ihrer treuen Kämpfe.

Der Schluss ist eine Anrufung der Heiligen, dass sie, die Doppeltgekrönte, dem Dichter ihr Antlitz zuwende, um, da sie selbst den Ort der Schande keusch gemacht, auch ihn zu reinigen; denn:

> Nil non pudicum est, quod pia viserte
> dignaris, almo vel pede tangere (vs. 132 sq.).

Neben den berührten Poesien des Prudentius existirt noch ein kleines, ihm zugeschriebenes Buch von wesentlich eigenthümlicher Art, das weder den Lehrgedichten noch den Hymnen zuzugesellen ist und sich seinem Stoffe wie auch der Sprache und Behandlung nach merklich von den andern Werken des Dichters unterscheidet. Es ist das Liber Διττοχαίον.[1] Der Inhalt des Buches bildet einen Abriss der biblischen Geschichte. Fünfundzwanzig hervorragende Gegenstände aus dem Alten, vierundzwanzig aus dem Neuen Testamente werden je in einem Tetrastichon kurz und in den Hauptzügen ausgeführt. Die einzelnen Stücke sind dabei nach der Ordnung der Zeit und der biblischen Bücher, denen sie entnommen sind, aneinandergereiht, ohne eine fortlaufende Darstellung zu bilden. Jedes einzelne Tetrastichon ist mit einer besondern Ueberschrift versehen. Die Darstellung ist im Unterschied von dem sonst dem Prudentius eigenen Schwunge trocken und nüchtern, meist rein thatsächlich, das Wichtigste in dem angeführten Gegenstande erwähnend. Der Ton ist nicht der der poetischen Paraphrase, in dem wir bei Juvencus, Sedulius und andern, in einigen Gedichten des Prudentius selbst, die biblischen Geschichten behandelt finden, sondern der der prägnanten Berichterstattung. Aus der ganzen Haltung dieses Buchs lässt sich wol erklären, dass man dem Prudentius die Autorschaft desselben

---

[1] Diese Ueberschrift ist die in den Handschriften vorherrschende. Die Bedeutung desselben von διττός und ὀχή ist duplex refectio, duplex cibus und bezieht sich auf die beiden Testamente, die wahre Seelenspeise, denen der Stoff entnommen ist. Daneben kommen die Bezeichnungen „tituli historiarum", wol von den Ueberschriften der einzelnen Tetrastichen und „Diptychon", sowie „Enchiridion" vor, namentlich in den Handschriften, die dieses Buch allein enthalten.

von mancher Seite absprach, und viele nur durch die handschriftlichen Zeugnisse gezwungen wurden, dieselbe anzuerkennen.

Man vergleiche einige dieser Tetrastichen, um den von Prudentius' Poesie abweichenden Charakter derselben zu verstehen, so das vierte: „Ilex mambrae" überschriebene:

> Hospitium hoc Domini est, Ilex ubi frondea Mambre
> armentale senis pertexit culmen: In ista
> risit Sara casa, sobolis sibi gaudia sera
> ferri et decrepitum se credere posse maritum.

Das achte: „Ignis in rubo":

> Sentibus involitans Deus igneus ore corusco
> compellat juvenem, pecoris tunc forte magistrum.
> Ille capit jussus virgam, fit vipera virga:
> solvit vincla pedum, properat Pharaonis ad arcem.

Aus dem Neuen Testamente das erste: „Maria et Angelus Gabriel":

> Adventante Deo descendit nuncius alto
> Gabriel Patris ex solio sedemque repente
> intrat virgineam: „Sanctus te Spiritus", inquit,
> „implebit, Maria, Christum paries, sacra virgo".

Wie hier rein dem zusammengedrängten Thatbestand der biblischen Scene, so begegnen wir mitunter auch symbolischen Bezügen, so in dem zweiten Tetrastichon: „Abel et Kain":

> Fratrum sacra Deus nutu distante duorum
> aestimat accipiens viva et terrena refutans.
> Rusticus invidia pastorem sternit: In Abel
> forma animae exprimitur, caro nostra in munere Cain.

Der Zug der Typologie, der durch die gesammte Poesie des Prudentius hindurchgeht, verleugnet sich auch in diesem Buche nicht und ist namentlich bei der Auswahl der alttestamentlichen Scenen massgebend gewesen. Im typologischen Sinne z. B. werden die eherne Schlange in der Wüste, der See von Mara (Exod. 15, 23), als Typus des sühnenden Kreuzestodes Christi, die siebzig Palmen in Elim als Typus der siebzig Jünger, die zwölf Steine im Jordan als Typus der zwölf Apostel, das Haus der Rahab, wegen der rothen Schnur, als Typus des Blutes, die Burg David's als Typus der Herrschaft Christi, der Bau des Tempels als Typus des wahren Tempelbaues in Christo erwähnt.

Auch für die Zeitverhältnisse werden aus der biblischen Geschichte Vergleiche gewonnen, so bei dem achtzehnten Tetrastichon über Simson:

> Ter centum vulpes Samson capit, ignibus armat
> pone faces caudis circumligat, in sata mittit,
> allophylum segetesque cremat: sic callida vulpes
> nunc haereais flammas vitiorum spargit in agros.

Das vierundzwanzigste Tetrastichon: „Domus Ezechiae", macht einen Uebergang zum Neuen Testament, indem die Genesung des Hiskia und das damit verbundene Wunder an der Sonnenuhr als Hinweis auf das Licht in Christo gedacht wird. Im Neuen Testamente bewegen sich die Tetrastichen wesentlich in der Darstellung hervorragender Momente aus dem Leben Christi. Von den fünfundzwanzig Tetrastichen sind ihm nicht weniger als zwanzig geweiht: „Maria et Angelus Gabriel"; „Civitas Bethlehem"; „Magorum munera"; „Ab angelis pastores admoniti"; „Occiduntur infantes in Bethlehem"; „Baptizatur Christus"; „Pinna templi"; „Ex aqua vinum"; „Piscina Siloa"; „Passio Joannis"; „Per mare ambulat Christus"; „Daemon missus in porcos"; „Quinque panes et duo pisces"; „Lazarus suscitatus a mortuis"; „Ager sanguinis"; „Domus Caiphae"; „Columna, ad quam flagellatus est Christus"; „Passio salvatoris"; „Sepulcrum Christi"; „Mons Oliveti". Die übrigen fünf Tetrastichen gelten dem Stephanus: „Passio Stephani", den Aposteln Petrus und Johannes: „Porta speciosa" und „Visio Petri", dem Paulus: „Vas electionis", und das letzte, „Apocalypsis Joannis" überschriebene, bringt den eschatologischen Abschluss dieser biblischen Zusammenstellungen.

Müssen wir im allgemeinen, mit Ausnahme einzelner dieser Tetrastichen, den poetischen Werth des Buches Dittochäon nur als einen geringen bezeichnen, so ist die archäologische Bedeutung desselben um so grösser, ein Punkt, über den später noch zu sprechen sein wird.

Zum Schlusse sei noch des einleitenden Proömiums und des Epilogus erwähnt, deren Inhalt von uns bereits im Anfange (S. 14—17) angedeutet worden ist. Das erstere ist sehr schätzbar wegen der Notizen über das Leben und die Schriften des Dichters. Die melancholische Reue und Lebensmüdigkeit, die aus diesen Versen spricht, gibt ihnen trotz ihres unpoetischen Inhalts eine weiche elegische

Farbe und dadurch eine einigermassen dichterische Gestalt. Der Epilogus, der sich in Cod. Alex. 321 zweimal findet, einmal nach den Büchern gegen Symmachus, und zu Ende nach dem Dittochäon, in andern Handschriften nach dem Buche Peristephanon, zeichnet sich durch die bescheidene, ja überbescheidene Art aus, in der Prudentius seine dichterischen Leistungen mit den Verdiensten anderer vergleicht. Sein armes Poetenopfer werde aber Gott gütig aufnehmen, da Gott auch den geringsten Dienst geleistet zu haben, Segen bringe. Sei er selbst auch nur gleich einem unscheinbaren Thongefäss unter Gold- und Elfenbeingeräthe, wenn nur ein solches im Hause seinen Platz ausfülle. Christus habe ihn zu niederm Dienste berufen, aber das Eine nütze er doch, dass durch seinen Mund Christi Lob verkündigt werde.

SECHSTES KAPITEL.

Werth und Bedeutung der Poesie des Prudentius.

Die gegebenen Analysen und Auszüge werden uns in den Stand setzen, über den Charakter und das Wesen der Prudentianischen Poesie ein unbefangenes Urtheil zu fällen. Die katholische Kirche hat von jeher Prudentius einen der ersten Plätze unter den Dichtern zuerkannt, nicht nur dass man ihn den Fürsten der christlichen Dichter nannte, man sah in ihm auch die Vorzüge aller classischen Dichter vereinigt. Faustus Arevalus hat in seinen Prolegomenen zu Prudentius' Gedichten die Urtheile der Verehrer desselben von den ältesten Zeiten an zusammengetragen, (Aurelii Prud. Clementis carm., I, 106 sq.), in denen sowol seiner farbenreichen Phantasie, seiner virtuosen Handhabung der Versification, wie seiner Frömmigkeit und christlichen Weisheit die höchste Bewunderung, zum Theil in poetischen Ergüssen, gezollt wird. So findet sich folgender Lobgesang des Isidorus von Hispalis:

> Si Maro, si Flaccus, si Naso et Persius horret
> Lucanus si te Papinianusque taedet:
> Par est eximio dulcis Prudentius ore,
> carminibus variis nobilis ille satis.

Johannes Spiegel sagt in seinem Commentar zu dem Hymnus „Omnis horae": „Lyricorum princeps apud Graecos Pindarus, apud Latinos Horatius inter ethnicos: ut Prudentius inter eos, qui in veri dei venerationem pietate plenos modulati sunt hymnos." In ähnlicher Weise rühmen ihn viele katholische Gelehrte der spätern Zeit. Ihrem Urtheile stimmt auch eine Autorität wie Bentley bei, ebenso thun es mehr oder weniger die neuern Literarhistoriker Bähr[1], Teufel[2] und Carrière.[3] Dagegen stehen freilich andere Urtheile, wie die von Gibbon[4], Bernhardy[5], neuerdings Richter.[6] Es ist schon erwähnt worden, wie vielfach gerade diese Gedichte im Mittelalter glossirt worden sind[7], wie sie das classische eigentliche Lesebuch der fürstlichen Jugend bildeten, und wie auch mehrfach Stimmen in unserer Zeit sich dafür erhoben haben, den Gedichten des Prudentius einen Platz im Gymnasialunterrichte zu sichern (Kap. I, S. 12). — Es unterliegt keinem Zweifel, dass in Prudentius eine ausserordentliche dichterische Begabung vorhanden ist. Unter den christlichen Dichtern seiner Zeit ragt er entschieden als der bedeutendste hervor. Juvencus der vor ihm, und Sedulius der nach ihm dichtete, reichen nicht an ihn heran. Kann man Juvencus auch eine an die classischen Dichter erinnernde massvolle Einfachheit nicht absprechen, und ebenso wenig dem Sedulius eine anspruchslose Schlichtheit der Darstellung heiliger Geschichte, so darf man nicht vergessen, dass beide zu einem festgegebenen Stoffe nur die Form lieferten und die biblische Geschichte paraphrasirten. Wie abhängig dabei Juvencus von classischen Vorbildern, namentlich dem des Lucretius war, hat Gebser gründlich nachgewiesen. Prudentius dagegen hat freigewählte Vorwürfe behandelt, zum Theil schwierigster, für poetische Schilderung unzugänglichster Art, und die Aufgabe, die abstractesten Erörterungen in concreter Plastik

---

[1] Fel. Bähr, Die christlichen Dichter und Geschichtschreiber Roms (Supplementband, Abth. I, p. 41).

[2] Teufel, Römische Literaturgeschichte, III, 2, S. 909.

[3] Moritz Carrière, Die Kunst im Zusammenhange der Culturentwickelung u. s. w., III, 1, S. 87.

[4] Gibbon, History of the decline and fall of the Roman empire.

[5] Bernhardy, Römische Literaturgeschichte, S. 310.

[6] Richter, Das weströmische Reich etc., S. 254.

[7] Faustus Arevalus führt den Glossar des Iso Magister in seiner Ausgabe unter dem Texte durch, der jedoch nur dürftig genügt. Trotz der gelehrten, freilich nicht immer unbefangenen Noten des Faustus Arevalus selbst und der schätzbaren, namentlich textkritischen Anmerkungen der trefflichen Ausgaben von Obbarius und Dressel ist, um das hierbei zu erwähnen, doch für eine Commentation des Dichters wenig gethan, und es wäre wünschenswerth gewesen, wenn die beiden letztern Herausgeber in ihren Beiträgen zur Sacherklärung etwas freigebiger gewesen wären.

allgemein verständlich wiederzugeben, oft mit überraschendem Geschick gelöst. Ebenso wenig kommen Paulinus von Nola und Damasus, der Freund und Gönner des Hieronymus, gegen Prudentius auf. Paulinus steht ihm an Gewandtheit in der poetischen Form vielfach nahe, übertrifft ihn mitunter auch an Natürlichkeit und berührt mitunter wohlthätiger durch die fromme ungekünstelte Innigkeit seiner Gedichte. Dagegen fehlen ihm der Schwung der Phantasie, die farbenglühende Sprache, die Grösse der Conceptionen unsers Dichters, und Damasus, der wesentlich poetische Inschriften für Kirchen und Grabstätten lieferte, bewegt sich auf einem zu kleinen Gebiete, um hier in Frage zu kommen. Von einem Vergleiche mit den Kunststücken der Centonenpoesie einer Proba Falconia kann am allerwenigsten die Rede sein. Wenn Prudentius auch der Palette der heidnischen Classiker vielfach Farben entlehnt, wie es in weit umfassenderm Maassstabe sein Zeitgenosse Hieronymus that[1], so ist er doch zu originell und selbständig, um dieselben wörtlich zu benutzen, und am allerwenigsten geneigt, sich zu dem sklavischen, dichterisch so todten Kunststücke zu bequemen, ein ganzes Gedicht aus Brocken eines andern Dichters zusammenzufügen. Fassen wir die poetischen Vorzüge des Prudentius zusammen, so ist einmal seine Vielseitigkeit zu rühmen, mit der er sich auf den verschiedensten poetischen Gebieten bewegt. Das Lehrgedicht hat er durch mehrere grossangelegte Compositionen bereichert und steht in dieser Gattung der Poesie unter den christlichen Dichtern unbedingt einzig da. Nicht minder hat er in seinen Büchern Peristephanon und Cathemerinon sich als Epiker und Lyriker bewiesen, und in dem Buche Dittochäon einen poetischen Abriss der biblischen Geschichte gegeben, wie derselbe von andern Dichtern, wie Juvencus und Sedulius, allerdings reicher, versucht wurde. Sodann müssen wir seine Gewandtheit anerkennen, mit der er die schwierigsten Fragen zu behandeln unternimmt und durch immer neue, eigenthümliche Wendungen des Gedankens, durch ausgeführte Schilderungen und Bilder auch den poesielosesten Stoff in ein einigermassen poetisches Gewand zu hüllen weiss. Dieses führt uns auf die Hauptstärke seiner Poesie, die Gabe der Schilderung und die Glut seiner Sprache. Mag dieselbe auch den Verfall seiner Zeit widerspiegeln, und ist seine Latinität und sein Versbau

---

[1] Vgl. Zoeckler, Hieronymus, sein Leben und Wirken (1865), S. 325 fg.

oft wenig rühmenswerth, man muss dem Dichter ein ergreifendes
Pathos zugestehen. Er versteht es, durch eine heisse, leidenschaft-
liche Beredsamkeit in seine Ideenfolgerungen hineinzureissen. In
gewaltigen Gesammtübersichten weiss er grosse und erhebende Bilder zusammenzustellen, ebenso wieder einen abstracten Gedanken
durch eine Fülle von lebendig gezeichneten Vergleichen plastisch
zu machen, und die Wahrheit sittlicher Behauptungen durch den
Reichthum aus dem Leben gegriffener Details, die er zum Theil mit
tiefer psychologischer Schärfe auswählt, zu erweisen. Besonders
zeichnen sich darin die Bücher Apotheosis, Hamartigenia, Psychomachia und die beiden Bücher gegen Symmachus aus. Es ist überhaupt wunderbar wie, bei der allgemeinen Beachtung und oft
überhebenden Bewunderung, die Prudentius gefunden hat, gerade
diese Gedichte, die wir nicht anstehen die vorzüglichsten zu nennen, am
wenigsten gewürdigt worden sind, während man von seinen zum Theil
schwächern Hymnen in den Büchern Cathemerinon und Peristephanon
viel umfassender Notiz genommen und seinen Ruhm hauptsächlich
auf sie gegründet hat. In jenen grössern Gedichten, unter denen
wir in Uebereinstimmung mit der Mehrzahl der Kritiker den Büchern
Hamartigenia und gegen Symmachus den poetischen Preis zuerken-
nen möchten, während die Psychomachia, allerdings durch ihre dra-
matische Lebendigkeit und den Glanz der Farbe wirkungsvoll, im Gehalt nur in einzelnen Stellen an sie heranreicht, die Apotheosis aber bei
aller Kunst die Schwierigkeit, einen dogmatischen Stoff poetisch einzu-
kleiden, nicht völlig überwindet, finden sich Abschnitte von unvergleich-
licher Schönheit und Wirkung. Wir erinnern unter denselben, die wir
zum grössern Theil im Vorhergehenden ausgezogen haben, an jene gewaltige Schilderung der Verkehrung der gesammten Natur nach dem
Sündenfall, die zu einem traurigen Bilde des Verfalls der Zeit des
Dichters ausgeführt wird (Hamartigenia 216—336), die grossge-
dachte Darstellung Roms, wie es, durch Konstantin's Sieg bewogen,
das Christenthum annimmt (l. I c. Symm. 506—615). Man bewundere die psychologische Tiefe in der Bestreitung des Lobes, das
Symmachus den Vestalinnen zuertheilt (l. I c. Symm. 1064—1111), und
ebenso in der Psychomachia die vielgestaltige Charakteristik des Geizes[1]

---

[1] Gerade in diesem Gedichte zeugt die Zeichnung der allegorischen Figuren von
Lastern und Tugenden, bis auf ihre Attribute herab, von einer grossen Beobachtungs-

(Psychom. 454—510). Zu dithyrambischem Schwunge erhebt sich die Darstellung, wenn es gilt die Macht und Grösse Gottes zu preisen, so in der Bestreitung des Patripassianismus (Apotheosis 6—18) und des Heidenthums (Perist. 10, 311—340). Daneben vermag Prudentius im einzelnen auch den lyrischen Ton schön zu treffen, wofür der bekannte Hymnus: „Ad exequias defuncti", namentlich die Stelle: „Jam moesta quiesce querela" (vs. 117 sq.), der Preis der bethlehemitischen Kinder im Epiphanienhymnus: „Salvete flores martyrum" (vs. 125 sq.), und durch ein liebevolles Sichversenken in das Leben der Natur der Hymnus: „Ante cibum" (Cath. 3) reichlich Zeugniss gibt. Ebenso ragen auch einzelne Märtyrerhymnen im Buche Peristephanon, so der elfte Hymnus zu Ehren des Hippolyt, durch energisch glühende Schilderung, und der letzte, zur Feier der heiligen Agnes, durch zarte einfache Innigkeit hervor. Hier finden wir in der That die Begabung eines Dichters ersten Ranges und es wird uns begreiflich, wie das Bestreben, die Kirche im Vollbesitz aller geistlichen und geistigen Schätze erscheinen zu lassen, Prudentius den Ehrennamen eines christlichen Virgil und Horaz zuerkannte. — Trotzdem dürfen wir uns nicht verhehlen, dass, um diesen Dichtern beigezählt zu werden, dem Prudentius noch vieles fehlt, und eine ernsthafte Untersuchung darf auch seine Mängel nicht verschweigen, wenn auch zur Entschuldigung derselben gesagt werden muss, dass sie weniger dem Dichter selbst, als dem Geschmacke seines Zeitalters zur Last zu legen sind. Im allgemeinen muss als zutreffend anerkannt werden, was Hase über Prudentius sagt, seine Poesie sei mehr rhetorisch als poetisch.[1] In der That tragen häufig seine Argumentationen mehr den Stil der Rednerbühne, als des Dichters an sich. In seiner Polemik tritt der römische Sachwalter[2] öfter hervor, als es das Gesetz der Poesie zulässt. Jenes dialektische Verfahren, dass, sich scheinbar auf des Gegners Standpunkt stellend, seine Blössen offenbar macht und ihn in den-

---

gabe, und hierin ist Prudentius für die Kunstvorstellungen des Mittelalters von entscheidendem Einflusse gewesen.

[1] Kirchengeschichte (9. Aufl., S. 130). — Man vergesse nicht, dass gerade die Zeit des Prudentius die einer sehr sorgfältigen Cultur der Rhetorik war. (Vgl. die Ausführung bei Burckhard, „Die Zeit Konstantin's des Grossen", S. 316 fg.).

[2] Arnold, „Unparteiische Kirchen- und Ketzerhistorie", I, K. IV, 4 und 5, bezeichnet den Prudentius nach dem Selbstzeugnisse seines Proömiums als „Zungendrescher".

selben zu fangen, möglicherweise lächerlich zu machen sucht, ein
Verfahren, wie es in den apologetischen und polemischen Schriften
des Tertullian mit viel Schärfe hervortritt, fehlt auch nicht in der
Poesie des Prudentius, namentlich bietet dazu die Kritik der alten
Mythologie und des heidnischen Cultus, wie sie sich im ersten
Buche gegen Symmachus und in dem Hymnus zu Ehren des Romanus findet, einen reichen Beleg. So treffend diese Art das
Heidenthum zu bestreiten im einzelnen erscheinen mag, so erweist
sich doch die Unzulänglichkeit und Oberflächlichkeit derselben von
einem höhern Standpunkte aus. Der Grundirrthum des Heidenthums wird damit nicht getroffen, und was eine Bestreitung sein
soll, wird zur Belustigung. Nur zuweilen macht der Dichter Anläufe, den Gegner tiefer zu fassen und den Polytheismus im Princip anzugreifen, doch lösen sich die Hauptangriffe zuletzt immer
wieder in ein breites Besprechen skandalöser Einzelheiten der Geschichte und Verehrung der Götter auf. Diese eigenthümliche advocatorische Dialektik hat geradezu etwas Anstössiges, wenn sie, wie
in dem Hymnus auf das Leiden des Romanus, von zu Tode gequälten Märtyrern geübt wird. Es berührt hier widerwärtig und
unnatürlich, wenn Romanus, nachdem der Präfect ihn hat zerfleischen,
brennen, peitschen, zuletzt die Zunge ausschneiden lassen, nachdem
ihm ein Wunder die Gabe der Sprache erhalten hat, den Anblick
des aus seinem Munde fliessenden Blutes als Motiv benutzt, die
blutigen Opferculte, die Selbstzerfleischungen und Entmannungen der
Cybelepriester des Weitern auszuführen und so mit einem erbitterten
Wortstreite zu enden.

Der rhetorische Zug, der durch die Poesie des Prudentius geht,
zeigt sich ausserdem in einer breit aufgebauschten Phraseologie
und der geschraubten Effecthascherei einzelner Schilderungen. Hier
lässt er das schöne discrete Mass der classischen Dichter schmerzlich vermissen, das selbst in der höchsten Erregung der Phantasie
nicht den Zügel verliert. Prudentius findet, ist er einmal von einem
Gedanken und einem Bilde ergriffen, nie zur rechten Zeit das Ende.
An ein Wort, eine Vorstellung, knüpfen sich seinem beweglichen
Geiste Analogien, Vergleichungen und Gegensätze an, die, an und
für sich geistvoll erfunden, doch in ihrem ungebührlichen Hervortreten der Harmonie des Ganzen schaden, und die spielende Gewandtheit seiner Versification leistet dieser poetischen Zuchtlosigkeit

nur Vorschub. Auf der andern Seite fehlt aber dem Dichter, wie hier das besonnene geschmackvolle Mass, ein Haupterforderniss jedes Dichters, die Naivetät. Er ist und bleibt in allem Schwunge der Rede von berechnender Reflexion geleitet, statt dass sein Product der freiströmende Ausfluss eines in sich schaffenden Geisteslebens wäre. Dies tritt namentlich störend in seinen lyrischen Gedichten auf. Wie alle seine Arbeiten zeigen auch sie einen feingliederigen Aufbau und eine kunstvolle Ausführung der Gedanken; aber der Dichter thut ohne Zweifel darin zu viel. Ein lyrisches Gedicht, welchem Zwecke es auch diene, hat die Aufgabe, in eine schnell zu fassende Empfindung, eine einleuchtende Wahrheit, eine bestimmt umschriebene Situation in klarer und verständlicher Weise einzuführen und zu versenken. Dabei stört ein unruhig flutendes Gedankenspiel, das bald ahnungsreiche Beziehungen, bald geheimnissvolle Anklänge sucht, auf lange Citate sich führen lässt, bei denen fast der Faden des Grundgedankens reisst. Diese Gedankenspiele finden sich, wie in der gesammten Poesie des Prudentius, namentlich in seinem Cathemerinonbuche, und, wie viel geist- und schwungreicher seine Hymnen denen der Zeitgenossen gegenüber sein mögen, so sind die Gesänge eines Hilarius von Pictavium und eines Ambrosius in ihrer einfachen Schlichtheit und anspruchslosen Innigkeit in ihrer Art vollkommener und erfüllen den Zweck, der Gemeinde Erbauungslieder zu geben, vollkommener und besser. Ja auch die grössern Gedichte, wie z. B. Psychomachia und die Bücher gegen Symmachus, soviel Vorzüge sie in ihrer freien Selbständigkeit vor den biblischen Paraphrasen eines Juvencus und Sedulius haben, müssen jenen den Vorzug der Geschlossenheit und des keuschen Masses zugestehen. Die übertrieben kunstvolle Arbeit wird zur Verkünstelung, das Verlangen nach einem übermässig blühenden Ausdruck häufig zur Ueberladung. Dieser verkünstelte Zug bis zum Unwahren tritt auch in der Charakteristik der Heiligen und Märtyrer hervor, die Prudentius in den Hymnen Peristephanon besingt. Gestehen wir es offen, so machen viele derselben trotz der Bewunderung, die gerade die katholische Kirche diesen Schilderungen entgegengebracht hat, einen widerwärtigen Eindruck. Die würdige Gestalt des Quirinus von Siscia (Hymn. 7), das rührende Bild der heiligen Agnes (Hymn. 14) hat Prudentius in schlichter Einfachheit und poetischer Wahrheit gezeichnet, aber die heilige Eulalia (Hymn. 3), der heilige Romanus (Hymn. 10), und selbst der heilige Laurentius (Hymn. 2), tragen bei ihm durchaus nicht das Gepräge stiller demüthiger Christen, die nur der Zwang, etwas mit Glauben und Gewissen Unvereinbares thun zu sollen, zum Ungehorsam gegen den kaiserlichen Willen bestimmt, sondern sie sind Vertreter jenes krankhaften Zuges zum Märtyrerthum, der sie dasselbe durch Provocation und Verhöhnung der heidnischen Behörden suchen lässt. Die heilige Eulalia, die in die Stadt, wo eine Untersuchung gegen die Christen eingeleitet wird, sich begibt, dem heidnischen Präfecten Schmähungen sagt, den Opferaltar anspeit und umstösst, verleugnet dabei etwas, was der Dichter eine weibliche Gestalt in keiner Situation verleugnen lassen darf, die Weiblichkeit; und dass sie der christliche Eifer zu solchem Vergehen entflammt, ist keine Entschuldigung, da der echt christliche Zug des Duldens fehlt, und die blutige Strafe nicht demüthig hingenommen, sondern dem heidnischen Richter gleichsam abgepresst wird. Nicht anders ist es der Fall mit den langen Auseinandersetzungen des Romanus, die nicht nur der Absicht dienen, den christlichen Glauben zu bekennen, sondern den heidnischen Präfecten zu ärgern und zu immer widerwärtigern Steigerungen der Marter hinzureissen. So bleibt unser Herz bei aller Schilderung der Leiden und allem Preise des Muthes dieser Märtyrer kalt. Der warme Zug der Begeisterung, der uns allein das Ertragen aller Qualen erklärlich macht, ist nicht genug hervorgehoben, statt dessen vielmehr ein geschraubter Hochmuth, der sich rücksichtslos und beleidigend äussert und auf die Verherrlichung als Preis der ertragenen Leiden mit allzu grosser Sicherheit rechnet.

Diese Märtyrerhymnen führen uns nun auf handgreifliche Geschmacklosigkeiten des Dichters, die freilich immer ebenso auf Rechnung des Tones seiner Zeit als seiner Persönlichkeit kommen mögen. Wir meinen hier das breite peinliche Detail der Qualen und Martern, denen die Heiligen preisgegeben werden.[2] Wenn es dem Dichter nicht verargt werden kann, dass er dieselben zum Ruhme des Muthes der von ihm Besungenen erwähnt und beschreibt, so ist doch die ana-

---

[2] Vgl. Hieronymus, „Ep. I ad Innocentiam de muliere septies icta", in der Hieronymus den siebenfachen Versuch eines Scharfrichters, ein unschuldig verklagtes Weib zu enthaupten, und die wunderbare Vereitelung der Hinrichtung in ähnlicher Weise berichtet. (Vgl. Zöckler, Hieronymus, S. 40.)

tomische Ausführung, deren sich Prudentius befleissigt, unschön und unnöthig zugleich. Man denke an die Marter des heiligen Cassianus, jenes von seinen Schulknaben mit Griffeln erstochenen Lehrers (Hymn. 9), bei der die Phantasie des Dichters in wahrhaft grauenvollem Realismus die Mannichfaltigkeit der Verwundungen ausführt. Man denke an das Martyrium des Romanus, jenes Ausmalen der Zerfleischung seines Körpers, jene mit der Genauigkeit eines ärztlichen Berichtes ausgeführte Schilderung des Ausschneidens der Zunge, wobei der Dichter es nicht versäumt, sogar eine physiologische Darstellung der Entstehung der Sprache zu geben (vs. 931—935), um dem beizustimmen, dass der Dichter hier in ein poetisch unschönes Gebiet sich verirrt. Ebenso findet man anderswo manche Einfälle und Ausschmückungen, bei denen der gesunde Sinn kaum begreift, wie der Dichter sich selbst so weit verleugnen konnte. Statt vieler Beispiele nur eines. Am Ende der Psychomachia schildert der Dichter den Tempel der Weisheit (vs. 823 sq.), und zwar in einer freien Umschreibung der Darstellung des neuen Jerusalem im vorletzten Kapitel der Apokalypse. Er beschreibt dabei einen Edelstein, der die Wölbung des Tempels, muschelförmig ausgehauen, auskleidet, und um den Werth desselben zu kennzeichnen, sagt er von ihm, dass der Glaube ihn für tausend Talente gekauft habe:

.... quarum regit edita calculus albens
in contra caeous capita et rinuamine subter
subductus conchae in speciem, quod mille talentis,
margaritum ingens opibusque et censibus hastae
addictis animosa Fides mercata pararat (vs. 870—874).

In so nüchtern armer Weise sucht Prudentius hier den Werth eines himmlischen Kleinods zu schildern. Aber noch ein Anderes kennzeichnet den Dichter als den Sohn einer bereits künstlerisch sinkenden Periode, das ist, bei allem geistreichen Wesen und aller Originalität im einzelnen, doch die geistigen Anlehnungen, die er sucht und die Plagiate, die er begeht. Hier sind namentlich die Bücher gegen Symmachus zu nennen. Wir haben bei der Besprechung derselben ausführlicher auf die Briefe des Ambrosius Rücksicht genommen, die der Bischof an Kaiser Valentinian II. im Streite über den Altar der Victoria geschrieben hatte. Das zweite Buch, das sich auf eine speciellere Widerlegung des Symmachus einlässt, lehnt sich in seinen Hauptgedanken, wie wir sahen, an die Ausführungen des Ambrosius an, und weiss nach Jahren nichts Besseres zu thun, als, was jener gesagt hatte, in reicherer und ausgeschmückter Form zu wiederholen. Man muss sich verwundern, dass bei einem so reichen Talente, wie das unsers Dichters, dergleichen möglich ist, und wird lebhafter als je dadurch an das Jahrhundert erinnert, das den Triumphbogen Konstantin's baute und kein Bedenken trug, ihn mit aus der classischen Periode des Trajan stammenden Medaillons zu schmücken. Durften wir diese Mängel der Prudentianischen Poesie, zu der noch andere, so in der Latinität und im Versbau kommen, über die Faustus Arevalus[1], Obbarius, Dressel[2] und Brys im fünften Kapitel seiner Dissertation einiges bemerkt haben, nicht verschweigen, so verlangt die Unparteilichkeit mehr, als es von mancher Seite geschehen ist, dieselben dem künstlerischen Verfall der Zeit, nicht der Person ausschliesslich aufzubürden, und nicht die Forderung der absoluten Classicität an einen Dichter zu stellen, dessen ganze Geistesatmosphäre der Nachduft einer grössern Vergangenheit war, deren reine Schönheit von jener nicht mehr verstanden wurde, und die man in überladener Verkünstelei nachzubilden, ja zu überbieten suchte, in derselben Weise, wie die barocken Abenteuerlichkeiten der Zopf- und Rococoperiode die reine Kunsthöhe der Renaissance noch zu übersteigen trachteten, und trotz ihrer Ausartung doch Geist und Begabung bezeugen. Prudentius ist der begabte Vertreter einer lange herrschenden und beliebten Kunstrichtung und so der Lieblingsdichter des Mittelalters geworden, dessen Bildung eine Zeit lang in der Aneignung des von einem schon sinkenden Geschmack jener und der folgenden Zeit verschnörkelten classischen Alterthums bestand, und hat in mancher Weise auf dasselbe eingewirkt. Ohne ein Dichter ersten Ranges zu sein, behauptet er doch denselben unter den Dichtern seiner Zeit und beweist, dass in ihm die Kraft war unter andern Verhältnissen ein Dichter ersten Ranges zu werden.

Diese Stellung des Dichters zu seiner Zeit und das ganze Bild seiner Persönlichkeit, wie es unter dem Einflusse ihrer geistigen At-

---

[1] Prud. opera, proll. p. 198 sq.
[2] Proll. p. XVII sq., Anmerkung 53 und 54. Siehe auch die metrische Tabelle bei Obbarius und Dressel (Proll. p. XX sq.).

mosphäre geworden ist, ist aber gerade von höchstem Interesse für uns. Es ist schon gesagt worden, dass ausser jenen Versen, in denen er selbst über sich und seine Dichtungen spricht, über das Leben des Prudentius nichts bekannt ist, und nur aus den Dichtungen selbst treten uns die Züge seines Charakters entgegen. Sie zeichnen mit deutlichen Linien den vollbewussten Sohn der Zeit, die ein Sinken und Aufsteigen zweier entgegengesetzter Mächte, des Heidenthums hier und des Christenthums dort, des römischen Staats und der katholischen Kirche aufweist, und in welcher doch beide Mächte trotz ihres fundamentalen Gegensatzes noch nicht voneinander gelöst sind, da das aufstrebende Christenthum sich von allen Ranken des sterbenden Heidenthums noch nicht völlig getrennt hat und die altgehegten politischen Traditionen sich mit den kirchlichen Ideen noch oft seltsam und unconsequent vermischen. Prudentius ist ein christlicher Dichter im vollen Sinne des Wortes. Alle seine Gedichte vom ersten bis zum letzten sind der Verherrlichung des Christenthums gewidmet. Der Preis Gottes und Christi ist, bald im Stile einer dogmatischen Demonstration, bald im dithyrambischen Elogium der Ton, in dem alle seine Gedichte ausklingen, der Gipfel, zu dem sie sich steigern. Namentlich tritt dies in seinen Festhymnen hervor. Prudentius ist in der That unerschöpflich, von den verschiedensten Beziehungen ausgehend, die Spur und Gestalt Gottes und Christi zu gewinnen und nun mit inniger Lobpreisung bei ihnen zu verweilen. Das gesammte blühende Reich der Natur, die Geschicke der Menschen und Völker, die Vorgänge des seelischen und häuslichen Lebens, Vergangenheit und Gegenwart werden ihm zur lebendigen Offenbarung beider. Dabei ist seine christliche Anschauung eine dogmatisch fest bestimmte. Er schwelgt nicht nur in christlichen Empfindungen, sondern hat das System der Theologie seiner Zeit in fester Formulirung, und vertheidigt die orthodoxe Anschauung mit Schärfe und Eifer. Zugleich spiegeln seine Gedichte das Siegesgefühl wider, das namentlich durch die abendländische, von dogmatischen Kämpfen weniger zerrissene Kirche seiner Zeit ging. Er ist sich ihrer gewaltigen Zukunft bewusst und hat diesem Bewusstsein gegen Symmachus schwungvollen Ausdruck verliehen. Dabei aber tritt uns ein anderer Zug hier entgegen, der Prudentius von einem Manne, wie z. B. Augustin, wesentlich unterscheidet. Er ist, wie begeisterter, voller Christ, so auch begeisterter römischer

Bürger. Hierdurch namentlich gewinnt seine Apologie des Christenthums gegen Symmachus ein hohes Interesse. Prudentius, wie Ambrosius, leben an der Neige der Zeit, da die Herrlichkeit Roms wenigstens äusserlich noch intact war. Die Freude an dieser Herrlichkeit verleugnen beide nicht. Der aristokratisch stolze Sinn des Römers tritt bei beiden charakteristisch hervor und führt zu dem öfter wiederholten Ausspruche, dass das Heidenthum nicht nur blasphemische Abkehr, sondern barbarische Verirrung, gut für ungebildete Horden sei, während das Christenthum allein die des römischen Bürgers und des gebildeten Mannes würdige Religion bilde. Der exclusive Stolz des Römers beeinträchtigt mitunter bei beiden das christliche Universalgefühl, ja, der von Prudentius wie von Ambrosius gegen Symmachus geltend gemachte Einwurf, dass der Ruhm der römischen Sieger nicht von ihrer Verehrung der Götter, sondern nur von ihrer Waffentüchtigkeit stamme, widerspricht vom Standpunkte der irdischen Wahrnehmung nicht nur dem heidnischen, sondern dem religiösen Princip überhaupt und konnte, wie gegen das Heidenthum, gegen jede Religion gebraucht werden. In der Zeit, da nach der Schlacht bei Pollentia Honorius in aller Herrlichkeit des römischen Siegers in Rom einzog, scheint Prudentius von der Möglichkeit einer Wiedergeburt Roms im Christenthume zu träumen. Es ist das Zusammentreffen des Symmachus und des Prudentius deshalb einer jener Momente, in denen sich ein welthistorischer Conflict zusammendrängt. In Symmachus, dem Heiden, der Todesseufzer der Heidenwelt und die rührende, wenn auch schwächliche Bitte, wenigstens das Grab einer grossen Vergangenheit, die an dies Heidenthum sich knüpft, zu schonen, und in Prudentius die zum Theil schlagenden, aus der Geltung der Gegenwart gegriffenen Entgegnungen und der schwungvolle Preis eines christlichen Roms mit dem Traume seiner glanzvollen Zukunft. Auch Prudentius hat mit jenen Vorwürfen zu kämpfen, die von jeher den Christen gemacht worden sind, die früher ein Anlass zu vielen Verfolgungen waren und gegen die die Apologeten zu allen Zeiten zu streiten hatten: dass die Noth der Zeiten die Folge des durch das Christenthum heraufbeschworenen Zornes der Götter sei, eine Beschuldigung, die namentlich zur Zeit des Eindringens der wandernden Barbarenstämme, vor allem nach der Eroberung Roms wiederholt wurde. Prudentius, der das letzte Aufleuchten der Herrlichkeit Roms sah, erkannte die

Klagen über das besprochene Unglück nicht an. Augustin, der es sich nicht mehr verhehlen konnte, sah auch in dem Falle Roms die Herrlichkeit Christi, und verfolgt über diese Katastrophe hinweg die fortschreitende Entfaltung der Stadt Gottes. Hierin tritt die Verschiedenheit des apologetischen Standpunktes beider Männer hervor. Prudentius hängt an Rom mit Bewunderung und Wärme, er sieht in ihm den Thron des Christenthums, und im Christenthum die Bürgschaft seiner Dauer und Kraft, während Augustin in Rom nur die Stätte später tief beklagter Jugendirrthümer kennt, deren Fall er schon deshalb gefasster zu tragen vermag. Wie Prudentius ein Bewunderer der alten Grösse und Herrlichkeit Roms war, so fühlt er sich auch zu den Vertretern seiner Grösse hingezogen und ehrt die römische Tugend auch an den Heiden. Wie er den alten Helden Camillus und Scipio seine Bewunderung darbringt, so entzieht er auch, unbeschadet seiner christlichen Strenge, seine Achtung den Vorzügen eines Julian nicht. Ebenso ist er bereit, den edeln Charakter und das hohe Talent eines Mannes wie Symmachus anzuerkennen. Muss man darin seine Gerechtigkeit und Billigkeit rühmen, so blickt doch auch hierin der mit dem römischen Wesen sympathisirender Zug hervor, dem alle Tugenden, die das Wohl des römischen Staates fördern und ihm Glanz verleihen, verehrungswürdig sind, auch wenn jene Römer einen Standpunkt dem Christenthum gegenüber einnehmen, wie Julian. So bietet uns Prudentius das Bild eines christlichen Römers im vollen Sinne des Wortes. Die altrömische Tradition, in die Religion und Politik in ein und demselben Ziele, der Herrlichkeit Roms sich begegnen, lebt noch in ihm. Er ist so weit Staatsbürger, um das Gedeihen des Christenthums nur in Verbindung mit der Blüte des Staates zu wünschen, und so weit Christ, um nur unter der Bedingung einer allseitigen Geltung des Christenthums ein Blühen des Staates für möglich zu halten.

Diese Sympathien des Prudentius für römische Erinnerungen und Tugenden sind aber eben römische, keine allgemein heidnischen, wie schon die wiederholte Bekämpfung der entarteten Mythologie, aber auch die oberflächliche und leichtfertige Verachtung heidnischer Weisheit, das Spotten über Männer wie Plato und Aristoteles beweisen (Apoth. vs. 200 sq.).

SIEBENTES KAPITEL.

Die Theologie des Prudentius.

Die Frage entsteht: hat Prudentius, der in seinen umfassenden Werken verschiedene Punkte des christlichen Glaubens und Lebens ausführlich durchgehandelt, eine bleibende Bedeutung für die Kunde von beiden gewonnen? Wenden wir uns zuerst dem Punkte des christlichen Glaubens zu und fragen wir nach der theologischen Bedeutung des Prudentius. Wir müssen uns dabei erst darüber klar machen, ob überhaupt eine Theologie des Prudentius, d. h. eine eigenthümliche Auffassung und Fortbildung der christlichen Lehre bei unserm Dichter existirt, oder ob er in diesem Punkte nur die herrschenden Meinungen seiner Zeit reproducirt und an die anerkannten Autoritäten der Kirchenlehrer sich anlehnt. Dazu bedarf es einer Darstellung des theologischen Standpunktes des Dichters.

Wir haben die fleissige Arbeit Middeldorpf's[1] schon erwähnt, die als die beachtenswertheste die Theologie des Prudentius als ein abgeschlossenes System nach den einzelnen dogmatischen Kategorien zu behandeln unternimmt; ebenso die Augusti'sche Dissertation[2], die auf einzelne originelle Punkte der Prudentianischen Theologie aufmerksam macht. Ausserdem hat Faustus Arevalus in seinen Prolegomenen über einzelne

---

[1] Commentatio de Prudentio et theologia Prudentiana, in Illgen's „Zeitschrift für histor. Theologie" (1832), II, part. II, p. 127. 190.
[2] De audiendis in theologia poëtis (Jenae 1809).

dogmatische Eigenthümlichkeiten des Prudentius sich verbreitet. Unter den ältern Werken sind namentlich die magdeburger Centurien hervorzuheben, die in einer ausgeführten Besprechung des Dichters zu den einzelnen Glaubenssätzen gut ausgewählte Belegstellen anführen.[1] Sehen wir uns dabei nach den Dogmen um, die in Prudentius' Gedichten eine durchgeführtere Behandlung erfahren haben, so beschränken sich dieselben auf die Haupt- und Grundlehren, die zu seiner Zeit ventilirt wurden. Es ist dies einmal die Lehre von Gott und die Ausführung seiner Einzigkeit und seiner Allmacht, vornehmlich in den apologetischen Schriften gegen die Heiden, d. h. den beiden Büchern gegen Symmachus und dem Hymnus zu Ehren des heiligen Romanus, sodann die Lehre von der Dreieinigkeit, an die sich bei Erörterung des Verhältnisses vom Vater zum Sohne Betrachtungen über die Person Christi, seine göttliche Präexistenz und seine Incarnation, sowie das Verhältniss des Vaters und Sohnes zur Welt schliessen, eine Ausführung, der sich namentlich das Buch Apotheosis in der Polemik gegen die Monarchianer, sowol Patripassianer als Sabellianer, sodann gegen Juden, Heiden und Manichäer unterzieht. Weiter bespricht Prudentius die Entstehung des Bösen in der Bekämpfung des Dualismus des Marcion, in der Hamartigenia. Von diesen dogmatischen Gebieten allein kann man behaupten, dass der Dichter dieselben einigermassen im Zusammenhange behandelt hat. Theilweise damit in Verbindung finden wir, obgleich bei weitem kürzer, die psychologische Frage in der Erörterung über die Entstehung des Menschen in der Apotheosis, Tod und Auferstehung namentlich in dem zehnten Hymnus des Cathemerinonbuches zur Feier der Todten, und die Lehre von Hölle und Himmel in der Betrachtung über die Sünde, hauptsächlich in der Hamartigenia berührt. In Verbindung mit beiden dogmatischen Punkten wird auch mehrfach der Glaube an gute und böse Engel besprochen. Ausserdem hat Middeldorpf mit gewissenhafter Sorgfalt über die Lehre von der Schrift, über Inspiration, über die Sacramente verschiedene Stellen aus Prudentius zusammengetragen, die die Meinung des Dichters über diese Punkte, wenn auch nicht ausführen, so doch andeuten. Auch was Prudentius über Märtyrerthum und Ascese urtheilt, ist von Middeldorpf verzeichnet

---

[1] Centuriae Magdeburg. Cent. IV, Kap. X, p. 987 (ed. Norimb. 1763).

und der Theologie des Prudentius subsumirt worden, obgleich es, streng genommen, nicht zu derselben gehört. Wenden wir uns zunächst zu den Dogmen, die Prudentius ausführlicher behandelt. Hier tritt uns zuerst die Lehre von Gott entgegen, dessen Wesen und Eigenschaften Prudentius namentlich in den Büchern gegen Symmachus und dem Hymnus zu Ehren des Romanus, dann aber auch in der Apotheosis, der Hamartigenia und den Preishymnen des Cathemerinonbuches bespricht. Klar sagt Prudentius es aus, dass der Glaube der einzige Weg sei, zur Erkenntniss Gottes zu gelangen, der menschliche Verstand nimmer zu derselben durchdringen könne (l. II c. Symm., 92 sq.). Der Beweis für das Dasein und die Persönlichkeit Gottes wird von ihm im strengen Sinne nicht geführt, sondern beides steht ihm axiomatisch fest. Dennoch versucht er, den Heiden gegenüber eine Art von kosmologischem Argument geltend zu machen (Perist. 10, 321 sq.). Je nach seinen Gegnern und deren Behauptungen führt er die verschiedenen Eigenschaften Gottes aus. Der heidnischen Vielgötterei sowie dem häretischen Dualismus gegenüber wird von ihm die Einheit Gottes behauptet, sowol seine Einzigkeit (Perist. 10, 671 sq.), als auch seine Untheilbarkeit (l. II c. Symm. 239). Er appellirt dabei an eine richtige Ahnung der Heiden, die sie wenigstens einen obersten Gott annehmen lasse (Apoth. 186 sq.), während er sowol gegen sie (l. II c. Symm. 238 sq.), wie gegen den Dualismus des Marcion (Hamart. 10 sq.), die Einheit Gottes durch logische Argumente zu erweisen sucht. Mit dieser Einheit und Einzigkeit Gottes steht im Zusammenhange seine Oberherrschaft über alles. Prudentius macht in der Hamartigenia geltend, dass die Setzung eines andern Gottes nothwendig eine Einschränkung der Allmacht Gottes enthalte (Hamart. 21 sq.), und um der Anerkennung derselben willen schon die Einheit zugegeben werden müsse. Diese Forderung bedingt eine Verwerfung der Realität der heidnischen Gottheiten, sowie anderer, mit Gott die Herrschaft theilender Principien. Die heidnischen Gottheiten werden damit leere Gebilde menschlicher Kunst und Einbildung (Perist. 10, 186 sq.). Dennoch bewegt sich Prudentius hierbei in derselben Zweideutigkeit, die auch bei Tertullian im „Apologeticum" hervortritt, indem nach gewisser Seite wiederum diese Gottheiten eine Realität haben, als zur Sünde verlockende und Böses schaffende Dämonen (Perist. 5, 77 sq.).

Der Glaube an gute, wie namentlich böse Geister, Engel (l. II c. Symm. 133 sq.; Perist. 14, 92) und Dämonen (Cath. 1, 37 sq.), an deren Spitze der mit verschiedenen Namen als „Serpens" (Cath. 9, 91), „Coluber" (Perist. 6, 23), „Draco" (Perist. 14, 113), „Tyrannus" (Hamart. 721), „Praedo" (Cath. 11, 38; Hamart. 390), „Malignus hostis" (Hamart. 853), „Mortis magister" (Hamart. 720), „Charon mundi" (Hamart. 502), „Lucifer" (Hamart. 761) bezeichnete Satan steht, tritt bei Prudentius stark hervor. Doch sind diese Dämonen weit davon entfernt, ein ursprüngliches Gott entgegengesetztes Princip zu vertreten, das infolge einer dualistischen Machtvertheilung bestände. Satan ist nur ein gefallener Engel, anfangs gut und gross, unter den übrigen Engeln hervorragend (Hamart. 161 sq.), durch seinen Hochmuth gestürzt (Hamart. 169). Ein Aehnliches ist es mit den ihm verbündeten Dämonen. Die allen Engeln verliehene Fähigkeit zu sündigen (Apoth. 891) hat sie zu Falle gebracht. Statt, nach der ihnen verliehenen Bestimmung, Diener Gottes zu sein (Hamart. 166), suchen sie feindlich und verstörend auf Gottes Werke zu wirken, und treiben, zwischen Himmel und Erde wohnend (Hamart. 517 sq.), zur Nachtzeit, hauptsächlich bis zum Hahnenschrei, ihr Wesen (Cath. 1, 37 sq.). Als Anreger und Begründer des Götzendienstes sind sie dem Christenthum feindlich und bekämpfen dessen Anhänger (Hamart. 521); aber sie fühlen die göttliche Obmacht Christi und erkennen ihn an (Perist. 5, 85 sq.).

Wie Prudentius den Begriff der Einheit Gottes gegenüber dem Polytheismus und Dualismus vertheidigt, so thut er es mit der Geistesnatur Gottes gegen die Patripassianer. Der häretischen Annahme gegenüber, dass der Vater selbst im Fleische erschienen sei und gelitten habe, spricht er die Unkörperlichkeit Gottes mit klaren Worten aus (l. II c. Symm. 190), und weil eben nur das Fleisch und vom Fleische Geborene sichtbar ist (Apoth. 79), folgt ihm die Unsichtbarkeit Gottes, die er in schärfster Weise betont, daraus von selbst (Apoth. 6 sq.; 77). Nur dem Sohne war Gott sichtbar (Apoth. 170). Weil nur das Körperliche leidensfähig ist, ist auch die Leidensfähigkeit Gottes ausgeschlossen (Apoth. 83 sq.). Mit dem Ausschluss der vergänglichen und veränderlichen Körperlichkeit ist die Ewigkeit (Cath. 4, 8; Cath. 7, 47; Hamart. 165; l. I c. Symm. 326; l. II c. Symm. 95 und 229) und Unveränderlichkeit Gottes (Apoth. 276) gegeben. Der Gottesbegriff des Dichters wird weiter vervollständigt durch die Eigenschaften der Allgegenwart (Apoth. 117 sq.), Allwissenheit (Cath. 2, 105) und Allmacht (Apoth. 174; l. II c. Symm. 36, 104) Gottes, ohne dass jedoch diese Eigenschaften anders als in flüchtigen Erwähnungen berührt würden. Ausführlicher breitet sich Prudentius in der Apotheosis über das trinitarische Dogma aus, und diese Erörterung gibt Gelegenheit, seine Anschauungen, wie über das Verhältniss des Vaters zum Sohne, so auch über die Schöpfung und die Theophanien kennen zu lernen und in seine Schriftbetrachtung einen Einblick zu gewinnen.

Das Dogma von der Trinität, in dessen Feststellung sich die theologische Arbeit der Zeit unsers Dichters bewegt, ist Grunddogma des Prudentius selbst. Fast in jedem seiner Gedichte wird dasselbe besungen (Apoth. 238 sq.). Die Hymnen des Cathemerinon klingen zum Theil im Preise der Dreieinigkeit aus (Cath. 5, 157 sq.; Cath. 6, 1 sq.). Die ganze Apotheosis ist ein poetisches Bekenntniss zu derselben. Er findet ihr symbolisches Bild in der dreifachen Eigenschaft der Sonne: zu glänzen, zu erwärmen und Leben hervorzubringen, da sie doch eine ist (Hamart. 75 sq.); er findet den typologischen Hinweis auf sie im Alten Testamente, in dem Besuche der drei Engel bei Abraham (Psych. praef. 45). In der Construction der Dreieinigkeitslehre beschäftigt den Prudentius namentlich das Verhältniss des Vaters zum Sohne. Der Heilige Geist wird zwar häufig erwähnt als Spender der geistlichen Gaben (Apoth. praef. I, 10 sq.), ebenso von ihm ausgesagt, dass er dem Munde des Vaters entsprossen (Apoth. praef. I, 3; Hamart. 931 sq.), und von Vater und Sohn ausgesandt worden sei (Cath. 4, 14 sq.; 6, 5 sq.), aber es bleibt bei dieser Erwähnung. Häufiger noch werden Vater und Sohn allein genannt, und der Geist Gottes, der über den Wassern schwebte (Gen. 1, 2), wird mit dem Sohne identificirt (Apoth. 667 sq.). Eine charakteristische Anschauung findet sich über ihn nicht. Was der Dichter über die trinitarische Stellung des Sohnes aussagt, richtet sich namentlich nach den polemischen Zwecken, die er bei seinen Gedichten verfolgt, vornehmlich nach dem Gegensatze, den er wider den Patripassianismus und Sabellianismus, gegen den Ebionismus und gegen den Dualismus des Marcion aufstellt. In den Büchern wider Symmachus, dem zehnten Hymnus über das Martyrium des heiligen Romanus und den Hymnen des Cathemerinonbuches finden sich weniger Begriffsbestimmungen über den Sohn, als Schilderungen und Bezeichnungen, die sein Wesen und seine Gewalt zum Ausdruck bringen sollen. Das, was Prudentius besonders zu erweisen sucht, ist die Wesensgleichheit des Vaters und des Sohnes, und dabei zugleich die Sonderung der Personen. Die gesonderte Existenz des Sohnes erweist sich dem Dichter einmal auf logischem Wege, da es ein Widersinn sei, von einem Sohne zu sprechen, der doch der Vater sei, und so eine Selbsterzeugung des Vaters zum Sohne anzunehmen (Apoth. 245 sq.), sodann durch die Theophanien des Alten Testaments und die Erscheinung Christi im Fleische. Die Gott dem Vater eigenthümliche Körperlosigkeit und Unsichtbarkeit fordert für die Theophanien des Alten Testaments und das Auftreten des Gottmenschen einen andern, dem es gegeben ist, dem irdischen Auge sichtbar zu werden (Apoth. 124), und das ist der Sohn. Prudentius zögert infolge dessen nicht, in den Theophanien des Alten Testaments den Sohn als das Erscheinende anzusehen (Apoth. 20 sq.). Wenn Gott dem Abraham erschienen, mit Jakob gekämpft, dem Moses einen vorübergehenden Anblick von sich dargeboten hat, so wurde nicht Gott der Absolute selbst erschaut, sondern der Sohn, der sich in verschiedenen Gestalten zeigte (Apoth. 25 sq.). Der Sohn ist der geheimnissvolle Helfer der drei Männer im feurigen Ofen (Apoth. 132 sq.; vgl. Dan. 3, 25), er ist es, der das Opfer des Julian verstört (Apoth. 489 sq.). Es gilt in diesem Sinne das Wort Christi: „Wer mich siehet, der siehet den Vater", umgekehrt: „Wer den Vater sieht, sieht mich."

Hat Prudentius damit die Persönlichkeit des Vaters und des Sohnes voneinander gesondert, so kommt es ihm nun darauf an, auch die Einheit und Gleichheit beider zu erweisen. Wie er bemüht ist, dem Monarchianismus zu entgehen, der Sohn und Vater in eine Person zusammenschmilzt und so beide in ihrer Eigenthümlichkeit aufhebt, ist er ebenso eifrig, der drohenden Klippe eines neuen Dualismus auszuweichen, die die Einheit Gottes durch ein ihm gleiches, von ihm gesondertes Wesen in Frage stellen würde. Dies führt ihn zu neuen Erörterungen über dieses Verhältniss. Die Relation zwischen beiden ist ihm einfach das Zeugen von seiten des Vaters und das Gezeugtsein von seiten des Sohnes. Das Attribut des unsichtbaren Vaters ist, den sichtbaren Sohn zu zeugen, in dem der Vater selbst geschaut wird (Apoth. 123 sq.). Aber der Sohn behauptet die gleiche Stellung mit dem Vater, da er nicht wie die Engel und die gesammte Welt innerhalb der Zeit geschaffen (creatus), sondern gezeugt (genitus) ist und diese Zeugung vor aller Zeit stattfand (Apoth. 89 sq.). Der Sohn ist entstanden (ortus), hat aber keinen Anfang (non coeptus), (Apoth. 270). Somit ist der Unterschied des Sohnes von aller andern Creatur und die Gleichheit mit Gott in dem einen Punkte der Ewigkeit seines Daseins von vornherein gesetzt. Diese Erzeugung macht den Sohn aber nicht zu einem Theile des Wesens des Vaters, sodass der Vater etwas von seinem Wesen an ihn abgegeben und für sich selbst verloren hätte, sondern, wie das Licht nicht abnimmt, wenn andere Lichter daran entzündet werden, so bleibt dem Vater die ganze Fülle seines Wesens auch nachdem der Sohn erzeugt ist und die ganze Fülle der Gottheit empfangen hat (Apoth. 276 sq.), und ebenso schmückt ihn auch die väterliche Würde von Anfang herein; der Vater hat durch die Zeugung des Sohnes keinen Zuwachs gewonnen, sondern bleibt auch nach ihr, was er von Anfang herein war. Die Eigenschaft des Sohnes, sichtbar zu sein, und die schon erwähnten Theophanien, in denen nicht der Vater, sondern der Sohn erscheint, bezeichnen damit schon die fundamentale Stellung des Sohnes dem Vater gegenüber. Prudentius vertritt hier die Idee des Logos im reinsten und ausgeprägtesten Sinne. Der Sohn ist der Abglanz der Herrlichkeit des Vaters, das Princip der Offenbarung der absoluten Gottheit; Prudentius nennt ihn schlechthin „Forma Patris" (Hamart. 51), die der Welt zugängliche und auf die Welt wirkende, sie ordnende und gestaltende Kraft Gottes. Er bezeichnet ihn mit den Namen „Sapientia" (Hamart. 164; 345) und „Sophia" (Cath. 11, 20), in dem Sinne wie dieser Begriff in den alttestamentlichen Büchern der Sprichwörter Salomonis (8, 22 fg.) und der Weisheit (7, 25) vorkommt; als „Dei lumen et imago" (Apoth. 72), „Paternae gloriae splendor" (Perist. 10, 468), als „Sermo patris" (Cath. 3, 141; 6, 3) und „Verbum Dei (Cath. 7, 1; Apoth. 53; 267), in der Weise, wie ihn der Prolog des Johannesevangeliums auffasst. Hierbei überwindet Prudentius freilich die eigenthümliche Schwierigkeit nicht, an der viele theologische Systeme bei der Begriffsbestimmung des Logos gescheitert sind, dass sie den Logos in seiner Sonderexistenz festhalten wollen, und doch, ihn in Gott hineinziehend, in ihm factisch nur eine bestimmte Erscheinungsweise und Wirkung desselben sehen. So bestimmt auch Prudentius das Fürsichsein des Sohnes ausgesprochen hat, so führt

ihn doch das Bestreben, die Gleichheit des Sohnes und Vaters zu
erweisen, ohne dem Dytheismus verfallen zu wollen, zeitweilig zu
einer Darstellung des Verhältnisses zwischen Vater und Sohn, dass
beide nicht nur einander gleich sondern ein und dasselbe geworden
zu sein scheinen. Auf der andern Seite vindicirt er, was er dem
Sohne zugesprochen hat, dem Vater, und gibt Bezeichnungen, die er in
einem bestimmten Sinne vom Sohne gebraucht hat, an andern Stellen
eine diesen Sinn aufhebende Bedeutung. So nennt er den Sohn „Verbigena" (Cath. 3, 2), was nach der Analogie einer andern Stelle, in der
er das David'sche Geschlecht als „Christigena" bezeichnet (Ham. 787),
ihn als den Erzeuger des Wortes erscheinen liesse. Die logische
Unmöglichkeit, den, der selber als das „Wort Gottes" bezeichnet
worden ist, als Erzeuger des Wortes anzusehen, und eine andere Stelle
(Cath. 11, 17), in welcher der Sohn der durch das Wort Erzeugte
„Ex ore Patris ortus et verbo editus" bezeichnet wird, führten
Middeldorpf und vor ihm Wernsdorff[1] darauf, das Verbigena als
„Verbo genitus" zu erklären. Aber dann wird eben das Wort als
etwas in dem Vater Bestehendes und ihm eigenthümlich Bleibendes
angesehen, dem der Sohn entsprossen, nicht aber das er selbst ist.
Will man hier eine Inconsequenz im Denken des Dichters nicht
zugeben, so bleibt nur übrig, einen doppelten Begriff des „Verbum"
anzunehmen, als eines in Gott bestehenden ihm eigenthümlichen Momentes, von dem dann der Sohn erzeugt und selbst in einer davon
unterschiedenen Weise zum Worte wird; eine Auffassung, kraft deren
der Sohn nicht von Anfang herein das Wort wäre, sondern es erst
unter bestimmten Bedingungen würde. In der That weisen einzelne
Stellen (Cath. 3, 4 und 5; Cath. 11, 19 sq.) darauf hin, dass der
Sohn, obschon von Ewigkeit gezeugt, doch sein Sein als ein im
Vater befasstes führt, und erst zu seiner Sonderexistenz mit der Erschaffung der Welt heraustritt; so der ihm mehrfach ertheilte Name
„Lumen" (Apoth. 282 sq.), „Ab uno lumine satus" (Perist. 10, 322),
und namentlich die Stelle (Perist. 10, 318 sq.):

> Lux ipse vera veri et auctor luminis
> cum lumen esset, lumen effodit suum,
> ex lucis fulgor natus hic est filius, . . .

---

[1] De Christo verbigena (Viteberg 1774). Eine Arbeit, zu deren Benutzung
ich leider nicht gelangen konnte.

die die Erzeugung des Sohnes in diesem Sinne mit der Erschaffung des Lichtes zusammenfallen lässt, sodass also der Sohn, von Ewigkeit vom Vater erzeugt, in gewissem Sinne mit dem ersten Werk der Welterschöpfung noch einmal erzeugt oder in demselben seine Zeugung erst vollendet würde. Wenn dieser Punkt von Prudentius nicht im klaren Zusammenhang erörtert, sondern von ihm mit vollem Bewusstsein und Willen das Dunkel über diesem Geheimniss belassen wird (Apoth. 264 sq.), so ist doch der innigste Zusammenhang des Sohnes und der Antheil desselben an der Schöpfung darin ausgesprochen und aufs neue seine Stellung bestätigt, das zwischen der absoluten Gottheit und der Welt vermittelnde, die Wirkung Gottes auf die Welt übertragende Organ der Gottheit zu sein. So wird dem Prudentius die Stelle: „Gott schuf den Menschen ihn zum Bilde, zum Bilde Gottes schuf er ihn", zum Beweis des Daseins und der Gottheit des Sohnes, als des Musters nach dem Gott den Menschen geschaffen (Apoth. 305 sq.). An verschiedenen Stellen wird gesagt, dass der Sohn an der Schöpfung mit geholfen, ja er wird als der eigentliche Schöpfer genannt. Prudentius stützt sich dabei auf das Argument, dass die Aeusserung Gottes, die Welt sei gut, einen andern voraussetze, und nennt „Deus et Sapientia" nebeneinander als Schöpfer (Hamart. 345 sq.). Doch veranlasst ihn gerade hier die Befürchtung, seinem dualistischen Gegner eine Handhabe zu geben, diese Behauptung einige Verse weiter wieder zu verneinen und einmal eine Einheit in der vollen Eintracht des Wirkens (Hamart. 351 sq.), sodann aber auch in der Behauptung nur eines Schöpfers anzunehmen (Hamart. 354). Aber die Stellung des Sohnes zur Welt und die Behauptung der Einheit des Schöpfers veranlassen den Dichter zuletzt dazu, die Schöpfung ganz in die Hände des Sohnes zu geben und vom Vater dabei fast abzusehen. Der Sohn ist es, der durch sein Wort die Welt entstehen lässt (Cath. 9, 13), er wird als Gründer der Welt (Hamart. 338; Cath. 11, 21 sq.; Apoth. praef. I, 6; Perist. 2, 415; 10, 469) genannt. Das Wandeln auf dem Meere und das Beschwichtigen des Sturmes wird ihm möglich, weil er der Schöpfer des Meeres ist (Apoth. 664 sq.). Die Schöpfung aus nichts wird ihm zugeschrieben (Apoth. 722 sq.), das Wunder der Speisung der Fünftausend wird zum Sinnbild dieser Schöpfungsmacht. In origineller Weise argumentirt Prudentius, dass nur der,

der die Welt aus nichts habe hervorbringen können, befähigt gewesen sei, dies Wunder zu vollbringen, und zwar stellt er sich die Entstehung der Welt in ähnlicher Weise wie die Ausdehnung der wenigen Brote und Fische zur ausreichenden Speise für Tausende dar. Auf Christi Gebot sei aus dem Nichts erst die Welt als kleines Gebild entstanden und habe sich im allmählichen Wachsen zu ihrer vorhandenen Grösse entfaltet (Apoth. 727 sq.). Ebenso nennt er den Sohn den Bildner des Menschen und beschreibt in drastischer Ausführlichkeit, wie dieser mit seiner Hand den Menschen aus Erde zusammengeknetet und dem Lichte befohlen habe — ein Befehl, der, da er selbst das Licht Gottes an andern Stellen genannt wird, ein an ihn selbst ertheilter sein würde — das begonnene Werk zu vollenden (Apoth. 1024 sq.). Auf diese Wirkung des Sohnes bezieht Prudentius eine andere Wunderhülfe des Herrn, nämlich die Heilung des Blinden durch speichelgefeuchteten Koth, und Waschung in der Quelle Siloah (Joh. 9, 6). Dieser Koth ist ebendeshalb ein Heil- und Regenerationsmittel, weil es der Stoff ist, aus dem der Sohn den Menschen gebildet hat. Die Erde wird aufs neue zu diesem Bildungsstoffe bereitet durch das Bespeien derselben von seiten Christi, das dieselbe mit der göttlichen Lebenskraft wie bei der anfänglichen Erschaffung des Menschen durchdringt. Der ganze Vorgang wird ein Sinnbild der Befruchtung des jungfräulichen Leibes der Maria durch den Heiligen Geist, und das Waschen im Teiche Siloah zugleich ein Symbol der Taufe (Apoth. 687 sq.). Dieser Wirkung an der Welt entsprechen denn auch die Epitheta, die der Dichter dem Sohne gibt: „Omnipotens" und „Cunctipotens" (Cath. 10, 64; Perist. 7, 56), „Cunctiparens" und „Omniparens" (Hamart. 931; Cath. 3, 2). Aus ihr ergibt sich ebenso seine beherrschende Stellung zur Welt und die dieselbe bezeichnenden Namen: „Rex" (Cath. 11, 100; 12, 41; Psych. 97), „Rex aeternus" (Apoth. 222), „Princeps regum" (Cath. 12, 94), „Rex viventium" (Cath. 9, 106).

Auch über die anthropologische Frage breitet sich Prudentius an mehrern Orten ausführlicher aus, sodass es möglich ist, ein Bild seiner Anschauungen über dieselbe zu gewinnen.

Nach der Lehre der Heiligen Schrift sieht Prudentius im Menschen das Ebenbild Gottes, „Speculum deitatis" (Apoth. 305 sq. und 310 sq.; 834), bestimmt, das Himmlische zu suchen und sich Gott anzuwenden (l. II c. Symm., 260 sq.), und mit der nöthigen Kraft dazu begabt (Hamart. 543 sq.). Er besteht aus einem Doppelten,- aus Leib und Seele. — Die Anschauung des Prudentius ist die dychotomische, und er setzt „anima" und „spiritus" identisch (Cath. 10, 8 und 12). — Beide sind das Werk ein und desselben Gottes, nicht zweier verschiedenen Potenzen (l. II c. Symm. 214 sq.). Diese ausdrückliche Behauptung des Prudentius stösst freilich auf an andern Orten derselben widersprechende Stellen, in denen das Einhauchen der Seele Gott dem Vater immer gewahrt bleibt, während der Sohn die körperliche Bildung des Menschen ausführt. Der Körper, der, wie schon gesagt, aus Erde gebildet (Apoth. 858 sq.) und von des Sohnes Hand geformt ist, pflanzt sich durch Zeugung fort (Apoth. 918). Die Seele des Menschen hat keine Präexistenz, sondern wurde mit dem ersten Geschöpf nicht erzeugt (generata), was nur dem Sohne zukommt (Apoth. 791 sq.), sondern erschaffen (facta) (Apoth. 814. 852), und zwar bekennt sich Prudentius hierbei zur creatianischen Ansicht und widerspricht dem Traducianismus auf das entschiedenste (Apoth. 915 sq.). Prudentius sucht weiter das Verhältniss der Seele zu Gott näher zu erweisen. Er nennt sie Gott ähnlich, eine Herrscherin über die Dinge der Erde (Apoth. 803 und 815; Cath. 3, 36 sq.), er schreibt ihr Unvergänglichkeit (Apoth. 802; Hamart. 660) und Unkörperlichkeit (Apoth. 835) zu.[1] Aber ebenso ist er bemüht, das Wesen der gottgeschaffenen

---

[1] Was die Unkörperlichkeit der Seele nach Prudentius anlangt, so ist es, ebenso wie über die Unkörperlichkeit Gottes selbst, nicht so leicht, über dieselbe eine feste Bestimmung zu geben. Wenn Prudentius auch die Seele als „Flatus ab ore Dei" von dem Leibe als „Factum digitis" begrifflich unterscheidet, so scheint es doch als ob er die Seele, ja im gewissen Sinne Gott selbst in einer feinern Körperlichkeit sich vorstelle. Die Seele wird als „Liquor" (Cath. 10, 12), der Geist Gottes als „Liquidus" (Apoth. 694) bezeichnet. Ebenso wie das Attribut des Flüssigen, wird beiden auch das des Feurigen und Lichtvollen ertheilt. Die Seele wird „Vigor igneolus" (Cath. 3, 138), „Calor socius ossium" (Cath. 10, 38), Gott selbst „Luminis auctor" (Perist. 10, 316), ebenso auch „Lux", „Lumen" und „Ignis" (Apoth. 566) genannt. Nicht minder wird eine luftartige Natur der Seele „quae germen ab aethere traxit" (Cath. 10, 24) hervorgehoben. Darf man von dem Dichter auch nicht die scharfe Terminologie des Systematikers verlangen, und mancher Ausdruck wegen der plastischen Darstellungsweise des Prudentius nicht allzusehr premirt werden, so scheint es doch, als wenn derselbe in ihesi die Unkörperlichkeit Gottes und der Seele aufstelle, aber in seinen Vorstellungen eine elementare Körperlichkeit beider festhalte. Es wird später zu besprechen sein, welche Einflüsse hierin für Prudentius massgebend gewesen sein dürften.

Seele von Gott selbst getrennt zu erhalten, und nicht etwa der Seele das Attribut der Gottheit selbst zuzusprechen. Wie er eine Aehnlichkeit derselben mit Gott constatirt, in ihrer Unsterblichkeit, Weisheit, Herrschergewalt über das Irdische, so findet er die Unähnlichkeit darin, dass, während Gott über Raum und Zeit steht, sie räumlicher Einengung (Apoth. 808 sq.; 874 sq.) und namentlich der Sünde und somit auch der Strafe unterworfen ist. Sie ist geringer als Gott. Auch dass sie von Gott dem Menschen eingehaucht worden sei, dürfe nicht zu dem Verbrechen und der Thorheit verführen, in ihr etwa einen Theil der Gottheit suchen zu wollen (Apoth. 820 sq.; 884). Ihre zeitliche Entstehung und ihre Fähigkeit zu sündigen stehe dem von vornherein entgegen.

Die Sünde ist es nun, über die Prudentius die tiefsten und bedeutungsvollsten Gedanken geäussert hat. Ihrer Betrachtung ist namentlich das Gedicht Hamartigenia gewidmet. Prudentius erörtert sie sowol ihrem principiellen Ursprunge nach, als in ihrem Entstehen und Wirken im Menschen. Der Urheber der Sünde, wie alles Uebels, ist ihm schlechtweg Satan, wie schon erwähnt worden ist, nicht ein Gott gleichstehendes Machtprincip, sondern ein gefallener Engel (Hamart. 160 sq.), der ursprünglich gut, durch Hochmuth gegen Gott und Neid gegen die Menschen die Zwietracht zwischen beide zu bringen suchte (Hamart. 186 sq.), und so der Anstifter der Sünde und durch sie alles Uebels wurde, während Gott selbst keinen Antheil an beiden hat, sondern die Menschen zu erhalten (Hamart. 665) und den Tod, die Folge der Sünde (Apoth. 939 und 942), von ihnen abzuwenden sucht (Hamart. 660). — Wie aber bewegt Satan den Menschen zur Sünde? Hier vindicirt Prudentius dem Menschen im vollsten Umfange den freien Willen, sich für das Gute oder das Böse zu entscheiden (l. II c. Symm. 471 sq.). Nur bei dieser Freiheit gibt es für ihn ein sittliches Handeln (Hamart. 686 sq.). Gott hat den Menschen nicht zum Guten gezwungen, wodurch der Ruhm der Tugend aufgehoben sein würde (Hamart. 693 sq.), sondern, wenn er ihn schon bestimmt, sich ihm zuzuwenden, ihn mit der Kraft ausgestattet hat, es zu können (Hamart. 698), und ihn mahnt und warnt (Ham. 717), hat er ihm doch die Freiheit gegeben, sich für die Tugend, wie für das Laster zu entscheiden (Hamart. 673 sq.). Die Sünde ist ein Misbrauch dieser Freiheit, eine Verachtung des göttlichen Rathes (Ham. 719), und

eine Verleugnung der zu Gott geschaffenen Natur der Seele (Ham.
819). Satan hat diese keineswegs zur Sünde gezwungen, sondern
durch Schmeichelei ihrer Begierde, sich ihm zu ergeben, verlockt
(Hamart. 710 sq.). Diese Begierde darf aber auch nicht angesehen
werden als ein Uebergewicht des Fleisches dem Geiste gegenüber,
und die Sünde infolge dessen dem Fleische zugeschoben werden
(Hamart. 512 sq.; 523 sq.), da die Seele von Gott stark genug
ausgerüstet ist, dem Fleische und der Gewalt feindseliger Dämonen
(Hamart. 514 sq.), die im Fleische wirken (Hamart. 392 sq.), Widerstand zu leisten (vs. 527 sq.). Wir sündigen, soviel wir sündigen
wollen. Die Versuchung des Satans und seiner Dämonen hätte keine
Gewalt, wenn wir nicht einwilligten (Hamart. 558 sq.; l. II c. Symm.
473 sq.); Satan wirft das Netz der Verführung nicht über uns, sondern
es ist die Versuchung, wie das Netz des Vogelstellers über der
Lockspeise verborgen, und wie von den Vögeln einzelne herab-
fliegen und, nach der Lockspeise trachtend, in die Versuchung fallen,
andere klug sich fern halten, so ist es mit der Seele auch, die von
den Höhen, auf denen sie gestanden, sich in das Netz herabsenkt
und so ihre Freiheit verliert (Hamart. 804 sq.).

Unter diesen Verhältnissen ist auch von einer Erbsünde, als
Uebertragung eines sündigen Keimes, im scharf ausgeprägten Sinne
nicht die Rede. Es wird zwar von einem „herile malum" gesprochen (Hamart. 215), ein sündiger, aus dem Fleische stammender
Keim erwähnt, den der Dichter als den alten Adam bezeichnet
(Apoth. 926 sq.), und eine Infection mit der Sünde Adam's angenommen (Apoth. 911 sq.), die in einer schädlichen Vermischung
der Seele mit dem Fleische besteht (Apoth. 816), indessen, da
der Leib wol als ein Kerker (Cath. 10, 22; Hamart. 918), aber
doch nicht als von Natur schlecht bezeichnet, auch den Nachkommen
Adam's der volle Besitz des freien Willens zuerkannt wird, so wird
das Vorhandensein der Sünde in allen Menschen mehr zu einer
Nachahmung des bösen Beispiels, das Adam gegeben hat (Cath. 3,
133), als zum Ergebniss einer durch die Sünde Adam's verrückten
Disposition der menschlichen Natur.

Was die Folgen der Sünde anlangt, so ist schon in den Aus-
zügen aus Prudentius' Gedichten auf die gewaltigen Beschreibungen
hingewiesen worden, in denen er die Veränderung des Zustandes
des Menschen nach dem Sündenfall schildert, und die in der That den

Höhepunkt seiner Poesie bezeichnen. Das Paradies, das er mit duftigen Farben geschildert hat und das der Neid Satans den Menschen nicht gönnt (Cath. 3, 101 sq.; 5, 113 sq.), sieht er nach der gelungenen Verführung der ersten Menschen verstört und entstellt, die Blumen in Unkraut verwandelt, die friedlichen Thiere feindselig entzweit, die Elemente verderblich entfesselt, der Mensch in alle Sünden und Laster verirrt, die nach dem Bilde einer entarteten Zeit lebendig beschrieben werden (Hamart. 195 sq.). Das Ziel der Sünde, nach dem sie ihre Kinder hinführt, ist der Tod (Apoth. 942). An dem Bilde der fabelhaften Begattung der Schlange, indem das Weibchen das es durch den Mund befruchtende Männchen tödtet, während sich die junge Brut, ihre Eingeweide durchfressend, zum Lichte herausarbeitet und dadurch auch sie vernichtet, tritt die selbstzerstörende Gewalt der Sünde hervor (Hamart. 581 sq.).[1] Der Tod erscheint dabei weniger als Strafe, sondern als sich selbst vollendender Process, der aus der Sünde mit Nothwendigkeit hervorgeht.

Von Sünde und Tod zu erlösen, wurde der Sohn Gottes Mensch und erschien im Fleische. Gemäss der Anschauung des Prudentius über die Sünde gestaltet sich auch die von der Erlösung und von der Person des Erlösers. Sieht der Dichter die Sünde wesentlich vom Standpunkte des Uebels an, das aus ihr für die Menschheit entspringt, und wird sie ihm zu einer Kette von selbst heraufbeschworener Zerstörungen und Verwirrungen der einstigen vollkommenen Zustände, erklärt sich ihre Entstehung aus der Nachahmung des verderblichen Beispiels des Urahns Adam, das die Nachkommen geneigt gemacht hat, der Verführung des Satans und seiner Dämonen zu gehorchen, so richtet sich auch danach die Stellung und Beziehung, in die Christus als Erlöser eintritt.

Prudentius geht in der Darstellung der Person Christi von den zwei Naturen aus, der göttlichen und menschlichen (Cath. 11, 16; Psychom. 75; Perist. 10, 644). Diejenigen, die beide bekennen, sind die wahrhaft Gläubigen (Apoth. 773 sq.). Prudentius behauptet und vertheidigt die Wirklichkeit der menschlichen Natur Christi, sowol eines menschlichen Leibes, als einer menschlichen Seele (Apoth. 777), gegen die verschiedenen Spielarten des Doketismus (Cath. 3, 136 sq.; 9, 16 sq.; Apoth. 525; 779; 1047). Er sucht diese menschliche Natur Christi

---

[1] Vgl. Veterum Gnosticorum Physiologus: περὶ Ἐχίδνης. Pitra, Spicil. Solesmense, III, 347.

durch die Aussprüche der Schrift und auf dialektischem Wege zu beweisen. Er führt dafür an, dass sich Christus selbst der Menschen Sohn genannt habe, und dass es ein seiner unwürdiger Betrug sein würde, dies zu sagen, wenn er nur mit dem Scheinbild menschlicher Glieder sich umgeben hätte (Apoth. 959 sq.). Er kommt weiter auf die Genealogie der irdischen Vorfahren des Herrn zu sprechen, wie sie Matthäus bringt und bemerkt treffend, dass, wenn man Christo einen Scheinkörper zuschreibe, man dies auch mit seinen Vorfahren thun müsse (Apoth. 1011 sq.); er beruft sich auf seinen Tod in der Art der Menschen (Apoth. 1053) und meint, dass mit der Wirklichkeit seines Todes auch die Auferstehung wegfalle, und, wenn er nur das Scheinbild eines Menschen gewesen sei, er auch nur das Scheinbild der Gottheit sein könne (Apoth. 1051). Ebenso dünkt ihm die Erlösung der menschlichen Schwachheit unmöglich, wenn Christus das Einwohnen in der Wirklichkeit des menschlichen Fleisches verschmäht hätte (Apoth. 1019 sq.). Ja, der menschliche Leib ist nur gebildet worden, um dereinst als Erscheinungsform Christi zu dienen (Apoth. 1039 sq.). Mit dieser Behauptung der realen Leiblichkeit Christi ist auch ein Hauptargument gegen den Patripassianismus gegeben, den der Dichter zugleich von dem Standpunkte der Gottesidee aus, da der Gottheit in ihrer absoluten Geistigkeit das Einwohnen im Menschenleibe und das Dulden menschlicher Leiden unmöglich sei, bestritten hat.

Hat Prudentius die volle Menschheit Christi bekannt, so ist doch diese seine Menschheit einzig in ihrer Art, und zwar durch ihre Reinheit und Vollkommenheit (Apoth. 991 sq.). Christi Leib ist sündenfrei (Apoth. 933 sq.) und fehlerlos (Cath. 3, 139 sq.). Prudentius nennt ihn „alter homo aethere proditus non luteus" (Cath. 3, 137 sq.) und unterscheidet ihn damit von aller übrigen Menschheit. Dies führt aber bereits zu seiner Gottheit über, die für Prudentius unbestrittenes Axiom ist, und die mit Christi Einwohnen im Fleische nicht aufgegeben ist (Cath. 12, 83 sq.; Apoth. 230). Eine Reihe von Stellen dienen zum Beweise der Gottheit Christi (Perist. 5, 39; 10, 600; Cath. 9, 9; Apoth. 268 sq.; 314 sq.; 631 sq.; 674; 947 sq.; Psychom. 910; Ham. 28). Prudentius nimmt, dies zu belegen, die gesammte Heilige Schrift in Anspruch, im Alten Testament einmal die Weissagungen der Propheten (Apoth. 594 sq.; Cath. 7, 179) auf Christum, die Verheissungen an Adam und

Eva von dem Schlangentreter (Cath. 3, 126 sq. und 147 sq.), die Verheissungen an Abraham (Cath. 12, 41), die Verkündigungen des David (Cath. 9, 4 sq.), des Jesaias (Cath. 12, 49 sq.). Sodann wird ihm vermittels der allegorischen Auslegung das ganze Alte Testament zum vorbereitenden Typus Christi. Er findet dessen Tod in Abel's Tode präformirt (Hamart. praef. 20). Melchisedek (Hebr. 7, 3) ist das alttestamentliche Vorbild des Priesterthums Christi (Psychom. praef. 59). Namentlich ist er bemüht, das Kreuz im Alten Testament vorgebildet zu finden. Wie Moses in der Schlacht wider die Amalekiter die Arme zum Gebet ausstreckt, so wird Prudentius diese Haltung zum weissagenden Bilde des am Kreuze die Arme ausspannenden Christus (Cath. 12, 143), die eherne Schlange in der Wüste ein Vorbild des am Kreuze hängenden Heilandes (Dittoch. 45 sq.), die 318 (Τιη) Knechte des Abraham zu einem gleichen Sinnbild (Psychom. praef. 57 sq.), ebenso das Holz des Baumes, das das bittere Wasser zu Mara versüsst (Exod. 15, 25), ein mystischer Hinweis auf das Holz des Kreuzes (Cath. 5, 93 sq.; Dittoch. 49 sq.). Aber auch ausser den Typen der Schrift findet er die mystische Präformation des Kreuzes von Anfang der Welt an in Zeichen und Buchstaben ausgedrückt. Das Kreuz ist ihm so uralt als die Welt, und die Weissagungen der Schrift sind nur ein vorgerücktes Stadium, das die schattenhafte Ahnung in deutlichere Bilder übergehen lässt (Perist. 10, 621 sq.). Wie die Gottheit Christi so durch die dunklern und hellern Hinweise der vorchristlichen Zeit auf ihn bewiesen wird, so gibt das in den Evangelien über ihn Ausgesagte dafür den deutlichsten Beleg. Gleich im Anfang seine wunderbare Geburt, die ohne geschlechtliche Lust und geschlechtliche Zeugung (Apoth. 564 sq.) durch die Beiwohnung des Heiligen Geistes bewirkt wird und die jungfräuliche Keuschheit der Mutter nicht alterirt. Auf diese jungfräuliche Erzeugung Christi kommt der Dichter öfter zurück (Apoth. 105 sq.; 435 sq.; Psychom. 70 sq.; Cath. 3, 143 sq.; 7, 2; 9, 19 sq.), und es findet sich bei ihm schon der Ausdruck von der Mutter Jesu, der später Anlass eines lang andauernden Kirchenstreites wurde: „Dei genitrix" (Psychom. 383 sq.; Dittoch. 27 sq.). Vervollständigt wird der Erweis für die Gottheit Christi aus den seine Geburt begleitenden Umständen, so aus der Ankündigung derselben durch den Engel (Apoth. 577 sq.), aus der Begrüssung des noch im Leibe der Elisabeth befindlichen

Johannes (Apoth. 587 sq.), aus der Ankündigung Christi an die
Magier durch den Stern und aus den Geschenken derselben
(Apoth. 608 sq.; Dittoch. 105 sq.), die für Christus von symbolischer
Bedeutung, das Gold und der Weihrauch Zeichen seiner königlichen
Würde, die Myrrhen Zeichen seines Sterbens sind (Cath. 12, 69 sq.).
Ferner, wie schon bemerkt, werden von Prudentius die Wunder
Christi zum Erweise seiner Gottheit herangezogen, das Wandeln auf dem Meere als Beweis seiner Herrschaft über die Elemente
(Apoth. 650 sq.), die Heilung des Blinden und die Speisung der
Fünftausend als Beweis seiner Schöpferkraft (Apoth. 672 sq.), die
Auferweckung des Lazarus als Beweis seiner Gewalt über den Tod
(Apoth. 741 sq.), endlich sein Herniedersteigen zur Hölle und seine
Rückkehr (Cath. 1, 68; 9, 70 sq.; 9, 94 sq.), die Pause in den
Qualen der Verdammten in der Nacht, da Christus zur Erde zurückkehrt (Cath. 5, 125 sq.)[1], seine Auferstehung (Cath. 3, 198 sq.;
12, 75 sq.; Apoth. 530 sq.; 1049 sq.; Dittoch. 169 sq.), seine
Erhöhung zur Rechten Gottes und Wiederkehr zum Gericht (Cath.
9, 107 sq.; 11, 109 sq.; Perist. 557 sq.). Namentlich im Hinblick auf
diese letzte Gewalt und Würde gibt ihm der Dichter die Namen: „Rex
perennis" (Perist. 10', 596), „Judex mortuorum" und „Rex viventium" (Cath. 9, 106), den „mit dem Schwerte des Todes Bewaffneten
Quaesitor animae et corporis" (Cath. 6, 89).

Was das Werk Christi anbetrifft, so vollzieht sich die Erlösung
nicht in einer satisfactorischen Strafleistung vor der Gerechtigkeit Gottes, in der Christus für die Sünde der Menschen litt,
sondern die Erlösung ist wesentlich eine Heilung (Cath. 9, 67 sq.)
und Heiligung des sündenerkrankten, der Verführung der Dämonen
preisgegebenen und durch seine Sünde dem Tode in die Hände
arbeitenden Menschengeschlechtes. Christus vollzieht dieselbe schon
durch sein Einwohnen in dem sterblichen Fleische, das durch ihn
geheiligt (Psychom. 76), veredelt (Psychom. 81) und der Vergänglichkeit entrissen wird (Cath. 9, 16 sq.), nachdem die Begierde den
Leib und von ihm aus auch die Seele gefangen genommen (Cath.
10, 25 sq.) und sie dem Tode unterworfen hat. Er bewirkt dieselbe weiter durch seine Wunderhülfen, wie er sie in der Heilung

---

[1] Augusti, in seiner Dissertation „De audiendis in theologia poetis", macht
namentlich auf diese Stelle, nach der in der Osternacht die Qualen der Verdammten
pausiren, als eine dem Prudentius eigenthümliche aufmerksam.

der Kranken, der Sättigung der Hungernden, der Befreiung der Gefangenen bewährt; weiter auf intellectuellem Wege, indem er, der vom Lichte Geborene, Erleuchtung in die Nacht der Sünde und Erkenntniss in den Irrthum bringt (Cath. 1, 29); sodann auf ethischem, indem er durch sein Beispiel zum Lehrer wird (Cath. 7, 196 sq.), durch das Gesetz der Tugend den Leib von den Banden der Lüste befreit (Cath. 7, 181 sq.) und die guten Gewalten im Herzen, jene zu bekämpfen, entfesselt (Psychom. 14). Vor allem wirksam vollzieht er sein Erlösungswerk an der Menschheit durch den fortwährenden Kampf, den er mit Satan und seinen Dämonen, in denen sich die Begierde zur Sünde und der Irrthum des Götzendienstes verkörpern, führt. Satan, der die Menschen um ihre Paradieseswonne beneidet, hat durch die Verführung zur Sünde den Menschen um dieselbe gebracht und sucht mit seinen Dämonen ihn durch stets erneute Versuchungen sich unterthan zu machen (Hamart. 514). Christus, der neue Mensch aus himmlischem Samen (Cath. 3, 136), tritt für den Menschen in den Kampf ein; er streitet als Lamm wider die Löwen, als die Taube wider die Adler (Cath. 3, 161) und wird Sieger über die feindlichen Mächte (Cath. 6, 101 sq.; Perist. 5, 265). Er zertritt der Schlange, die darum, weil aus ihrer Mitte ihr Besieger kommen wird, die ganze Menschheit hasst, den Kopf (Cath. 3, 146 sq.), er scheucht sie zurück (Cath. 1, 36 sq.; 4, 76 sq.; 9, 55 sq.), bedroht sie (Hamart. 622) und zwingt sie, ihm zu gehorchen (Apoth. 414 sq.). Hierin liegt auch die wesentliche Bedeutung des Kreuzes, ein Schutzmittel vor der verführenden Macht der Dämonen zu sein, die Mächte der Finsterniss zu vertreiben (Cath. 6, 133 sq.) und die dem Christenthum feindlichen Gewalten niederzuwerfen (Cath. 11, 113). Das Resultat der Gesammtwirksamkeit Christi ist die innere Wiedergeburt des Menschen (Apoth. 924 sq.; Psychom. 83 sq.) in der Vernichtung des alten Adam und der Befreiung von der Sünde und den Lüsten, denen er unterworfen war. Dadurch ist die Versöhnung des Menschen mit Gott ermöglicht, die zugleich zu einer Erhebung der Menschheit in die Gottheit (Apoth. 232 sq.; l. II c. Symm. 268 sq.), zu einer Vereinigung des fleischlich Sterblichen mit dem ewig Geistigen durch die Mittlerschaft Christi wird (Psychom. 764 sq.). Diese Erhebung des Irdischen zum Himmlischen ist dem Prudentius der letzte und höchste Zweck der Menschwerdung Christi, in dem

Sinne nennt er ihn „Salvator" (Cath. 1, 50; L I c. Symm. praef. 80), „Mediator" (Cath. 11, 16), „Redemptor" (Cath. 10, 157). Und, wennschon Anklänge an die Erniedrigung Christi im Leiden und Tod vorkommen, wenn sein Blut eine Sühne für die Schuld der Menschen genannt (Hamart. praef. 17 sq.), in seinem Leiden die Erfüllung des jüdischen Passah geschaut (Apoth. 355 sq.), die Namen „Crucifer" (Cath, 3, 1), „Agnus" (Cath. 3, 161) Christo gegeben, das Kreuz als wahre „Redemptio" (Perist. 10, 587), der Kreuzestod als wahre Besiegung des Todes bezeichnet werden (Perist. 10, 644 sq.), so sind es doch nur Anklänge, und die göttlich befreiende Wirkung tritt gegenüber der dieselbe bedingenden Erniedrigung Christi bedeutend hervor. Schon hier auf Erden soll dem Menschen die Verwandtschaft mit Gott durch die Annahme des menschlichen Wesens seitens Christi gegeben (Apoth. 155), und dadurch das Fleisch mit göttlicher Kraft gesättigt und zum Tempel Gottes geweiht (L II c. Symm. 249 sq.), der Macht Satans (Apoth. 410), sowie dem Tode, der durch die Sünde über den Leib Gewalt hat (Apoth. 942), entzogen werden. Christus wird somit, wie zum Urheber, auch zum Vorbilde dessen, was Gott mit dem Menschen vorhat, und die ganze Menschheit erscheint in ihm aufgenommen (Apoth. 1046 sq.), um von ihm mit Gott verbunden und vereint zu werden. Diese Vereinigung gipfelt im ewigen Leben, und das Heilswerk Christi findet in demselben seinen Abschluss. Die Unsterblichkeit der Seele spricht Prudentius klar und deutlich aus (L II c. Symm. 184 sq.; 107 sq.; Cath. 3, 186 sq.; 10, 23 sq.; Apoth. 802).[1] Der Tod, in dem die Seele aus dem Gefängniss des Leibes befreit wird

---

[1] Die Stelle Cath. 10, 25—32 scheint die Unsterblichkeit der Seele auf die Gerechten zu beschränken, die sich dem Zuge des Fleisches nicht hingegeben haben, während die, die durch das Uebergewicht des Fleisches die Seele gleichsam ersticken liessen, auch an ihrer Seele sterben. Dem widerspricht aber einmal, dass Prudentius die Unsterblichkeit als eine der Seele als Vernunftwesen anhaftende Eigenschaft, nicht als besonderes Gnadengeschenk ansieht (Cath. 3, 190), und die deutlich ausgesprochene und ausgeführte Ansicht des Prudentius von den Höllenstrafen, denen die Sünder unterworfen sind und die die Unsterblichkeit auch ihrer Seele bedingen (Hamart. 824 sq.; Perist. 2, 281 sq.). Entweder muss man hier einen Unterschied constatiren, zwischen dem Sinnlichen, die in ihrem fleischlichen Leben die Seele verkümmern lassen, und bewussten Thatsündern, die für ihre mit böser Absicht ausgeführten Werke Strafe empfangen, oder man muss einen Widerspruch des Dichters mit sich selbst zugeben, der allerdings nicht der einzige sein würde.

(Perist. 2, 583 sq.; 5, 357 sq.; 6, 41 sq.), gibt die Seele in die Hand des Schöpfers zurück (Perist. 5, 360), die Seele der Frommen gelangt bis zur Auferstehung in Abraham's Schos (Cath. 10, 149 sq.), oder in das Paradies (Cath. 10, 156 sq.). Den Seelen anderer spricht Prudentius an andern Stellen als Aufenthalt den „abyssus" zu (Apoth. 781), der von Dressel gegen Arevalus mit Unrecht für den Himmel erklärt wird, denn bei der Erwähnung der Auferweckung des Lazarus wird ebenso die Seele als in der Tiefe weilend gedacht (Apoth. 743 sq.; Dittoch. 150) und von einem Aufsteigen der Seele zum Himmel erst bei der Auferstehung gesprochen (Cath. 10, 43 sq.), doch wird dabei die Trennung der Seele vom Leibe ausdrücklich ausgesagt (Cath. 10, 43), und wie der Seele der abyssus, dem Leibe der „tumulus,, als Aufenthalt zugesprochen (Apoth. 781).[1]

Wie die Unsterblichkeit der Seele, so ist dem Prudentius auch die Auferstehung des Leibes eine Lehre, die er an vielen Orten und mit grösstem Nachdruck behauptet (Cath. 9, 200 sq.; 10, 20; besonders Apoth. 1063 sq.). Für dieselbe führt er als Beweis die Auferstehung Christi an (Apoth. 1047 sq.; Perist. 10, 601 sq.), und betont dabei, dass Christus eben das sterbliche Fleisch in den Schos des Vaters zurückgebracht habe (Apoth. 232 sq.; Perist. 10, 636 sq.). Zugleich wird ihm die Auferstehung zu einem nothwendigen Beweise der realen Leiblichkeit Christi, da dieselbe bei einer doketischen Auffassung derselben ein Wahn sei (Apoth. 1050 sq.). Bei der Beschreibung der Auferstehung legt er den höchsten Werth auf die unversehrte Wiederherstellung des Leibes (Apoth. 1063 sq.). Uebrigens ist nach ihm der Glaube an die Auferstehung des Leibes allgemein anerkannt, wofür schon die Sorgfalt der Christen für die Gräber ihm als Beleg gilt (Cath. 10, 45 sq.). Der Tod löst den aus irdischen Stoffen gebildeten Leib in seine Elemente auf (Cath. 10, 15 sq.). Die Möglichkeit für denselben, aufs neue zum Leben zu gelangen, ist von Prudentius nicht klar und widerspruchslos bestimmt. Er be-

---

[1] Die Stelle (Perist. 6, 97), wo von einem Aufsteigen der Seele durch das Feuer die Rede ist, als sichere Bürgschaft, dem ewigen Feuer zu entgehen, wurde von Arevalus fälschlich für einen Hinweis auf das Fegefeuer genommen. Der ganze Zusammenhang des Vorhergehenden weist vielmehr auf den Feuertod hin, den der Märtyrer Fructuosus, der diese Worte ausspricht, zu erdulden hatte.

hauptet an einigen Stellen, dass das Fleisch als solches nicht
böse sei, widerspricht der Meinung, als wenn das Fleisch die
Sünde verursacht habe, und schiebt die Verantwortlichkeit für dieselbe der Seele allein zu (Hamart. 523). Dennoch finden sich nicht
nur Stellen, die das Fleisch an und für sich als Träger der Sünde
erscheinen (Perist. 2, 113 sq.), die Sünde in der Hingabe der Seele
an das Fleisch (Apoth. 816 sq.; 910) wesentlich beruhen lassen,
und die Gefahr der Sünde für die Seele aus der Begehrlichkeit des
Fleisches ableiten (Psychom. 889 sq.), sondern noch mehr spricht
dafür die gesammte ascetische Anschauung des Dichters, in der er
das Abtödten des Fleisches und die Abschwächung der Kraft desselben
in strengen Uebungen der Enthaltsamkeit als Sündenbefreiung preist
(Cath. 7), den Leib ein Gefängniss nennt, dem zu entfliehen wahre
Freiheit sei, und in der körperlichen Verkümmerung die wahre
Gesundung des Geistes sieht (Perist. 2, 209 sq.). Wenn deshalb
der Dichter die Auferstehung des Fleisches behauptet, so gelangt
dasselbe dazu einmal durch die Heiligung, die es durch das Einwohnen (Psychom. 76 sq.; Apoth. 944; 1023; Perist. 10, 602 sq.)
und die schöpferische Wirksamkeit Christi an sich erfahren hat
(Apoth. 688 und 1015 sq.), und durch die Gewalt der von ihm
frei gebliebenen Seele, die das Fleisch mit sich zum Himmel empor-
zieht (Cath. 10, 20 sq.), indessen so, dass Christus immer der
eigentliche Urheber der Auferstehung bleibt (Cath. 10, 149 sq.).
Doch herrscht auch hier eine Inconsequenz, indem die Auferstehung des
Leibes bereits als der Eingang zur Seligkeit und der Zustand desselben als in männlicher Jugend blühend, frei von Alter und Krankheit
bezeichnet wird (Cath. 10, 93 sq.), während auf der andern Seite die
Auferstehung auch den Verdammten zukommt, da ihrem Leibe,
gleich der Seele Qualen zuerkannt werden (l. II c. Symm. 191 sq.), und
ihr körperliches Aussehen in denselben sogar von Prudentius beschrieben wird (Perist. 2, 277 sq.). Diese Anschauung ist indessen
bei ihm nicht die durchgehende, da er von den Verdammten
an andern Stellen als von blossen Geistern (Cath. 5, 125 sq.; 923 sq.),
ja sogar von einem Kochen der sündigen Seele im Feuer spricht
(Hamart. 923 sq.).

Wir sind hier bei der letzten Grenze, dem Aufenthalte der
zur Verdammniss und zur Seligkeit Berufenen angelangt. Beide
werden von Prudentius am Ende seiner Hamartigenia mit plastischer

Lebendigkeit beschrieben. Angewiesen werden dieselben durch den Entscheidungsspruch Christi, der zum Gericht kommt (Cath. 9, 107 sq.) und die Böcke von den Lämmern scheidet (Perist. 10, 1136 sq.). Beide Orte sind weit voneinander getrennt (Hamart. 839 sq.; 863). Die Hölle, „Phlegethon" (Cath. 3, 199; Hamart. 827; l. I c. Symm. 381), „Barathrum" (Apoth. 785), „Gehenna" und „Tartarus" (Cath. 11, 112; Hamart. 824), „Acherontica stagna" (Cath. 5, 128), ist in der Tiefe der Erde gelegen (Apoth. 785), ein Feuerpfuhl, von flüssigem Blei und Pech erfüllt (Hamart. 825), in dem die Unseligen, in einem Mittelzustand zwischen Leben und Sterben, von Feuer und Würmern ewig gepeinigt und elend dahinkränkelnd (Perist. 2, 277 sq.), vom Tode geflohen, zum Leben gezwungen sind, nur um ihre Qual zu empfinden (Hamart. 824 sq.). Nur die jedesmalige Stunde der Auferstehung Christi bringt ihnen eine Unterbrechung ihrer Qualen (Cath. 5, 125). Im lichten Gegensatz dazu steht das Paradies oder die Burg Gottes (Perist. 12, 272); von herrlichen Flüssen durchrauscht, von Blumen durchduftet, hoch über der Erde inmitten der Sterne gegründet. Dort werden die Reinen, von der irdischen Last entkleidet, verweilen, in purpurnen Ehrenkleidern, mit goldenen Kronen (Perist. 8, 275 sq.). Sie lagern auf Rosen und trinken den duftigen Thau, von der jammernden Klage der Unseligen unberührt (Hamart. 839 sq.). Hat Prudentius Paradies und Hölle als zwei abgeschlossene Kreise bezeichnet, zwischen denen keine Vermittelung besteht (Hamart. 863 sq.), so scheint er doch gewisse Gradunterschiede anzunehmen, die beide Aufenthaltsorte einander nähern. Zum Schlusse der Hamartigenia fleht er bei Gott und Christo um Gnade für sich und bittet, dass Gott ihm seine Sünden vergebend ein milder Richter sei; und wenn er unter den vielen Wohnungen des Vaters (Joh. 14, 2) auch nicht die der Seligen zu begehren wage, ihm doch der Anblick der Geister und der Brand der Flammen der Hölle erspart bleiben möge, und die Glut, die er verdiene, nur mild ihn berühre[1] (Hamart. 931 sq.).

---

[1] Dieser räthselhaften Begnügung des Dichters mit einem, wenn auch milderm, Grade der Verdammniss, widerspricht der letzte Vers im Perist. (10, 1136), wo derselbe, im Geiste unter den Böcken zur Linken stehend, doch durch die Hülfe des Romanus als Lamm zur Rechten gestellt zu werden hofft. Arevalus und andere haben auch diese Stelle als einen Beleg für das Vorkommen der Lehre vom

Gleichzeitig mit dem Gericht und der Auferstehung findet nach Prudentius der Untergang der Welt statt, und zwar durch Feuer (Hamart. 735; 915 sq.; Cath. 11, 106), nach dem Vorbilde des Untergangs von Sodom und Gomorrha.

Was zuletzt noch die Gnadenmittel anlangt, so finden sich als solche Wort und Sakrament von Prudentius anerkannt. Das Wort der Heiligen Schrift ist ihm alleiniger Grund des Glaubens (Hamart. 184). Die Inspiration durch den Heiligen Geist wird von ihm deutlich ausgesagt (Apoth. 595; Cath. 9, 6; Perist. 13, 9 und 10). Das Gewicht, das er auf die Schrift legt, wird noch deutlicher bezeichnet durch die beständige Anwendung, die er von ihr macht, und durch die Kenntniss, die er sich von derselben angeeignet hat. Hierin sieht man den Fortschritt, der ihn über Männer wie z. B. Lactantius hinausführt, der sich noch fort und fort auf die sibyllinischen Aussprüche beruft, während der Dichter dieselben perhorrescirt (Apoth. 440; l. II c. Symm. 893). In der Schriftbenutzung sind allerdings einzelne Ungenauigkeiten von Middeldorpf richtig verzeichnet worden, so z. B. erhält Christus das Schwert, das Offenb. Joh. 1, 16 aus seinem Munde geht, in die Hand (Cath. 6, 85); er schmilzt die Joh. 5, 1—9 erwähnte Heilung des Gichtbrüchigen am See Bethesda mit der Joh. 9, 1—7 berichteten Heilung des Blinden (Apoth. 680) zusammen. Er lässt beide Seiten Christi durchbohren und aus der einen Wunde das Blut, aus der andern das Wasser fliessen (Cath. 9, 86; Dittoch. 42). Seine Schriftauslegung befolgt, wie die seines Zeitgenossen Ambrosius, die allegorische Methode, obschon er in derselben nicht so weit geht wie jener, der häufig auf Philo selbst zurückgreift. Ebenso liebt er moralische Anwendungen von biblischen Gestalten und Vorgängen zu machen, ein Verfahren, in dem er ebenfalls dem Ambrosius verwandt ist.

Ueber die Sakramente der Taufe und des Abendmahls erwähnt Prudentius wenig, so hoch er ihre Bedeutung schätzte. Die Taufe ist ihm im Alten Testamente durch den Durchgang der Kinder Israel durch das Rothe Meer präformirt (Cath. 12, 165), und gilt

---

Fegefeuer gedeutet, und jenes milde Feuer, das sich der Dichter erbittet, für das Reinigungsfeuer angesehen, durch das er für das Paradies geläutert werde. Indess, die ganze Stelle gibt keinen Anhalt, diesen Zustand einer milden Qual als einen vorübergehenden gedacht anzunehmen, und bietet ebenso wenig wie jene andere (Perist. 6, 97) einen Anlass, die Lehre vom Fegefeuer schon bei Prudentius zu suchen. Es scheint vielmehr sicher, dass Prudentius eine Abstufung in den Höllenstrafen selbst annimmt.

ihm als ein reinigendes und sühnendes Bad, „Lavacrum, Purgamen"
(Cath. 6, 126 sq.; Perist. 6, 29 sq.; Apoth. 697), das die Sünde
von der Seele nimmt (Cath. 7, 76 sq.), und durch das dieselbe gerecht wird (Apoth. 881 sq.). Das Heilige Abendmahl hat seinen
alttestamentlichen Typus in dem Manna der Wüste (Cath. 5, 97 sq.;
Psychom. 374 sq.); in beiden Stellen wird es eine ätherische und
englische Speise genannt. Doch betrachtet Prudentius es auch unter
dem Gesichtspunkt des Opfers Christi; es ist ihm das Sakrament des
Leidens. Der alttestamentliche Typus dafür in dem Sinne ist das beim
Auszug aus Aegypten geschlachtete Osterlamm (Apoth. 355 sq.) Wie
hiermit das heilige Abendmahl mit dem Kreuze in Verbindung gebracht
wird, so tritt bei Prudentius weit mehr der Ritus der Kreuzbezeichnung
hervor, sowol in der Salbung der Stirn mit dem heiligen Oele, als ein
der Taufe folgender Act (Cath. 6, 128; 9, 84; Apoth. 358 sq.; 493;
Psychom. 360 sq.), und ebenso als wiederkehrende Handlung des täglichen Lebens, so vor dem Schlafengehen die Bekreuzigung an Stirn
und Brust (Cath. 6, 129 sq.). Ueber die Bedeutung dieses Kreuzeszeichens ist schon geredet worden; sie liegt neben dem einen Gedanken
an den Kreuzestod Christi (Perist. 10, 642) in einer stärkenden und
schützenden Kraft desselben überhaupt (Apoth. 358). Es soll die Hoffnung erheben (Cath. 5, 96), soll die Sünde und die dieselbe hervorrufenden bösen Geister verscheuchen (Cath. 6, 133), und wird um
dieser Wirkung willen zu einem magischen Mittel, das Gott von
Anfang an zum Heil bestimmt hat und verkündigen liess.

Neben diesen objectiven Heilmitteln bestehen nun eine Anzahl
von Leistungen seitens des Menschen selbst, die fähig sind, ihn
zur Seligkeit zu führen. Wir gewinnen hiermit den Uebergang zu
den ethischen Anschauungen des Prudentius. Die allgemeinen ethischen Principien des Dichters haben schon ihre Besprechung gefunden. Prudentius macht zur Grundlage derselben die Hingabe
an Christus, als den Befreier von Sünde und Tod, und den, der
fortwährend auf das menschliche Wesen, an dessen Entstehung er
einen hervorragenden Antheil, und dem er durch sein Einwohnen eine höhere Weihe verliehen hat, heiligend und verklärend
einwirkt, um dasselbe gegen die dämonischen Verführungen zur
Sünde zu vertheidigen. Des Menschen Aufgabe ist, gegen alles zu
kämpfen, das diese Wirkung Christi an ihm stören und ihn der
geistigen Freiheit verlustig machen könnte, zu der Christus ihn

erhoben hat, und so namentlich das Fleisch, aus dem die Sünden auf die Seele einwirken, und in dessen Uebergewicht die Seele erstickt, nicht zu einer Herrschaft über die Seele kommen zu lassen. Diesen sittlichen Zweck, die Seele zum Kampfe mit den Sinnen und den aus denselben entspringenden Regungen zu führen, verfolgt namentlich das Gedicht Psychomachia. Wie dieser Kampf ein innerlicher ist, so gibt er sich auch sein Gepräge nach aussen in einer hochgespannten Ascese, deren Vertheidiger Prudentius wird. Er empfiehlt die strengste Enthaltsamkeit von jedem Sinnengenusse. Er preist das Fasten, dem er zwei Hymnen gewidmet hat, als ein den Hass des Satans hervorrufendes (Cath. 7, 202), die Gottheit aber versöhnendes Werk (Cath. 7, 146 sq.). Die Völlerei ist ihm ein Ertödten des Geistes, der dagegen durch Nüchternheit seine Freiheit bewährt, den Schlaf der Sünde verscheucht, im Glauben stark (Cath. 7, 201 sq.) und Gott in sich aufzunehmen willig wird (Cath. 4, 31 sq.), wie denn Prudentius das Fasten nicht als eine That des Zwanges, sondern des freien Willens lobt (Cath. 8, 65 sq.). Obgleich er die Vorschriften der Faste milde und gelinde nennt (Cath. 8, 6 sq.; 65), so gibt er demselben doch eine eigenthümliche Verschärfung, indem er eine Enthaltung von dem, durch ein blutiges Schlachten der Thiere bedingten Fleischgenuss empfiehlt (Cath. 3, 58 sq.), und dagegen als rechte des Christen würdige Speise Milch, Honig und Früchte nennt, eine Empfehlung, die dem Dichter von einigen Seiten den Vorwurf manichäischer Verirrung zugezogen hat. Ebenso betont er das schärfste Innehalten der Fastenzeiten. Jonathan wird gepriesen, weil ihn das Brechen der Faste reut (Psychom. 397 sq.), und der Märtyrer Fructuosus vermehrt seinen Märtyrerruhm dadurch, dass er einen ihm dargebotenen Becher Wein wegen der Fastenzeit zurückweist (Perist. 6, 52 sq.). Ebenso hoch steht dem Dichter die Enthaltsamkeit auf geschlechtlichem Gebiete. Mehrfach erwähnt er die gottgeweihten Jungfrauen, als die Edelsteine der Christenheit (Perist. 2, 301 sq.), rühmt ihre Mässigkeit und Schamhaftigkeit (l. II c. Symm. 1055 sq.), und gibt ihnen den Anspruch auf den höchsten Vollgenuss der Seligkeit (Hamart. 956 sq.). Die heilige Eulalia wird durch das Gelübde der Jungfrauschaft von ihm noch besonders charakterisirt (Perist. 3, 18), die heilige Agnes ebenso, wie wegen ihres Märtyrerthums, wegen ihrer Jungfräulichkeit, um derentwillen sie den Tod erlitt, besungen (Perist. 14). Am ausführlichsten aber verweilt Prudentius bei der Krone aller Ascese, bei dem Märtyrerthum selbst. Welche Bedeutung er dem Märtyrerthum beimisst, wird schon daraus ersichtlich, dass er dem Preise der Märtyrer einen bedeutenden Theil seiner Dichtungen gewidmet hat, und er sich somit zur Pflicht macht, die Lebensbilder derselben dem Gedächtniss der Nachwelt einzuverleiben. Bestätigt und erhöht wird dieselbe durch die Stellung die er denselben in der sichtbaren und unsichtbaren Kirche anweist. Die Reihe der Märtyrer beginnt erst nach dem Erscheinen Christi, und die Krone des Märtyrerthums wird nur durch Vertheidigung des christlichen Glaubens errungen, demnach lässt Prudentius die drei Männer im feurigen Ofen zum Märtyrerthum noch nicht gelangen, sondern errettet werden, weil mit Christus erst das Martyrium beginnen solle (Perist. 6, 112 sq.); indessen gesteht er doch den makkabäischen Märtyrern die ihnen gebührende Märtyrerkrone zu (Perist. 10, 751), um so mehr als auch sie die Lehre gegenüber dem Heidenthum vertheidigten, in deren Vertheidigung die christlichen Märtyrer fielen: die Lehre des Monotheismus gegenüber der Vielgötterei (Perist. 1, 22 sq.). Die Märtyrer im engern Sinne beginnen mit den bethlehemitischen Kindern (Cath. 12, 125 sq.; Perist. 10, 736 sq.), bei denen der Natur der Sache nach, weniger in dem Moment der Glaubensvertheidigung, als in dem Erdulden des Todes für Christus, der Kern des Martyriums bestand. Von ihnen zieht sich die Reihe der Märtyrer bis zu denen der Diokletianischen Verfolgung im Anfang des 4. Jahrhunderts. Prudentius erwähnt die Feier ihrer Sterbetage (Perist. 11, 195 sq.), die Verehrung der Orte ihres Martyriums (Perist. 12, 59 sq.), die Verehrung ihrer Gebeine (Perist. 5, 505 sq.; 1, 135 sq.), ihrer Peinigungswerkzeuge (Perist. 5, 555 sq.). Er beschreibt die Art ihrer Verehrung: die sorgfältige Bestattung (Perist. 5, 509 sq.; 11, 152), die Errichtung von Kirchen und Altären über ihren Gebeinen (Perist. 5, 517 sq.; 11, 171 sq.), das Darstellen ihrer Martyrien in Bildnissen an ihren Grabstätten (Perist. 9, 9 sq.; 11, 123 sq.; 12, 39 sq.), die Feier ihrer Person und ihrer Werke im Gesang (Perist. 6, 151 sq.; 12, 60), die Weihe von Geschenken und Gelübden (Perist. 1, 9), namentlich die Wallfahrten der Gläubigen, um an ihren Gräbern zu beten (Perist. 4, 197 sq.; 9, 5 sq.;

11, 177 sq.; 189; 14, 6). Diese Gebete hängen aber mit der erhabenen Stellung zusammen, die die Märtyrer durch ihr christliches Heldenthum am Throne Gottes gewinnen. Ein Zeugniss dafür sind die Wunder und Zeichen, die bei ihrem Martyrium durch Gottes Kraft geschehen: die Verwandlung der spitzen Scherben, auf die Vincentius ausgestreckt wird, in Rosen (Perist. 5, 321 sq.), das Erscheinen von Engeln in seinem Kerker (Perist. 5, 281 sq.), die Bewachung seines Leichnams vor den Thieren des Feldes durch einen Raben (Perist. 25, 395 sq.), das Schwimmen des Quirinus von Siscia auf dem Wasser, trotzdem ein Stein an seinem Halse hängt, bis er seine Ermahnungen an seine Gemeinde vollendet hat (Perist. 7, 26 sq.), das Verlöschen des Scheiterhaufens des heiligen Romanus (Perist. 10, 856 sq.), sein Reden, trotzdem die Zunge ihm ausgeschnitten ist (Perist. 10, 926 sq.), der Tod des Jünglings, der die nackt ausgestellte heilige Agnes zu betrachten wagt, und seine Erweckung durch deren Gebete (Perist. 14, 43 sq.). Die Seelen der Heiligen werden sofort in den Himmel zu Gott und Christus entrückt (Perist. 5, 5 sq.; 304; 365; 521 sq.; 6, 7 sq.; 97 sq.; 10, 731 sq.). Dieser Himmelsflug der Seele in dem seligen Bewusstsein der Ueberwindung irdischer Leiden (Perist. 14, 91 sq.) wird ausführlich, bei dem Martyrium der heiligen Eulalia sogar für das menschliche Auge sichtbar, beschrieben. Ihre Seele steigt in Taubengestalt gen Himmel (Perist. 3, 161 sq.). In dieser exceptionellen Stellung bei Gott erhalten die Märtyrer einen gleichsam mittlerischen Rang zwischen ihm und den Frommen auf Erden, und wie wir den Heiligencultus bei Prudentius in voller Blüte sehen, so auch die volle Ausprägung der den Heiligen zugeschriebenen heilsmittlerischen Macht. Sie werden die Schutzpatrone der Welt (Perist. 1, 12 sq.), der Länder und Völker (Perist. 6, 145; 11, 239 sq.; 14, 4 sq.), sowie einzelner Menschen (Perist. 1; 2, 579 sq.; 10, 835; 13, 106). Sie bringen das Gebet des Frommen vor Gott (Perist. 1, 17 sq.; 5, 545 sq.) und vor Christus (Perist. 11, 239 sq.). Sie können dem Gebet um rechte Dinge Erfüllung erwirken (Perist. 9, 95 sq.). Das Gebet an ihren Gräbern befreit von Schmerzen des Leibes, wie der Seele (Perist. 2, 565 sq.; 11, 179 sq.). An ihren Gräbern werden Krankheiten geheilt (Perist. 1, 112 sq.), Dämonen vertrieben (Perist. 11, 97 sq.). Wie schon ihr Blut und ihre Leiden diese heilende Kraft haben

(Perist. 4, 615 sq.), so namentlich ihre Fürbitte, die sie bei Gott einlegen (Perist. 2, 577 sq.), vor allen Dingen um Befreiung von der Strafe der Sünde (Perist. 4, 189 sq.; 5, 557 sq.; 565 sq.). Namentlich bedeutungsvoll treten sie ein am Tage des Gerichts, wo ihre Vermittelung die schon Verdammten den Lämmern zur Rechten zugesellen soll (Perist. 10, 1136 sq.), und wo der Besitz ihrer Gebeine für ganze Städte gleichsam als ein Sühnegeschenk, Gott dargebracht, gilt, das jenen Gnade erwirkt (Perist. 4, 7 sq.; 15 sq.).

ACHTES KAPITEL.

Die Abhängigkeit des Prudentius von seinen Vorgängern und Zeitgenossen.

Hätten wir den Umriss der Theologie des Prudentius hiermit gezeichnet, so kehrt die Frage wieder: Ist dieselbe eine originelle und somit von eigenthümlicher Bedeutung, oder schliesst sie sich nur den herrschenden Meinungen ihrer Zeit an? Wir müssen das letztere im wesentlichen bejahen. Abgesehen davon, dass in einzelnen Ausführungen der Gedankenreichthum des Dichters ihn veranlasst, seine eigenen Wege zu gehen, und namentlich seine Phantasie ihn leitet, den Gegenstand einzelner christlicher Lehren, die die Schrift nur erwähnt, und die Wissenschaft nur begrifflich ausführt, eigenthümlich zu schildern, so kann doch von einer Theologie des Prudentius, als einer seinem Geiste angehörigen zusammenhängenden Anschauungsweise, nicht die Rede sein; in dem Punkte gleicht er völlig seinem Zeitgenossen Ambrosius, dessen theologische Anschauungen und Argumente in der Hauptsache seinen Vorgängern und Zeitgenossen entlehnt waren, so originell und bedeutsam die Erscheinung desselben auch sonst ist. Einmal beherrscht Prudentius die orthodoxe nicänische Theologie, der er sich ohne Rückhalt hingibt, sodann aber namentlich jener merkwürdige Theolog, der, bis Augustin's gewaltiger Genius ihn ablöst, die dogmatischen Anschauungen des Abendlandes beherrscht: Tertullian. Es ist in der That interessant genug, die Gedankengänge des Dichters in ihren Hauptzügen auf Tertullian zurücklaufen zu sehen, und auch an diesem Beispiel die nachwirkende Gewalt jenes originellen und geistreichen Mannes bestätigt zu finden. Wie die Gedanken Tertullian's, so treten uns auch gewisse Anschauungen Augustin's in den Erörterungen des Prudentius entgegen, namentlich in der Frage über die Entstehung des Bösen, wie sie in der Hamartigenia behandelt ist, und über die reale Leiblichkeit Christi am Schlusse der Apotheosis. Middeldorpf macht darauf aufmerksam, dass eine Reihe von Argumenten, die Augustin in seiner Polemik gegen die Manichäer verwendet, auch in Prudentius' Gedichten schon zu finden sind. Eine Benutzung der einschlagenden Schriften des Augustin seitens des Prudentius wäre der Zeit nach allenfalls möglich, auf der andern Seite auch eine Bekanntschaft des Prudentianischen Gedichts seitens des Augustinus; doch ist für eine Verwandtschaft der beiderseitigen Argumente in dieser Frage eine Berührung beider Männer mit Tertullian, der dieselbe Lehre behandelt, die wahrscheinlichere Erklärung. Anklänge an andere Väter bleiben in den Gedichten des Prudentius wenigstens vereinzelt, und prägen sich nicht deutlich genug aus, um die Spur hinreichend verfolgen zu können. Ausserdem dürften des Prudentius nähere Zeitgenossen, Ambrosius und vielleicht Hieronymus, namentlich in ethischen und praktisch kirchlichen Fragen, so in der Verherrlichung der Märtyrer, der Jungfräulichkeit, wie der Ascese überhaupt, namentlich auch der Benutzung biblischer Gestalten und Vorgänge zu ethischen Zwecken, wie es Ambrosius liebt, auf seine Anschauungsweise nicht ohne Einfluss gewesen zu sein. Hat doch der letztere z. B. der von Prudentius besungenen heiligen Agnes ebenfalls seine Aufmerksamkeit gewidmet. — Betrachten wir zunächst, um unsere Behauptung der relativen Unselbstständigkeit der Theologie des Prudentius zu erweisen, seine Apologetik, so tritt uns in derselben der im christlichen Alterthum herrschende Doppelcharakter der Defensive und Offensive zugleich entgegen. Seine Vertheidigung des Christenthums gegen den demselben gemachten Vorwurf der Neuheit, indem er einmal die Neuheit desselben namentlich in dem Kampfe gegen Symmachus zugibt, aber sich auf das Recht des Fortschritts beruft, nach dem ein Uebergehen vom Unvollkommenen zum Bessern geboten sei; auf der andern Seite wieder, namentlich in den Reden des Romanus, die Neuheit des Christenthums leugnet, und von dessen Ursprung aus der Ewigkeit ausgehend, das Alter des römischen Reiches dagegen verschwindend nennt, haben

wir bereits von frühern Apologeten angewendet gefunden. Auch
die Begründung der letztern Annahme durch eine Vorbereitung des
Christenthums im Judenthum, das Prudentius von Christi Macht real
durchwaltet sieht, und dessen Wesen sowol in seinen Weissagungen, als
auch in seinen Bräuchen und Festen er erst in Christo vollendet
erkennt, dann durch den Nachweis eines unbewussten Christenthums
vor dem Christenthum, durch das in der Natur, bei menschlichen
Verrichtungen und Geräthen des Lebens wiederkehrende Kreuzeszeichen, haben wir ebenfalls schon bei Justin, Tertullian und Minucius Felix kennen gelernt. Eigenthümlich ist ihm jenes stolze
historische Argument, die Siege und Erfolge des Christenthums im
römischen Reiche für die Wahrheit desselben zu brauchen. Dies
war ihm durch die Zeitverhältnisse gegeben, und es ist bekannt,
dass auch die ältern Väter, die noch nicht Zeugen solcher Erfolge waren, es doch liebten, in dichterischer Phantasie glänzende
Bilder von der Ausbreitung des Christenthums zu zeichnen. Aus
dem über Ambrosius Bemerkten ist ersichtlich, wie jenes Vollbewusstsein der römischen Grösse, das Prudentius hegt, auch jenem
eigen war. Was die offensive Seite seiner Apologetik anlangt,
so ist neben verschiedenen Vorwürfen, die er dem Heidenthum
aus dem mit demselben zusammenhängenden sittlichen Verderbniss macht, einmal der ausgeführte und mit drastischen Schilderungen belegte Erweis der Nichtigkeit und Unwürdigkeit der
heidnischen Götterwelt als Gebilden der Phantasie und der Kunst,
und zugleich wieder die Annahme einer gewissen dämonischen widergöttlichen Realität in denselben (Apoth. 200 sq.), ferner das abschätzige Urtheil über die heidnische Philosophie, obschon er an
anderer Stelle nicht verschmäht, den Plato als Gewährsmann anzuführen (l. I c. Symm. 30), eine schon von Frühern, namentlich von
Tertullian geübte Kampfesweise.

Auch der Gottesbegriff des Prudentius ist wesentlich kein neuer
und eigenthümlicher. Er behauptet die Einheit, die Ewigkeit, die
Unveränderlichkeit und Unermesslichkeit Gottes theilweise ohne
tiefer gehende Ausführung, theilweise mit den schon von seinen Vorgängern und Zeitgenossen gebrauchten Argumenten. Sein Gottesbegriff trägt das Gepräge absoluter Transscendenz, wie er in der
nicänischen Theologie zum herrschenden Ausdruck kam. Die Anwendung des kosmologischen Arguments, um Gott zu erkennen,

indem er aus der Mischung der Elemente, um die Geschöpfe hervorzubringen, auf einen Künstler schliesst, die Beweisführung für die Einheit Gottes gegen den Polytheismus, der die Gottheit aus verschiedenen Theilen zusammensetze und somit auflösbar mache, der Erweis der Unermesslichkeit, Unsichtbarkeit, Ewigkeit, Unveränderlichkeit und Allgegenwart Gottes auf dem Wege der Negation des endlichen und beschränkten Wesens des Menschen, sind bereits von den Clementischen Homilien, Athenagoras und von Clemens von Alexandrien versucht worden.

Lässt sich bei den obenbenannten Punkten wegen der kürzern Behandlung eine ausgesprocheneAnlehnung an bestimmteMeinungen nicht nachweisen, so ist dies bei den ausgeführtern Lehren vom Sohne Gottes, von der Sünde, von der Seele des Menschen, von der Person Christi um so mehr der Fall, und hierbei tritt der enge Zusammenhang des Prudentius mit Tertullian sehr deutlich hervor. Es darf bei der polemischen Auseinandersetzung des trinitarischen Verhältnisses zwischen Vater und Sohn allerdings wundernehmen, dass des Prudentius Polemik gegen die Sabellianer und Patripassianer als die Leugner der Sonderexistenz des Sohnes, gegen die Juden und Heiden als die Leugner der Gottheit Christi überhaupt, und zum Schlusse gegen die Manichäer als die doketischen Leugner seiner realen Leiblichkeit sich richtet, während er den Arius, gegen dessen Meinung die orthodoxe Lehre hauptsächlich durchzusetzen war, in diesem Gedichte völlig übergeht und nur in der Psychomachia kurz seiner selbst (vs. 794) und der Quintessenz seiner Lehre (vs. 710) gedenkt, wobei er zugleich mit demselben über Photinus, der nur eine durch sittliche Vervollkommnung erlangte göttliche Würde Christi, keine Gottheit desselben an sich zugesteht, das Verdammungsurtheil ausspricht. Indessen erklärt sich das Fehlen einer ausgeführten Polemik gegen Arius daraus, dass Prudentius im Abendlande und für das Abendland dichtete, das sich im ganzen und von vornherein treu zur nicänischen Orthodoxie hielt und nur einmal durch die Kaiserin Justina eine Arianische Agitation erfuhr, die von Ambrosius energisch bekämpft wurde. Es wurde somit die im Abendlande weniger bedrohte Seite des Dogmas vom Dichter auch weniger ins Auge gefasst, sondern häretische Abirrungen nach andern Richtungen, auf die er auch mit grossem Ernste einging.

Wie aus dem schon oben Gesagten hervorgeht, ist der Standpunkt des Dichters der streng orthodoxe des nicänischen Bekenntnisses. Einzelne Bestimmungen desselben klingen in seinen Versen wider. Er nennt den Sohn „Lumen de lumine", er hält den darin befindlichen Gegensatz zwischen erzeugt (genitus), das nur dem Sohne zukommt, und erschaffen (factus), dem Entstehungsact aller Creaturen, der Engel und Menschen, fest. Er bestimmt das Wesen und die Wirkung des Heiligen Geistes, sowie seinen Ausgang vom Vater und dem Sohne correct nicänisch. Selbst die unentwickelte Form in der sich die Lehre über denselben findet, entspricht dem Zustande, in dem sich die geistige Durcharbeitung dieses Dogmas zu seiner Zeit befand. Um auf den Sohn zurückzukommen, muss auch die wiederholte Betonung der vollen, beinahe auch numerischen Einheit des Sohnes mit dem Vater, die Ewigkeit des Sohnes, die er mit dem Vater theilt, die Allmacht, die er mit ihm geniesst, der ausgedehnte Antheil, den Prudentius demselben an der Schöpfung der Welt zuschreibt, der Zweck, den er kraft seines mit Gott gleichen Wesens erfüllt, um die durch ihn nach dem Bilde des Vaters geschaffenen Menschen in die Gottheit zurückzuführen, als Bestandtheil des Athanasianischen Lehrbegriffs angesehen werden. Indessen, der Genius eines Athanasius gehörte dazu, diesen Lehrbegriff auf der schmalen Scheidelinie zu fixiren, die denselben von einer Wesensunterscheidung im Sinne des Arius und einer Aufhebung des persönlichen Unterschiedes im Sinne des Sabellius frei erhält, und wir sehen, dass Prudentius bei seinen weitern Ausführungen, wie mancher andere Theolog, sich von der Gefahr, die richtige Mitte zu verfehlen, nicht fern zu halten im Stande war. Wir finden bei ihm eine Abweichung nach beiden Seiten, der der Wesensunterscheidung und der der Einigung bis zur Aufhebung des persönlichen Unterschiedes; und auch hier begegnen wir wieder Gedankenbahnen, die von Vorgängern und Zeitgenossen beschritten worden sind. Es ist hierbei nicht sowol die Fundirung seiner Behauptung im Evangelium des Johannes zu betonen, das den Hauptschriftgrund für alle theologischen Arbeiten zur Darstellung der Gottheit des Sohnes bildet, aber wohl tritt ein Anschluss an die trinitarische Arbeit des Tertullian in der Polemik gegen Praxeas, auf den schon Middeldorpf hingewiesen hat, deutlich hervor. Tertullian setzt in dieser Arbeit die Erzeugung des Sohnes in unmittelbarste Beziehung zur Erschaffung der Welt. Der Sohn ist das Wort, in dem Gott die Welt erschuf, das vor der Erschaffung der Welt, als seine Vernunft in Gott war, die er, wie das Wort den im Geiste befindlichen Gedanken, aus sich heraussetzt. Seine materielle Anschauung auch vom Geiste Gottes wird ihm zu einer Vermittelung, eine materielle Substanzialität auch in dem aus ihm herausgesetzten Worte, dem Sohne, anzuerkennen und so die Erschaffung und Bildung der materiellen Welt in ihm und durch ihn vorgehen zu lassen (adv. Prax., c. 7). So tritt der Sohn als das Schöpferwort am Anfang der Schöpfung substantiell aus dem Vater heraus, der personificirte Weltgedanke des Vaters, der in der Welt zur Wirklichkeit wird. Ist also der Sohn von Ewigkeit, so doch nicht von Ewigkeit in der Weise, wie er bei und nach Erschaffung der Welt war, als abgeschlossene Persönlichkeit, sondern so, wie Marcellus von Ancyra später lehrte, indem er eine Scheidung zwischen dem Logos, dem von Ewigkeit in dem Vater ruhenden Sohne, und dem eigentlichen Sohne Gottes, der zum Zwecke der Weltschöpfung aus dem Vater hervorgegangen ist, annahm. Diese Anschauung, die zu gleicher Zeit dem Arianismus sich zuneigt, indem sie ein persönliches Fürsichsein des Sohnes erst mit der Schöpfung der Welt statuirt, und zugleich sabellianisch ist, indem sie im Sohne wesentlich nur die Beziehung Gottes zur Welt und seine Manifestation an der Welt sieht, ist im Grunde auch die Prudentianische. Die Ewigkeit des Sohnes wird wol in thesi behauptet, aber von einer persönlichen Existenz desselben erst bei Erschaffung der Welt gesprochen, ja, wie Marcellus von Ancyra lehrt, wird er im eigentlichsten Sinne erst bei seiner Fleischwerdung der Sohn Gottes. Wie Prudentius mit Tertullian (adv. Hermog., c. 18) den Sohn, die Sapientia, zum Helfer bei der Weltschöpfung, ja zum Organ derselben und Bildner der Geschöpfe macht, so ist auch seine Anschauung, die den Sohn vor seiner Fleischwerdung als das eigentliche Substrat der Theophanien des Alten Testaments erscheinen lässt, eine von Tertullian angebahnte (adv. Prax., c. 16) und von allen Kirchenlehrern bis Augustin befolgte. Aus dieser Function entstammt der Ausdruck „Forma Patris", der bei Prudentius häufig vorkommt. Ebenso weist das von Prudentius, die trinitarische Einheit bezeugende, der Sonne entlehnte Bild, die, an sich eine, die drei Functionen: Bewegung, Erwärmung und Erleuchtung aus sich hervorgehen lasse, auf Tertullian und Sabellius zurück, und an Tertullian lehnt sich zuletzt noch der mystische Bezug, in den die schöpferische Thätigkeit des Sohnes an dem Weltstoff zu dem Wasser, und zu diesem,

als der Materie der Taufe, gesetzt, und deshalb zur Heilung des
Blinden die Speichelanfeuchtung des Lehmes und das Waschen in
der Quelle Siloah als ein Vehikel der das Verlorene wiederherstellenden
Gotteskraft gefordert und zugleich auf die Taufe bezogen wird.
So sehen wir auch in diesem breiter ausgeführten Dogma die
Anlehnung des Dichters an vorhandene Anschauungen, mitunter
sogar an die, die er bekämpft, wie die des Sabellius[1], überhaupt
aber, durch die verschiedenen Gegensätze, denen gegenüber er den
Glauben zu vertheidigen unternimmt, veranlasst, ein Schwanken
zwischen diesen Gegensätzen, das bei der schweren polemischen
Aufgabe, die sich der Dichter gestellt hat, und bei seiner geringen
speculativen Selbstständigkeit, uns nicht wunderbar erscheinen kann.

Auch bei der andern des Weitern in der Hamartigenia behandel-
ten Lehre über die Entstehung der Sünde, in der der Dichter die
dualistischen Behauptungen Marcion's bekämpft, geht er auf der
Spur seines genialen Vorgängers, des Tertullian, und stimmt in einzelnen Gedankengängen bis auf Wort und Bild mit dessen in den
fünf Büchern gegen Marcion geäusserten Anschauungen überein,
freilich nur so, dass er die Spitzen der Tertullianischen Ausführungen benutzt, in der Anlage des Ganzen aber sich frei und eigenthümlich hält und den poetischen Charakter seines Gedichts trotz der
Anlehnung an jene Lehrschrift nicht beeinträchtigen lässt.[2] Namentlich sind hier die beiden ersten Bücher des Tertullian gegen Marcion in Betracht zu ziehen. Ganz wie Tertullian im ersten Buche
gegen Marcion von einer Bestreitung des Dualismus im allgemeinen
ausgeht, um jene Unterscheidung des Häretikers zwischen dem
Demiurgen und guten Gott, dem Gott des Alten und Neuen Testaments, dem Weltschöpfer und dem Vater des Erlösers als irrig darzustellen, hebt auch Prudentius seine Polemik mit der Bekämpfung

---

[1] Mit Recht macht Middeldorpf darauf aufmerksam, dass das von Prudentius gebrauchte Bild für die Dreieinigkeit, das Licht, die Wärme und die zeugende Kraft der Sonne (Hamart. 70 sq.), bereits von Sabellius gebraucht ist,
laut dem Zeugnisse des Epiphanius (Haer. LXII, 1).

[2] Hierin unterscheidet sich Prudentius sehr zu seinem Vortheile von der
poesielosen und oberflächlichen Versification der Tertullianischen polemischen
Schrift, die sich in dem Gedichte eines unbekannten Verfassers gegen Marcion
findet, das Oehler in seiner Ausgabe des Tertullian anhangsweise mittheilt, und
dem Rhetor Victorinus von Massilia zutheilt (Tertull. quae supersunt opera II, 782).

dieses Dualismus an. Wie Tertullian die Unmöglichkeit zweier Gottheiten daraus zu erweisen versucht, dass die höchste Vollkommenheit Gottes die Einzigkeit und die damit verbundene Unvergleichlichkeit desselben fordere (adv. Marc., l. I, c. 3), so argumentirt auch Prudentius, dass Gott aufhöre der Höchste zu sein, wenn er nicht der Einzige sei, weil ein ihm zur Seite stehendes, gleich absolutes Wesen nothwendigerweise seiner Vollkommenheit Abbruch thun würde (Hamart. 20 sq.). Wie Tertullian die Möglichkeit zweier absoluten, in ihren Grenzen vollkommenen Gottheiten damit angreift, dass dann soviel Gottheiten, als Völker und Könige seien, aufgestellt werden könnten (adv. Marc., l. 1, c. 4), so frägt auch Prudentius spottend:

Si duo sunt igitur, cur non sunt multa deorum
milia, cur numero deitas contenta gemello est? (Hamart. 95 sq.)

In derselben Weise, wie Tertullian weiter den Dualismus des Marcion bekämpft, indem er den Demiurgen desselben, den Marcion nur als den strengen und richterlichen von dem guten und milden Gott unterscheiden will, zu einem boshaften, tückischen, rachsüchtigen Wesen macht und die Güte auch jenes guten Gottes leugnet, da er den feindseligen Demiurgen schalten und walten lasse, um dann als Erretter um so glänzender aufzutreten, geht auch Prudentius zu Werke: er schildert den Marcionitischen Demiurgen in den schwärzesten Farben und malt schliesslich sein Bild aus dem des Gerechten und Strengen in das des Bösen, des Satan, um,[1] Ihn zu verehren, nennt er den eigenen Henker anbeten. Auch in dem Verhältnisse Satans zu Gott und dem Verhältnisse beider zur Sünde des Menschen geht Prudentius dem Tertullian nach. Wie Tertullian

---

[1] Talis et in deum Marcionis dicenda sententia est, mali permissorem, injuriae fautorem, gratiae lenocinatorem, benignitatis praevaricatorem etc. (adv. Marc., l. 1, c. 22, 27).
Unus ait, tristi residet sublimis in arce
auctor iniquitiae, scelerum Deus, asper, iniquus
qui quodcunque malum vitioso servet in orbe
sevit et angulno medicans nova semina suco
rerum principium mortis de fomite traxit (Ham. 111—115).

Marcionita Deus tristis, ferus, insidiator (vs. 16—129).

die Verführung zur Sünde auf Satan zurückführt, der als Engel ein Geschöpf Gottes, aber nicht durch Gott selber, sondern durch eigene Schuld zum Teufel geworden (adv. Marc., l. 2, c. 10), so schiebt auch Prudentius dem Teufel die Urheberschaft der Sünde zu und schildert ihn als den von Gott gut und mit aller Vollkommenheit geschaffenen Engel, den sein Hochmuth stürzte und zum feindlichen Verstörer der Schöpfung Gottes machte (Hamart. 189 sq.). Die scharfe Betonung der Güte des Weltschöpfers und der ursprünglichen Vollkommenheit alles Geschaffenen, so auch des Menschen, mit der Tertullian den von Marcion gesetzten Unterschied zwischen dem Weltschöpfer und dem in Christo offenbarten guten Gott auszutilgen sich bemüht (adv. Marc., l. II, c. 3, 4 und 5), findet sich auch bei Prudentius (Hamart. 337—357). Ebenso hat er den Tertullianischen Gedanken, dass Gott den Menschen nicht nur hervorgebracht habe, um zu leben, sondern um recht zu leben (adv. Marc., l. II, c. 8), in poetischerWeise ausgesprochen (Hamart. 705 sq.). In derselben Weise, wie Tertullian den Einwand Marcion's ins Auge fasst, dass Gott, trotzdem, dass er gut sei und mächtig das Böse abzuwenden, dennoch den Menschen habe fallen lassen können (adv. Marc., l. II, c. 5), thut es auch Prudentius (Hamart. 640 sq.), und ebenso wie jener geht auch er auf die beiden Folgerungen der Marcioniten ein, dass Gott entweder nicht das Böse habe verhindern wollen, also nicht gut sei, oder dass er es nicht habe verhindern können, also nicht allmächtig sei, entweder also der Urheber des Bösen genannt werden müsse (Hamart. 646 sq.), oder dasselbe wider seinen Willen entstanden sei (Hamart. 669 sq.). Ganz in der Weise Tertullian's weist auch Prudentius den gemachten Einwand zurück, mit Berufung auf den vollen freien Willen des Menschen, und in diesem Punkte findet sich die grösste Uebereinstimmung beider. Tertullian vindicirt dem Menschen die volle Freiheit des Willens als die Gabe, in der das Hauptgewicht des göttlichen Ebenbildes beruhe. Nur dadurch habe er die Gewalt seiner selbst und nur dadurch werde er fähig, das Gute, das ihm von Natur nicht innewohne, zu gewinnen und das Böse zu bekämpfen, dadurch allein könne er für seine Thaten verantwortlich gemacht, und Lohn und Strafe über ihn verhängt werden. Diese Freiheit habe Gott dem Menschen bis zu dem Grade gegeben, dass er auch fallen könne, ohne dass Gott einträte; denn ihn zurückhalten, hiesse auch seine

Freiheit beeinträchtigen. Um dieser Freiheit willen, in Verbindung mit der sonstigen hohen Anlage des Menschen, dürfe derselbe in niemand anderm die Schuld seiner Sünde suchen, als in sich selber; weder seine Unwissenheit, noch die Schwachheit, noch die Verführung Satans sei ein Entschuldigungsgrund für ihn; von Gott ausgestattet der Sünde zu widerstehen, sei seine Sünde nur ein Misbrauch seiner Freiheit (adv. Marc., l. II, 5, 6, 7, 8). Fast ganz den gleichen Weg geht Prudentius. Auch er spricht dem Menschen als göttlich verliehene Gabe die Freiheit des Willens und die Gewalt über sich selbst zu (Hamart. 673 sq.), auch er setzt den Werth des Guten im Menschen nur darein, dass es freiwillig von ihm vollbracht wird (Hamart. 686 sq.), auch er lässt Gott nicht in das Thun des Menschen eingreifen, sondern nur zum rechten Thun rathen und ermahnen (Hamart. 697 sq.), auch er verbietet dem Menschen seine Sünde mit seiner Schwachheit und den Anreizungen des Fleisches zu entschuldigen, da er die Macht habe, über sie zu herrschen (Hamart. 523 sq.). Aehnlich wie Tertullian nach dieser Bestimmung der menschlichen Freiheit, als einer Gabe der göttlichen Güte, auf die Gerechtigkeit Gottes zurückkommt, als das Correlat dieser Güte, die den Widerspruch, in den der Mensch mit seiner Freiheit zu dem gottgewollten Guten tritt, durch die Bestrafung des Bösen wieder auflöst (adv. Marc., l. II, c. 13), gelangt auch Prudentius von der Bestimmung dieses Freiheitsbegriffs im Menschen auf die lohnende und strafende Gerechtigkeit Gottes, indem er zu Ende der Hamartigenia auf Paradies und Hölle hinweist und beide in drastischen Farben ausmalt (Hamart. 824 sq.).

Es werden diese Vergleichungen genügen, um die Abhängigkeit der Polemik unsers Dichters wider Marcion von der des Tertullian zu erkennen. Der Nachweis derselben lässt sich noch weiter führen, z. B. in der mit der eben berührten zusammenhängenden Lehre von der Seele. Sehr charakteristisch ist eine Vergleichung der von Tertullian (adv. Marc., l. II, c. 9) und Prudentius (Apoth. 797 sq.) ausgesprochenen Anschauungen über das Verhältniss der Seele zu Gott. Tertullian bestimmt in diesem Kapitel dieses Verhältniss, um einmal nachzuweisen, dass Gott sie geschaffen habe, um nach seinem Willen zu leben, und doch wieder die Möglichkeit darzuthun, dass sie sündigen könne. Mit grosser Subtilität führt er aus, wie sie ein Hauch von Gott (afflatus), aber nicht der Geist Gottes selbst sei.

Zwischen ihr und Gott bestehe der Unterschied von Abbild und Urbild; so sei sie allerdings unsterblich, frei, ihrer selbst mächtig, vorauswissend, vernunftbegabt, der Erkenntniss und des Wissens fähig, aber sie bleibe immer Bild, erhebe sich deshalb nicht bis zum eigentlichen Wesen Gottes, das heisst zur Reinheit von der Sünde, die Gott allein zukommt; hätte sie dieselbe, so wäre sie nicht Seele, sondern Geist, der Mensch wäre Gott. Dass sie durch den Geist Gottes eingehaucht, beweise nicht, dass sie damit selbst sein Geist geworden sei; wenn sie infolge dieses Mangels der vollen göttlichen Kraft gesündigt habe, so sei das nicht durch das, was sie von dem göttlichen Wesen durch Gottes Einhauchung empfangen habe, sondern durch den Misbrauch des ihr dazu verliehenen freien Willens geschehen. Mit dieser Argumentation des Tertullian stimmt die des Prudentius in auffallender Weise überein. Auch er sieht in der Seele den Hauch des göttlichen Geistes (Apoth. 830; 871), aber, wie der Schatten den Umriss der menschlichen Gestalt wol biete, damit jedoch nicht die menschliche Gestalt selbst sei, so sei auch die Seele wol Gott ähnlich, aber nur wie das Abbild dem Urbild (aliud verum at aliud simulatio veri), und die volle Kraft der Gottheit wohne ihr nicht inne (sed spiritus et vis non est plena Dei). Ein Theil der Gottheit könne sie nicht genannt werden (Apoth. 824 sq.); wenn sie schon durch Gottes Geist gebildet sei, stehe sie doch als Geschöpf tiefer, als der Schöpfer. In ganz ähnlicher Weise wie Tertullian führt er die Punkte aus, in denen die Aehnlichkeit zwischen der Seele und Gott hervortritt.[1] Ebenso wie jener, bestimmt er den Schwerpunkt der Differenz zwischen der Seele und Gott in der Fähigkeit zu sündigen, die der geschaffenen Seele kraft ihrer aufgezwungenen Verbindung mit dem Fleische

---

[1] Tertull. adv. Marc., l. II, c. 9. — „In hoc erit imago minor veritate et afflatus spirito inferior, habens illas utique lineas Dei, qua immortalis anima, qua libera et sui arbitrii, qua praescia plerumque, qua rationalis, capax intellectus et scientiae, tamen et in his imago et non usque ad ipsam vim divinitatis etc.
Vergleiche damit Prudentius (Apoth. 802 sq.):
    Est similis caelis quod non consumitur ullis,
    quod sapiens justique capax, reginaque rerum,
    imperat, antevidet, perpendit, praecavet, infit,
    verborum morumque opifex instructaque mille
    artibus et coelum sensu percurrere docta.

innewohnt, während Gott von dieser Verbindung frei ist (Apoth. 816 sq.). Auch Tertullian erblickt das Wesen der Sünde in einer Hingabe an das Fleisch, indess mit der Restriction, dass das Fleisch an und für sich nicht Ursache der Sünde sei (De anima, c. 40), sondern der Willensentschluss der Seele, die ihm sich hingebe, da die Seele selbst als afflatus Dei, der Kraft des Fleisches überlegen sei. Wir haben schon gesehen, wie Prudentius hiermit übereinstimmt (Hamart. 523 sq.).

Auch in der Christologie bewegt sich Prudentius in den schon von Tertullian geebneten Anschauungen. Die Person Christi anlangend, versucht Prudentius eine Vertheidigung der Gottheit Christi den Juden gegenüber (Apoth. 321—551), und zwar einmal in der typologischen Deutung des Alten Testaments auf Christus, des alten Passah als Vorbild des neuen Passah, sodann mit einem Hinweis auf die Ausbreitung der christlichen Religion und die Anerkennung des Namens Christi unter den Völkern, in der Weise wie es Tertullian in der Schrift „Adversus Judaeos" gethan hat. Weiter hat Prudentius der Bestreitung des Doketismus in Bezug auf die Leiblichkeit Christi einen Theil seiner Apotheosis (vs. 952—1062) gewidmet. Auch hier kämpft er mit den Tertullianischen Argumenten. Als Beweis für die Realität des Fleisches Christi führt der Dichter wie jener (De carne Christi, c. 21) die Genealogie Christi nach den Evangelien des Matthäus und Lukas an (Apoth. 981—1009). Wie Tertullian (De carne Christi, c. 5), betont auch Prudentius den Makel der Lüge, der Christo damit aufgebürdet würde, wenn seine Fleischwerdung nur eine scheinbare wäre (Apoth. 956 sq.), ein Motiv, das auch Augustin gegen die Manichäer geltend macht (c. Faustum, l. XII). Wie Tertullian, behauptet auch Prudentius, dass bei einer blossen Scheinleiblichkeit Christi auch seine Gottheit blosser Schein und Täuschung sein würde (Apoth. 1046 sq.). In demselben Gedichte findet sich die von Tertullian gegenüber dem Doketismus aufgestellte Anschauung von der Geburt Christi bei Prudentius wieder. Wie Tertullian im Gegensatz gegen die Doketen, die Maria nur als Kanal ansehen, durch den die Geburt Christi ohne jede geschlechtliche Function und ohne Mittheilung fleischlichen Stoffes von ihr erfolgte, die Jungfräulichkeit der Maria nur gegenüber dem Acte des Empfangens des männlichen Samens, aber nicht gegenüber der Geburt selbst behauptet (De carne Christi, c. 23), betont auch Prudentius nur die Jungfräulichkeit in der Empfängniss, während er die Maria als Gebärerin Christi nicht nur Mutter nennt, sondern auf die Zustände des Mutterwerdens ausführlich eingeht (Apoth. 106), und das Hervorgehen des Fleisches Christi aus dem Fleische der Mutter deutlich ausspricht (Apoth. 529). Ja er lässt sich auf dieselben allegorischen Spielereien über die Jungfräulichkeit der Maria ein, wie Tertullian. Wenn derselbe z. D. die Erde, aus der der erste Mensch geschaffen, eine noch jungfräuliche nennt, die keine Bearbeitung erfahren, und deshalb für die Geburt des neuen Adam im Fleische der Maria einen ähnlichen jungfräulichen Boden fordere (De carne Christi, c. 17), so begegnen wir bei Prudentius einer ähnlichen Anschauung, indem er bei Anlass der Heilung des Blinden durch speichelgefeuchtete Erde zur Erklärung der Heilkraft dieser Erde darauf zurückgeht, dass die jungfräulich unfruchtbare Erde durch die einfliessende Wirkung des göttlichen Geistes erst eine heilende Kraft empfangen habe und fruchtbar und lebenspendend geworden sei (Apoth. 689 sq.). Vor allem aber vertheidigt Prudentius die reale Leiblichkeit wie Tertullian durch zwei Motive, einmal durch die Würde des Fleisches und sodann durch den Zweck der erlösenden Wirksamkeit Christi. Tertullian hat, die Auferstehung des Fleisches zu erweisen, auf den Adel hingewiesen, den der grobe irdische Stoff dadurch empfing, dass Gott durch sein Wort ihn zu berühren und den Menschen daraus zu bilden nicht verschmähte (De resurrectione carnis, c. 5 und 6).* Prudentius nennt aus demselben Grunde die Annahme des realen Fleisches von seiten Christi etwas seiner nicht Unwürdiges und behauptet, dass Christus den irdischen Leib wol habe annehmen können, da Gott ja nicht verschmäht habe, denselben Stoff bei der Schöpfung zu bearbeiten; eine Vorstellung, die er in derselben anthropopathischen Anschaulichkeit wie Tertullian ausführt und sich dabei nicht scheut, Gott im buchstäblichen Sinne die verschiedenen Formen aus Lehm zusammenkneten zu lassen (Apoth. 1023 sq.). Dabei stellt er ebenso wie Tertullian (De resurrectione carnis, c. 6) die Schöpfung des Menschen nach dem Bilde Gottes, d. h. Christi als der Forma patris, als Unterpfand der einstigen leiblichen Erscheinung Christi selbst hin (Apoth. 310 sq.), und Christus erscheint ihm so im ersten Menschen präformirt. Ebenso folgt der Dichter dem Tertullian in der Anwendung des zweiten Motivs für die reale Leiblichkeit Christi, nämlich des Zwecks des ganzen Erlösungswerkes desselben. Das letzte Ziel der Erscheinung und Wirksamkeit Christi ist für Tertullian eine Zurücknahme und Hineinläuterung des menschlichen Wesens in sich selbst, die sowol der Seele als dem Leibe nach sich vollzieht, und deren höchste Realisirung in der Auferstehung des Fleisches gipfelt. Auch dem Prudentius besteht das Erlösungswerk Christi, wie schon berührt, in wesentlich nichts anderm; die Lehre von einer Genugthuung Christi für unsere Sünden liegt ihm ebenso fern, wie dem Tertullian. Die Wirksamkeit Christi kommt dem Menschen dadurch zugute, dass Christus in der Fülle seiner Gottheit in die volle Realität des Menschenlebens einging und so das menschliche Wesen in sich aufnahm. Dies geschah aber völlig erst dadurch, dass er auch die volle Wirklichkeit des Fleisches mit dem Menschen theilte. Der Erfolg ist einmal die Zueignung alles dessen, was durch Christus geschehen ist, an den Menschen; damit geht Hand in Hand die Verpflichtung, das ganze menschliche Leben ihm unterzustellen und jede Beziehung desselben in ihm zu verklären. Darin gipfelt die ethische Tendenz des Prudentius, die er in allen seinen Gedichten, namentlich dem Buche Cathemerinon, kundgibt und die das Streben bezeugt, alle Vorgänge des menschlichen Lebens bis zu den kleinsten Verrichtungen des Tages mit den verschiedenen Phasen im Leben des Erlösers in Verbindung zu bringen. Darauf richtet sich auch das Ziel seiner Hoffnung, das darin beruht, das ganze in Christus hineingerückte Leben auch an dessen Herrlichkeit und Erhebung zum Vater theilnehmen zu lassen, eine Erhebung, die auch dem Fleische zutheil wird. Aus diesem Grunde ist auch Prudentius, wie Tertullian, ein eifriger Anhänger der Lehre von der Auferstehung des Fleisches, und zwar in weitester Ausdehnung, gleich seinem Vorgänger. Wie dieser alle einzelnen Theile des menschlichen Leibes, trotzdem ihre Verrichtungen nicht mehr stattfinden, doch an dieser Auferstehung theilnehmen lassen will (De ressurrectione carnis, c. 60), so redet auch Prudentius davon, dass nicht nur Miene, Kraft und Farbe des jetzigen Leibes am auferstandenen Leibe sich finden, sondern kein Zahn und Nagel ihm fehlen werden (Apoth. 1065 sq.). Auch bei ihm findet sich dabei, wie bei Tertullian, der seltsame Widerspruch, dass er zugleich in seinen Fasten- und Märtyrerliedern eine Abtödtung des Fleisches in strengster Ascese lehrt und doch von einer blühenden Verherrlichung dieses abgetödteten Fleisches in der Auferstehung spricht (Cath. 10, 93 sq.). Der Widerspruch löst sich indessen auch bei ihm in der Weise, dass er, wie Tertullian, in dieser Abtödtung zugleich die wahre dem Fleische zu erweisende Ehre sieht.

Es genügen die vorgenommenen Vergleichungen, um klar zu machen, wie wenig selbständig die theologische Stellung des Prudentius ist, und wie er auch in seinen, ausschliesslich theologischen Gegenständen gewidmeten, Gedichten doch an die Gedanken anderer sich anlehnt, fast in der Weise, wie Tertullian selbst in seinem Apologeticum es mit der Apologie des Minucius Felix gethan hat.[1] Es lässt sich somit von einer eigenthümlichen Theologie des Prudentius strenggenommen nicht reden, um so mehr aber von seiner eigenthümlichen Darstellung der Theologie.

Die Frage entsteht nun, wie kam unter solchen Verhältnissen Prudentius überhaupt dazu, grössere Gedichte theologischen Inhalts abzufassen. Wie kam er zu einer Apologetik, wie die gegen Symmachus, die in der Hauptsache das schon von Ambrosius gegen denselben Gesagte reproducirt, wie kam er zu einer theologischen Polemik gegen längst verstorbene Männer, wie Sabellius und Marcion, die im wesentlichen das von andern wider sie Vorgebrachte wiederholt? Die Lösung findet sich einfach darin, dass seine theologischen Gedichte Lehrgedichte sind, nicht sowol zu dem Zwecke verfasst, um Gegner, die theilweise nicht mehr vorhanden waren, zu widerlegen, sondern, wie z. B. die Vorrede zur Apotheosis, die man selbst eine gereimte Dogmatik nennen könnte, offen ausspricht, um in dem verwirrenden Widerstreite verschiedener entgegengesetzter Meinungen den Gläubigen die orthodoxe Lehre in einer lebendigen und ansprechenden Form darzustellen. Dieser praktische Zweck leitet ihn, und, ihn zu erfüllen, trägt er mit Recht kein Bedenken, die Meinungen und Gedanken anderer zu verwerthen. Die Nutzbarmachung und Popularisirung des von andern Geleisteten ist immer ein hervorragender Charakterzug des Römers gewesen, und, wie wir denselben bei den heidnischen Römern hervortreten sehen,

---

[1] Vgl. A. Ebert, Tertullian's Verhältniss zu Minucius Felix (Abhandlungen der königl. sächs. Gesellschaft der Wissenschaften, Bd. V, Nr. 5).

so auch bei den christlichen. Ich erinnere an die Art und Weise,
die Kirchengeschichte des Eusebius und seiner Nachfolger durch
Uebersetzung, und die parallelen Zusammenstellungen der „Historia
tripartita" dem Gebrauche zugänglich zu machen, an die Verwerthung
auch heidnischer Bücher zu christlichen Zwecken durch passende
Umarbeitung, wie es Ambrosius mit den Büchern Cicero's „De officiis"
zur Herstellung einer christlichen Ethik versucht hat. Prudentius
würde sich auch durch einen solchen Zug als ein echter Römer
erweisen. Dass die Form des Gedichtes, einem solchen Zwecke zu
dienen, eine sehr geschickte und geeignete war, fällt in die Augen.[1]
Die Form des Tractats kam dagegen nicht auf, ja selbst die der
Homilie, die von den Kirchenvätern häufig und umfassender wie
je zur populären Behandlung rein theologischer Fragen benutzt
wurde, war hierzu nicht so günstig. Wie dieser lehrhafte Charakter in
den grössern apologetischen und polemischen Gedichten des Prudentius hervortritt, so verleugnen denselben auch seine Tages- und
Festlieder und seine Märtyrerhymnen nicht. Der zehnte Hymnus
des Cathemerinonbuches: „Ad exequias defuncti", ist im Grunde
eine kurzgefasste lehrhafte Auseinandersetzung über Tod und Auferstehung, ebenso der zehnte Hymnus des Buches Peristephanon,
dessen Hauptbestandtheil eine Apologetik des Christenthums gegen
das Heidenthum bildet. Ebenso findet sich unter den übrigen Liedern kein einziges, in dem nicht ein Stück des christlichen Glaubens
und der Sittenlehre, mit der deutlichen Tendenz, über dieselbe eine
Erklärung zu geben, abgehandelt würde, und man kann nicht leugnen,
dass diese Tendenz oft in einem Grade hervortritt, der den poetischen Werth dieser Gedichte trotz alles dichterischen Schmuckes
beeinträchtigt. Weil sie von dieser Tendenz freier und somit naiver
sind, haben die tiefsinnigen, oft dunkeln und schwerverständlichen
orientalischen Hymnen und die einfachen Bekenntnisslieder eines
Hilarius und Ambrosius, die in schlichter durchsichtiger Form die
Grundlinien des Glaubens ohne theologisches Beiwerk hinzeichnen,

---

[1] Vgl. das schon erwähnte Gedicht (adv. Marcionem libri quinque), abge-
druckt in Oehler's Ausgabe des Tertullian (II, 781 fg.), das an und für
sich poetisch werthlos und eine blosse Versification der Tertullianischen, dem
Zwecke der Widerlegung des Marcion gewidmeten Schrift, doch ein deutliches
Beispiel einer Popularisirung einer theologischen Lehre durch die Poesie ist.

einen unleugbaren poetischen Vorzug vor den reflectirten und pointirten Gedichten des Prudentius. Diese lehrhafte Tendenz des Dichters tritt uns nun auch in eigenthümlicher Weise in einem Punkte entgegen. Es ist die Art und Weise, in der er concrete christliche Vorstellungen, namentlich aber die Heilige Schrift benutzt, ein Punkt, an dem sich möglicherweise eine nicht zu unterschätzende Bedeutung des Dichters für die kirchliche Archäologie herausstellen dürfte.

NEUNTES KAPITEL.

Die archäologische Bedeutung des Prudentius.

Es ist auf die archäologische Bedeutung des Prudentius vielfach hingewiesen worden. Namentlich katholische Gelehrte haben sein Zeugniss für viele ihnen besonders wichtige Punkte des kirchlichen Alterthums betont. Faustus Arevalus hat die einschlagenden Stellen in seinen umfänglichen Prolegomenen zu Prudentius' Werken ausführlich besprochen (Proll., cc. 7, 8, 11, 12, 19). Greppo, ein neuerer Verfasser mehrerer archäologischer Schriften, meint, man könne von den kirchlichen Alterthümern nicht reden, ohne auf jeder Seite Prudentius zu citiren. Die hierbei in Frage kommenden Schriften sind die Bücher Cathemerinon und Peristephanon, deren ganzer Inhalt mehr in das concret-kirchliche Leben und Handeln einführt. Ist zuzugestehen, dass einzelne Schlaglichter aus den Hymnen beider Bücher auf vorhandene Zustände fallen, so wird nach anderer Seite die archäologische Bedeutung des Dichters übertrieben, und häufig sogar bei Punkten in Anschlag gebracht, für die er gar nicht als Zeuge gebraucht werden kann. Auf der andern Seite ist aber auch sein Zeugniss für manche Dinge nicht in der Weise gewürdigt worden, als dasselbe verdiente.

Betrachtet man die drei Gebiete, in die die kirchliche Archäologie nach der Tradition ihrer hervorragendsten Gewährsmänner eingetheilt wird: Verfassung, Cultus, kirchliches Leben und Sitte, so erhalten allerdings einzelne Stücke in denselben durch Prudentius neue Bestätigung und Beleuchtung.

Was die Verfassung betrifft, so sind die Notizen des zweiten Hymnus Peristephanon für uns werthvoll, in denen bei Beschreibung des Martyriums des Laurentius die Verhältnisse der Diakonen bezeichnet werden. Die Stelle:

> Hic primus e septem viris,
> qui stant ad aram proximi,
> levita sublimis gradu
> et caeteris praestantior (Hymn. 2, 37 sq.),

verglichen mit einer aus dem fünften Hymnus:

> Exclamat hic Vincentius,
> levita de tribu sacra,
> minister altaris Dei,
> septem e columnis lactris (Hymn. 5, 29 sq.),

beweist einmal das Festhalten der traditionellen Siebenzahl der Diakonen in Rom und anderwärts noch zu des Dichters Zeiten, und gibt dem Ausspruche des Hieronymus, dass die geringe Zahl der Diakonen ihnen eine ausgezeichnete Stellung verleihe, eine neue Stütze. Ferner zeigt sie die Herausbildung der Archidiakonenwürde in der ausgezeichneten und repräsentativen Stellung, die einer, wennschon noch vollkommen collegialisch, als „primus inter pares" in dem Diakonenkreise einnimmt. Im Verlaufe des Gedichtes werden dessen Functionen genauer bestimmt, einmal die liturgische Thätigkeit, die er in einer gewissen Auszeichnung mit den übrigen Diakonen theilt, und sodann die alte Verpflichtung zur Armenpflege, die neben der gottesdienstlichen fortbesteht, und zu der für ihn, als besonderes Vorrecht, die Verwaltung des Kirchengutes (vs. 41 sq.) kommt. Auch auf die intime Stellung zum Bischof, auf die die Diakonen und namentlich der spätere Archidiakonus eine grosse Bedeutung gründeten, wird in dem engen Verhältniss, in dem Laurentius zu Bischof Sixtus II. steht (Hymn. 2, 21 sq.), hingewiesen. Die amtliche Stellung des Laurentius zeichnet uns so das Bild des Archidiakonus, wie es im 4. Jahrhundert sich darstellte, ziemlich klar und gewährt uns einen Einblick in das Werden dieses wichtigen Kirchenamtes.[1] Der angezogene Hymnus liefert ausserdem

---

[1] Die katholische Kirche, die das Bestreben hat, jedes Kirchenamt als bereits in der ältesten Zeit der Kirche vorhanden hinzustellen, hat dies auch mit der Archidiakonenwürde versucht. Stephanus galt schon dem Augustin als erster Archidiakon im spätern Sinne. de Rossi benutzt auch die hier erwähnte Stellung des Laurentius zu Sixtus II., um ein Vorhandensein der Archidiakonenwürde

einen Beleg dafür, dass das Bewusstsein von der ursprünglichen Gleichheit der Presbyter und Bischöfe zur Zeit des Dichters keineswegs erloschen war. Innerhalb weniger Verse wird Bischof Sixtus II. einmal als „Sacerdos" (vs. 21) und dann als „Episcopus" (vs. 29) erwähnt; ganz in derselben Weise, wie in der Heiligen Schrift die Worte „πρεςβύτερος" und „ἐπίσκοπος" gleichbedeutend gebraucht werden. Es tritt auch hier das Zeugniss des Dichters der Meinung seines Zeitgenossen Hieronymus stützend zur Seite: „Apostolus perspicue docet, eosdem esse presbyteros atque episcopos etc." (Ep. 146). Für das Gebiet des Cultus haben katholische Gelehrte Prudentius angezogen, um namentlich den Gebrauch der Lichter im Gottesdienste, sowie die Feier der Ostervigilie aus demselben zu beweisen. Die Grundlage dieser Beweisführung ist der fünfte Hymnus des Cathemerinonbuches: „Ad incensum lucernae", der, wie schon erwähnt, von katholischen Bearbeitern auf die Ostervigilie bezogen wird. Es ist schon ausgesprochen, dass eine gewisse Bezugnahme auf die Ostervigilie wol möglich ist, ohne dass der Hymnus direct auf dieselbe gedichtet zu sein braucht, ausserdem würde es des Beweises für das Vorhandensein derselben, da dasselbe durch so viele Zeugnisse bestätigt ist, kaum bedürfen. Die weitern Beweise, die die katholische Kirche aus diesem Hymnus ziehen wollte, einmal dafür, dass der Gebrauch der Osterkerze schon zu des Dichters Zeit durch ihn bewiesen sei [1], und dann für den gottesdienstlichen Gebrauch der Lichter überhaupt, nicht sowol zur Erleuchtung, als zum liturgischen Schmuck [2], haben kein entscheidendes Gewicht. Die für den Gebrauch der Osterkerze angeführte Stelle: „Lumen, quod famulans offero, suscipe tinctum pacifici chrismatis unguine" (Cath. 5, 155), wird von Dressel dem ganzen Zusammenhang entsprechend richtig im mystischen Sinne mit Bezug auf die

---

wenigstens schon im zweiten und dritten Jahrhundert nachzuweisen, und stellt damit in Analogie das Verhältnis des Callixtus zu Zephyrinus, des Eleutherus zu Anicetus, des Siatus zu Stephanus. Der Ausdruck „Diaconus papae" oder „Episcopi" veranlasst ihn, einen so Bezeichneten als Archidiakon zu bezeichnen, der, wie er die bevorzugte Assistenz beim Gottesdienst innehatte, namentlich auch die Finanzen der Kirche verwaltete. (Bullet. Arch. ann. IV, 8).

[1] Faustus Arevalus, Prud. carmina, I, 128.
[2] Ibid., p. 120.

Seele des Dichters verstanden.[1] Was die andere auf diesen Hymnus begründete Meinung von einer liturgischen Benutzung der Lichter überhaupt anlangt, so ist zuzugeben, dass in dem Gedichte ein festlicher Charakter in dem Gebrauch der Lampen und Lichter ausgesprochen ist, aber da der Bezug des Hymnus auf die Abend- und Nachtzeit klar zu Tage liegt, so ist doch der zunächst hervortretende Zweck der der Erleuchtung der Finsterniss, und ebenso weist die Stelle (Perist. 2, 69 sq.), in der der Präfect Laurentius die goldenen Leuchter abfordert, auf denen die Kerzen beim Gottesdienste brennen, nur auf eine nächtliche Feier, bei der man der Erleuchtung bedurfte.[2] Indessen beweist das Zeugniss des Paulinus von Nola, dass um die Zeit dieses Dichters der Altar bereits einen reichen Lichterschmuck, der bei Tag und Nacht gleichmässig angewendet wurde[3], besessen hat.

Bemerkenswerth ist ausserdem noch das von Prudentius bezüglich der Fastenpraxis, des verschiedenen Gebrauchs des Kreuzes-

---

[1] Dressel, Prud. carmina, p. 33, Anmerkung. — Eine Deutung auf die Osterkerze wird ausserdem dadurch erschwert, dass wir vor Gregor dem Grossen, der in seinem Sacramentarium die Benedictionsformel für die Osterkerze hat, keine bestimmten Nachrichten über einen frühern Gebrauch derselben besitzen, und die Notizen, die ein Vorhandensein derselben bereits im 4. und 5. Jahrhundert erweisen sollen, einer zwiespältigen Beurtheilung auch seitens katholischer Theologen unterliegen. Siehe Martigny, „Dictionnaire des antiquités chrétiennes", p. 151. Auch Tillemont, „Mémoires pour servir à l'histoire ecclésiastique", X, 503, bezieht den Hymnus nicht auf das Anzünden der Osterkerze, sondern das allabendliche Lichtanzünden.

[2]   Argenteis scyphis ferunt
   fumare sacrum sanguinem
   auroque nocturnis sacris
   adstare fixos cereos.

[3] Paul. de natal. Felicis mart. carm. 3, vs. 98 sq.
   Aurea nunc niveis ornantur lumina velis,
   clara coronantur densis altaria lychnis,
   lumina ceratis adolentur odora papyris,
   nocte dieque micant, sic nox splendorque diei
   fulget, et ipsa dies coelesti illustris honore
   plus micat innumeris lucem geminata lucernis.

Vergleiche damit das deutlich ausgesprochene Zeugniss des Hieronymus für eine Anwendung des Lichtes nicht nur zur Erleuchtung des Dunkels, sondern die festliche Freude zu kennzeichnen: „Non utique ad ad fugandas tenebras, sed ad signum laetitiae demonstrandum" (adv. Vigil., c. 7).

zeichens und des Begräbnissritus Gesagte. Ueber die erste verbreitet er sich namentlich in Hymnus 7 und 8 des Buches Cathemerinon. Er folgt, wie schon bemerkt, den strengern ascetischen Idealen seiner Zeit, bis zu dem Rigorismus, vom Fleischgenusse abzumahnen (Cath. 3, 61 sq.). Die Fastenzeit am Tage, die sich bis zur neunten Stunde ausdehnte, will er streng eingehalten wissen (Cath. 8, 9 sq.), und preist es an dem Fructuosus von Tarraco, dass er selbst auf dem Richtplatze einen vor der neunten Stunde dargebotenen Labetrunk der Fastenregel zu Liebe abgewiesen habe (Perist. 6, 52 sq.). Indessen fordert er keine Ausdehnung der Faste bis zur Abendstunde, wie einige ascetische Richtungen es wollten, und hält ausser der Speise, von dieser Stunde ab auch den Genuss des während der Fastenzeit untersagten Bades (Cath. 8, 21 sq.) für erlaubt. Daneben erwähnt er der schönen Fastenpflicht der Wohlthätigkeit an die Armen (Cath. 7, 211 sq.). Bei aller Uebertriebenheit mancher Forderungen, die er aufstellt, versöhnt es doch mit denselben wieder, dass er in der Erfüllung derselben keine besondere verdienstliche Leistung sieht, sondern nur, wie er des Weitern ausführt, ein Mittel, fleischlicher Trägheit zu wehren und der Seele den freien Aufschwung nicht durch das übersättigte Fleisch streitig machen zu lassen (Cath. 3, 171 sq.; 7, 11 sq.). Vereinzelt steht dem gegenüber die Anschauung von einer den Zorn Gottes sühnenden Kraft der Faste, die Prudentius an dem Beispiele des Fastens der Niniviten auf Jonas' Busspredigt hin zu erweisen sucht (Cath. 7, 86—175).

Auch über den Gebrauch des Kreuzeszeichens findet sich manche charakteristische Notiz bei Prudentius. Es steht derselbe in Verbindung mit der chrismatischen Salbung, die Prudentius mehrfach erwähnt [1] (Psychom. 360 sq.; Apoth. 357 sq.; Cath. 9, 84), als Erinnerung an den durch das Blut Christi, als des neuen

---

[1] Die mehrfache Anführung der chrismatischen Salbung lässt deutlich erkennen, dass dieselbe zu des Dichters Zeiten ganz allgemein war. Weniger klar ist, ob das Chrisma schon Bestandtheil der von der Taufe geschiedenen Handlung, der Confirmation geworden ist, oder, wie die Confirmation selbst, als noch mit der Taufe verbunden gilt. Der Umstand, dass Prudentius mehrfach der chrismatischen Salbung ohne die Taufe erwähnt (Cath. 9, 84; Apoth. 357 sq.; 493 sq.; Psychom. 360; l. ll c. Symm. 712), und dass er das Chrisma als eine Erinnerung an die Taufe anführt (Cath. 6, 125 sq.), lässt auf eine schon

Passahlammes, gewährten Schutz wider die Dämonen des Heidenthums (Apoth. 493 sq.; l. II c. Symm. 712) und als Erinnerung an die Taufe (Cath. 9, 84). Als das eigentlich Wirksame bei dieser Salbung erscheint nicht sowol diese selbst, als das Kreuzeszeichen, in dem sie ausgeführt wurde. Ebenso empfiehlt Prudentius das Bekreuzigen von Stirn und Brust vor dem Schlafengehen, um vor bösen Gedanken zu schützen (Cath. 6, 139 sq.):

>Fac, cum vocante somno
>castum petis cubile,
>frontem locumque cordis
>crucis figura signet.
>
>Crux pellit omne crimen,
>fugiunt crucem tenebrae:
>tali dicata signo
>mens fluctuare nescit.

Einzelne Mittheilungen über den Begräbnissritus seiner Zeit erhalten wir in dem schönen Hymnus: „Ad exequias defuncti" (Cath. 10), so über die Behandlung der Leichen: ihre Einhüllung in weisse Linnen[1] (Cath. 10, 49), das Bestreuen derselben mit Weihrauch (ibid.)[2], die Spende von Veilchen und Wohlgerüchen auf den Grabsteinen (Cath. 10, 169 sq.).[3] — Hieran knüpft sich die Bedeutung des Prudentius für die monumentale Archäologie. Es ist schon bei vollzogene Trennung der Taufe und der mit dem Chrisma verbundenen Confirmation schliessen. Dass eine solche Trennung zu des Dichters Zeiten in dem Falle, dass der Bischof die Taufe nicht selbst vollzog, vorkam, beweist schon der 77. Kanon des Concils von Elvira, 305: „Si quis diaconus sine episcopo vel presbytero aliquos baptizaverit episcopus eos perficere debet." Ferner die Erwähnung des Hieronymus (c. Lucifer, c. 4), dass der Bischof alle von Presbytern und Diakonen Getauften zu confirmiren und deshalb seine Sprengel zu bereisen habe.

[1] Ausserdem bestätigt durch Sulpicius Severus (Vita S. Martini) und die häufige Darstellung der Auferweckung des Lazarus, dessen Gestalt sich immer mumienartig in weisse Linnen eingewickelt findet, sowie durch die Auffindung von Leichen in den Katakombengräbern selbst. (Vgl. Aringhi, Roma subterranea, l, 77 sq.)

[2] Ein auch bei den Heiden sich findender Brauch, bei diesen mit dem Zwecke, ein leichteres Verbrennen der Leichen zu erzielen, bei den Christen, die Leichen vor Fäulniss zu bewahren. (Aringhi, Roma subterranea, l, 70 sq.)

[3] Ein heidnischer Begräbnissbrauch, der im Anfang gemissbilligt (Minucius Felix, 12, 6), von Hieronymus (Ep. 26 ad Pammach.) erwähnt wird.

der Besprechung des elften und zwölften Peristephanonhymnus über die Martyrien des Hippolytus, und des Petrus und Paulus auf die Belege hingewiesen worden, die beide Hymnen für das Vorhandensein wie für die annähernde Gestalt der Kirchen San-Lorenzo fuori le mura, in der Nähe des Katakombengrabes des Hippolyt (Perist. 11, 215 sq.), die fünfschiffige Kirche des Paulus am ostiensischen Wege, — jene noch in ihrem ursprünglichen, dem Konstantin zugeschriebenen Bau, diese bereits in ihrer prachtvollen, durch Valentinian II. begonnenen und durch Honorius vollendeten Erneuerung¹ (Perist. 12, 45 sq.), — und des ältesten Baptisteriums der Peterskirche auf dem Vatican (Perist. 12, 31 sq.)², zur Zeit des Dichters bieten. Vor allem ist aber die Bedeutung des Dichters für die Kenntniss des eigentlichen Schoskindes der christlichen Archäologie, der unterirdischen Nekropolen anzuerkennen, und je dunkler und sparsamer über diese jetzt durchforschten Todtenstätten die Nachrichten fliessen, um so werthvoller wird uns sein Zeugniss. Prudentius, der in selbstquälerischer Reue zu diesen Todtenstätten gewandert ist, dort zu beten und zu weinen, und, wie er dankend anerkennt, Genesung für sein krankes Herz dort gefunden hatte, gibt uns, wie schon bei der Analyse des elften Hymnus Peristephanon besprochen wurde, ein klares und deutliches, mit den jetzt zugänglichen Ausgrabungen in den Katakomben völlig übereinstimmendes Bild von Einrichtung

---

¹ Es ist nicht bestimmt zu ersehen, ob die Worte:
Parte alia titulum Pauli via servat Ostiensis,
qua stringit amnis caespitem sinistrum (Perist. 12, 45 u. 46).
darauf gehen, dass die Kirche „St.-Paul vor den Mauern" in ihrem Neubau die Vorderfronte, wo der Name des Apostels gewöhnlich bemerkt war, an der der ursprünglichen Anlage entgegengesetzten Seite erhielt, d. h. an der Seite der Tiber, während dieselbe bei der ältern Basilika am ostiensischen Wege war. Dass diese Aenderung stattgefunden, geht aus einem kaiserlichen Rescript vom Jahre 386 hervor. Dadurch verlor die Kirche die Orientirung; indessen kommt das bei mehrern ältern Kirchen vor. (Vgl. Platner und Bunsen, Beschreibung der Stadt Rom, Bd. 3, Abth. 1, S. 441.)

² Das Baptisterium ist ebenfalls in der Zeit des Prudentius hergestellt worden. Es rührt von Damasus her, der bei der Drainirung der vaticanischen Cömeterien den Taufquell fassen und zum Taufbecken leiten liess. „Invenit fontem praebet qui dona salutis" (Damasi opp. carm. 39). — Das Baptisterium war nach Bunsen's Meinung ein Anbau an eines der Kreuzschiffe der Peterskirche an der Stelle, wo eine später mit dem Namen „Ad fontes" bezeichnete Kapelle sich befand. (Platner und Bunsen, Beschreibung der Stadt Rom, II, 83 fg.).

und Eindruck der unterirdischen Cömeterien (Perist. 11, 153 sq.):[1] die Anlage vor den Thoren der Stadt (Perist. 11, 153)[2], die langausgedehnten stollenartigen Gänge (vs. 155 sq.), die Art und Weise der Erhellung durch die sogenannten Luminarien, d. h. von der Oberfläche der Erde aus gearbeitete Oeffnungen, um das Licht hereinzulassen (vs. 160 sq.).[3] Prudentius weist auf die grosse Zahl der Bestatteten hin (vs. 1), die theils in Sonder-, theils in Massengräbern (Polyandrien) beigesetzt waren (7 sq.), auf deren Grabsteinen nur die Zahl der darin Gebetteten, die in dem einen Massengrabe sich auf sechzig belief, erwähnt wurde (vs. 10 sq.).[4] Er berührt die Verschiedenheit der Inschriften selbst, bald nur einzelne Namen (vs. 3 sq.), bald Zeichen (vs. 7 sq.), bald epigrammatische Grab-

---

[1] Den über diesen Punkt anzustellenden Erörterungen kommen ausser den ältern Werken von Boslo, Arisghi, Bottari u. a. die neuen glänzenden Untersuchungen über die Callistkatakombe von de Rossi, „La Roma sotteranea cristiana", Bd. 1 und 2, sehr fördernd entgegen. Einen knappen, übersichtlichen Auszug aus dem ausgedehnten Werke liefert Csell-Fels, „Römische Ausgrabungen im letzten Decennium" (Hildburghausen 1870), S. 5—67. Ebenso ein geschickten Résumé des ersten Bandes gibt ein Aufsatz von Boissier, „Les catacombes de Rome" (Revue des deux mondes, 1865, Bd. 59).

[2] „Haud procul extremo culta ad pomoeria vallo." Pomoeria sind die Obsthaine ausserhalb der Stadt. Die antike Begräbnissordnung duldete die Begräbnisse nur vor den Thoren der Stadt, und erstreckte sich in der Periode der ersten christlichen Katakombenanlagen, die in Friedenszeit durchaus nicht von den Heiden verboten und gehindert wurden, natürlich auch auf die christlichen Grabstätten, die sich wie die heidnischen zumeist an den grossen Heerstrassen angelegt finden, und die häufig von den Privatgrundstücken reicher Christen ihren Ausgang nehmen, wo die Besitzer das Recht hatten, sich Familiengrüfte anzulegen. (Csell-Fels, a. a. O., S. 8).

[3] Diese Luminarien waren in der ursprünglichen Anlage schon bedingt, um Licht und Luft für die unterirdischen Räume, die von jeher für ein längeres Verweilen der Christen daselbst eingerichtet waren, einzulassen. Ihre Vermehrung, sowie die Anlage neuer Treppen machte sich, infolge der gehäuften Wallfahrten, die nach Konstantin zu den Märtyrergräbern stattfanden, nothwendig. (De Rossi, Roma sotteranea, Bd. 1; Revue des deux mondes, 1865, LIX, 165).

[4] Dergleichen Polyandrien bespricht de Rossi, l. l. II, 155 sq., und erwähnt zwei, das eine achtzig, nach einer missverstandenen Vermischung zweier Handschriften achthundert, das andere zweiundvierzig Leiber enthaltend; beide in der Katakombe des Callistus, in der Nähe der Krypte der heiligen Cäcilia. Namentlich ist auch die von de Rossi in der Papstkrypte der Callistkatakombe aufgefundene und zusammengesetzte Inschrift des Damasus auf ein derartiges Polyandrium zu beziehen. (De Rossi, l. l. II, 23 sq.).

sprüche, ebenso auch die Leistungen der bildenden Kunst. Seine gesammte Schilderung des Martyriums des Hippolytus, die wilde Jagd der Rosse, die seinen an sie gefesselten Körper nachschleifen, und das Bild des also zerfleischten Körpers selbst, sind ausgeführte Betrachtungen der Gemälde, die er theils an der Wand und theils über der Grabstätte des Märtyrers findet (vs. 123 sq.). Ganz in derselben Weise knüpft er im neunten Hymnus des Peristephanonbuches die Schilderung der Marter des heiligen Cassianus an ein über dem Grabe desselben in Imola befindliches Bild an (Hymn. 9, 9 sq.).

Sind uns diese Nachrichten, die Prudentius über die römischen Katakomben, ihre Anlage, ihre Grabinschriften, ihre bildliche Ausschmückung gibt, an und für sich von grossem Werthe, so gestattet uns die aus diesen Mittheilungen resultirende Gewissheit, einen andächtigen und aufmerksamen Besucher und Betrachter der Katakomben in Prudentius zu besitzen, den Versuch, aus seinen Dichtungen weitere Schlüsse auf die in den Katakomben befindlichen bildlichen Denkmäler zu ziehen, die vielleicht im Stande wären, ein neues Licht über die Entstehung und den Zweck dieser Kunstleistungen, wie über die Tendenz und Methode des Dichters zu geben. Ein solcher Versuch muss sich freilich gleich von Anfang herein auf manchen Einwurf gefasst machen. Es ist zuzugestehen, dass ausser jenen beiden Bildern, die das Martyrium des Cassianus und Hippolyt darstellen, von dem Dichter kein anderes, weder in den Kirchen, noch in den Katakomben erwähnt wird, auch wenn er die genannten Orte ausführlicher beschreibt. Es könnte die Vermuthung deshalb Platz ergreifen, dass Prudentius solche Bilder nicht gefunden habe, dieselben erst nach seiner Zeit entstanden seien. Dennoch scheint mir die Bezugnahme auf den altchristlichen Bilderkreis, wie er uns vornehmlich in den symbolischen und biblischen Darstellungen der Katakomben entgegentritt, bei unserm Dichter nicht geleugnet werden zu können, ja eine stumme Voraussetzung des Vorhandenseins desselben stattzufinden, die aus bestimmten Eigenthümlichkeiten bei ihm hervorgeht. Es bedarf dazu eines Ueberblickes über die in den Gedichten des Prudentius vorkommenden Symbole und Typen, namentlich auch über die in denselben geschilderten biblischen Scenen, um eine Vergleichung derselben mit den in den Katakomben dargestellten vornehmen zu können. — Unter den Symbolen treten hervor: der Hahn, über den der gesammte erste Hymnus des Cathemerinonbuches handelt und der als der Herold des Lichts (vs. 30 sq.), als Vertreiber der Dämonen (vs. 36 sq.), als Verkündiger der Rückkehr Christi aus der Unterwelt (vs. 65 sq.), und damit als Ueberwinder der Sünde, in die vor dem Hahnenschrei auch ein Petrus gefallen war (vs. 49 sq.), besingt; die Palme, als Ruhmeszeichen der Märtyrer (Perist. Hymn. 4, 106; 7, 53; 8, 12); die Tauben, das Sinnbild der Gläubigen (Psychom. 787), der Unschuldigen (Dittoch. 3) und ebenso Christi (Cath. 3, 165 sq.); das Lamm, als Sinnbild Christi, wie die Schafe als Bild seiner Jünger (Cath. 3, 161); der gute Hirt, der das Schaf zur guten Weide heimträgt (Cath. 8, 32 sq.), mehrmals auch ein Sinnbild der Berufstreue der Gemeindevorsteher (Perist. 11, 241), namentlich auch ein Ehrenprädicat des Petrus (Perist. 12, 43 sq.), und vor allem das Kreuz, sowol in der mystischen Zahlenbedeutung des T in Verbindung mit $\iota\eta$, als im bekannten typologischen Bezug auf die 318 Knechten Abraham's, mit denen derselbe Lot befreite und die er dann beschnitt (Gen. 14, 14; 17, 27). In diesem Sinne wird die ganze Geschichte (Psychom. praef. vs. 15 sq.) erzählt. Das Monogramm ($\maltese$) als Heereszeichen Konstantin's auf dem Labarum (l. I. c. Symm. 487), den Schildern und Helmen der Soldaten (l. l. 488), und die dieses Zeichen vielfach begleitenden Buchstaben A und Ω als Bezeichnung von Christi ewigem Wesen (Cath. 9, 9 sq.), sind gleichfalls erwähnt.

Ebenso gilt es, um die aufgestellte Frage zu erörtern, auf die Schriftanwendung seitens des Prudentius einen Blick zu werfen und diese mit den biblischen Gestalten und Scenen der Katakomben zusammenzustellen. Fragen wir danach, welche Seiten er in der Schrift besonders benutzt und aus welchem Gesichtspunkte er die von ihm angezogenen Stellen auswählt, so musste es ihm als Dichter nahe liegen, sich besonders an diejenigen zu halten, die weniger lehrhaften als plastischen Charakters waren, und concrete, der Vorstellung schnell zugängliche Bilder boten. Demnach ist der Kreis derselben nach einem bestimmten Zwecke festgestellt, der, wie alle seine Gedichte selbst, darauf ausgeht, Christum zu verherrlichen und seine Gottheit und allwaltende ewige Macht in ihren verschiedenen Manifestationen zur Anschauung zu bringen. Die allegorische Methode, deren er sich dabei bedient, leistet ihm dazu vortreffliche

Dienste. Danach wählt er sich aus dem Alten Testamente vielfach typologische Stellen, z. B. Kain und Abel (Hamart. praef.; Perist. 10, 829), mit dem Hinweis auf den Tod Christi, oder als Sinnbilder des Geistes (Abel) und des Fleisches (Kain) (Dittoch. 5 sq.); die Befreiung Lot's durch Abraham mit seinen 318 Knechten (Psychom. praef.); das den See zu Mara versüssende Holz (Cath. 5, 93 sq.; Dittoch. 49 sq.); die von Moses im Kampfe gegen die Amalekiter betend erhobenen Hände (Cath. 12, 169 sq.) als Präfiguration des Kreuzes; die eherne Schlange als Typus des Gekreuzigten (Dittoch. 45); die Speisung in der Wüste durch Wachteln und Manna, als Hinweis auf die Speisung durch Christus (Cath. 5, 97 sq.; Dittoch. 41); die rothe Schnur der Rahab als Typus von Christi Blut (Dittoch. 61 sq.); der Durchgang Israels durch das Rothe Meer als Typus der Taufe (Cath. 12, 165 sq.); Elias mit seinen zwölf Brunnen und siebzig Palmen (Apoth. 1005; Dittoch. 53); die von Josua im Jordan aufgerichteten zwölf Steine (Cath. 12, 177 sq.; Hamart. 480; Dittoch. 58 sq.) als Typus der zwölf Apostel und der siebzig Jünger. Der Honig im Leibe des todten Löwen, den Simson findet, wird zum Bilde der Würze, das Wasser aus dem Eselskinnbacken zum Bilde der Thorheit (Dittoch. 65 sq.); der den Nachstellungen Pharao's entgangene Moses der Typus der Errettung Christi von den Verfolgungen des Herodes (Cath. 12, 141), David der Typus der königlichen Würde Christi (Dittoch. 77); die von Simson mit den Schwänzen zusammengebundenen und mit Bränden versehenen Füchse gewinnen dagegen die Bedeutung eines Symbols für die Häresie (Dittoch. 69 sq.). Dazu kommen alttestamentliche Stellen, in denen Theophanien und entscheidend eintretende Werke der Gottheit behandelt werden, und als deren Vollender der unter mannichfacher Gestalt den Vater vertretende Sohn Gottes angesehen wird. Dazu gehören die Schöpfung der Welt selbst, die als Werk des Sohnes mit dem Vater (Perist. hymn. 10, 310 sq.), ja als sein Werk allein angesehen wird (Cath. 9, 13 sq.), der Besuch der drei Engel bei Abraham (Apoth. 30), der Kampf Jakob's mit dem Engel (Apoth. 31) zugleich ein Sinnbild des Ringens der niedern Natur mit der göttlichen (Cath. 2, 73), die Gotteserscheinung an Moses im brennenden Dornbusch (Dittoch. 8) zugleich ein Sinnbild der feurigen Läuterung des menschlichen Lebens von dem schmerzenden Dornengeflecht der Sünde durch Christus (Apoth.

55 sq.), und das Feuer desselben in Verbindung gebracht mit der
Feuersäule, die Israel durch die Wüste leuchtete (Cath. 5, 37 sq.);
die auf Moses' Bitte, sich ihm zu erkennen zu geben, von Moses
im Rücken geschaute Herrlichkeit des Herrn (Apoth. 45 sq.; vgl.
Exod. 33, 23), damit in Verbindung das Abziehen der Schuhe Mosis
von den Füssen (Perist. 6, 85). Als Werke Christi gelten sodann die
Erklärung des Traumes des Pharao durch Joseph (Dittoch. 21),
der Durchgang Israels durch das Rothe Meer (Cath. 12, 165 sq.),
die Einführung Israels in das Land der Verheissung (Hymn. 175 sq.),
das Zurücktreten des Wassers des Jordan, die Bundeslade trocken
hindurchzulassen (Perist. 7, 66; vgl. Jos. 3, 17); die Erhaltung
Daniel's in der Löwengrube und seine Speisung durch den ihn vom
Engel des Herrn wunderbar zugeführten Habakuk (Cath. 4, 37 sq.),
an die eine Mahnung zum dankbaren Genusse der Gaben Gottes
geknüpft wird (Cath. 4, 70 sq.; vgl. Drachen zu Babel, vs. 37),
namentlich die Rettung der drei Jünglinge aus dem Feuerofen
(Apoth. 129 sq. und Perist. hymn. 6, 108 sq.); diese werden als
Präfiguration des Martyriums überhaupt angesehen, doch sollen sie
nicht sterben, da die Ehre des Märtyrertodes erst von Christus an
beginnen soll (l. l. 114 sq.). Christus wird deshalb selbst ihr Retter,
er ist der geheimnissvolle Vierte (Apoth. 132 sq.; vgl. Dan. 3, 25),
der das Feuer verlöscht.

Die anderweitige Benutzung des Alten Testaments besteht in
Erwähnung von Vorgängen und Persönlichkeiten, die, wie das be-
treffende Gedicht den Anlass bietet, als Beispiele der göttlichen
Gnade und als Vorbilder gottgefälliger Tugenden dienen sollen.
So kommen vor: das Opfer Abraham's, als Mahnung, zum Opfer
des Liebsten bereit zu sein (Psychom. praef. 1 sq.; Perist. 10, 746 sq.);
Lot und sein bei der Flucht aus Sodom zur Salzsäule gewordenes
Weib (Hamart. 723 sq.); ebenso Naëmi mit ihren Schwiegertöch-
tern Ruth und Arpa (Hamart. 778 sq.), Sinnbilder der Freiheit des
Willens, die sich zum Guten, wie zum Bösen entscheidet und dafür
Strafe oder Lohn heimträgt; der Kampf David's mit Goliath als
Sinnbild des Sieges der Demuth über die Hoffart (Psychom. 291 sq.);
Hiob, als Begleiter der Geduld und Bild des duldenden Ueber-
windens (Psychom. 162 sq.); Judith, die dem Holofernes das
Haupt abschlägt, als Sinnbild des Sieges über die Sünde durch die
Kraft Christi (Psychom. 66); Elias als Sinnbild der enthaltsamen

Tugend, die den Umgang des Lasters fliehend, zum Lohn gen Himmel entrückt wird (Cath. 7, 26 sq.); Jonas, dessen Geschichte ausführlich erzählt, der aber namentlich um der Wirkung seiner Busspredigt auf die Niniviten und des infolge dessen angestellten Fastens willen erwähnt wird, ohne seine typische Bedeutung für die Auferstehung zu berühren (Cath. 7, 86 sq.); Tobias als Vorbild der Pietät gegen die Todten und zugleich in seiner wunderbaren Heilung ein Sinnbild des Schauens der Herrlichkeit des himmlischen Reiches (Cath. 10, 69 sq.); die Marter der sieben makkabäischen Brüder (2 Makk. 7), als Vorbild eines treuen Martyriums (Perist. 5, 524 sq.; 10, 751 sq.). Das Dittochäon erwähnt ausserdem ohne besondern typologischen und symbolischen Bezug noch Adam und Eva, Noah's Arche, die Eiche von Mamre, das Grab der Sarah, die Wiedererkennung des Joseph, die Gesetzgebung, den Tempelbau, die Kinder der Propheten, denen durch Elisa's Wirkung das Eisen zu schwimmen beginnt (Dittoch. 85 sq.; vgl. 2 Könige 6, 1 fg.), die Israeliten an den Wasserflüssen Babylons (Dittoch. 89 sq.), das Wunder an der Sonnenuhr des Hiskia (Dittoch. 93).

Prudentius hat im Alten Testamente somit wesentlich an das Concrete und Bildliche sich gehalten und den geschichtlich berichtenden Stücken seine Anführungen entnommen. Die Propheten treten bis auf einzelne Erwähnungen der hervorragendsten messianischen Weissagungen (Cath. 7, 79 sq.; Apoth. 595 sq.), zurück, und ebenso wenig findet sich eine Benutzung der Psalmen. Die lyrischen Töne, die der Dichter anschlägt, lehnen sich mehr an die Bilder und Vorstellungen heidnischer Dichter als der heiligen Sänger an, so z. B. der Eingang zum neunten Hymnus des Cathemerinonbuches:

> Da puer plectrum, choreis ut canam fidelibus
> dulce carmen et melodum, gesta Christi insignia:
> hunc camena nostra solum pangat, hunc laudet lyra (Cath. 9, 1 sq.).

Im Neuen Testament wählt sich Prudentius wesentlich die Stücke aus, die Christum in seiner göttlichen Macht und Herrlichkeit zeigen. Er benutzt, mit Ausnahme einzelner Berücksichtigungen der Apokalypse und der Apostelgeschichte, somit ausschliesslich die Evangelien, und unter denselben vorzugsweise das Evangelium

Johannis, das seiner ganzen Anlage nach die Gottheit Christi am
hellsten ins Licht stellt und ihm deshalb vorzugsweise als das Evangelium
erscheint (Cath. 6, 77 sq.). Auf Lehre und Aussprüche des
Herrn geht er dabei weniger ein, und hält sich fast nur an die
Wunder, die beinahe alle im Gange seiner verschiedenen Dichtungen
vorkommen. So werden von den verschiedenen Phasen im Leben
Christi zuerst erwähnt: die Verkündigung an Maria (Dittoch. 97);
Christi Geburt und die Anbetung der Magier (Cath. hymn. 12, 19 sq.;
Dittoch. 105; Apoth. 608 sq.), um die Herrschaft Christi über die
Gestirne zu erweisen; die Verkündigung an die Hirten (Dittoch.
109 sq.); die Ermordung der bethlehemitischen Kinder (Cath. 12,
93 sq.; Dittoch. 113 sq.), die Taufe durch Johannes (Dittoch.
117 sq.), der ausserdem als Vorläufer Christi, als Bild der Enthaltsamkeit
und der Reinigung (Cath. 7, 46 sq.), als Märtyrer
(Dittoch. 133 sq.) und als triumphirender Dulder (Perist. 5, 376)
genannt wird. Sodann werden von Christi Wundern berührt das
Weinwunder zu Kana (Cath. 9, 31 sq.; Dittoch. 125 sq.), die Speisung
der 5000 Mann, nach dem Evangelium des Johannes erzählt,
sowol als Sinnbild der geistigen Speise, die Christus durch sein
Wort bietet (Cath. 9, 58 sq.; Dittoch. 145 sq.), als zum Erweise
seiner aus dem Kleinen das Grosse hervorbringenden Schöpferkraft
(Apoth. 703 sq.); die Austreibung der in die Säue fahrenden Dämonen
zu Gergesa (Cath. 9, 55 sq.; Dittoch. 140 sq.) zum Erweise
der Macht Christi über die bösen Geister (Apoth. 414 sq.), und
als Sinnbild der von Christo beschworenen Sünde (Hamart. 621 sq.),
zugleich parallelisirt mit dem Christenverfolger Galerius (Perist. 10,
31 sq.); das Wandeln Christi auf dem Meere als Sinnbild
seiner Gewalt über die Elemente (Cath. 9, 49 sq.; Perist. 10, 945 sq.;
Apoth. 655), und dazu der Gegensatz des ihm entgegenwandelnden
und dabei sinkenden Petrus (l. II c. Symm. praef.; Perist. 7, 59 sq.;
Dittoch. 137 sq.); die Beschwichtigung des Sturmes auf
dem galiläischen See (Cath. 9, 37 sq.); die Heilung des
Aussätzigen (Cath. 9, 31 sq.), des blutflüssigen Weibes (Cath.
9, 40 sq.), des Gichtbrüchigen (Cath. 9, 67 sq.) und des
Blinden (Apoth. 672 sq.; Dittoch. 129 sq.), wobei Prudentius
beide male die Stellen Joh. 5, 1 fg. und Joh. 9, 1 fg. zusammenwirft
und den See Bethesda, an dem der Herr den Lahmen heilte
(Joh. 5, 9), mit dem Wasser Siloah verwechselt, an dem der Blinde

sich waschen soll (Joh. 9, 7); die Erweckung des Jünglings
zu Nain (Cath. 9, 43 sq.) und des Lazarus (Cath. 9, 46 sq.;
Apoth. 741 sq.; Dittoch. 149 sq.); die Kreuzigung des Herrn
mit Betonung der mystischen Bedeutung des seiner Seite entquellenden Blutes und Wassers, als Zeichen des Sieges und der Reinigung (Cath. 9, 85 sq.; Dittoch. 165 sq.), der seinen Tod begleitenden Zeichen (Cath. 9, 79 sq.), der segensreichen Bedeutung
seines Scheidens für die im Tartarus Befindlichen (Cath. 9,
70 sq.), seine Auferstehung (Dittoch. 169 sq.), seine Himmelfahrt (Dittoch. 173 sq.). Aus dem Leben der Apostel und der
ersten Gemeinde werden dann die Heilung des Lahmen (Dittoch.
181 sq.), die Hinrichtung des Stephanus (Dittoch. 177 sq.),
das den Petrus zur Taufe des Cornelius bewegende Gesicht (Dittoch. 185 sq.), des Paulus Bekehrung (Dittoch. 189 sq.)
und dessen auf der Reise nach Rom ihm in Malta zugestossene
Abenteuer mit der erstarrten Otter (Act. 28; l. I. c. Symm.,
praef.), das Sinnbild des erstarrten, aber doch zur Schädigung des
Christenthums bereiten Heidenthums angeführt. Die Offenbarung
des Johannes wird sodann benutzt, um den Sieg Christi über den
Antichristen (Cath. 6, 101 sq.) zu schildern. Das zweischneidige
Schwert, ein Sinnbild des ersten und zweiten Todes (Offenb. 20;
Cath. 6, 85 sq.; vgl. Offenb. 1, 16); das Thronen des gewürgten
Lammes als Weltenrichter, von den vierundzwanzig Aeltesten umgeben und die sieben Siegel lösend (Dittoch. 193 sq.; vgl. Offenb. 4,
4 und 5, 1 fg.) und schliesslich der in der Psychomachia in allen
Eigenthümlichkeiten des himmlischen Jerusalem geschilderte Tempel
der Weisheit (Psychom. 823 sq.; vgl. Offenb. 21), sind die dem
Johannischen Buche entnommenen Vorstellungen.

Hiermit wäre der Umkreis der von Prudentius benutzten Schriftstellen im wesentlichen erschöpft. Einige Erwähnungen im Dittochäon,
wie die von Bethlehem (vs. 101 sq.), der Zinne des Tempels,
mit Hinweis auf den neuen Tempel des Geistes in Christo (vs. 121 sq.),
des Blutackers (vs. 153 sq.), des Hauses des Kaiphas (vs. 157 sq.)
und der Säule, an der Christus gegeiselt wurde (vs. 161 sq.),
halten sich, wie schon die Ueberschriften der betreffenden Stellen
besagen, wesentlich an die betreffenden Oertlichkeiten und kommen
je nur einmal vor.

Betrachten wir die Schriftbenutzung seitens des Dichters genauer, so tritt uns eine Verschiedenheit in der Ausdehnung der angezogenen Stellen und in der Art der Verwendung in den verschiedenen Schriften entgegen. Das Dittochäon hat die grösste Zahl von Schriftcitaten, es besteht wesentlich aus solchen. Unter den neunundvierzig Anführungen finden sich nicht nur fast alle in den übrigen Gedichten benutzten Stücke, sondern noch einzelne besondere: die Arche Noah's, die Eiche von Mamre, das Grab Sarah's, die Erkennung Joseph's und seiner Brüder, die eherne Schlange, das Haus der Rahab, Simson, der Tempelbau, die Söhne der Propheten, die Sonnenuhr des Hiskia, die Verkündigung an die Hirten, die Taufe Christi, der Tod Johannis, die Hinweise auf Christus in der Anführung des Judas und Kaiphas, die Säule der Geiselung, dann die Himmelfahrt, das Leiden des Stephanus, die Heilung des Lahmen durch Petrus, das Gesicht des Petrus, die Berufung des Paulus. Nach mancher Seite, sowol der Ausdehnung, als der Art der Schriftbenutzung nach dem Dittochäon verwandt ist der neunte Hymnus des Cathemerinonbuches: „Hymnus omnis horae", in dem die Bezeichnung Christi als das A und das Ω, die Beschwichtigung des stürmischen Meeres (vs. 37; vgl. Luk. 8, 24), und die Erweckung des Jünglings zu Nain als speciell von ihm eigenthümlich angewendete Scenen der Schrift vorkommen. Als ausführlicher beschriebene, zum Theil öfter wiederholte und zum Beweise gewisser Lehren benutzte Stellen treten hervor: Kain und Abel fünfmal, das Opfer Abraham's zweimal, das Gesicht des Moses im brennenden Busche dreimal erwähnt, Pharao's Untergang sehr ausführlich beschrieben, der Durchgang durch das Rothe Meer dreimal erwähnt, das Wasser aus dem Felsen, das Manna und die Wachteln dreimal, David und Goliath zweimal erwähnt, Elias' Fasten und Himmelfahrt einmal sehr ausführlich benutzt. Jonas mit Verwerthung fast seiner ganzen Geschichte, Hiob einmal aber ausgedehnter benutzt, Daniel in der Löwengrube mit ausgedehnter Ausführung, die drei Männer im feurigen Ofen dreimal und zum Theil sehr ausgeführt, Tobias einmal ebenfalls in weiterer Benutzung. Im Neuen Testamente Johannes der Täufer zweimal und das eine mal in längerer Schilderung, Christi Geburt und die Anbetung der Magier dreimal in ausführlicher Benutzung, das Weinwunder zu Kana zweimal, die Speisung der Fünftausend

dreimal mit zum Theil grosser Ausführlichkeit, die Austreibung der
Dämonen (Matth. 8, 28 fg.) dreimal, das Wandeln Christi auf dem
Meere sechsmal, die Heilung des Aussätzigen, des blutflüssigen
Weibes, des Gichtbrüchigen zweimal, des Blinden dreimal, die Erweckung des Lazarus dreimal; diese Wunder sind in der Apotheose
ausgedehnt geschildert und verwerthet. — Hierauf beschränkt sich
im wesentlichen der Kreis von Schriftstellen, die von dem Dichter
mit Vorliebe behandelt und zu weitern Argumentationen von ihm
benutzt worden sind.

Betrachten wir diese Scenen der Heiligen Schrift, die Prudentius in längerer oder kürzerer Ausführung in seine Gedichte verwebt, so entgeht es uns nicht, dass sie im grossen und
ganzen den Inhalt dessen umfassen, was in den altchristlichen Gemälden, auf Sarkophagen, in Grabsteine ein-
gehauen und eingekratzt, auf Gefässen, Amuleten und
Ringen angebracht sich dargestellt findet. Des Nachweises
bedarf es kaum. Ein Blick in die mit Bildern reich ausgestatteten
Werke über die Katakomben von Aringhi[1], Perret[2], de Rossi[3], ein
Durchblättern von Münter's „Sinnbildern und Kunstvorstellungen der
alten Christen" wird uns in den Stand setzen, uns von der Richtig-
keit dieser Behauptung zu überzeugen.

Sehen wir zuerst auf den Kreis der von Prudentius angewandten
Symbole, so sind das Kreuz, der gute Hirt, die Tauben und
die Palme die ältesten und häufigst wiederkehrenden darunter.
Wie dieselben bereits von den ältesten Schriftstellern der Kirche
angewendet und zur bildlichen Darstellung theilweise empfohlen
werden (Clemens, Paed. III, 11; Tertull., De Pudicitia, c. 7 und 10), so
finden sie sich auch auf den ältesten christlichen Denkmalen, sowol
in anerkennenswerther künstlerischer Vollendung auf Gemälden und
Sculpturen, wie in handwerksmässiger Roheit auf Grabsteinen dargestellt, und haben sich in den verschiedenen Perioden der altchristlichen Kunst am längsten erhalten. Ueber das Kreuz, als das
Grundsymbol des Christenthums, bedarf es keiner Erörterung. Der
gute Hirt, in mannichfachen Modificationen der Darstellung, von

---

[1] Aringhi, Roma subterranea (Rom, 1651 sq.).
[2] Perret, Les catacombes de Rome (Paris, 6 vol.).
[3] De Rossi, La Roma sotterranea cristiana (Rom, 1864 und 1867).

der Anlehnung an antike Bilder, vornehmlich des Hermes κριοφόρος ausgehend (vgl. Piper, Mythologie und Symbolik der christlichen Kunst, Bd. 1, Abth. 1, S. 77 sq.), das Lamm auf der Schulter, oft von mehrern Schafen und Böcken umgeben, reicht als Vorwurf christlicher Kunst bis an das Ende des 2. Jahrhunderts hinab und ist als ein lebendiges, mildes, fast über die gesammte Kirche verbreitetes Bild in den Darstellungen der Christen auch in einer Zeit geblieben, da man vom Symbolischen sich mehr zur Darstellung historischer Scenen zu wenden begann.[1]

Ebenso alt ist das Bild der Palme, das auch aus dem biblischen Vorstellungskreise stammend, unter die ersten bildlichen Darstellungen der Christen gehört. In erster Bedeutung ein Siegeszeichen, das namentlich durch die Gestalten der Offenbarung (7, 9) als solches im kirchlichen Sinne traditionell geworden war, wird es vornehmlich, wenn auch nicht ausschliesslich, zum Symbol des duldenden Ueberwindens im Mürtyrerthum, und findet sich allein oder in Verbindung mit andern Sinnbildern, namentlich häufig auf Grabsteinen eingeritzt, dann auf Sarkophagen, auf deren einzelnen auch Palmbäume die einzelnen Scenen voneinander gliedern (vgl. Aringhi, Roma subterranea, II, 183 und 185, auf Sarkophagen aus dem Vatican), endlich auch als ein von Wallfahrern den berühmten Grabstätten der Märtyrer eingekratztes Zeichen (de Rossi, Roma sotteranea, II, Atl., tav. XXX). — Fast noch häufiger als beide vorhergehenden Symbole findet sich das der Taube. In sehr vielfältiger Bedeutung durch die Heilige Schrift, als die Erscheinungsform des Geistes Gottes gekennzeichnet, wird sie nach der Wirkung desselben das Symbol des

---

[1] Bemerkenswerth ist, dass in einer der ältesten Darstellungen des guten Hirten derselbe ein Milchgefäss, eine Mulctra in der Hand tragend dargestellt wird (de Rossi, Roma sotteranea, I, Atl., tav. XVI). Diese Mulctra findet sich dann, auf einem Postament stehend, zwischen zwei Schafen (l. l. I, Atl., tav. XII) und ebenso an einem Hirtenstab befestigt, auf den Schultern eines Lammes (Aringhi, III, 319). Diese Mulctra wird von Prudentius erwähnt (Cath. 3, 66 sq.) in der Stelle, wo er vom Fleischgenuss abräth und Pflanzen- und Milchkost empfiehlt. De Rossi erklärt dies Gefäss, sowol auf den Schultern des Lammes, wie auf dem Postament, als ein eucharistisches Symbol, zumal es mit einem andern ausgeprägtern an derselben Stelle sich findet (Roma sotteranea, I, 349). Wenn auch im genannten Hymnus des Prudentius ein directer Hinweis fehlt, so liegt doch bei der Art des Dichters, an das Irdische das Himmlische zu knüpfen, eine solche Beziehung nicht ganz fern (vgl. Cath. 4, 85 sq.).

Friedens, was häufig durch das dem Bilde hinzugesetzte Wort „pax" ausgedrückt wird. Am häufigsten kommt sie im 3. und 4. Jahrhundert vor als Symbol der christlichen Seele und aller der Tugenden, die der Taube zugeschrieben, zugleich als christliche gerühmt wurden: Keuschheit, Demuth, Sanftmuth, Unschuld, und findet sich in den Katakomben unzählige mal auf den Grabplatten meist junger Leute eingegraben, ebenso auch als Gemälde an Decken und Wänden der Cubicula, mehr in decorativer Weise angebracht. Häufig werden auch Bilder von Heiligen und Märtyrern mit der Taube bedacht, denen sie die Krone zuträgt; so auf einem Glase das Bild der heiligen Agnes von zwei Tauben umgeben, die ihr die zwiefache Krone des Martyriums und der Jungfräulichkeit bringen (Prud., Perist. 14, 7). Auch wird die Taube zum Bilde Christi selbst, wie sie Prudentius anführt (Cath. 3, 166 sq.), und mit ihm zu dem der Apostel (Paulin. Nol. ep. XII ad Sever.). Erst später gelangte die Taube zu der ausschliesslichen Bedeutung eines Sinnbildes des Heiligen Geistes.[1]

Von etwas späterm Datum ist das den eigentlichen Durchgang von den symbolischen und allgemein idealisirenden zu den Porträtdarstellungen Christi bezeichnende Bild des Lammes. Es findet sich, obgleich durch die Heilige Schrift und durch den Typus des Passahlammes als Symbol Christi hinlänglich bestätigt, in den Darstellungen der Katakomben aus den ersten drei Jahrhunderten nicht. Erst das 4. Jahrhundert beginnt mit seiner sehr ausgedehnten Anwendung, und die weiche Idealgestalt, in der man vorher den Herrn darstellte, wird durch das Lamm verdrängt, das sich sehr häufig auf den Sarkophagen und den Mosaiken der Kirchenabsiden findet, entweder als triumphirendes Lamm (Cath. 3, 161), das auf einem Hügel steht, dem die vier Paradiesesströme entfliessen, eine Darstellung, auf die Paulinus von Nola mit deutlichen Worten hinweist; oder als das Opferlamm, ein Kreuz über seinen Schultern tragend; oder an Stelle Jesu selbst, die Wunder desselben vollbringend, so am Sarkophag des Junius Bassus, in den Ecken über den Hauptdarstellungen (Aringhi, II, 177); oft dreizehn Lämmer unter den Bildern Christi und der Apostel, als symbolische Wieder-

---

[1] Vergleiche über die verschiedene Bedeutung der Taube „Clavis Melitonis columba", Pitra, „Spicil. Solesm.", II, 384.

holung der historischen Darstellung (Aringhi, I, 189), namentlich am Friesbande unter der Hauptmosaik der Absiden in den Basiliken üblich, so in S. Cosma e Damiano in Rom (530); oft kommen die Lämmer aus den beiden Städten Bethlehem und Jerusalem zu dem auf dem Hügel erhöhten Lamme, in einer ebenfalls auf Sarkophagen und Mosaiken sich findenden Darstellung.[1]

Auch der Hahn zeigt sich nicht in den Katakombendarstellungen ältesten Datums, desto häufiger später als Symbol der Wachsamkeit, der Tapferkeit, der Auferstehung, und so übertragen als Symbol Christi selbst[2], namentlich auf Sarkophagen in Verbindung mit Petrus, um die durch den Hahnenruf erweckte Reue über dessen Verleugnung zu kennzeichnen (Aringhi, I, 351; II, 191). Wie diese Symbole, so findet sich auch fast die Gesammtzahl der von Prudentius angeführten Schriftscenen auf Gemälden der Katakomben, auf Sarkophagen, auf Gläsern und Kirchenmosaiken wieder.

Betrachten wir die einzelnen Scenen im Zusammenhange der biblischen Geschichte selbst:

1. Adam und Eva, von Prudentius ausschliesslich in der Beziehung auf den Sündenfall erwähnt, kommen auch auf Bildwerken nur in diesem Zusammenhange vor. Beide nackt zur Rechten und Linken des Baumes, meist das Feigenblatt vorhaltend; die Schlange, mit einem meist drachenartigen Kopfe (Prud. Dittoch. 4), um den Baum gewunden.[3] Mitunter fehlt die Schlange (Bottari, tom. I, tav. 37 und 40; tom. II, tav. 126). Es findet sich die Darstellung, wiewol seltener, in den Katakombengemälden (Aringhi, I, 314); in der Calixtkatakombe (l. l. II, 45 und 49) in der Katakombe des heiligen Marcellinus und Petrus (l. l. II, 87), in der Katakombe der heiligen Agnes, häufig auf Gläsern (Buonarotti, Osservazioni sopra alcuni frammenti di vasi antichi di vetro 1716; Boldetti, Osservazioni sopra i cimiterj di santi Martiri 1720), am häufigsten auf Sarkophagen (Aringhi, I,

---

[1] Clav. Melitonis Spicil. Sol., III, 26.
[2] l. l. Spicil. Sol., II, 488.
[3] Piper, „Mythologie und Symbolik der christlichen Kunst", Bd. I, Abth. 1, S. 66 fg., macht einen heidnischen Typus für diese Darstellung geltend, nämlich den Raub der Aepfel der Hesperiden durch Hercules, sodann auch den Dreifussraub nach der in der Villa Albani befindlichen Darstellung. Vgl. die allegorische Deutung des Ambrosius, die das Paradies als menschliche Seele, Adam als den Verstand, Eva als die Empfindung, die Schlange als das Vergnügen fasst (l. de paradiso).

177, 199), mit verschiedenen Attributen, so dem Aehrenbund und Lamm als Zeichen der Haus- und Feldarbeit, auch tritt die Gestalt Gottes selbst hinzu, ihnen beides übergebend (Aringhi, I, 351), oder Adam die Hand auf die Schulter legend und gleichsam fragend: „Wo bist du?" Im allgemeinen kann man dieses Bild nicht zu den ältesten biblischen Darstellungen altchristlicher Kunst rechnen.

2. Kain und Abel — von Prudentius in der Vorrede zur Hamartigenia des Weitern beschrieben, als Symbol des Fleisches und Geistes, bei Ambrosius des Juden- und Christenthums (De Cain et Abel, II. II) — kommen auf einem einzigen Sarkophagrelief vor (Aringhi, I, 254), und zwar wieder in einer Verbindung mit Gott selbst. Beide stehen vor einem thronendem Greise und bringen ihm die Frucht des Feldes und ein Lamm der Heerde dar. Es ist genau die Situation, wie sie Prudentius schildert:

> Fratrum sacra Deus nata distante duorum
> aestimat accipiens viva et terrena refutans (Dittoch. 5 sq.).

3. Die Arche Noah's, schon von Tertullian als Bild der Kirche angesehen (De baptism., 8), kommt auf den Gemälden der Katakomben, sowie Sarkophagen und Grabsteinen schon ziemlich früh vor, und zwar steht Noah in der geöffneten Arche die Taube mit dem Olivenzweig empfangend; der von Prudentius erwähnte Rabe (Dittoch. 11), den auch Ambrosius (D. Noe et Arca) als Sinnbild der Bosheit anführt, findet sich in den Katakombenbildern nicht, aber wohl ist er auf einem in Djemila in Algier gefundenen Relief mit dargestellt (Revue archéol., 4. Jahrgang, S. 196), und zwar ganz in der Weise wie Prudentius ihn erwähnt, nämlich Leichen verschlingend (Martigny, Dict. des antiquités chrétiennes, p. 439).[1]

4. Das Opfer Abraham's, das sich merkwürdigerweise in dem Dittochäon nicht findet, während auf Abraham bezügliche Localitäten, die Eiche von Mamre und Sarah's Grab, aufgenommen sind (Dittoch. 13—20), das aber in andern Gedichten erwähnt wird, ist eine öfter wiederholte Darstellung sowol der Katakombenmalerei, als auch der Glasgefässe und der Sarkophagsculptur. Es wird übereinstimmend als Typus des Opfers Christi gebraucht, und findet sich in der Callixtkatakombe in Verbindung mit eucharistischen

---

[1] Vgl. zur Bedeutung des Raben „Melitonis clavis, Spicil. Solesm.", II, 498 sq.

Symbolen (de Rossi, Roma sotteranea, II, 342 sq.). Von de Rossi wird es im katholischen Sinne des Messopfers, als unblutige Wiederholung des Opfers Christi durch den Priester gegen Becker (Ueber die Darstellung Jesu Christi unter dem Bilde des Fisches, S. 118), der es als Typus des blutigen Selbstopfers Christi ansieht, hingestellt. Die Darstellung in der Callixtkatakombe, die Abraham und Isaak im Gebete auffasst und zur Bezeichnung der Situation dem Isaak das Holz zum Scheiterhaufen auf den Rücken gibt, während der rettende Widder sich daneben befindet (de Rossi, l. l. p. 342), ist die seltenere. Die auf zahlreichen Sarkophagen übliche ist die der Situation des Opfers selbst: Isaak kniend, Abraham daneben mit erhobenem Schwert, und Gottes Eintreten durch eine aus den Wolken reichende Hand dargestellt (Aringhi, I, 177, 253, 347, 351), daneben findet sich auf einem Glasscherben statt der Hand ein Kasten mit Früchten und einer Rolle (Buonaratti, Osservazioni etc., II, 1), die Martigny für ein Symbol der Verheissung des Besitzes von Kanaan erklärt (Dictionnaire des antiquités chrétiennes, p. 6).

5. Der Mosescyklus reducirt sich auf vier Hauptdarstellungen und wird wesentlich in einem symbolischen Bezug auf die Taufe gebraucht:

a) Die erste Theophanie des Moses, dargestellt im Abziehen der Schuhe von seinen Füssen (Cath. 5, 29 sq.; Perist. 6, 86 sq.; Dittoch. 32), ist ein auf ältern Gemälden der Callixtkatakombe schon vorkommendes und zum Theil in schönster fast classischer Ausführung dargestelltes Bild (Perret, Les catacombes de Rome, I, pl. 24; de Rossi, Roma sotteranea, tav. d' aggiunta B; Aringhi I, 331). Diese Scene, die, wo sie sich bei Prudentius findet, ohne nähern Bezug zur Taufe steht, wird nach dem Vorgange des Gregor von Nazianz und Augustin (Serm. 101) von katholischen Gelehrten als Symbol des Ersterbens des alten Menschen in der Taufe und der Wiedergeburt des neuen, der zum Erscheinen vor Gott gereinigt ist, angesehen (Martigny, Dictionnaire etc., p. 411). — Deutlicher tritt der Bezug auf die Taufe hervor bei der zweiten Darstellung des Mosescyklus:

b) Dem Durchgang durch das Rothe Meer, und damit in Verbindung dem Untergang Pharao's, die ebenfalls von Augustin auf die Taufe gedeutet werden (Serm. 352), und bei denen man von Prudentius (Cath. 5, 45 sq.) einen entferntern Hinweis auf die Taufe dann vermuthen könnte, wenn der fünfte Hymnus des Cathemerinonbuches: „Ad incensum lucernae" sich auf die Ostervigilie, in der die Taufe der Katechumenen vollzogen wurde, beziige (vgl. S. 87 fg. und 222 fg.). Die Darstellung ist übrigens eine seltene, und Aringhi erwähnt nur eine einzige auf einem Sarkophage (Roma subterranea, II, 191). Desto häufiger ist

c) die Darstellung des Moses, der das Wasser aus dem Felsen schlägt. Sie findet sich sehr oft auf ältern Gemälden der Callixtkatakombe (de Rossi, Roma sotteranea, Atlas, tav. 14, 15, 16; tav. d' aggiunta B), auf Gläsern (Buonarotti, I, 1), und fast auf allen Sarkophagen Italiens und Galliens (Aringhi, I, 183, 2; 191, 3; 193, 3; 195, 2; 197, 1; 199, 2; 201, 2). Nach 1 Cor. 10, 4, wo Paulus den typischen Bezug des Durchgangs durch das Rothe Meer und des Wassers, das Moses aus dem Felsen schlägt, auf die Taufe hervorhebt, hat Tertullian in seinem Buche „De baptismo" (c. 9) das von dem Felsen fliessende Wasser als Taufwasser gefasst, das von dem mystischen Felsen, der Christus selbst ist, fliesst. Cyprian in seinem 73. Briefe: „Ad Jubajanum" erklärt diesen Felsen für die auf Christus gegründete Kirche; eine spätere Auslegung, an den Zusammenhang von Petrus und petra (Matth. 16, 18) anknüpfend, bezog den ganzen Zusammenhang auf Petrus selbst, als den, der durch Christus zur „petra", zum Fels der Gemeinde wurde, eine Auffassung, die insofern auch auf die bildlichen Darstellungen dieser Scene von Einfluss war, als die in den ältern Darstellungen dieses Gegenstandes sehr jugendliche Mosesgestalt später mit einer ältern greisenhaften vertauscht wurde, die sowol die traditionellen Attribute des Petrus, ja sogar mitunter den Namen Petrus selbst über dem Haupte noch hinzugeschrieben trägt; ein Grund, weshalb mehrere katholische Archäologen Bottari, Polidori, Marchi, die Darstellung von Anfang herein auf Petrus beziehen wollten. De Rossi, der die genannten Darstellungen der Callixtkatakombe in das Zeitalter Tertullian's zurückdatirt, ja von Tertullian selbst vermuthet, dass er sie kenne, und der dieselbe ausserdem mit andern symbolischen Darstellungen der Taufe zusammengefunden hat, deutet das Bild auch auf die Taufe (Roma sotteranea, II, 331 sq.). Bei Prudentius findet sich in den Stellen, wo er diese Scene erwähnt (Cath. 5, 89 sq.; Psychom. 370 sq.), diese Deutung nicht ausgesprochen.

d) Der Empfang der Gesetzestafeln ist eine auf Sarkophagen öfter als Pendant des aus dem Felsen geschlagenen Wassers vorkommende Darstellung, die Martigny als die Andeutung eines Gegensatzes gegen den Antinomismus der Manichäer erklärt (Dictionnaire des antiquités chrétiennes, p. 413). Bei Prudentius (Dittoch. 37 sq.) findet sie sich ohne alle symbolische Deutung. Dasselbe findet statt

e) bei der Manna- und Wachtelspeisung (Dittoch. 41 sq.), deren Darstellung noch zweifelhaft ist, da eine Scene, einen Mann darstellend, der mit seinem Stabe gefüllte Körbe berührt, von Einigen auf Christi wunderbare Speisung bezogen wird. Die Darstellung endlich

f) von Moses Sieg über die Amalekiter (2 Mos. 17, 8—14), die auch Prudentius wegen der erhobenen Hände des Moses als Typus des Kreuzes gebraucht (Cath. 12, 169 sq.), findet sich nur auf einer Mosaik der Kirche S.-Maria Maggiore in Rom.

Wir übergehen hier die von Prudentius im Dittochäon erwähnten Scenen aus der Geschichte des Josua: die Aufrichtung der zwölf Steine im Jordan (Jos. 4, 1 fg.), das Haus der Rahab (Dittoch. 61), und die Scenen aus der Geschichte des Simson (Dittoch. 65—72), die in den Katakomben keine bildliche Wiedergabe gefunden haben.

6. Von David den Goliathbesieger (Prud. Psych. 290; Ditt. 73) findet sich nur ein einziges Bild in einem Deckengemälde der Callixtkatakombe (Aringhi I, 317). Ein öfter wiederkehrendes Bild ist:

7. Die Himmelfahrt des Elias, von Prudentius erklärt (Cath. 7, 26—35) als Lohn und Folge der Strenge des Fastens, die auch Ambrosius an des Elias Beispiel in einer besondern Abhandlung der Nachahmung empfiehlt, wird sie von andern als Symbol der Auferstehung, oder der Himmelfahrt Christi gedeutet.[1] Auf diese letztere wurde die auf diesen Bildern nie fehlende Uebergabe des Mantels an den dabei stehenden Elisa, der im Gegensatz gegen Elias alt und bärtig dargestellt wird, bezogen. Diese Uebergabe des Mantels, als Auftrag zur Fortsetzung des Lehrbegriffs gefasst,

---

[1] Piper „Mythologie und Symbolik des Christenthums", I, 1, S. 75, macht auf die Aehnlichkeit der Darstellung der Himmelfahrt des Elias mit der des Helios auf seinem Sonnenwagen aufmerksam, wie sich denn Sedulius (Carmen paschale, I, 184) dazu verleiten lässt, aus einer Aehnlichkeit der Namen Elias und Helios einen innern Bezug herzuleiten.

liess so auch den Elisa als Typus des Petrus erscheinen, den Christus zu seinem Nachfolger erwählt, in derselben Weise, wie Petrus bei dem aus dem Felsen geschlagenen Wasser für Moses eingestellt wird. Auch diese Darstellung ist eine auf Gemälden (Aringhi, I, 322), hauptsächlich auf Sarkophagen wiederholte (Aringhi, I, 189 und 191).

Weit häufiger kehrt eine andere Darstellung wieder, es ist:

8. Die Geschichte des Jonas. Es ist dieselbe nächst dem guten Hirten fast der beliebteste Vorwurf für die altchristlichen Künstler des 2. und 3. Jahrhunderts, und zwar ist es nicht nur ein Bild, sondern ein Cyklus von drei bis vier verschiedenen Scenen, der die Geschichte des Propheten zum Inhalte hat. Es sind dieselben:

a) Jonas aus dem Schiffe geworfen, b) von dem Walfisch verschlungen und ausgespien, c) unter der Kürbisstaude liegend; dazu noch ein seltener wiederkehrendes Bild: d) Jonas sich den Tod wünschend. Es finden sich diese Scenen in den Gemälden der Katakomben, zum Theil in an die classische Kunst streifender Schönheit und Gewandtheit der Ausführung, oft nebeneinander als Schmuck der Grabkammerplafonds in verschiedene Felder vertheilt (Aringhi, II, 39, 43, 45, 145, 311, 331), oder ohne Abscheidung in ein fortlaufendes Bild verwebt, so in der Callixtkatakombe (de Rossi, Roma sotteranea, II, Atlas, tav. 14 und 16), oder einzelne Scenen in Verbindung mit andern biblischen Darstellungen an den Decken, den Leibungen der Arkosolienbogen, den Lünetten in den Arkosolien (Aringhi, II, 30, 33, 41, 43, 49, 85). Man kann behaupten, wo grössere Flächen mit Malerei ausgefüllt sind, fehlt eine oder die andere Scene aus der Geschichte des Jonas selten. Ebenso wiederholen sich dieselben auf Grabsteinen (de Rossi, Roma sotternnea, II, Atlas, tav. 45—46, 107), sodann auf Gläsern und Medaillen (Buonarotti, Osservazioni etc., I, 1), auf Lampen (Bellori, Lucernae veteres sepulchrales etc.) und auf Sarkophagen (Aringhi, I, 197, 201). Die Deutung Christi selbst (Matth. 12, 39) und die übereinstimmende Auslegung der alten Kirche machte die Geschichte des Jonas zum Typus der Auferstehung Christi, wie Augustin unter andern sehr ausführlich auseinandersetzt (Epist. ad Deogratias quaest. VI de Jona, 34), dann zum Typus der Auferstehung überhaupt. Dass die Bedeutung der Jonasbilder in den Katakomben keine andere war, hat de Rossi geistreich noch dadurch bestätigt, dass sie sich meist im Zusammenhange mit andern, auf die Auferstehung bezüglichen Scenen, und an die Mittel, zu derselben zu gelangen, erinnernden Symbolen finden, so in Verbindung mit der Auferweckung des Lazarus, mit dem mystischen Fisch ’Ιχθύς, und der Speisung der Jünger mit demselben als einer Speisung des Auferstehungsleibes, wie die alte Anschauung von der Eucharistie lehrte (de Rossi, Roma sotteranea, II, 344 sq.). So wurde diese Geschichte von alters her eine der beliebtesten und der christlichen Anschauung entsprechendsten, besonders für die Nekropolen der Katakomben geeigneten Darstellungen, zugleich ein monumentales Bekenntniss zur Auferstehungslehre gegenüber den mannichfachen Anzweiflungen und Verspottungen derselben.[1] Einen mystischen Bezug zur Kirche erhielt das Bild durch die Construction des Mastes im Schiffe des Jonas, der in Verbindung mit einer Querraae häufig das Kreuz andeutet (de Rossi, l. l. II, 346; vgl. Atlas, tav. 14 und 16).

Haben wir Zeugnisse, die mit ziemlicher Sicherheit darauf schliessen lassen, dass diese Darstellung des Jonas den Vätern des 3. Jahrhunderts bekannt war — man vergleiche z. B. das Bild des Jonas unter der Kürbisstaude, wie es bei Aringhi und de Rossi in den angeführten Stellen öfter wiederkehrt, mit den Worten des Cyprian (Epist. 11): „Juvenis anxius et cum quadam indignatione subtristis maxillam manu subsistens, moesto vultu sedebat" — die fast einer Schilderung des Bildes gleichen, so muss es uns fast wundernehmen, dass Prudentius, der Kenner und Besucher der Katakomben, in seiner Benutzung der Jonasgeschichte (Cath. 7, 100—175) nicht die allgemein anerkannte typische Bedeutung derselben hervorhebt, sondern einem andern, ihr ferner liegenden Moment den Schwerpunkt verleiht, nämlich der Besänftigung Gottes durch die Busse der Niniviten. — Ein öfter wiederkehrendes Bild, das auch einen typischen Bezug auf die Auferstehung einschloss, ist

9. das des Hiob, das sich auf mehrern Gemälden (Aringhi, I, 322; II, 14, 34), und auf Sarkophagen (Aringhi, I, 177) findet. Die Beziehung auf die Auferstehung war durch die berühmte Stelle: „Ich weiss, dass mein Erlöser lebt" (Hiob 19, 25 fg.) gegeben, die schon Clemens von Rom im ersten Brief an die Korinther, c. 26

---

[1] Vgl. auch das Gedicht „De Jona propheta", das dem Tertullian zugeschrieben wird (Tertull. ed. Oehler, II, 769 sq.).

bei Beschreibung des Phönix auf die Auferstehung deutet, und die
als Zeugniss derselben sich auf mehrern Grabsteinen findet (Gazzera, Iscrizioni Piem., p. 107). Dieselbe Anwendung macht Ambrosius
(De interpellatione Job et David; vgl. Hiob 14, 13 fg.). Bei Prudentius
wird Hiob nur als ein Repräsentant der Geduld angeführt, die das
Leiden überwindet, und jener Bezug der Auferstehung findet sich
bei ihm nicht (Psychom. 162 sq.). Bei weitem mehr tritt hervor:

10. Daniel in der Löwengrube. Auch dieses Bild gehört
zu den ältern Darstellungen der christlichen Kunst und findet sich
als Symbol des Duldens, mit schüchternem Hinweis auf das Leiden
des Herrn, sowie als Symbol der unverletzten Auferstehung, in den
Katakombengemälden, sowol am Plafond der Grabkammern, wie im
Bogen der Arkosolien (de Rossi, Roma sotteranea, II, Atlas, tav. 20;
Aringhi, I, 314, 317, 322; II, 32, 39, 83, 87, 126, 129), auf Medaillen (Buonarotti, I, 1), auf Sarkophagen (Aringhi, I, 177, 151).
Daniel steht nackt, ganz dem Beschauer zugewendet, zwischen zwei
Löwen, die Hände meist kreuzartig ausgebreitet. Wegen der Symmetrie
des Bildes eignet es sich vortrefflich zur Mittelgruppe, wie wir es
denn auch so öfter auf Deckengemälden und Sarkophagen benutzt
finden. Häufig kommt die Darstellung in der von Prudentius gebrauchten Verbindung mit Habakuk vor, der dem Propheten Speise
bringt (Cath. 7, 37—72), und wird so zum Sinnbild der Himmelslabung, die den von der Welt bedrängten Dulder erquickt (Cath. 7,
73 sq.). So finden wir Daniel dargestellt in der Callixtkatakombe,
auf einem Medaillon aus der vaticanischen Bibliothek (Münter, Sinnbilder und Kunstvorstellungen der alten Christen, Taf. 9, 50); und
auf Sarkophagen (Aringhi, I, 253, 1351). Noch häufiger als diese
Darstellung ist

11. die der drei Jünglinge im feurigen Ofen. Die vielfache Wiederholung dieses Bildes begreift sich sehr leicht aus den
Zeiten der Verfolgung. Die drei Männer waren das eigentliche Prototyp des christlichen Martyriums. So erklärten den Vorgang Cyprian
(Epist. 61), Gregor der Grosse (Dial. 3, 18) und Prudentius (Perist. 6,
109 sq.). Die Anwendung lag nahe, sowol wegen der ihr Martyrium
herbeiführenden Ursache, der Weigerung, das Götzenbild des Königs
Nebukadnezar anzubeten (Dan. 3, 12), als auch wegen des sie errettenden Wunders durch einen Boten Gottes (Dan. 3, 24). Beide Stücke
waren auch wesentliche Stücke der christlichen Martyrien, die alle

durch die Ablehnung, den Göttern oder dem Bilde des Kaisers Anbetung darzubringen, verursacht wurden, und wenn auch nicht mit einer Rettung, doch mit einem den Tod begleitenden und verklärenden Wunder schlossen. Prudentius sucht für den Unterschied, dass jene vorchristlichen Märtyrer gerettet wurden, die nachchristlichen aber dem Tode erlagen, eine tiefere Erklärung darin, dass erst mit dem Vorgange des Todes Christi der Ruhm des Märtyrertodes beginne (Perist. 6, 112 sq.). Neben dieser speciellern Beziehung auf das Märtyrerthum wurde auch diesem Vorgang ein sinnbildlicher Hinweis auf die Unsterblichkeit eingelegt, wie es schon Irenäus und Tertullian gethan. Die Darstellung der Scene wird in dreifacher Weise aufgefasst: Die drei Jünglinge in dem Augenblicke, wo sie zur Verehrung des Götzenbildes gezwungen werden sollen; das Bild ist als eine Säule dargestellt, mit einer Büste gekrönt, so auf einem Gemälde aus S.-Callixt. Weit häufiger ist die Darstellung der drei Jünglinge im brennenden Ofen selbst, sowol auf Gemälden (Aringhi, I, 228, 315; II, 83, 87, 127, 143), auf Gläsern (Aringhi, II, 193; auf einem bei Northcote, „The Roman catacombs", nach S. 50 verzeichneten Glasscherben in einem Cyklus biblischer Scenen), auf Sarkophagen (Aringhi, I, 201, 349). Auf einem der letztern (Aringhi, I, 183) findet sich die Scene zu einem zusammenhängenden Gesammtbilde erweitert, das vollkommen der Scene entspricht, wie sie Prudentius (Apoth. 126 sq.) schildert. Der König Nebukadnezar sitzt auf seinem Throne von zwei Begleitern umgeben, vor ihm das Götzenbild, von den drei Jünglingen zwei schon im Feuerofen, der dritte eben im Begriff hineingeführt zu werden. In ihrer Mitte aber befindet sich oft der geheimnissvolle vierte (Apoth. 134 sq.; vgl. Dan. 3, 25), der die Flamme unschädlich macht und die Jünglinge errettet, und zwar die Hände zum Gebete erhoben, das Haupt unbedeckt, während die Jünglinge fast durchgängig mit einer Art phrygischer Mütze dargestellt werden. Prudentius bezeichnet ihn mit klaren Worten als eine Erscheinung des Sohnes Gottes (Apoth. 138 sq.), wie er die genannte Stelle zu dem einen Zwecke braucht, den Sohn in seinen Offenbarungen an die Welt vor seiner irdischen Erscheinung zu erweisen. Dass er mit dieser Auffassung nicht alleinsteht, beweist eine Medaille aus dem 5. Jahrhundert (Gori, Thesaur. diptych., III, tav. VIII), auf der der Erretter der Jünglinge ein Kreuz über die Flammen breitet, ein Attribut, das den Bezug dieses Erretters auf Christus deutlich bezeugt; und eine andere Darstellung eines Lünettengemäldes des Cömeteriums der Priscilla, wo der Erretter in Gestalt einer Taube mit dem Oelzweig naht (Aringhi, II, 143), würde dem nicht widersprechen, da auch die Taube ihre Beziehung auf Christus hat.

Wir gelangen zur letzten der alttestamentlichen Gestalten, die sich zugleich auf den altchristlichen Bildwerken und bei Prudentius erwähnt finden. Es ist

12. die Gestalt des Tobias. Prudentius fasst (Cath. 10, 69 sq.) Tobias, den Vater, von dem er allein redet, als Repräsentanten der Pietät gegen Todte[1], die Heilung seiner Augen als Lohn dafür auf, und gibt dem Ganzen noch die symbolische Wendung, dass erst dem, der die Nacht und das Leid erfahren, das himmlische Licht komme. Die bildlichen Darstellungen der Tobiasgeschichte haben wesentlich den jungen Tobias zum Gegenstande, und zwar meist in Verbindung mit dem Fische, dessen Galle den Vater heilte. Der Schwerpunkt der Darstellung lag in dem Fische selbst, dessen mystische Beziehung auf Christus, den 'Ιχθύς in der vorkonstantinischen Epoche der christlichen Kunst, Scenen, die die Abbildung des Fisches mit sich brachten, mit Vorliebe wählen liess. So findet sich Tobias mit dem Fische namentlich auch auf Gläsern (Buonarotti, tav. II, Nr. 2).

Hätten wir so die hauptsächlichsten Darstellungen der christlichen Kunst aus dem Alten Testamente bei Prudentius gefunden, so kehrt dasselbe beim Neuen Testamente wieder. Die von Prudentius mit Vorliebe hervorgehobenen und mit lebendigen Farben geschilderten Scenen finden sich fast alle auf altchristlichen Bildwerken. Wie schon bemerkt worden ist, beschränkt sich die Benutzung des Neuen Testaments seitens des Dichters fast ausschliesslich auf die evangelische Geschichte und das Hervortreten Christi in derselben; und mit den Bildwerken ist es nicht anders der Fall. Prudentius fasst dabei Christus wesentlich im Erweise der göttlichen Seite seines Wesens auf, führt, wo er auf ihn zu reden kommt, ihn als den allgewaltigen Gottessohn an, dessen Wesensgleichheit mit dem Vater er in häufiger Betonung seines Antheils

---

[1] Tobias galt als Patron der Todtengräber, denen er zur Nachahmung besonders hingestellt wurde (Aringhi, Roma subterranea, I, 39).

an der Weltschöpfung, seiner Erscheinung im Alten Testamente, und seiner die Natur beherrschenden Wunder im Licht zu stellen sucht; die gleiche Tendenz geht durch die altchristlichen Bildwerke, in denen schon das völlige Vermeiden eines charakteristisch individuellen Typus für Christus und seine Darstellung anfangs in jugendlicher, später in männlich majestätischer Idealität auf ein ausser den Grenzen menschlicher Besonderheit Stehen desselben, und auf eine künstlerische Anschauung hinweist, der die leibliche Erscheinung Christi nur das entsprechende Abbild für seine göttliche Wesenheit war. Und suchen wir hier eine Darstellung, in der sich dieses Streben einen concentrirten Ausdruck gibt und die der Betrachtungsweise des Dichters am innigsten entsprechen würde, so bietet sich uns jene eigenthümliche symbolische Darstellung, die auf Sarkophagen häufiger wiederkehrt und meist die Mittelgruppe der Hauptlangseite derselben bildet: Christus auf einem Throne sitzend, neben ihm zwei Gestalten, ohne Zweifel die Apostel Petrus und Paulus, und unter ihm das Brustbild einer männlichen (Aringhi, I, 177) oder weiblichen (Aringhi, I, 193) Gestalt, die einen Schleier bogenförmig über ihrem Haupte wölbt. Buonarotti und Bottari machen dabei auf die Darstellung der Meergottheiten bei den Heiden aufmerksam, und erklären die beiden Figuren als Firmament, den Schleier als ein Zeichen der Scheidung der obern und untern Gewässer. Schnaase (Geschichte der bildenden Künste, III, 75) fasst sie richtiger als antik allegorische Gestalten von Himmel und Erde, Piper (Mythologie und Symbolik der christlichen Kunst, Bd. 1, Abth. 2, S. 43 fg.) hat dieselbe Ansicht, und widerlegt, auf sorgfältige Vergleichung antiker und christlicher Denkmäler gestützt, die Ansicht Bellermann's, der darin die Personification des Stromes des lebendigen Wassers aus der Apokalypse sehen will (S. 47). Es ergibt sich somit eine symbolische Darstellung der Herrschergewalt Christi im Himmel und auf Erden. Dieser Darstellung steht jene andere zur Seite, die sich ebenfalls auf vielen Sarkophagen findet: Christus, meist von den Aposteln zur Linken und Rechten umgeben und selbst auf einem Hügel erhöht, aus dem die schon erwähnten Paradiesesströme fliessen (Aringhi, I, 181, 183, 185, 187, 195, 253), mitunter statt seiner menschlichen Gestalt das Lamm oder auch das Kreuz (Aringhi, I, 191). Auch diese Darstellung weist symbolisch auf die Erhabenheit Christi hin, wobei das charakteristische

Moment seine Lehre wird in der im christlichen Alterthum verbreiteten Deutung der vier Paradiesesströme auf die vier Evangelien. Dazu gesellt sich als rein symbolische Darstellung, die öfter wiederkehrt, das Monogramm mit dem A und Ω. Kann man auf die letztere die bei Prudentius vorkommenden Verse beziehen:

> Corde natus ex parentis, ante mundi exordium
> A et Ω cognominatus, Ipse fons et clausula
> omnium, quae sunt, fuerunt quaeque post futura sunt (Cath. 9, 10 sq.),

so können viele Stellen des Dichters, die Christi Gottheit, seinen Antheil an der Weltschöpfung, seine Herrschaft über die Natur betonen, zu den bildlichen Darstellungen seiner herrschenden Erhabenheit wenigstens in eine mittelbare Beziehung gebracht und eine Uebereinstimmung seiner Vorstellungen von Christo mit jenen Darstellungen angenommen werden, die fast alle seine Gedichte, namentlich die Apotheosis, beweisen. — Unter den einzelnen Scenen, die Christi menschliches Dasein und Wirken umschreiben, treten als dem Dichter und den Bildwerken gemeinsam hervor:

1. Die Geburt Christi und die Anbetung der Hirten, bei Prudentius (Cath. 11, 81 sq.; Dittoch. 109 sq.) erwähnt, und in einem Relief bei Bottari (tav. 85) und Aringhi (II, 191) dargestellt; eine Scene, bei der namentlich Ochs und Esel nicht fehlen, deren Verehrung für das Christkind von Prudentius betont wird (Cath. 11, 81). Weit häufiger findet sich

2. die Anbetung des Christkindes durch die Weisen aus dem Morgenlande dargestellt, von Prudentius Cath. 12, 25 sq. sehr poetisch geschildert und ebenso Dittoch. 105 sq. erwähnt. Diese Scene kehrt ziemlich häufig auf Gemälden wieder, so in einem sehr schönen Bilde von classischem Typus aus der Callixtkatakombe (Martigny, Dictionnaire des antiquités chrétiennes, 383; Aringhi, I, 321[1], 331; II, 47), noch häufiger auf Sarkophagreliefs (Aringhi, I, 197, 1 und 2, 199; II, 61, 191). Fast immer erscheinen die Magier zu dreien, einer hinter dem andern, ihre Geschenke in den Händen, während vor ihnen auf thronartigem Stuhle Maria mit

---

[1] Die angeführte Darstellung hat zwar nur die Maria mit dem Kinde, doch ist vor derselben ein Stück des Kalkes abgefallen, auf dem zweifelsohne die Magier abgebildet waren.

dem Kinde sitzt. Die Tracht der Magier erinnert an die der drei Männer im Feuerofen, in den hohen Mützen und den eigenthümlichen Beinkleidern; öfters bildet wol aus dem Grunde und, wegen einer auch durch die Zahl hervorgebrachten Symmetrie, dies Bild das Pendant des erwähnten alttestamentlichen. Mitunter ist die Scene reicher ausgestattet: die die Magier begleitenden Pferde sind ausgeführt (Aringhi, II, 71). Ein Sarkophagrelief aus der Kirche S.-Sebastiano (Aringhi, I, 349) fügt noch die Gestalt des Joseph hinzu, die Marchi ohne Grund als symbolische Darstellung des Heiligen Geistes ansehen will. Das Kind ruht nicht im Schose der Maria, sondern mumienartig eingewickelt in einem Korbe, Ochs und Esel davor, eine Darstellung die im 4. Jahrhundert aufkam; dahinter die Magier, ihre Geschenke, die in Vögeln und Blumen bestehen, in den Händen. Ueber dem Dache zeigt sich der Stern, der sie geleitet hat, und dessen Prudentius (Cath. 12, 1 sq.) in schwungvoller Beschreibung gedenkt.[a] Oft ist die Darstellung wieder beschränkter, auf einem Glasscherben findet sich nur ein Magier, seltsamerweise hinter ihm eine Rolle, der im altchristlichen Bilderkreise üblichen Bezeichnung des Evangeliums (Buonarotti, tav. 9, Fig. 3). Die Vorliebe der

---

[a] Die genannte Stelle des Prudentius (Apoth. 615—630) bietet nach mehr als einer Hinsicht ein interessantes Verhältniss zu gleichzeitigen und spätern künstlerischen Vorstellungen dar. Einmal die Stelle (Apoth. 615 sq.):
Vidimus hunc, ajunt, puerum per sidera ferri
et super antiquos signorum ardescere tractus,
scheint fast im Zusammenhang mit jener Vorstellung des Verfassers des „Opus imperfectum in Matthaeum", Homil. 2 (Fabricii cod. apocryph. N, I, 152) zu stehen, nach der der Stern die Gestalt eines kleinen Kindes gehabt, über dem etwas einem Kreuze Aehnliches geschwebt habe, das mit Recht von Münter „Der Stern der Weisen" (Kopenhagen 1827), S. 40 auf die Vorstellung mehr eines Sternbildes als eines einzelnen Sternes bezogen wird. Ferner ist die Verirrung des von Prudentius ausführlich geschilderten Thierkreises (Apoth. 617 sq.) als Zeichen der Geburt Christi eine ebenfalls häufiger vorkommende Vorstellung (Münter, Der Stern der Weisen, S. 44). Eine solche wird in den rabbinischen Schriften und den sibyllinischen Liedern angedeutet (ἐχύσεις διεσθύοντο κατὰ ζωστήρας λέοντος). Darstellungen des Thierkreises in den bekannten Zeichen waren der altchristlichen Kunst nicht fremd. Martigny führt ein Armband an, das dieselben trägt (Dict. des antiquités chrétiennes, p. 672) und das in einem christlichen Cömeterium gefunden wurde. Namentlich scheinen die Ophiten eine bildliche Darstellung des Thierkreises versucht zu haben. (Piper, Mythologie und Symbolik der christlichen Kunst, Bd. I, Abth. 2, S. 276 fg.)

bildenden Kunst für diesen Gegenstand geht mit der der Poesie Hand in Hand, die abendländischen und morgenländischen Dichter Juvencus, Sedulius, Prudentius, Paulinus von Nola, Gregor von Nazianz und die sibyllinischen Lieder haben das Ereigniss alle gepriesen, und zwar übereinstimmend als erste Verherrlichung des neugeborenen Heilands vor der gesammten Welt und Mittheilung an die Welt, dass das Heil gekommen sei. Einen symbolischen Hinweis auf Christi Würde und Los finden Prudentius (Cath. 12, 69 sq.) und Sedulius (Carmen paschale, II, 95 sq.) in den Gaben der Magier: Gold, Weihrauch und Myrrhen, die auf seine Gottheit, sein Königthum und sein Grab deuten sollten, eine sinnbildliche Weissagung, die an die des Simeon (Luk. 2, 34 und 35) erinnert. Wie wir es öfter bei Prudentius sehen, finden wir es auch in den bildlichen Darstellungen, dass zwei Scenen ineinanderklingen, und man möchte einen Anhalt dafür finden, dass in dem letztgenannten Relief bei Aringhi die Magier mit den Tauben, dem Dankopfer der Aeltern Jesu bei der Darstellung im Tempel, an die das Begegniss mit Simeon sich anknüpft, erscheinen (Luk. 2, 14). Ob die eigenthümliche Darstellung des Kindes auf diesem Relief, mumienartig eingewickelt, in der Weise, die für den begrabenen Lazarus typisch ist, an Christi Tod und Bestattung erinnern soll, wage ich nicht zu entscheiden. Die katholischen Ausleger haben sich Mühe gegeben, aus der in dieser Scene wiederholt vorkommenden Abbildung der Maria den Beweis einer schon in die ältesten christlichen Zeiten zurückdatirenden Verehrung der Maria zu ziehen. Doch können gerade hier die Dichter den rechten Commentar abgeben. Die angeführten Stellen derselben legen in der Schilderung dieser Scene auf die Maria selbst kein Gewicht, und wir dürfen daraus schliessen, dass auch die Bildwerke sie nur darstellen, weil sie zum Ganzen der Scene gehörte.

Als eine erwähnenswerthe Darstellung, in der dasselbe Verhältniss zwischen Prudentius und den altchristlichen Monumenten obwaltet, ist anzuführen:

2. Johannes der Täufer und die Taufe Christi durch ihn. Prudentius gedenkt der Gestalt des Johannes öfter als des Vorläufers Christi und des Vertreters strenger Enthaltsamkeit (Cath. 7, 45 sq.), als Märtyrers der Wahrheit (Dittoch. 134) und in seiner Verklärung (Perist. 5, 375). Seine Taufe und die Wirkung derselben wird (Cath. 7, 71 sq.)

berührt, der Taufe Christi geschieht aber blos einmal Erwähnung (Dittoch. 117). Aus mehrfachen Zeugnissen wissen wir, dass die Gestalt Johannes des Täufers in der plastischen Weise, wie die Schrift sie schildert, namentlich mit dem Kleide von Kamelhaaren, dessen auch Prudentius (Cath. 7, 61 und Dittoch. 118 sq.) gedenkt, angethan, auf Paramenten und Altarvorhängen vorkam, der sich dann andere Darstellungen, in denen Johannes mit dem apostolischen Faltengewande oder als Engel mit Flügeln in griechischen Manien erschien (Martigny, Dict., p. 330), zugesellten. Die Darstellung der Taufe Christi durch Johannes ist auf ältern Monumenten sparsam; ein Sarkophag, der sie uns bietet, Johannes in dem üblichen Kamelhaarkleide, Christus in halber Figur vor ihm, während die Taube über ihm fehlt, statt derselben aber ein Strom aus einer Wolke über ihn herabgleitet (Aringhi, II, 191), gehört entschieden einer spätern Zeit an, wie schon der vorgeschrittene künstlerische Verfall der Arbeit beweist. Das bekannte Bild der Taufe in der Pontiankatakombe (Aringhi, I, 228 und II, 275), das Christus bereits mit dem Nimbus darstellt und die Taube auf ihn herabkommend, stammt erst aus dem Anfang des Mittelalters.[1] Dass man indessen schon im 5. Jahrhundert anfing, die Taufe Christi darzustellen, beweisen einmal die Mosaik von S.-Giovanni in Fonte in Ravenna vom Jahre 451 (Ciampini vetera monimenta, I, tav. LXX), dann Paulinus von Nola, der die Taufe Christi in seinen Kirchen abbilden liess (Ep. 12 ad Sever.).

3. Das Weinwunder auf der Hochzeit zu Kana ist eine öfter auf Sarkophagen vorkommende Darstellung (Aringhi, I, 183, 191; II, 72), die Prudentius (Cath. 9, 31 sq.; Dittoch. 32) ohne symbolischen Bezug erwähnt. Mehr Nachdruck wird von ihm auf eine andere sehr häufig auf den altchristlichen Monumenten sich wiederholende Darstellung gelegt:

4. Die Speisung der Fünftausend durch Christum. Dieselbe findet sich öfter auf Sarkophagen (Aringhi, I, 183, 191, 195), auf Gläsern (Buonarotti, tav. VIII; Boldetti, 205 und 208) und auf ältern Katakombengemälden, so in S.-Callixt (de Rossi, Roma sotteranea, II, Atlas, tav. 14, 15, 16, 17). Auf den letztern hat die Scene einen andern Charakter. Während bei den

---

[1] Münter, Sinnbilder und Kunstvorstellungen, I, 82.

Reliefs einfach Christus dargestellt ist, der entweder mit seiner Hand oder mit einem Stabe die Fische und das Brot berührt, die theils in den Händen der Jünger, theils in auf der Erde befindlichen Gefässen vor ihm stehen, ist die Scene auf den Gemälden ziemlich übereinstimmend: eine Art Tisch mit einem Polster nach römischer Weise belegt, dahinter sieben Gestalten, vor ihnen auf zwei Schüsseln die Fische und das Brot in Körben, deren Zahl zwischen sieben, acht und elf variirt. De Rossi hat deshalb diese Darstellung nicht auf das Wunder der Speisevermehrung gedeutet, sondern auf das Mahl, das der auferstandene Herr den sieben Jüngern am Gestade des Sees von Tiberias bereitet (Joh. 21, 1 fg.), mit dem jenes Speisewunder vermischt und zusammengeschmolzen sei (de Rossi, Roma sotteranea II, 341, und in dem Aufsatz „De monumentis christianis Ἰχθυν exhibentibus"), sodass jene Brotkörbe aus demselben dazugesetzt wären; de Rossi findet in allen diesen Scenen den entschiedenen Bezug auf die Eucharistie und erläutert diese Ansicht durch Zusammenstellung der betreffenden Scenen mit andern eucharistischen Symbolen, die sich in Gruppen vereint mit dieser Scene finden. Eine Unterstützung für diese Ansicht ist, dass mehrfach die in den Körben befindlichen Brote mit den Kreuzlinien gezeichnet sind, die den Broten der Eucharistie eigen waren. Becker (Die Darstellung Christi unter dem Bilde des Fisches, S. 117 fg.) hebt dagegen mit allegorischer Deutung des Mahles am See von Tiberias den Hinweis auf ein Mahl der Vollendung hervor, in dem die Gemeinde Christi den Ἰχθύς vollkommen geniesst. Bei Prudentius findet sich keine bestimmte Deutung. In der originellen Behandlung des Wunders (Apoth. 704 sq.) wendet er es wie andere Wunder an, um auf die schaffende Gotteskraft Christi hinzuweisen, der das Kleine zum Grossen ausdehne. In der Anführung Dittoch. 145 sq. könnte auf ein Mahl der Vollendung hingewiesen sein, durch die Folgerung die der Dichter aus dem Wunder zieht (aeternae tanta est opulentia mensae). In der andern Erwähnung (Cath. 9, 58 sq.) liegt ein symbolischer Hinweis auf die Eucharistie nahe, indem nach Erzählung des Wunders Christus genannt wird:

> Tu cibus panisque noster, tu perennis suavitas (L l. 61).

was mit den Ideen des Evangeliums des Johannes (c. 6), von dem mystischen Genusse Christi, und mit den Worten der be-

rühmten Inschrift von Autun, die vom Genusse des Ἰχθύς handelt
und Christus als süsse Speise bezeichnet (Le Blant, Inscriptions chrétiennes de la Gaule, I, 1856), übereinstimmen würde. De Rossi sucht
einen Bezug auf die Eucharistie auch in der Anführung Apoth.
704 sq., in der der Dichter die Schilderung abschliesst mit den
Worten:

> Sed quid ego haec autem titubanti voce retexo,
> Indignus qui „Sancta" canam? (l. l. 741 sq.)

und deutet dieses „Sancta" als eine Erinnerung an das heilige Geheimniss der Eucharistie (Roma sotteranea, II, 344). Deutlicher
tritt eine Beziehung der Mannaspeisung auf die Eucharistie hervor
(Cath. 5, 97—108). — Eines der von Prudentius am häufigsten erwähnten Wunder Christi ist

5. das Wandeln auf dem Galiläischen Meere (Matth.
14, 25—31). In den Stellen Apoth. 655 sq. und Perist. 10, 945 sq.
wird dieser Vorgang, wie auch der vorige, nur zum Erweise der
göttlichen Macht Christi über die Natur benutzt. In der Vorrede
zum zweiten Buche gegen Symmachus und Perist. hymn. 7, 59 sq.
wird auch des Petrus erwähnt, der dem Herrn entgegenschreitet
und von ihm auf der stürmischen Flut gehalten wird. Eine bildliche Darstellung des Vorgangs findet sich auf einer Gemme (Aringhi,
II, 244). Das Schiff ist dargestellt auf dem Rücken eines Fisches,
des alten Symbols für Christus, daneben eine stehende und eine
knieende Figur mit der Beischrift Jesus und Petrus. Eine
andere, in den Katakomben von S.-Callixt gefundene Darstellung ist ein von Wellen überströmtes Schiff, daneben eine Gestalt
mit betend erhobenen Händen, über die eine Gestalt aus den Wolken die Hand ausbreitet, während weiter zurück eine andere Gestalt mit den Wellen kämpft. Von de Rossi (Roma sotteranea, II,
347, vgl. Atlas, tav. 15) und Martigny (Dict. des antiquités etc.,
226 sq.) wird hierin eine allegorische Darstellung der Kirche
gesehen, die im Meere der Welt schwanke, die betende Gestalt
soll den Gläubigen, die im Wasser kämpfende den andeuten, der am
Glauben Schiffbruch gelitten habe. Befindet sich diese Darstellung
der Callixtkatakombe allerdings in einem Cyklus von Bildern, die vorzugsweise nicht biblische Scenen zum Inhalte haben, so ist doch eine
Deutung auf jenes Wandeln Christi auf dem Meere nicht völlig
abzuweisen, und die schwimmende Gestalt könnte auf den sinkenden

Petrus sehr gut bezogen werden. Auf jeden Fall hat diese Darstellung, selbst wenn sie nur in entfernterer Weise damit zusammenhinge, von jenem Wunder ihr Motiv genommen. — Es treten nun eine Anzahl von Heilungswundern Christi hervor, die sich ebenfalls sowol bei Prudentius wie in den altchristlichen Bildwerken finden.

6. Die Heilung des blutflüssigen Weibes (Luk. 8, 43 und 44). Sie wird von Prudentius nur einmal (Cath. 9, 40 sq.) und rein historisch referirend erwähnt. Die Darstellung findet sich öfter auf Sarkophagen, und ist schwer von der der Heilung der Kananiterin zu unterscheiden (Matth. 15, 22), die auch hin und wieder vorkommt. Meines Erachtens ist das unterscheidende Moment weder von Münter (Sinnbilder und Kunstvorstellungen, Heft 1, 94 fg.) noch von Martigny (Dict. des antiquités etc., p. 139 und 288) richtig gefasst. Wenn eine solche charakteristische Unterscheidung vom Künstler beabsichtigt war, so muss sie, wie in den vereinzelten Berichten selbst, nicht sowol in Tracht und Haltung des Weibes, sondern im Verhalten des Herrn gegen sie liegen. Sonach erscheint mir die Darstellung (Aringhi, I, 185, 199), wo Jesus abweisend die Hand von dem Weibe zurückzieht, als wolle er sagen: „Ich bin nicht gesandt als zu den verlorenen Schafen vom Hause Israel" (Matth. 15, 24), nur für die der Kananiterin gehalten werden zu können, die Darstellung dagegen, in der Christus sich segnend der vor ihm knienden Frauengestalt zuneigt, auf die Blutflüssige hinzuweisen (Aringhi, I, 183, 193, 347, 351). Wie wegen des allgemeinen Erweises der Macht Christi scheint diese Darstellung auch wegen einer symbolischen Bedeutung bevorzugt worden zu sein. Mehrere Väter nehmen das blutflüssige Weib als Sinnbild der aus den Heiden gewonnenen Kirche, und das Blut derselben als Typus des Märtyrerthums (Martigny, l. l. 283). Noch häufiger vorkommend ist

7. die Heilung des Blinden. In den Evangelien werden verschiedene Blindenheilungen erwähnt (Matth. 20, 30 fg.; Mark. 8, 22 fg.; 10, 46 fg.; Luk. 18, 35 fg.; Joh. 9, 1 fg.), und es fragt sich dabei, welche Vorgänge für die künstlerische Wiedergabe massgebend waren. Die Darstellung, die sich auf Gemälden (siehe das eine aus der Callixtkatakombe, Bottari, tav. 68, Nr. 1), namentlich auf Sarkophagen findet, und die dadurch charakteristisch ist, dass der Blinde meist von kinderhafter Kleinheit neben Christus dargestellt wird, zeigt Christus fast immer in derselben Haltung, die Finger

dem Blinden auf die Augen legend (Aringhi, I, 183, 201, 253, 254, 347, 1; 351, 2); mitunter legt er die andere Hand noch auf den Kopf des Blinden (Aringhi, I, 191, 2). Diese Haltung weist uns als Anhaltepunkt des Künstlers wesentlich auf die Stellen, wo die Heilung durch eine leibliche Berührung Christi bewirkt wird (Matth. 20, 34; Mark. 8, 25; Joh. 9, 1 fg.). Welche von diesen Scenen aber bestimmt als Vorwurf gedient hat, dafür dürfte das Zeugniss des Prudentius, der den Vorgang dreimal behandelt, einen Anhalt geben. Jedesmal, wo er denselben erwähnt (Cath. 9, 34 sq.; Apoth. 672 sq.; Dittoch. 129 sq.), wird der von Jesu benetzte aufgestrichene Lehm als Heilmittel genannt (Cath. 9, 35; Apoth. 675; Dittoch. 131), und es weist dies schon mit Entschiedenheit auf die Johanneische Blindenheilung (Joh. 9, 6). Noch deutlicher wird der Hinweis durch die Erwähnung des Bades in dem Teiche Siloah (Joh. 9, 7), als zu der Heilung gehörig (Apoth. 680 und im Dittochäon 129 sq., wo der ganze Vorgang unter der Ueberschrift: „Piscina Siloah" behandelt wird). Hält sich somit der Dichter an die Johanneische Erzählung, so ist kein Grund, anzunehmen, dass nicht auch in den bildlichen Darstellungen dieselbe die Grundlage abgab. Den Grund für eine häufigere Darstellung dieses Wunders hat man theilweise in der durch Christus bewirkten Erleuchtung (1 Petr. 2, 9), theils in einem Hinweis auf die Auferstehung des Fleisches finden wollen. Prudentius gibt dem Vorgang einen mystischen Bezug auf die Taufe (Apoth. 697), das neue Lebenswasser, das von Christi göttlichem Hauche durchweht die vertrocknete Erde belebt und heilkräftig macht, und auf die durch dieselbe bewirkte Wiedergeburt, ein Durchdringen des Stoffes mit göttlicher Kraft, aus dem Christus den Menschen bildete (Apoth. 690). Bei dieser Gelegenheit vertauscht er den Teich Siloah mit dem von Bethesda, und schildert jenen in der schäumend aufquellenden Art, in der der letztere (Joh. 5, 1 fg.) dargestellt wird (Apoth. 680 sq.; Dittoch. 129 sq.). Es wird so das Wunder an dem Blinden mit diesem Teiche in Verbindung gebracht, während an demselben vielmehr das Wunder an dem Gichtbrüchigen geschah (Joh. 5, 8 fg.).

8. Die Heilung des Gichtbrüchigen findet sich in sehr häufiger Wiederholung auf Gemälden der Katakomben (de Rossi, Roma sotteranea, II, Atlas, tav. 16; Aringhi, II, 43, 81), auf Sarkophagen (Aringhi, I, 193, 2; 195, 3; 201, 1; 254, 351, 2; II, 191),

auf Gläsern (Buonarotti, tav. 9, 1 und 2). Stets wird der Gichtbrüchige mit einem Bett auf der Schulter vorgeführt; auf Sarkophagen ist Christus meist dabei, der die Hand ihm segnend auflegt. Auf einem Sarkophagrelief (Aringhi, I, 199) ist der ganze Bethesdateich mit seinen Hallen abgebildet, zwei Stockwerke scheiden die Scene voneinander; im obern trägt der Gichtbrüchige sein Bett fort, im untern ruht ein Gebrechlicher auf seinem Lager. Durch diese Zuthaten wird klar, wie auch die Heilung des Gichtbrüchigen nach den Johanneischen Berichten dargestellt ist, und es fragt sich auch hier wieder nach einer symbolischen Bedeutung des Ganzen.

Viele Ausleger sehen in diesem Wunder eine Symbolisirung der Busse und Sündenvergebung. De Rossi macht scharfsinnig darauf aufmerksam, dass dieses Bild meist in Verbindung mit Symbolen der Taufe vorkomme (de Rossi, Roma sotteranea, II, 334 sq.). Wie er dies in der Callixtkatakombe nachweist (vgl. Roma sotteranea, II, Atlas, tav. 16), so findet es sich auch anderswo in Katakombenbildern bestätigt (Aringhi, II, 43 und 81), wo diese Darstellung immer in einem Cyklus hervortritt, in dem auch das Taufsymbol des aus dem Felsen geschlagenen Wassers nicht fehlt. Den Bezug auf die Taufe zu bestätigen, greift de Rossi auf die Deutung Tertullian's von dem Teiche Bethesda als einem Symbol der Taufe zurück, und diesen sinnbildlichen Zusammenhang fanden wir auch bei Prudentius (Apoth. 697), der im übrigen die Heilung des Gichtbrüchigen nur flüchtig berührt (Cath. 9, 67 sq.). In einem geistigen Zusammenhange mit diesen Bildern steht eines, das, ebenso dem Dichter wie dem Künstler gemeinsam, sehr oft auf altchristlichen Denkmälern vorkommt:

9. Die Auferweckung des Lazarus. Während andere Todtenerweckungen Christi, die Erweckung des Jünglings zu Nain, die Auferweckung der Tochter des Jairus, sich nicht dargestellt finden, so kehrt dieses mächtigste Beispiel von Christi wunderthätiger Kraft von den ältesten Zeiten ab in den christlichen Darstellungen wieder, so auf Gemälden in der Callixtkatakombe (de Rossi, Roma sotteranea, II, Atlas, tav. 14, 15, 24), in den andern Cömeterien (Aringhi, II, 32; III, 37; II, 43; IV, 49; IV, 88; III, 153; V, VII), auf Sarkophagen (Aringhi, I, 195, 197, 201, 253, 254, 351; II, 191), auf Grabsteinen (Aringhi, II, 12, 284), auf Glasscherben

(Buonarotti, tav. VII, 1, 2 und 3). Als durch die meisten dieser Abbildungen hindurchgehender charakteristischer Zug ist die mumienartige Einhüllung des auferweckten Lazarus zu betonen, der entweder in einer Felsenöffnung oder einer architektonisch ausgeführten Grabmalpforte steht, von Christum entweder mit einer sprechenden Handbewegung gleichsam gerufen, oder mit dem Stabe, mit dem Christus einen Theil seiner Wunder vollführend dargestellt wird, berührt. Auf einzelnen Darstellungen fehlt die mumienartige Umwickelung, und die Gestalt schreitet frei heraus (de Rossi, Roma sotteranea, II, Atlas, tav. 14 und 15), auf andern ist das Grab eine Vertiefung in den Erdboden, aus der sich die Gestalt des Lazarus, von Christus gehoben, herausbegibt (Aringhi, II, 32, 191), auf Sarkophagdarstellungen finden sich häufig zur Vervollständigung der Gruppe Martha und Maria in demüthiger Stellung vor dem Herrn, die auf den Gemälden meist fehlen. Die Deutung liegt hier näher wie bei irgendeiner andern Darstellung. Es gab keinen passendern und geeignetern Hinweis auf die Auferstehung als gerade diesen, und das Wort Christi (Joh. 11, 25): „Ich bin die Auferstehung und das Leben, wer an mich glaubt, wird leben ob er gleich stürbe", wird gleichsam zum Commentar des Bildes. So hat die Stelle auch Prudentius aufgefasst (Cath. 9, 46; Dittoch. 149 sq.; namentlich Apoth. 741 sq.). De Rossi macht auch hierbei wieder auf den Zusammenhang aufmerksam, in dem sich das Bild mit einem Cyklus anderer Bilder befindet. Es kommt einmal als Pendant zu Moses, der das Wasser aus dem Felsen schlägt, und in Verbindung mit dem alttestamentlichen Haupttypus der Auferstehung, dem Jonas (de Rossi, Roma sotteranea, 330), sodann in Verbindung mit verschiedenen Tauf- und eucharistischen Symbolen, der Consecration der Fische und Brote, des Mahles am See Tiberias, des Fischers (de Rossi, Roma sotteranea, II, Atlas, tav. 14, 15 und 16) vor, und de Rossi sieht es als Hinweis auf das ewige Leben an, dessen Unterpfand das Sakrament der Taufe und des heiligen Abendmahls bildet. Er vermuthet sogar einen solchen Bezug bei Prudentius, indem derselbe unmittelbar nach der Schilderung des Speisewunders zur Auferweckung des Lazarus übergehe (vgl. Apoth. 741; Roma sotteranea, II, 334).

Von weitern Scenen, die wir sowol bei dem Dichter als in den altchristlichen Kunstwerken finden, ist aus der Leidensgeschichte

Christi nichts zu bemerken. Von den in dieselbe gehörigen Vorgängen, die auf den Denkmälern, d. h. meist nur auf den Sarkophagen, vorkommen, dem Einzuge Jesu in Jerusalem, der mit der Luk. 19, 2, erwähnten Episode von Zachäus auf dem Maulbeerbaume vor Jericho verbunden dargestellt wird (Aringhi, I, 177, 185, 2; 199, 1 und 2; 351, 2; II, 71, 1), dem Fusswaschen (Aringhi, I, 187)[1], der Gefangennehmung Jesu (Aringhi, I, 177, 195), Pilatus, der sich die Hände wäscht (Aringhi, I, 177, 193, 2; 195, 1; 253, 1), findet sich nur eine auch bei Prudentius berücksichtigt; es ist die Verleugnung Petri, deren schon bei Erwähnung des Hahns gedacht worden ist (Aringhi, I, 185, 193, 4; 199, 2). Der verhängnissvolle Hahn findet sich auf allen den genannten Darstellungen, einmal auf einer Säule zwischen Christus und Petrus meist auf der Erde stehend, wieder; und hier klingen jene Betrachtungen des Prudentius im ersten Hymnus des Cathemerinonbuches an, da er den Hahn als Boten des nahenden Lichts, der die Sünde zu Ende bringt und Reue der Sünde wirkt, auffasst und ihn somit zum Symbol der Rechtfertigung des Fehltrittes des Petrus macht (Cath. 1, 49 sq.). Ob die eigenthümliche Darstellung auf einem Sarkophag (Aringhi, I, 193, 2), wo die ebengenannte Scene zum Hintergrunde mehrere Baulichkeiten hat, mit dem „Domus Caiphae" überschriebenen Tetrastichon des Prudentius (Ditroch. 156 sq.) in Verbindung gebracht werden kann, ist zweifelhaft. Ebenso kann nicht bestimmt gesagt werden, ob eine Darstellung zweier stehenden und eines liegenden Menschen, über denen mehrere Köpfe hervorragen, und vor denen eine als Christus gekennzeichnete Gestalt steht (Aringhi, I, 197 und II, 73), die als das Gesicht des Ezechiel von der Auferstehung erklärt wird, durch die Stellen Cath. 9, 100 sq. und Apoth. 1062 sq. bei Prudentius, in denen die Auferweckung der Todten durch Christus ausgesprochen wird, eine Erläuterung empfängt. Aber vielleicht kann eine eigenthümliche Darstellung aus den Katakomben von Neapel, den Bau eines thurmartigen Gebäudes durch weibliche Gestalten vorstellend (Bellermann,. Ueber die ältesten christlichen Begräbnissstätten, Tafel 5), die Bellermann in Verbindung setzt mit der dritten Vision im ersten

---

[1] Der betreffende Vorgang wird von Aringhi für das Verhör vor Hannas gehalten.

Buche des Hermas (c. 3, 4, 5), wo der Bau der Kirche als eines Thurmes durch Engelhand ausgeführt wird, zu den Versen des Prudentius in Bezug gebracht werden, wo derselbe im Gegensatz gegen den jüdischen Tempelbau den Bau des himmlischen Tempels beschreibt, den Christus, von Engeln begleitet, betritt (Apoth. 532; vgl. dazu Dittoch. 121 sq.). Die sonst bei Prudentius im Dittochäon und im neunten Hymnus des Cathemerinonbuches erwähnten Scenen und Gegenstände: der Kindermord zu Bethlehem (Dittoch. 113 sq.), die Hinrichtung des Johannes (Dittoch. 134 sq.), die Dämonenaustreibung in Gergesa (Dittoch. 141 sq. und sonst öfter), die Auferweckung des Jünglings zu Nain (Cath. 9, 43 sq.), die Heilung des Aussätzigen (Cath. 9, 31 sq.), die Beschwichtigung des Sturmes (Cath. 9, 37 sq.), die Heilung des Taubstummen (Cath. 9, 64 sq.), der Blutacker (Dittoch. 153 sq.), die Säule der Geiselung (Dittoch. 161 sq.), das Grab Christi (Dittoch. 169 sq.), der Oelberg (Dittoch. 173 sq.), die schöne Pforte des Tempels (Dittoch. 181 sq.), das Gesicht des Petrus, das denselben zur Taufe des Cornelius bewegt (Dittoch. 185 sq.), die Bekehrung des Paulus (Dittoch. 189 sq.), kennen wir in bildlicher Darstellung nicht. Die Cath. 9, 79 sq. und Dittoch. 165 erwähnte Schilderung des Leidens und Todes Christi kommt erst in spätern Darstellungen vor. Der Hauptsache nach ist das auch mit der apokalyptischen Schilderung der Anbetung des Lammes durch die vierundzwanzig Aeltesten (Dittoch. 193 sq.) der Fall, die sich vom 5. Jahrhundert ab sehr oft auf Mosaiken findet. Das Martyrium des Stephanus (Dittoch. 177 sq.) erwähnt Augustin als eine ihn anmuthende Darstellung (Serm. 94, D. natal. Steph.: „Dulcissima pictura est haec ubi videtis S. Stephanum lapidari; videtis Saulum lapidantium vestimenta servantem"). Dieser Hinweis auf Paulus führt uns endlich noch auf die eigenthümliche Ueberschrift des achtundvierzigsten Dittochäon 189—192: „Vas electionis." Paulus braucht das Wort Gefäss öfter (Röm. 9, 21 fg.; 2 Kor. 4, 7), und zwar mit Beziehung auf das Verhältniss des Geschöpfes zum Schöpfer, als Bildung der Hand desselben, wie das Thongefäss aus der Hand des Töpfers hervorgeht, und mit besonderer Beziehung auf den Leib, als das Gefäss, das die Seele enthält. In dem Sinne, wie Röm. 9, 22 und 23 zwischen Gefässen der Barmherzigkeit und des Zornes unterschieden wird, wird Paulus selbst „Vas electionis" von Prudentius genannt. Derselbe braucht dies Wort aber auch in dem andern Paulinischen Sinne vom Körper, so Perist. 5, 301—304, wo der Engel zu Vincentius spricht: „Pone hoc caducum vasculum"; und in dem Sinne, wie Paulus Röm. 9, 21 von einem Gefässe der Unehre spricht, wendet er es auf sich selbst an, indem er sich in dem Epilog, der die Verschiedenheit des Werthes der Menschen unter dem Bilde verschiedener, mehr oder minder kostbarer Gefässe bespricht, als „obsoletum vasculum" bezeichnet, das in der Ecke stehe (Epilogus vs. 25 sq.). Gefässe nun, entweder als Fass oder Krug geformt, finden sich öfter auf Grabsteinen der Katakomben und werden von de Rossi ganz in dem durch Paulus angedeuteten und durch Prudentius ausgeführten Sinne erklärt (de Rossi, Roma sotteranea cristiana, II, 324—326).

Durch die oben gegebene Zusammenstellung glauben wir erwiesen zu haben, dass sich die Mehrzahl der Schriftstellen, die Prudentius vorzüglich gebraucht, auch in den vornehmlichsten Darstellungen der altchristlichen Kunst wiederfinden. In der Hauptsache beschränkt sich der Schriftgebrauch des Prudentius gerade auf diese Stellen. Andere Schriftstücke, bei denen dies Verhältniss nicht statt hat, sind theilweise von Prudentius nur oberflächlich berührt, theilweise eigneten sie sich am allerwenigsten für die künstlerische Wiedergabe, z. B. das Einfahren der ausgetriebenen Dämonen in die Schweine von Gergesa (Cath. 9, 55 sq.; Hamart. 620 sq.; Perist. 10, 40; Dittoch. 141 sq.) und anderes mehr.

Es fragt sich nun, begründet diese Uebereinstimmung der von Prudentius gebrauchten und auf den altchristlichen Monumenten dargestellten Schriftepisoden bereits die Annahme eines Verhältnisses beider in dem Sinne, dass auf eine Abhängigkeit des Dichters von jenen Bildwerken geschlossen werden kann? Darauf kann allerdings erwidert werden, dass, da eben die Schrift dem einen wie dem andern zur Benutzung vorlag, diese Uebereinstimmung auf der gemeinsamen Quelle beider basire, ohne ein Abhängigkeitsverhältniss untereinander zu motiviren. Indessen darf hier nicht übersehen werden, dass gerade der Kreis der von Prudentius ausführlicher benutzten Schriftstellen sich bis auf verhältnissmässig geringe Ausnahmen auf die in den Kunstwerken angewandten beschränkt, und es kommen dazu eine Anzahl anderer Momente, die einen Bezug der Dichtung des Prudentius auf diese künstlerischen Darstellungen wahrscheinlich machen. Es ist hier zuerst zu erinnern an ein Attribut des heiligen Laurentius, das Prudentius demselben verleiht, die „Corona civica" (Perist. 2, 556). Dieselbe, aus Eichenlaub bestehend, wurde dem Bürger, der einen Bürger errettet hatte, von diesem verliehen (Gellius, l. V, c. 6). Sie wird dem Laurentius ertheilt, weil er die römischen Bürger vom Götzendienst befreit habe.[1] Mit einer solchen Bürgerkrone in der Hand finden wir eine Darstellung des Laurentius in den Katakomben von Neapel (Bellermann, Die ältesten christlichen Begräbnissstätten, tav. 7), die Bellermann für aus dem 5. Jahrhundert stammend hält (a. a. O., S. 80). Ebenso weist der Dichter in dem Hymnus auf die heilige Agnes auf eine doppelte Krone hin, die sie trage, die Krone der Jungfräulichkeit und des Martyriums (Perist. 14, 7 sq. und 119 sq.); und wiederum finden sich öfters bei Darstellungen der heiligen Agnes (Buonarotti, tav. 18, 3) zwei Tauben mit zwei Kränzen im Schnabel, die ihr dieselben darreichen. Wir haben hierin einen unleugbaren Anhaltepunkt für einen Zusammenhang der Vorstellungen des Dichters mit denen der bildenden Kunst gefunden.

In der Schilderung des Baptisteriums an der Peterskirche (Perist. 12, 37 sq.) erwähnt der Dichter Gemälde, die die Stätte auszuschmücken bestimmt sind:

Omnicolor vitreas pictura superne tingit undas (vs. 39).

und endet dann:

Pastor oves alit ipse illic gelidi rigore fontis,
videt altire quas fluenta Christi (vs. 43 sq.).

Bunsen sieht in diesen letztern Worten völlig mit Recht eine Anspielung auf eine Mosaik, die Christus auf dem Felsen, dem Wasser

---

[1] Ueberhaupt war es ein echt römischer Zug, die Heiligen, die auf römischem Boden das Martyrium erlitten und die in Rom besonders verehrt wurden, gleichsam zu idealen Ehrenbürgern Roms zu machen. Vgl. das Gedicht, das Damasus in den Katakomben in Stein hauen liess, und in dem er der Verhütung des Raubes der Gebeine des Petrus und Paulus durch zugereiste Griechen gedenkt:

Hic habitasse prius sanctos cognoscere debes
nomina quisque Petri pariter, Pauloque requiris.
Discipulos oriens misit, quod sponte fatemur:
Sanguinis ab meritum Christumque per astra secuti.
Aetherios petiere sinus et regna piorum.
Roma suos potius meruit defendere cives.
Haec Damasus: vestras referat nova sidera laudes.

entsprudelt, dargestellt habe, während die Gläubigen, durch Schafe symbolisirt, durstig herbeieilen (Beschreibung der Stadt Rom, II, 83). Hierzu kommt auch in der Darstellung der biblischen Scenen eine Art und Weise der Schilderung, die die Anlehnung an bildliche Darstellungen sehr wahrscheinlich macht, und nicht allein durch die gemeinsam biblische Benutzung zu erklären ist. Es sind zum Beleg drei biblische Scenen hier zu erwähnen. — Prudentius schildert (Apoth. 126 sq.) die Errettung der drei Männer im feurigen Ofen, und zwar in freier Benutzung des Buches Daniel c. 3. Es wird in der biblischen Erzählung dabei des Umstandes gedacht, dass der König diese Männer in voller Kleidung: Beinkleid, Untergewand, Mantel und sonstigen Kleidungsstücken habe in den Ofen werfen lassen (Dan. 3, 21), wobei die LXX das eine Unterkleid mit τιάρα übersetzen, eine Abweichung, die dann auch in die Vulgata und in die Lutherische Uebersetzung übergegangen ist. Dieser Bekleidung der babylonischen Märtyrer gedenkt Prudentius:

> Barbaricos calida nam sinus non tangere jussa
> praeterit, et tenues stridens transcurrit amictus.
> Ipse per Assyrias vetitus vapor ire tiaras (Apoth. 145 sq.).

Er weicht bei dieser Schilderung in keiner Weise von der Schrift, wie sie ihm zugänglich war, ab, und wiederholt nur ihre Angaben. Aber abgesehen davon, dass er dieses Umstandes überhaupt Erwähnung thut, sind die beiden Epitheta: „Barbaricos sinus" und „Assyrias tiaras" charakteristisch. Prudentius scheint damit auf eine besondere auffällige Form der Kleidung und der Hüte hinzuweisen, die durch diese Erwähnung dem Leser klarer zu werden vermochte, und durch diese Bezeichnungen an die beschriebenen Gestalten als an bekannte erinnern zu wollen. Die Erklärung dazu findet sich am leichtesten, wenn wir an die bildlichen Darstellungen dieses Vorgangs denken, wie dieselben sich öfter wiederholen. In der That werden dabei fast durchgängig die drei Jünglinge im feurigen Ofen in der erwähnten Weise dargestellt, mit faltiger Aermeltunika bekleidet, auf dem Haupte die spitzige Tiara, die als Zeichen der Morgenländer überhaupt gilt (so auch bei den drei Magiern aus dem Morgenlande und den persischen Heiligen Abdon und Sennen, vgl. Martigny, Dictionnaire des antiquités chrétiennes, p. 1 sq.). In diesem von andern unterschiedenem Anzuge prägte sich ihre Gruppe dem

Auge der Beschauer ein. Die Schilderung des Dichters hatte nur an diese charakteristischen Attribute zu erinnern, um das Bild vor das geistige Auge zurückzurufen. — Das Bild, das wesentlich auf den ältern Freskogemälden der Katakomben vorkommt, mag vielleicht auch dem Tertullian bekannt gewesen sein, wenn er bei der Erwähnung der drei Märtyrer auch der charakteristischen Tiaren nicht vergisst (De oratione, c. 12).

Die andere biblische Scene, in welcher die directe Anlehnung an eine bildliche Darstellung die Schilderung des Dichters beeinflusst zu haben scheint, ist die des Daniel in der Löwengrube (Cath. 4, 37 sq.). Erwähnt die Schrift im allgemeinen nur die Verschonung Daniel's, die Daniel selbst damit erklärt, dass der Engel Gottes den Löwen den Rachen zugehalten habe (Dan. 6, 22), so führt Prudentius die Scene weiter aus:

> O, semper pietas fidesque tuta!
> lambunt indomiti virum leones
> intactumque Dei tremunt alumnum.
> Abstant comines et jubas reponunt,
> macruescit rabies famesque blanda
> praedam rictibus ambit increpulis.
> Sed cum tenderet ad superna palmas
> expertumque sibi Deum rogaret
> . . . . (Cath. 4, 46 sq.).

Hierbei erwähnt der Dichter ein sowol in der Haltung Daniel's wie im Verhalten der Löwen charakteristisches Moment, das wiederum auf den altchristlichen Bildwerken sich findet. Wo immer Daniel in der Löwengrube dargestellt ist, ist er es in derselben Situation, die Hände betend nach oben ausgebreitet, und ebenso sind die beiden ihn links und rechts umgebenden Löwen immer in derselben Weise abgebildet: freundlich zu ihm aufschauend, oder ihn leckend.

Im Dittochäon (vs. 29 sq.) wird das Gesicht des Moses im Dornbusch geschildert, und dabei Moses als „Juvenis" erwähnt; und auf den ältern Darstellungen des Moses, in der Situation des Schuhablösens, und bei dem Wunder des aus dem Felsen geschlagenen Wassers, tritt gerade die jugendliche Bildung des Moses eigenthümlich hervor. Auch hier trifft die Schilderung des Dichters gerade in Einzelheiten mit der bildlichen Darstellung zusammen. Ueberhaupt ist im allgemeinen schon die Art und Weise bemerkenswerth, in der Prudentius dergleichen biblische Scenen schildert und in

den Gang seiner Dichtungen einflicht. Abgesehen von der plastischen
Lebendigkeit, in der er diese Scenen erzählt, und die immer den Eindruck macht, als ob dieselben in greifbarer Wirklichkeit ihm vor Augen
stehen (vgl. die erwähnte Schilderung Daniel's [Cath. 4, 37 sq.], die
Schilderung der Errettung Israels aus Aegypten, den Untergang Pharao's, die Wunder in der Wüste [Cath. 5, 29 sq.], die Geschichte
des Jonas [Cath. 7, 86 sq.], die Anbetung Christi durch die drei
Weisen [Cath. 12, 53 sq.], die drei Männer im feurigen Ofen [Apoth.
126 sq.], die Auferweckung des Lazarus [Apoth. 741 sq.] u. s. w.),
ist die Ausführlichkeit eigenthümlich, mit der er, oft ohne dass es
zum Belege der von ihm ausgesprochenen Gedanken nöthig erscheint, ja oft so, dass der Gang der Gedanken aufgehalten und
der Gesammteindruck geschwächt wird, bei diesen biblischen Scenen
verweilt. Oft macht es dabei den Eindruck, als ob er die ganze
Anlage dieses oder jenes Gedichtes auf die Anführung dieses oder
jenes biblischen Bildes zugespitzt habe. Oft geht er ohne ersichtlichen Grund zu einer solchen biblischen Schilderung über und
scheint darüber den ganzen Zusammenhang vergessen zu haben.
So ist es z. B. der Fall bei dem fünften Hymnus im Buche Cathemerinon. Der Dichter schildert in demselben das Licht der angezündeten Kerzen, und gelangt dabei zum Preise Gottes, des Ursprungs alles Lichts; dies führt ihn auf die Erscheinung Gottes vor
Moses als brennende Flamme im Dornbusch (Cath. 5, 31—36).
Er verbindet damit die Feuersäule, in der Jehovah das Volk durch
die Wüste führte (vs. 37—44). Nun aber, den Cyklus der Mosesgeschichte fortführend, schildert er die Verfolgung des ausziehenden
Israel durch Pharao, dessen Untergang, das Wasser aus dem Felsen,
die Versüssung des bittern Wassers von Mara, die Wachteln und
das Manna; knüpft daran die mystischen typologischen Beziehungen
und gelangt durch die letztern auf das Mysterium der Eucharistie
und das dadurch bewirkte ewige Leben, um erst gegen den Schluss
wieder auf den eigentlichen Gedankengang des Gedichtes zurückzulenken und von der durch das Licht erhellten Nacht weiter zu reden.
Aehnlich findet bei dem siebenten Hymnus Cathemerinon, dem
Hymnus in der Faste, eine so ausgedehnte Schilderung von hervorragenden Fastenbeispielen statt (Elias, Johannes, die durch Jonas'
Predigten erschütterten Niniviten, Christus selbst), dass sich der
ganze Hymnus beinahe in diese Schilderung auflöst. Eine eben-

solche ausgedehnte Aneinanderkettung von biblischen Schilderungen findet sich in der Apotheosis (vs. 601—766). Der Dichter geht dabei, die Gottesmacht Christi über die Welt zu erweisen, auf dessen Lebensgeschichte ein, die er von seiner Geburt ab verfolgt und bei der er des Wandelns auf dem Meere, der Heilung des Blinden, der Vervielfältigung des Brotes in der Wüste, der Erweckung des Lazarus in farbenreicher Darstellung gedenkt. Betrachten wir die einzelnen so zusammengefügten Schilderungen genauer, so erkennen wir in ihnen den Inhalt altchristlicher Kunstdarstellungen wieder, und erwägen wir die Art und Weise, wie er dieselben dem Ganzen anreiht, so drängt sich uns das Gefühl einer Absichtlichkeit auf, als wolle der Dichter den Anlass benutzen, um auf Grund dieser Scenen, als eines seinen Lesern bekannten Bodens, einen tiefern Lehrgehalt entwickeln.

Vermag auch das hier Angeführte den evidenten Beweis einer Abhängigkeit der Schilderungen des Prudentius von den altchristlichen Bildwerken nicht zu erbringen, so kommt uns das Buch Dittochäon zu Hülfe. — Es ist mir unbedingt gewiss, dass die neunundvierzig Tetrastichen dieses Buches, wie Arevalus und Dressel (Prudentii carmina, p. 15) vermuthen, poetische Erklärungen zu Bildern sind, die die beschriebenen Scenen darstellen. Darauf führt einmal der kurze beschreibende Ton, in dem alle Scenen und die in denselben auftretenden Gestalten berührt werden, und die stetig wiederkehrende Bezugnahme auf eine bestimmt abgeschlossene Situation, in die jedes Tetrastichon unvermittelt hineinführt, z. B. das dritte Tetrastichon: „Arca Noe":

> Nuncia dilucii jam decrescentis ad arcam
> ore columba refert ramum viridantis olivae;
> corvus enim ingluvie per foeda cadavera captus
> haeserat: illa datae revehit nova gaudia pacis (vs. 3 sq.).

das zehnte Tetrastichon: „Moses accepit Legem":

> Fumat montis apex divinis ignibus, in quo
> scripta decem verbis saxorum pagina Moysi
> traditur: ille suos suscepta lege revisit,
> forma sed his vituli solus Deus et Deus aurum (vs. 36 sq.).

das fünfunddreissigste Tetrastichon: „Per mare ambulat Christus":

It mare per medium Dominus fluctuaque liquentes
calce terens jubet instabili descendere cumba
discipulum; sed mortalis trepidatio plantas
mergit, at ille manum regit et vestigia firmat (vs. 136 sq.).

Weiter finden sich im Dittochäon einzelne Tetrastichen, deren Ueberschrift sowol als der ganze Inhalt nothwendig auf eine bildliche Darstellung hinweisen und ihrer bedürfen, um verstanden zu werden. Es sind das jene Tetrastichen, die nicht eine besondere Situation, sondern einen bestimmten, in der heiligen Geschichte berühmten Ort beschreiben. So das vierte Tetrastichon: „Ilex Mambrae" (vs. 13 sq.), das fünfte: „Monumentum Sarae" (vs. 17 sq.), das dreizehnte: „Lacus Myrrhae in Eremo" (vs. 49 sq.), das vierzehnte: „Elim lucus in Eremo" (vs. 53 sq.), das fünfzehnte: „XII lapides in Jordane" (vs. 57 sq.), das sechszehnte: „Domus Raab meretricis" (vs. 61 sq.), das dreiundzwanzigste: „Captivitas Israel" (vs. 89 sq.), das vierundzwanzigste: „Domus Ezechiae" (vs. 93 sq.), das sechsundzwanzigste: „Civitas Bethlehem" (vs. 101 sq.), das einunddreissigste: „Pinna templi" (vs. 121 sq.), das neununddreissigste: „Ager sanguinis" (vs. 153 sq.), das vierzigste: „Domus Caiphae" (vs. 157 sq.), das einundvierzigste: „Columna ad quam flagellatus est Christus" (vs. 161 sq.), das dreiundvierzigste: „Sepulcrum Christi" (vs. 169 sq.).

Das zwingendste Moment jedoch, einen derartigen Bezug auf Bilder anzunehmen, liegt in directen Hinweisen auf dieselben, mit dem demonstrativen „hic", wie sie in mehrern Tetrastichen sich finden. So z. B. im vierten: „Ilex Membrae:"

Hospitium hoc Domini est, ilex ubi frondea mambre
armentale senis pertexit culmen: in ista,
risit Sara easa, sobolis sibi gaudia sera
ferri et decrepitum sic credere posse maritum.

im fünften: „Monumentum Sarae";

Abraham mercatus agrum, cui conderet ossa
conjugis, in terris quoniam peregrina moratur
justitia atque fides: hoc illi milibus emptum
spelaeum, sanctae requies ubi parta favillae est.

---

[1] Man bemerke hierbei, dass die bildlichen Darstellungen der Kirche, sowol plastische als materische, namentlich Miniaturen und Mosaiken, erklärende Inschriften hatten, die auch sonst häufig mit dem demonstrativen „hic" beginnen.

im vierundzwanzigsten: „Domus Ezechiae":

Hic bonus Ezechias meruit ter quinque per annos etc.

im siebenundzwanzigsten: „Magorum munera":

Hic pretiosa magi sub virginis ubere Christo
dona ferunt puero myrrhaeque et turis et auri:
miratur genitrix tot casti ventris honores
seque Deum genuisse, hominem regem quoque summum.

im einundvierzigsten: „Columna ad quam flagellatus est Christus"

Vinctus in his Dominus retis aedibus atque columnae
annexus tergum dedit, ut servile flagellis etc.

im achtundvierzigsten: „Vas electionis":

Hic lupus ante rapax vestitur vellere molli:
Saulus qui fuerat, fit adempto lumine Paulus etc.

Ebenso können wir noch das zwanzigste entschieden beschreibende Tetrastichon anziehen: „Regnum David":

Regia militiei fulgens insignia David:
sceptrum, oleum, cornu diadema et purpura et aes.
Omnia conveniunt Christo, chlamys atque corona,
virga potestatis, cornu crucis, altar, olivum.

Die angeführten Stücke beweisen unwiderleglich, dass Prudentius bei dem Dichten dieser Verse nicht nur bildliche Darstellungen vor Augen hatte, sondern dass er diese Verse nur für dieselben dichtete. In welcher Form freilich diese Verse angebracht zu werden bestimmt waren, an welchem Orte und in welcher Ausführung die bezüglichen Bilder sich befanden, kann natürlich nicht gesagt werden. Dass sie auf einen zusammengehörigen Cyklus gehen, scheint mir angenommen werden zu müssen. Dass sie auf den Kreis der Katakombenbilder sich beziehen, ist deshalb unwahrscheinlich, weil, wenn auch ein Theil der berührten Scenen den Inhalt der Katakombenbilder bringt, ein anderer Theil den in denselben ausgeführten Darstellungen fremd ist, und wieder viele Scenen fehlen, die in den Katakombenbildern am häufigsten wiederkehren, so Daniel in der Löwengrube, die drei Männer im feurigen Ofen, die Geschichte des Jonas u. s. w.

Von diesem Buche Dittochäon und seiner Bezugnahme auf
bildliche Darstellungen scheint nun auch der eigenthümliche neunte
Hymnus des Cathemerinonbuches: „Hymnus omnis horae" eine Beleuchtung zu empfangen. Dieser Hymnus, der sich sogleich durch
den Eingang als Lied zum Preise Christi ankündigt und das ganze
Sein des Gottessohnes von seinem vorzeitlichen Lebensanfange an
bis zu seiner Wiederkehr zum Gericht umschliesst, enthält in einer
an das Dittochäon erinnernden sachlichen Kürze der Schilderung
alle die Scenen, die in den Bildwerken der christlichen Monumente
sich finden: Das Weinwunder zu Kana (vs. 28 sq.), die Heilung des
Blinden (vs. 34 sq.), des blutflüssigen Weibes (vs. 40 sq.), die Erweckung des Lazarus (vs. 46 sq.), die Vervielfältigung des Brotes
(vs. 61 sq.), die Heilung des Gichtbrüchigen (vs. 66 sq.), die Auferweckung der Todten (vs. 100 sq.). Daneben finden sich allerdings
Scenen, die wenigstens in den mir bekannten Monumenten nicht
vorhanden sind: Die Heilung des Aussätzigen (vs. 31 sq.), die Beschwichtigung des Sturmes (vs. 37 sq.), die Erweckung des Jünglings
von Nain (vs. 43 sq.), die Austreibung der Dämonen zu Gergesa
(vs. 53 sq.), die Heilung des Taubstummen (vs. 64 sq.). Auf der
andern Seite aber wieder Vorstellungen, die an jene Bildwerke erinnern, so die Bezeichnung Christi als A und Ω (vs. 11); die
beiden Buchstaben, die sich bekanntlich sehr häufig, und namentlich mit dem Monogramm verbunden, finden. Die Erwähnung des
aus Christi Seite fliessenden Blutes und Wassers (vs. 85 sq.; vgl.
Dittoch. vs. 165 sq.), die allerdings erst in spätern uns bekannten
Kunstwerken bildlich ausgeführt wird. Auch hier also wieder die
eigenthümliche Aneinanderkettung von einzelnen Scenen aus dem
Leben Christi, deren Mehrzahl uns als der Inhalt der altchristlichen
Bildwerke bekannt ist. Unwillkürlich wird man durch diese gedrängt aneinandergefügten Schilderungen an die bilderreichen Sarkophage erinnert, die auch diese Scenen aneinandergehäuft darstellen, und zwar der Anordnung jenes Gedichtes analog, unbekümmert um das zeitliche Aufeinanderfolgen derselben im Leben
Christi selbst.

Das Resultat dieser Erörterungen ist: ein innerer Zusammenhang zwischen den Gedichten des Prudentius und den
altchristlichen Bildwerken besteht. Prudentius' gesammte Anschauung von der Heiligen Schrift und der Standpunkt seines Glaubens

sind wesentlich dieselben, die in den künstlerischen Darstellungen seiner Zeit sich manifestirten. Ja, es sind verschiedene Belege dafür da, dass er in Abhängigkeit von den Darstellungen der Bildwerke und ihren Eigenthümlichkeiten dichtete.

Es fragt sich nun: ist dies eine Eigenthümlichkeit unsers Dichters allein, oder eine solche, die sich auch bei andern findet? Die rechte Lösung dieser Frage gibt uns vielleicht einen Aufschluss über die Tendenz der Poesie des Prudentius, und der Bildwerke, an die seine Phantasie sich anlehnt.

ZEHNTES KAPITEL.

Ueber Zusammenhang und Tendenz der altchristlichen Poesie und Kunst.

Wie wir Prudentius aus seinen deutlichen Aussagen als einen Besucher der Stätten kennen gelernt haben, an deren Schmuck die altchristliche Kunst sich zuerst bethätigte, so haben wir einen jüngern Zeitgenossen von ihm zu nennen, der sich die Pflege dieser Kunst und ihre Anwendung zur Verschönerung der von ihm gebauten Kirchen aufs regste angelegen sein liess, den Bischof Paulinus von Nola. Es ist hier nicht der Ort, auf denselben näher einzugehen, auch hat Adolf Buse die Zeit und das Charakterbild des Paulinus von Nola ausführlich geschildert.[1] Des Prudentius jüngerer Zeitgenosse, steht er ihm in mancher Beziehung nahe, obgleich die Natur beider Männer eine grundverschiedene ist. Ich verzichte darauf, eine Parallele zwischen beiden zu ziehen, so interessant eine solche auch wäre. Hier ist uns Paulinus um eines andern Punktes willen von Bedeutung: es ist dies seine charakteristische Thätigkeit für Bau und Ausschmückung der Kirchen, über die wir in seinen Briefen und Gedichten manche schätzenswerthe Notiz finden. Unermüdlich, den heiligen Felix von Nola, dessen Grab das Kleinod seines Bischofssitzes war, zu verherrlichen, hatte er nicht nur seine hervorragendsten Gedichte zur Feier jenes Heiligen verfasst, sondern auch mehrere Basiliken über dem Grabe desselben erbauen und dieselben

---

[1] Ad. Buse, Paulinus Bischof von Nola und seine Zeit (Regensburg, 1856, 2 Bde.)

mit Bildern, die er in poetischen Epigrammen erklärte, ausschmücken lassen[1], und seine grösste Freude ist es, dieselben zu zeigen und zu beschreiben, sein ausgesprochener Zweck, durch dieselben die Gemeinde in edler Weise zu unterhalten und zu belehren. Eine solche Neigung und Thätigkeit des Paulinus setzt immer voraus, dass derselbe nicht nur mit dem christlichen Bilderkreise, wie er bisher sich ausgebildet hatte, bekannt war, sondern sich auch geistig in denselben hineingelebt hatte, und seine Vorstellungen im allgemeinen, sowie seine Schriftbenutzung im besondern von demselben berühren und beeinflussen liess. Wir möchten es deshalb keinen Zufall nennen, dass sowol in seinen Briefen wie in seinen Gedichten sich zahlreiche Beziehungen gerade auf jene biblischen Stellen finden, die auf den altchristlichen Monumenten dargestellt sind und die wir in so eigenthümlicher Weise in die Vorstellungen und Beweisführungen des Prudentius übergehen sahen. In denselben finden sich: der Sündenfall (Poëmata 4, p. 453)[2], Kain und Abel als Typus Christi (Epist. 29, p. 258), Noah's Arche als Typus der Kirche (Ep. 49, p. 365), Isaak's Opferung als Bild des Selbstopfers an Gott (Poëmata 13, p. 495); der Mosescyklus: das Gesicht im brennenden Busche (Ep. 2, p. 32), der Untergang Pharao's (Ep. 38, p. 355), der Durchgang durch das Rothe Meer (Ep. 2, p. 32), das Wasser aus dem Felsen mit Bezug auf Christus als den mystischen Felsen (Ep. 32, p. 283), Moses' Gebet in der Schlacht wider die Amalekiter (Hymn. Natal. 8, p. 588), Hiob (Ep. 18, p. 186), Elias' Himmelfahrt (Poem. 4, p. 455), die Geschichte des Jonas mit Bezug auf das Schiff als Sinnbild der Kirche (De reditu Nicetae, p. 637) und mit Bezug auf die Busse der Niniviten (Ep. 38, p. 356), Daniel in der Löwengrube (Natal. 8, p. 592), die drei Männer im feurigen Ofen (Natal. 8, p. 593), Tobias als Vorbild einer würdigen Behandlung der Todten (Ep. 37, p. 337). — Im Neuen Testamente treten hervor: die Anbetung der Magier (Natal. 9, p. 599), das Weinwunder zu Kana (Natal. 9, p. 599), die Speisung der Fünftausend (Ep. 33, p. 287). Daneben finden sich verschiedene biblische Scenen bei Paulinus berührt, die in dem ältesten

---

[1] Ad. Buse, a. a. O., Bd. 1, 14. Buch, S. 68 fg.
[2] Die Citate sind nach der antwerpener Ausgabe von 1622 angeführt.

christlichen Bilderkreise, soweit er uns bekannt ist, gar nicht, oder doch nur selten sich finden, und die auch in den Gedichten des Prudentius, mit Ausnahme des Dittochäon, fehlen; so die Gestalten des Josua (Natal. 8, p. 588, De advent. Nicet., p. 613), der Rahab (Natal. 8, p. 589), des betenden Hiskia (Natal. 8, p. 590), das bittere Wasser von Mara (De reditu Nicetae, 634). Ausserdem finden sich die allgemein bekannten christlichen Bilder des guten Hirten (Ep. 4, p. 63), der vier Paradiesesströme (Ep. 24, p. 213), der Tauben, als Symbole der Seelen (Ep. 10, p. 130), der Apostel (Ep. 12, p. 150), des Heiligen Geistes (Ep. 12, p. 152), und endlich das Kreuz mit Bezug auf die Kreuzesform, die beim Schiffe aus der Stellung der Raaen zum Maste entsteht (Ep. 4, p. 65), und als das Böse abwehrendes Zeichen (Natal. 10, p. 620). Von ganz besonderm Werthe für uns ist es aber, dass Paulinus nicht nur häufiger in Briefen und Gedichten die biblischen Vorstellungen wiederbringt, die wir schon bei Prudentius übereinstimmend mit dem christlichen Bilderkreis gefunden haben, sondern dass er, wie schon erwähnt, einen Kreis von Bildern selbst in den von ihm erbauten Kirchen malen liess. Er erwähnt desselben in dem neunten und zehnten Natalis auf den heiligen Felix, die die neugebauten Kirchen poetisch schildern, und zwar als einer neuen Ausschmückung:[1]

> Nunc volo picturas fucatis agmine longo
> porticibus videas, paulumque supinas fatiges
> colla, reclinato dum perlegis omnia vultu.
> Qui videt haec, vacuis agnoscens vera figuris,
> non vacua fidam sibi pascet imagine mentem,
> omnia namque tenet serie pictura fideli,
> quae senior scripsit per quinque volumina Moyses,
> quae gessit Domini signatus nomine Jesus,
> quo duce Jordanis, suspenso gurgite, fixis
> fluctibus, a facie divinae restitit arcae.

---

[1] Forte requiratur quanam ratione gerendi
sederit haec nobis sententia, pingere sanctos
raro more domos animantibus assimulatis (Natal. 9, p. 614).

Die Bilder scheinen demnach vor dem 5. Jahrhundert an den Wänden der Kirchen nicht gemalt worden zu sein. Auch Prudentius erwähnt solche daselbst nicht, sondern nur den Schmuck des Marmorgetäfels und der Metallverzierungen (Peristh. 11, 185 sq.; 12, 51 sq.).

Vis nova divisit flumen: pars, amne recluso,
constitit, et fluviis pars in mare lapsa cucurrit,
destituitque vadum; et validus qua forte ruebat
impetus, astrictas alte cumulaverat undas,
et tremula compage minax pendebat aquae mons,
despectans transire pedes arente profundo,
et medio pedibus siccis in flumine ferri
pulverulenta hominum duro vestigia limo.
 Jam distinguentem modico Ruth tempora libro,
tempora judicibus finita, et regibus orta,
intentis transcurro oculis: brevis ista videtur
historia, at magni signat mysteria belli,
Quam gemine scindunt sese in diversa sorores!
Ruth sequitur sanctam, quam deserit Orpha, parentem.
Perfidiam nurus una, fidem nurus altera monstrat;
praefert una Deum patriae, patriam altera vitae (Natal. 9, 511 sq.).

Der Dichter schildert hier in der Reihenfolge der biblischen
Bücher einen Cyklus von Bildern des Alten Testaments, deren Prudentius theilweise ebenfalls gedenkt, des Josua (Dittoch. 57 sq.),
der Ruth (Hamart. 777 sq.) u. s. w. Welche weitern Abbildungen
in jener Kirche vorhanden waren, lässt sich aus dem Schlusse des
genannten Gedichts des Paulinus abnehmen:

De Genesi, precor, hunc orandi collige sensum:
Ne maneam terrenus Adam, sed virgine terra
nascar et exposito veteri, nova former imago.
Educar tellure mea, generisque mei sim
degener, et sponsae festinem ad mellea terrae
flumina, Chaldaei servatus ab igne camini.
Sim facilis tectis, quasi Lot, fore semper aperta,
liberer ut Sodomis; neque vertam lumina retro
ne salis in lapidem vertar, sale cordis egenus.
Hostia viva Deo, tamquam puer offerar Isaac:
et mea ligna gerens sequar almum sub cruce patrem,
inveniam puteos; sed ne, precor, obruat illos
invidus, et viventis aquae caecator Amalec.
Sim profugus mundi, tamquam benedictus Jacob
fratris Edom fugitivus erat; fessoque sacrandum
supponam capiti lapidem, Christoque quiescam.
Sit mihi castus amor, sit et horror amoris iniqui:
carnis ut illecebras velut inviolatus Joseph
effugiam vinclis exuto corpore, liber
criminis, et spolium mundo carnale relinquam.
Tempus enim longe fieri complentibus; instat
summa dies, prope jam Dominus, jam surgere somno

tempus, et ad Domini pulcrum vigilare paratos.
Sit mihi ab Aegypto bonus exitus, ut duce lege
divisos penetrans undosi pectoris aestus
fluctibus evadam rubris, dominique triumphum
demerso Pharaone canam. Cum supplice voto
exultando tremens, et cum formidine gaudens,
Ipsius pia dona, meos commendo labores (Natal. 9, 606 sq.).

Paulinus hat in den diesen vorhergehenden Versen den Zweck, den
er mit seinen Bildern verfolge, besprochen, und aus dem ganzen
Zusammenhang kann sich die hier ausgesprochene Betrachtung nur
auf dergleichen Bilder beziehen. So also hätten wir Adam, Lot[1],
Jakob und Esau, Joseph, den Untergang Pharao's, die
Gesetzgebung Mosis, die drei Männer im feurigen Ofen
ebenfalls unter den von Paulinus angewandten Darstellungen zu
nennen; hierzu treten noch laut dem folgenden zehnten Natalis
Tobias, Hiob, Judith und Esther, die den Anfang einer doppelten Reihe historischer biblischer Darstellungen an den Wänden der
Basilika bildeten, und von der die vorzugsweise männlichen Gestalten
sich an der Seite der Männer, die vorzugsweise weiblichen Gestalten
sich an der der Frauen im Schiffe (vgl. Constit. Apost., II, 57) befanden.[2] Dazu kommt aber bei Paulinus noch eine Art von Bildern, die den Kreis der ältesten christlichen Darstellungen, die wir
bisher kennen gelernt haben, bereits überschreiten, und zwar werden
dieselben bei Uebersendung von Epigrammen zur Erläuterung derselben erwähnt[3] (Epist. 12, 144 sq.). Es ist das namentlich der
Versuch einer Darstellung der Trinität, die Paulinus in der
Apsis einer Basilika des heiligen Felix hatte malen lassen. Er
wählt dazu die Taufe Christi, in der die drei Personen der Dreieinigkeit

---

[1] Auch die Geschichte des Lot wird von Prudentius ausführlich benutzt
(Hamart. 723 sq.).

[2] At geminas quae sunt dextra laevaque patentes,
 binis historiis ornat pictura fidelis.
 Unam sanctorum complent sacra gesta virorum,
 Jobus vulneribus tentatus, lumine Tobit.
 Ast aliam sexus minor obtinet, inclyta Judith,
 qua simul et regina potens depingitur Esther (Natal. 10, 22 sq.).

[3] Wir gewinnen durch diese, namentlich als erläuternde Inschriften zu den
Bildern gekennzeichneten Verse einen neuen Anhalt dafür, auch in dem Dittochäon
denselben Zweck, einer solchen Bilderreihe zur Erklärung zu dienen, anzunehmen.

zusammen vorkommen: der Vater, wahrscheinlich durch die Hand symbolisirt, Christus als Lamm, der Heilige Geist als Taube, ebenso die Apostel in Taubengestalt. Christus steht auf dem Hügel, dem die vier Paradiesesströme entfliessen. Das Kreuz ist vermuthlich über ihm angebracht und mit der Krone umgeben.

> Pleno coruscat Trinitas mysterio,
> stat Christus agno: vox patris coelo tonat:
> et per columbam Spiritus sanctus fluit.
> Crucem corona lucido cingit globo;
> cui coronae sunt corona apostoli,
> quorum figura est in columbarum choro.
> Pia Trinitatis unitas Christo coit,
> habente et ipsa Trinitate insignia;
> Deum revelat vox paterna, e; Spiritus:
> sanctam fatentur crux et agnus victimam,
> regnum et triumphum purpura et palma indicant.
> Petram superstat ipse petra ecclesiae,
> de qua sonori quatuor fontes meant
> Evangelistae viva Christi flumina.

In ähnlicher Weise wird die Dreieinigkeit in der Apsis einer andern Basilika des Felix erwähnt: Christus in dem blumigen Paradiesesgarten wiederum als Lamm auf dem Felsen, das Kreuz steht über ihm ebenfalls mit der Krone umgeben, von oben reicht die Hand des Vaters den Kranz aus den Wolken, der Heilige Geist schwebt als Taube auf Christus herab, um Christus finden sich Schafe und Böcke zur Rechten und Linken:

> Sanctorum labor, et merces sibi rite cohaerent,
> ardua crux, pretiumque crucis sublime, corona.
> Ipse Deus nobis, princeps crucis, atque coronae,
> inter floriferi coeleste nemus Paradisi,
> sub cruce sanguinea niveo stat Christus in agno.
> Agnus ut innocuus injusto datus hostia leto.
> Alite quem placida Sanctus perfundit hiantem
> Spiritus, et rutila genitor de nube coronat.
> Et quia praecelsa quasi judex rupe superstat,
> bis geminae pecudis discors agnis genus hoedi
> circumstant solium: laevos avertitur hoedos
> pastor, et emeritos dextra complectitur agnos.

Dazu tritt als eigenthümliche, von Paulinus öfter erwähnte Darstellung das Kreuz vom Kranze umgeben hervor, namentlich mit den Bildern der Evangelisten und Apostel in Verbindung gebracht, die als Tauben es umgeben:

> Crucem corona lucida cingit globo:
> cui coronae sunt corona apostoli,
> quorum figura est in columbarum choro,

oder:

> Ardua floriferae crux cingitur orbe coronae,
> et Domini fuso tincta cruore rubet.
> Quaeque super signum resident coeleste columbae,
> simplicibus produnt regna patere Dei.

Rechnet man dazu die Darstellung verstorbener und lebender Heiligengestalten, unter denen sogar das Bild des Paulinus selbst vorkommt, das von Paulinus erwähnte Attribut des Nimbus[1] und andere Eigenthümlichkeiten der von ihm geschilderten Abbildungen, so fühlen wir uns bereits auf dem Boden eines Bilderkreises, der von dem der Katakomben unterschieden ist. Selbst wenn das von uns angenommene Verhältniss beider Dichter, des Prudentius wie des Paulinus, zu dem altchristlichen Bilderkreise nicht im vollen Umfang zugegeben würde, würden nach dem Vorausgeschickten dennoch beide im Stande sein, über den Umfang und die Eigenthümlichkeiten desselben zu ihrer Zeit ein einigermassen festes Urtheil gewinnen und den Entwickelungsgang innerhalb desselben bestimmen zu lassen.

Wir werden dabei eine dreifache Periode annehmen, die erste bis Konstantin reichend. Die Sculptur tritt noch zurück und die Steinarbeit beschränkt sich im wesentlichen auf das handwerksmässige Einkratzen von Figuren auf Grabsteinen. Die Malerei hinwiederum ist in dieser Periode technisch am vollendetsten. Der Inhalt des Dargestellten ist allegorischer und symbolischer Art, und auch den historischen Scenen der Heiligen Schrift gibt dieselbe ihr Gepräge. Die allegorische Richtung wird dabei vertreten durch die Anwendung heidnischer mythologischer Figuren, die sich christlich umdeuten liessen, und hierauf vornehmlich fusst die Theorie Raoul Rochette's (Mémoires sur les antiquités chrétiennes, im 13. Bande der Mémoires de l'Académie des inscriptions et belles lettres,

---

[1] Hoc enim aurum forma Sanctorum est, qui in capite corporis ut lumina micant, et sunt aurum ignitum Dei (Ep. 4, p. 62).

p. 92 sq.), dass die gesammte altchristliche Kunst an heidnische Typen sich angelehnt und heidnische Motive benutzt habe, eine Behauptung, die er auch im Gesammtcharakter derselben und in der Darstellung und der Wahl specifischer christlicher Scenen und Gegenstände zu erweisen sucht. Unter diese allegorischen Bilder gehört vornehmlich der öfter wiederkehrende leierspielende Orpheus (de Rossi, Roma sotteranea, Atlas, tav. 18; Aringhi, I, 321, 327), der zwischen den Thieren des Waldes sitzt[1], der noch öfter wiederholte gute Hirt, wie schon bemerkt ebenfalls eine allegorische Umdeutung einer heidnischen Göttergestaltung in eine der schönsten und beliebtesten christlichen Vorstellungen, endlich eine eigenthümliche auf einem Sarkophag sich findende Andeutung des Kreuzestodes Christi durch Odysseus, der an den mit der Raae ein Kreuz bildenden Mastbaum seines Schiffes gefesselt, an den Sirenen vorübersegelt, eine Darstellung, die scheinbar völlig heidnisch, durch ein beigefügtes Zeichen, das mit der Namenschiffre des Verstorbenen die heiligen Buchstaben T Y verbindet, sich als christliche oder christlich verwendete bezeugt (de Rossi, Roma sotteranea, I, 344 sq.). Maximus von Turin deutet den Mythus in der bezeichneten Weise und knüpft daran die symbolische Beziehung auf unsere Erlösung von der Gefahr der Verführung und des Todes (Maxim. Taurin. Hom. I, 151; opp. ed Rom, I, 1784).[2] — Im weitern Sinne sind hierher zu rechnen die bacchischen Scenen, Weinlesen (Aringhi, I, 323) u. s. w., die Darstellung der Jahreszeiten (de Rossi, Roma sotteranea, II, S. 357; Piper, Mythologie und Symbolik der christlichen Kunst, Bd. 1, Abth. 2, S. 313 fg.), die Symbole des Phönix (Roma sotteranea, II, 312; Piper, l. l. I, Abth. 1, 456 fg.), der meist in decorativer Weise angebrachten Pfauen, Masken, der Delphine, Seepferde, Dreizacke u. s. w. (de Rossi, l. l. II, 357 sq.; Atlas, tav. 18, 25, 27; tom. I, Atlas, tav. 30). Neben diesen allegorischen Darstellungen, die an heidnische Bilder sich anlehnen und die der ältesten Zeit der christ-

---

[1] Clemens von Alexandrien (Cohortatio ad Graecos, c. I) parallelisirt Christus und Orpheus als den Gegensatz einer reinen Geisteswirkung gegenüber der Zauberei. Justin, der Martyrer, macht Orpheus, als den Lehrer, der den Polytheismus gegründet, sich aber später zum Monotheismus bekehrt habe, zum Vorläufer Christi. (Siehe Piper, Mythologie und Symbolik der christlichen Kunst, Bd. 1, Abth. 1, S. 121 fg.).

[2] Vgl. Piper, a. a. O., I, Abth. 2, S. 377.

lichen Kunst, dem zweiten und Anfang des dritten Jahrhunderts angehören, bildet sich nun ein specifisch christlicher Bilderkreis aus, der theils biblische Vorstellungen wiedergibt, theils eigenthümliche Sinnbilder sich gestaltet. Der Mittelpunkt dieser Darstellungen ist der sogenannte Ιχθυς, jenes eigenthümliche für Christus gewonnene Bild, das aus einem akrostichischen Gedicht der sibyllinischen Bücher (Oracula sibyllina ed. Friedlieb, p. 150) entstanden ist, in dem die Anfangsbuchstaben des Bekenntnisses Ι(ησους) Χ(ριστος) Υ(ιος) Θ(ιου) Σ(ωτηρ) zusammengezogen wurden.[1] So findet sich der Name Ιχθυς, vor allem das Bild des Fisches selbst unzählige mal auf Grabsteinen und Amuleten, namentlich auch an den Wänden gemalt, entweder in einer eigenthümlichen symbolischen Composition, wie der im Wasser schwimmende Fisch den mit fünf Broten gefüllten Korb und ein Glas rothen Wein auf dem Rücken in der Krypte der Lucina (de Rossi, Roma sotteranea, I, 349, Atlas, tav. 8), der Fisch mit dem Brot auf dem dreifüssigen Tisch u. s. w., oder im Zusammenhang mit biblischen Scenen, so als Speise bei dem Mahl der sieben Jünger am See von Tiberias (Joh. 21, 13; vgl. de Rossi, l. l. II, Atlas, tav. 14—16).[2] Die Lösung dieser geheimnissvollen Darstellung findet sich in der Bezugnahme auf das Mysterium der Eucharistie und die in Christo dargebotene Lebensspeise. Daran schliesst sich noch das Opfer Abraham's, als Hinweis auf den Opfertod Christi. Dazu tritt die Darstellung des andern Mysteriums, der Taufe, symbolisirt einmal durch Noah in der Arche, dem die Taube das Oelblatt bringt, dann in dem mystischen Felsen, dem Moses das Wasser entlockt (de Rossi, l. l. II, Atlas, tav. 15, 16, tav. d'aggiunta B), dem sich noch andere Darstellungen des Mosescyklus anreihen, namentlich das Gesicht des Moses im brennenden Busche, dargestellt in dem Abziehen der Schuhe (de Rossi, II, Atlas, tav. d'aggiunta B). Der auf die Taufe bezügliche Cyklus wird vervollständigt durch die Bilder des Fischers, der den Fisch aus

---

[1] Vgl. de Rossi, Epistola de Christianis monumentis Ιχθυν exhibentibus Spicil. Solesm., III, 545 sq. — Becker, Die Darstellung Jesu Christi unter dem Bilde des Fisches (1866).

[2] Siehe die Abbildungen in Pitra, „Spicil. Solesm.", Bd. 3, zu Anfang, und Becker, Die Darstellung Christi u. s. w., S. 403.

dem Wasser fängt (de Rossi, l. L, Atlas, tav. 15).¹ Deutlicher tritt die Taufe in einer Abbildung eines Taufakts selbst hervor (de Rossi, II, Atlas, tav. 15, 6). Ob eine Darstellung der Taufe Christi in

---

¹ Eine im Zusammenhang mit der eucharistischen Bedeutung des Fisches nicht leicht zu fassende Darstellung; denn der Fisch wechselt seine Bedeutung. Statt Symbol Christi zu sein, wird er Symbol des Christen, statt das Bild dessen zu sein, den der Christ im mystischen Genusse in sich aufnimmt, wird er das Bild dessen, den sich Christus gewinnt. Dass Christus dabei als Fischer gedacht wird, dafür haben wir das Zeugniss des Clemens in seinem bekannten Hymnus am Schlusse des Pädagogus:

Ἀλιεῦ μερόπων
Τῶν σωζομένων
Πελάγους κακίης
Ἰχθῦς ἀγνούς
Κύματος ἐχθροῦ
Γλυκερῇ ζωῇ δελεάζων.

De Rossi auf die dunkeln Ansprüche der Grabschrift von Autun fussend:
— πίστις δὲ πρόσημε
πάντῃ, καὶ παρέθηκε τροφήν Ἰχθὺν ἀπὸ πηγῆς
παμμεγέθη, καθαρὸν ὃν ἐδράξατο κάρδενος ἁγνή
καὶ τοῦτον παρέδωκε φίλοις ἔσθειν διὰ παντός
οἶνον χρηστὸν ἔχουσα κέρασμα διδοῦσα μετ' ἄρτου.

und auf einen Hymnus des Ambrosius gestützt:

Hamum profundo mergerat
piscatus est verbum Dei;
Jactavit undis retia,
vitam levavit omnium,

hält auch bei diesem Bilde des Fischers die Bedeutung des Fisches für Christus fest, der aus dem, dem mystischen Felsen entfliessenden Wasser gleichsam gefangen und gewonnen werde (Roma sotteranea, II, 337 sq.). Es fragt sich aber, ob nicht bei der eigenthümlichen mystischen Beweglichkeit dieser Vorstellungen, dieser von dem Fischer gefangene Fisch auf den Christen gehen kann, wie auch Becker (Darstellung Christi etc., S. 86) nach den Aeusserungen des Gregor von Nazianz annimmt, und was auch durch die Tertullianische Stelle: „Nos pisciculi secundum Ἰχθὺν nostrum Jesum Christum in aqua nascimur, nec aliter quam in aqua permanendo salvi sumus" (De baptism., c. 1) bestätigt erscheint. Gerade jene mystische Vereinigung mit Christo, die nach dem sechsten Kapitel des Evangeliums Johannis als Ergebniss des Genusses von Fleisch und Blut Christi angenommen wird (Joh. 6, 56), macht es nicht unmöglich, dass der, der Christum, den Ἰχθύς, in sich aufgenommen, als der den Fisch in sich Tragende und selbst als Fisch in diesem mystischen Sinne angesehen wurde. Auf jeden Fall hat eine entgegengesetzte Ansicht auf dem schwankenden Boden der dunkelsten und innerlichsten Symbolik kaum festern Grund, und es wäre nicht das einzige Beispiel, dass ein und derselbe Gegenstand ein Sinnbild für verschiedene Vorstel-

der Krypte der Lucina, mit dem Heiligen Geist als Taube, in diese
Zeit gehört, ist mehr als zweifelhaft.¹ An den Taufcyklus schliesst
sich das Bild des Gichtbrüchigen an mit seinem Bett auf der
Schulter (de Rossi, Roma sotteranea, II, Atlas, tav. 16), das Bild
der durch die Taufe erlangten Wiedergeburt und der Wirkung beider
Sakramente, und die Auferstehung, dargestellt in dem alttestamentlichen
Typus des Jonas, mit besonderm Bezug auf Christus, und dem neu-
testamentlichen Wunder der Erweckung des Lazarus mit besondern
Bezug auf den Menschen, auch in Daniel in der Löwengrube, dem
häufigen Pendant des erstern Bildes, und den drei Männern im
feurigen Ofen; endlich die Himmelfahrt Christi im Typus der
Himmelfahrt des Elias angedeutet. Mit diesen Darstellungen, denen
sich noch. die Symbole des Schiffs, der Palme, des Kreuzes,
der Taube, der Leier u. s. w. zugesellen, schliessen die Abbildungen der ersten Periode der christlichen Kunst, die wegen
ihrer allegorischen Benutzung heidnischer Gestalten und der symbolischen Beziehungen christlicher Darstellungen wol die allegorisch-
symbolische genannt werden kann, in der Hauptsache ab. Aus
derselben spricht, wie Raoul Rochette zuzugeben ist, einmal der
Nachklang antiker Kunstanschauung, und somit allerdings die Wirkung des Geistes, den Kirchenväter und Concilien in der Ausübung
der bildenden Kunst spürten, und der ihnen gefährlich genug scheint,
um diese Bilder zu verwerfen und zu verbieten. Mit Recht weist
dabei Raoul Rochette nicht nur auf die einzelnen Darstellungen und
die Wahl und Ausführung derselben, sondern auf die gesammten darin
ausgesprochenen Ideen, z. B. jene milde und versöhnende Auffassung
des Todes, die in der Märtyrerzeit die Darstellung blutiger Mar-

---

lungen in der christlichen Anschauung geworden wäre, z. B. in den erwähnten
Trinitätsbildern des Paulinus von Nola, wo die Taube bald als Sinnbild des
Heiligen Geistes, bald als das der Apostel und der Unschuldigen vorkommt. Vgl.
dazu die gesammte „Clavis Melitonis, Pitra Spicil. Solesm.", II und III, und die
Vieldeutigkeit der in derselben angeführten Symbole.

¹ Im weitern Sinne gehört zu diesem Taufcyklus die Samariterin wegen der
Verheissung des lebendigen Wassers an sie (Joh. 4, 10). Eine von de Rossi
überzeugend auf sie bezogene Darstellung der Calliatkatakombe (de Rossi, Roma
sotterranea, II, 345) ist wegen ihrer Auffassung interessant (de Rossi, l. l., Atlas,
tav. 17, 1), da die Samariterin nicht im Gespräch mit Jesu, wie spätere Sarkophagreliefs zeigen, sondern das Wasser des ewigen Lebens schöpfend dargestellt ist.

tyrien verschmähte und selbst die Ruhestätten der Opfer der Verfolgung mit freundlichen Zeichen und Scenen des Lebens, wie sie die heidnischen Gräber aufweisen, schmückte.[1] Zugleich aber tritt uns in denselben die Zeit entgegen, da das Christenthum in seinen heiligsten Tiefen noch ein flüchtiges Mysterium in der Welt war, und das Mysterium seinen Charakter bildete. In den vor profanen Augen geheimgehaltenen Arcanstücken der Kirche, den heiligen Handlungen der Taufe und des Abendmahls, lag damals der Schwerpunkt der concreten Vorstellungen des christlichen Volkes vom Christenthum. Die gesammte christliche Lehre wird in sie befasst, und die bildlichen Darstellungen werden zu einer Reihe von Sinnbildern, die Christus, als den in der Taufe den Strom des Lebens Spendenden, aus dem Wasser derselben Gewonnenen und Gewinnenden, von Sünden Reinigenden und Heilenden, und als den in der Eucharistie die Welt mit sich selbst Speisenden und Tränkenden, der, selbst zu Leben und Auferstehung gelangt, Leben ertheilt, verherrlichen. In diesem lebenbringenden gnadenspendenden Bilde des Erlösers hat auch sein Tod nicht anders als in schüchternen Andeutungen Platz. Christus selbst erscheint in Sinnbilder verhüllt, und selbst wo man ihn als besondere Gestalt einführt, in einer allgemeinen individualitätslosen Idealität. Es ist der Christus des Mysteriums, nicht der der Geschichte. — Mit dem 4. Jahrhundert, und wol mit der Anerkennung des Christenthums unter Konstantin, mit der ein offenes Hervortreten des Christenthums zusammenhing, tritt eine Wandlung auch in dem christlichen Kunstschaffen ein. Die alten Darstellungen hören theilweise auf. Schon frühe scheint man sich von den der heidnischen Mythologie entlehnten Gestalten entfernt zu haben, z. B. der des Christus-Orpheus, die anstössig zu werden anfing, als Alexander Severus, durch Aufstellung der Büsten des Orpheus, Apollonius von Tyana und Christus in seinem Lararium, die Neigung zeigte, das Christenthum in eine synkretistische Gesammtreligion hineinzuschmelzen.[2] Ebenso wandte man sich von der Darstellung der Meerpferde u. s. w. ab, obschon der Walfisch

---

[1] Raoul Rochette, Mémoires de l'Académie etc., XIII, 164 sq.

[2] Eusebius parallelisirt indessen noch Christus und Orpheus (Orat. de laude Constantini). Ueberhaupt hat die Konstantinische und nachkonstantinische Zeit einen stark synkretistischen Zug, der sich in mehrern Monumenten, so dem mit dem

des Jonas im wesentlichen den Stil der antiken Hippokampen auch in spätern Darstellungen aufweist. Nur das decorativ Unanstössige blieb, wozu die ländlichen Scenen, Weinlese mit Kindern[1], Jahreszeiten, Blumen und Vögel gehören. Vor allem erhielt sich die Gestalt des guten Hirten, die, wenn auch ihrer ursprünglichen künstlerischen Darstellung nach dem heidnischen Mythenkreise entsprungen ist, doch durch die schöne christliche Beziehung, die sich daran knüpfte, ein Vollbürgerrecht in dem christlichen Bilderkreise behielt. Aber, wenn auch der gute Hirt fort und fort noch dargestellt wird, Konstantin selbst ihn zu einem hervorragenden Monument in Konstantinopel machen liess, so verblasst doch seine frühere Geltung im 4. Jahrhundert. Prudentius erwähnt seiner einmal (Cath. 8, 33 sq.) in der ihm in der vorkonstantinischen Periode zugeschriebenen Bedeutung. Paulinus von Nola kennt dieselbe kaum mehr und führt ihn in mit seiner ursprünglichen Geltung nicht zusammenhängenden Beziehungen an. Ebenso erging es dem symbolischen Kreise, der sich wesentlich mit den Mysterien des Christenthums beschäftigt. Das mystische Zeichen des Fisches hört auf in dem alten Sinne dargestellt zu werden, und wo sich Fischabbildungen noch finden, gehen sie mehr in das Decorative über.[1] Charakteristisch ist es, dass Prudentius des Fisches kein einziges mal erwähnt, Paulinus von Nola nur einmal. Die Verbindung beider mit dem christlichen Bilderkreise im Auge behalten, lässt vermuthen, dass dies Symbol zu ihrer Zeit nicht mehr im alten Sinne dargestellt wurde, und dass, wenn sie es in frühern Darstellungen noch gesehen, es für sie keine lebendige Geltung mehr hatte.

In spätern Zeiten wird von Kirchenschriftstellern des Fisches öfters Erwähnung gethan und derselbe in den verschiedensten

---

Kreuze combinirten Sol Apollo, den kreuzbezeichneten Tychegestalten, ausspricht und namentlich in dem Grabmal der Vibia das deutlichste Beispiel von sich gibt. (Siehe Unger, „Griechische Kunst" in der Ersch und Gruber'schen „Encyklopädie".)

[1] Dieselben finden sich auch in der Grabkirche der Konstanza in Rom als Mosaik in der Wölbung dargestellt.

[2] So kehren sie allerdings häufig im Mittelalter wieder, mitunter klingt auch die alte Bedeutung des Fisches für Taufe und Eucharistie wieder durch (vgl. Jahrbuch der kaiserl. königl. Centralcommission für Baudenkmale [1860], Bd. 5, Tafel 4), wo sich in einer Darstellung des Abendmahls der Fisch noch als Speise auf dem Tisch findet, während manche Fischdarstellungen in Kirchen und an Kirchenportalen auf die Gläubigen, die „piscikuli" hinweisen mögen.

symbolischen Beziehungen genannt, aber die voneinander abweichenden krausen und abenteuerlichen Erklärungen, die sehr umfassend in Pitra's „Spicilegium Solesmense" (III, 499 sq.) zusammengestellt sind, beweisen zur Genüge, dass die ursprüngliche Bedeutung entschwunden war, und ein selbstgefundener Sinn oft sehr willkürlich und künstlich in das Symbol eingelegt wurde. Auch die ursprüngliche Auffassung einzelner aus dem ältesten Bilderkreis stammender Darstellungen, wie die des Jonas, wennschon immer wiederholt, verliert sich in ihrer ersten Bedeutung. Prudentius wie Paulinus benutzen dieselbe nicht als alttestamentlichen Typus der Auferstehung, sondern im moralischen Sinne als Beleg für die Kraft der Busse (Cath. 7, 86 sq.).

Diese mit dem Siege des Christenthums eintretende zweite Periode des christlichen Bilderkreises trägt einen mehr historischen Charakter. Es werden von den frühern Darstellungen einzelne Symbole, ausser dem guten Hirten die Tauben, das Schiff, der Anker beibehalten, ebenso die früher benutzten biblischen Stoffe. Doch wird die Zahl der letztern bedeutend gemehrt und zu der Ausdehnung gebracht, wie wir dieselbe auf den Sarkophagreliefs in zusammengedrängter Fülle kennen gelernt haben, und wie wir sie von Prudentius benutzt sahen. Namentlich werden die Scenen aus dem Neuen Testamente zahlreicher, besonders aber jene Scenen ausgewählt, die zur Bewährung von Christi Wunderkraft dienen und somit seine Gottheit erweisen, während die aus seiner Leidensgeschichte zurücktreten, und sich entweder auf solche beschränken, in denen seine Herrlichkeit noch hervorglänzt, z. B. den Einzug in Jerusalem, oder die nur entfernter mit seiner Leidensgeschichte verbunden sind, wie das Händewaschen des Pilatus. Dazu kommen häufige Darstellungen Christi und der Apostel, bald in menschlicher Gestalt, bald als Lämmer. Wenn auch noch immer ein bestimmt abgeschlossener Porträttypus Christi fehlt, und seine Abbildung an dem Charakter einer idealen Jugendlichkeit festhält, so tritt doch seine Gestalt deutlicher hervor[1] und wird ausgesprochener Mittelpunkt

---

[1] Der Sonnengott (Apollo) war der, der von allen heidnischen Gottheiten den geläuterten Anschauungen des christlichen Monotheismus am nächsten stand und auch z. B. von Konstantin mit dem Christenthum vielfach in Verbindung gebracht wurde; vgl. die Konstantinischen Münzen mit dem Bilde des „Sol In-

der Darstellungen; alle andern biblischen Gestalten, bei denen die Rücksichten, die man der Gestalt Jesu gegenüber hegte, fehlen, werden bestimmter individualisirt. Dies gilt namentlich von Moses, dessen jugendliche Erscheinung auf diesen Darstellungen spätern Datums merklich älter wird, und zwar in einer ganz bestimmten Tendenz. Bereits war die Zeit gekommen, wo sich die Machtansprüche des römischen Bischofs auf Grund der vermeintlichen Stiftung des römischen Episkopats durch Petrus kräftig ausgebildet hatten. Diese Richtung macht sich auch in der christlichen Kunst bemerklich, der mystische Fels (petra), das Symbol Christi, von dem das heilsame Wasser des Glaubens fliesst, tritt zurück vor der realen Erscheinung des Petrus selbst, den Christus mit diesem Felsen in Verbindung bringt. Die Mosesgestalt auf den Sarkophagen wird so in die des Petrus verwandelt, und es ist diese Verwandlung sowol an der Aehnlichkeit des Moses mit den übrigen Petrusdarstellungen, sodann aus der ihm verliehenen Rolle ersichtlich, die auf den meisten Sarkophagen Christus und die Apostel als Zeichen der Lehre in der Hand halten, ja einige Glasscherben lassen diese Verwandlung des Moses in Petrus ganz zweifellos erscheinen, da auf denselben das Wasserwunder am Felsen dargestellt, der dasselbe Vollbringende aber mit der Beischrift „Petrus" bezeichnet ist (de Rossi, Roma sotteranea, II, 332).[1]

Ein ähnliches Verhältniss scheint bei Elias' Himmelfahrt stattzufinden, wo auf den ältern Gemälden (Aringhi, I, 322) Elias wie Elisa ideal jugendliche Bildung zeigen. Auf den Sarkophagen

---

victus" und dem Kreuze. Das ideal jugendliche Bild des Apollo konnte somit wol einem Künstler bei der Darstellung Christi in der ersten Periode der christlichen Kunst vorschweben, doch wird eine solche Annahme deshalb schwierig, weil die ideale Jugendlichkeit des Kopfes, wie bei der Darstellung Christi, auch bei andern Gestalten sich findet, und eine ausgezeichnete Individualisirung desselben nicht angestrebt wird. Eher ist es wahrscheinlich, dass in einer Zeit, da man die Gottheit Christi in den Vordergrund stellte und zugleich seine eigenthümliche Erscheinung äusserlich betonen wollte, man den Jupitertypus zum Anhalt nahm, der sowol durch seine Haltung, wie seine plastisch majestätische Erscheinung dazu passte. (Piper, Mythologie etc., Bd. I, Abth. 1, S. 94 fg.)

[1] De Rossi beruft sich dabei sehr passend auf eine Stelle des Maximus von Turin (Opp., p. 165): „Ut petra erat Christus, ita per Christum Petrus factus est petra: sicut in deserto dominico sitienti populo aqua fluvit e petra, ita universo mundo ariditate lassato de ore Petri fons salutiferae confessionis fluit."

jedoch hat Elias die jugendliche Erscheinung Christi, Elisa aber die ältere, die an Petrus erinnert. Der von Elias ihm hinterlassene Mantel hat die Form der schon erwähnten Rolle, die Christus und die Apostel in der Hand tragen, und die ein Attribut des Lehrberufes ist. Das Bild wird so recht eigentlich zu einem Symbol der Hierarchie Roms: Christus ernennt Petrus zu seinem Nachfolger in seinem Lehrberufe. Auch andere bildliche Verherrlichungen des Petrus fehlen nicht; neben seiner Gefangennahme ist hier namentlich der Gestalt des Apostels in Verbindung mit dem Hahne zu gedenken (Cath. 1): ein Hinweis auf die Sühne des Petrus für seine Verleugnung des Herrn und die ihm von demselben gespendete Vergebung (Joh. 21, 15 fg.).

Ausserdem kommen die Porträtdarstellungen einzelner hervorragender Männer der heiligen Geschichte häufiger vor. Die erste Epoche der christlichen Kunst kennt die Porträtdarstellungen auch, indess sind es meist Gestalten der Verstorbenen, die man auf ihren Grabsteinen abbildete, namentlich auch die um die Gräber besonders verdienten „Fossores", mit ihren Aexten und Lampen (de Rossi, Roma sotteranea, II, Atlas, tav. 17), daneben betende Gestalten, von denen es wahrscheinlich ist, dass sie allegorische Personificationen der Kirche sind (de Rossi, Roma sotteranea, II, 339). Jetzt kommen ausser den auf Konstantinischen Münzen sich findenden Darstellungen Christi, die unter dem Bilde des Sol invictus, mit dem Kreuz daneben, auf den alten verpönten Synkretismus, dem Konstantin zugethan gewesen war, zurücklenken, namentlich Petrus und Paulus vereinigt, auf Gläsern, Medaillen und Siegeln vor (Buonarotti, Osservazioni, tav. 10—16), wenn auch mitunter in sehr ungeschickter Darstellung, so doch mit dem Bestreben, einen Porträtunterschied geltend zu machen, der freilich häufig nur in dem kahlern Haupte des Paulus durchgeführt ist. Daneben finden sich die Gestalten bevorzugter Märtyrer, so der beiden Lieblingsheiligen der Römer: Laurentius' (Bellermann, Die ältesten christlichen Begräbnissstätten, Tafel 7; Buonarotti, tav. 16, 2) und der heiligen Agnes (Buonarotti, tav. 18, 2). Ja in dieser, vielleicht schon in der vorigen Periode kommen grössere Abbildungen der Martyrien der Glaubenshelden selbst auf. Gregor von Nyssa (Orat. de laudibus Theodori Martyris, c. 2) berichtet, dass man die Thaten, die Standhaftigkeit, die Leiden und das Ende der Märtyrer gemalt habe. Auf eine Idee der Art weist das Bild der babylonischen Märtyrer vor Nebukadnezar hin. Ferner verdient ein sehr eigenthümliches älteres Bild aus der Callixtkatakombe Erwähnung, das das Verhör des heiligen Calocerus und Parthenius darstellt (de Rossi, Roma sotteranea, II, Atlas, tav. 20 und 21). Dazu kommen die Schilderungen des Prudentius von der Marter des heiligen Cassianus, die er in Imola (Perist. 9, 9 sq.), und des heiligen Hippolyt, die er in Rom abgebildet gesehen hat (Perist. 10, 123 sq.). Dieser Bilderkreis der Zeit des Prudentius ist, wenn er auch die alte Symbolik noch nicht aufgegeben hat, doch aus dem Dunkel des Mysteriums herausgetreten. Das Christenthum ist kein schüchternes weltflüchtiges Geheimniss mehr, sondern beherrschende Macht geworden, Christus nicht mehr in den Schleier räthselhafter Wortzusammenfügungen, ferner Typologien, allegorischer Anlehnung an das Heidenthum gehüllt, sondern der offen bekannte Herr der Kirche und der Welt, dessen Gottheit festzustellen und den Sieg seines Reiches zu verkündigen die Aufgabe der theologischen Arbeit des Jahrhunderts war. Prudentius hat sich in seinen Gedichten Hand in Hand mit der bildenden Kunst ihr dienstbar gemacht. Diese war in den Darstellungen der Wundermacht Christi ihrerseits die Verkünderin seiner Gottheit geworden. Zugleich gehorchte sie der hierarchischen Tendenz Roms, indem sie neben Christus die Gestalt des Petrus hervorzuheben bemüht war, und gedachte vom Standpunkte des Sieges der für denselben geopferten Kämpfer in ruhmvoller Darstellung ihrer Martyrien.

Suchen wir nach einem Sinnbild für diese neue Periode der christlichen Kunst, das an Stelle des geheimnissvollen Fischsymbols trat und die neubeginnende Glanzperiode der Kirche kennzeichnete, so tritt dies uns in der neuen Phase entgegen, in die das christliche Ursymbol, nämlich das Kreuz[1], eingegangen ist: in dem tausendfältig wiederholten Monogramm (☧). Das Kreuz ist von Anfang

---

[1] Unter den monographischen Arbeiten, welche die neuere Zeit über das Kreuz geliefert hat, ist neben den tüchtigen und fleissigen Erörterungen Münter's (Sinnbilder und Kunstvorstellungen der ersten Christen, Heft 2, S. 33—40 und 68—79), Didron's (Iconographie chrétienne, p. 375—436), und der gründlichen Untersuchung Zestermann's über die muthmassliche Gestalt des Todeswerkzeugs Christi (Die bildliche Darstellung des Kreuzes und der Kreuzigung Jesu Christi historisch entwickelt, 1867), in erster Reihe die vortreffliche Abhandlung de Rossi's

an das typische Zeichen Christi gewesen, und wurde als solches im Cultus wie im gewöhnlichen Leben gebraucht. Es kommt so auch in der ersten Periode vor, aber sehr selten in der eigentlichen reinen Form, der „Crux immissa", des Todeswerkzeugs Christi, ✝, sondern, ganz dem symbolisch verhüllten mystisch dunkeln Charakter der Kunstvorstellungen dieser Zeit gemäss, in verschiedenen den Kreuzescharakter nur andeutenden Zeichnungen, die mit dem Gesammtnamen der „Crux dissimulata" bezeichnet werden. Als Grund für eine solche Verschleierung eines Bildes, das selbst nur Symbol war, führt de Rossi mit Recht an, dass einmal die Christen von den Heiden der abergläubischen Anbetung des Kreuzes beschuldigt wurden, eine Anklage, für die als redendes Zeugniss das am Palatin gefundene Spottcrucifix dienen kann[1], und dass die schimpfliche und entehrende Kreuzesstrafe noch zu frisch vor aller Augen stand, um nicht Neophyten und selbst Christen widerlich und beängstigend zu berühren;[2] infolge dessen vermied man, das Kreuz in seiner eigentlichen Gestalt als das Todeswerkzeug des Herrn abzubilden. So finden wir in dieser Zeit als Signum Christi die „Crux commissa", das mystische T, dessen Zahlenbedeutung (300) in Verbindung mit den Buchstaben ιη (18) und der Beziehung auf die 318 Knechte des Abraham sowie die Erklärung des תו (Ezechiel 9, 4), als T-Zeichen hier massgebend sind[3], und das, wie Zestermann überzeugend dar-

---

zu nennen (De titulis Christianis Carthaginiensibus; Spicil. Solesm., IV, 497—540), die namentlich über die verschiedenen Phasen der Entwickelung des Kreuzes sehr feste Bestimmungen gibt, und auf deren Grund die in der Callixtkatakombe vorkommenden Kreuze von ihm behandelt werden (Roma sotterranea, II, 317—323). Martigny fasst die Resultate der de Rossi'schen Forschungen geschickt zusammen (Dictionnaire des antiquités chrétiennes, Art. Croix, p. 184—188). — Leider ist es mir trotz aller Bemühungen unmöglich gewesen, die, wie ich später erfuhr, vergriffene Arbeit von Münz, „Archäologische Bemerkungen über das Kreuz, das Monogramm Christi, die altchristlichen Symbole, das Crucifix" (1866), zu Gesicht zu bekommen.

[1] Ferd. Becker, Das Spottcrucifix der römischen Kaiserpaläste (1866).
[2] De Rossi, De titulis Christianis Carthaginiensibus, Sp. Sol., IV, 533.
[3] Eine andere Beziehung des T ist die auf die 300 Männer, mit denen Gideon die Midianiter überwand (Richter, 7, 7), und auf die zwei Hölzer, die die Witwe von Sarepta auflas (1 Könige 17, 12), auf die schon Isidorus von Hispalis aufmerksam macht und auf die die mittelalterliche Dichtung öfter zurück-

gethan hat, weder seiner äussern Zusammensetzung noch den Anschauungen der Christen nach, das Todeswerkzeug Christi sein konnte.¹ Neben diesem, wie es scheint, verbreitetsten Kreuzesbilde, das sich auch in der folgenden Periode noch in lebendiger Geltung erhalten hat, wie Prudentius (Psychom. praef.), Paulinus von Nola (Epist. 2 ad Sever., p. 36), Hieronymus (in Jesaiam, c. 26) beweisen, finden sich die sogenannte „Crux decussata" ✕, das Andreaskreuz, mit geheimem Bezug auf den Anfangsbuchstaben von Christus, dann der Anker, dessen Form an die Crux commissa erinnerte ⚓, durch einen am andern Ende befindlichen Querbalken mehr der eigentlichen Kreuzesform genähert ✝ (de Rossi, Roma sotteranea, II, Atlas, tav. 41, 23; 47, 22 und 23; 55, 11), in ungewöhnlicherer Form ✢ (de Rossi, Roma sotteranea, II, 318), sodann die eigenthümliche Gestalt ⊥, für die Münter den Ursprung in verschiedenen heidnischen Charakteren sucht, und die als Arabeske auch am Sarkophag zu S.-Ambrogio in Mailand vorkommt, zuletzt in Aegypten das sogenannte Henkelkreuz ☥.² Vereinzelt findet sich das Kreuz in der eigentlichen Form des Patibulum. Das öftere Vorkommen desselben in den Katakomben und auf ältern Denkmälern darf uns nicht täuschen, da später Wallfahrer dasselbe oft eingekratzt haben. Die Anwendung des eigentlichen Kreuzes fand damals wol nur beim Kreuzschlagen statt, und vielleicht auf Ringen und andern Gegenständen des Privatgebrauchs.

Mit der zweiten, Konstantinischen, Periode tritt das Monogramm hervor. Es ist von mancher Seite bestritten worden, ob das Monogramm ☧ wirklich das Zeichen Christi geworden sei, und eine

---

kommt. (Vgl. Zacher, Literar-historische Nachträge zur Erklärung des werbenen Kelchs, in der Zeitschrift für christliche Archäologie und Kunst, von Quast und Otte, II, 65 fg.).

¹ Als Beweis hierfür lässt sich auch anführen, dass auf dem sogenannten Spottcrucifix das Kreuz, an dem der mit Eselsohren abgebildete Gegenstand der Anbetung hängt, nicht die Crux commissa, sondern immissa ist, und die Aeusserung Gregor's des Grossen über das T, dass wenn der Pfahl über die Querstange oben hinausginge, es nicht mehr ein Bild des Kreuzes, sondern das Kreuz selbst wäre (in Jobum, c. 39).

² Siehe die Abhandlungen von Letronne und Raoul Rochette, „Sur la croix ansée", in den „Memoires de l'académie des inscriptions et belles lettres", tom. 16, 1, p. 236 sq.

Fortentwickelung des Kreuzes bezeichne, oder ob es nur als ein besonderes Zeichen neben dem Kreuze bestanden habe. Die Zweifel werden durch verschiedene Zeugnisse gelöst. Lactantius (De mortibus persecutorum, c. 44) beschreibt die Entstehung des Monogramms: „Commonitus est in quiete Constantinus, ut coeleste Signum Dei notaret in scutis, atque ita proelium committeret, fecit, ut jussus est, et transversa X littera, summo capite circumflexo, Christum in scutis notat." Ebenso beschreibt dasselbe Eusebius (De vita Constantini, I, 25): „— — κέρας εἶχεν ἐγκάρσιον, σταυροῦ σχήματι πεποιημένον." Auch Prudentius schildert das Monogramm (l. l. c. Symm., 486 sq.):

> Christus purpureum gemmanti textus in auro
> signabat labarum, clypeorum insignia Christus
> scripserat, ardebat summis crux addita cristis.

Ebenso spricht Hieronymus aus, dass in dem Buchstaben X das Kreuzeszeichen liege. Am deutlichsten äussert sich darüber Paulinus von Nola (Natal. 11, Muratori anecdota, p. 42):

> Forma crucis gemina specie componitur, et nunc
> antennae speciem navalis imagine mali,
> sive notam graecis solitam signare trecentos
> explicat existens cum stipite figitur uno
> quaque cacumen habet transverso vecte jugatur (T),
> nunc eadem crux dissimili compacta paratu
> eloquitur dominum, tamquam Monogrammate, Christum;
> nam nota, qua bis quinque notat numerante Latino (X),
> calculus haec Graecis Chi scribitur, et medium Rho,
> cujus apex et signa tenet, quod rursus ad ipsam
> curvatum virgam facit O, velut orbe peracto (☧),
> nam rigor obstipus facit I, quod in Ellade Jota est;
> Thau idem stylus — — —

Alle diese Stellen beweisen, dass das Konstantinische Monogramm für identisch mit dem Kreuze selbst angesehen wurde und als Zeichen Christi galt. Als Zeuge mag ein Sarkophag dazu treten, der die Darstellung der Jünger mit Christus bringt, Christus selbst aber nur durch das kranzumfasste Monogramm bezeichnet (Aringhi, I, 191, 2). Wenn es auch mehr Namenschiffre, als Symbol Christi war, so hatte wiederum das X das Deutsame, für die dissimulirte Kreuzesfigur, wie sie früher in Geltung war, selbst gelten zu können. Das Monogramm ist die eigentliche monumentale Kreuzesform des 4. Jahrhunderts. Das siegesfrohe Christenthum dieser Zeit, das sich mit einem mal als Macht in dem einst ihm so oft verhängnissvollen römischen Staatswesen fühlte, konnte kaum treffender symbolisirt werden, als durch das Feldzeichen, unter dem der erste christliche Kaiser die entscheidende Schlacht über seinen heidnischen Gegner gewann. Die Ausschmückung des Monogramms mit den seit der Mitte des 4. Jahrhunderts demselben beigegebenen Buchstaben A und Ω[1], wie dasselbe sich vielfach findet, wozu Palmenzweige und der Kranz kommen, weisen alle auf die Tendenz hin, den Sieg des Christenthums und die Herrlichkeit Christi zu versinnbildlichen, in einer Weise, dass dagegen die ursprüngliche ernste Bedeutung des Kreuzes, als Bild des Marterwerkzeugs und der Erniedrigung an Christi Leiden und Tod zu erinnern, fast völlig zurücktrat. Auch hier werden sich Prudentius und die Kunstdarstellungen seiner Zeit zu einem gegenseitigen Commentar. Soviel der Dichter sich mit der Gestalt Christi beschäftigt, so findet das Leiden desselben fast keine Erwähnung. Wenn er auch des Todes des Herrn gedenkt (Cath. 9, 76 sq.; Dittoch. 165 sq.), so geht er über den Kern der Thatsache hinweg, um entweder die den Tod begleitenden Wunder zu beschreiben, oder den Tod nur als den Weg zu seiner Höllenfahrt hinzustellen, und bei der Verherrlichung Christi im Tartarus desto ausführlicher zu verweilen. Diesen Zug theilt mit ihm der jüngere Sedulius, der in seiner poetischen Paraphrase der evangelischen Geschichte, dem „Carmen paschale",

---

[1] De Rossi (De titulis christianis Carthaginensibus Spicil. Sol. IV, 529), giebt als erstes Vorkommen der beiden Buchstaben mit dem Monogramm ein Monument des Jahres 355 an. Vgl. Prudentius (Cath. 9, 10):
Corde natus ex parentis, ante mundi exordium
A et Ω cognominatus, ipse fons et clausula
omnium, quae sunt, fuerunt quaeque post futura sunt,
und Paulinus von Nola (Natal. 11, vs. 89, Fragm.):
A Isidem mihi Christus et Ω: qui summa supremis
finibus excelsi pariter complexus et imi,
victor et inferna et pariter coelestia cepit:
effractisque abyssi coelos penetravit apertos,
victricem referens superata morte salutem.
Utque illum patriae junxit victoria dextrae,
vexillumque crucis super omnia sidera fixit,
corporeum statuit coelesti in sede trophaeum.

das Leiden und Sterben Christi gegenüber den übrigen Scenen des Evangeliums mit auffälligster Magerkeit behandelt. Ebenso wenig seiner eigensten tiefsten Bedeutung entsprechend sind die Anschauungen des Prudentius vom Kreuze selbst. Er erwähnt desselben wol als des Zeichens des Heiles, an dem Christus für uns starb, nennt Christus den Crucifer (Cath. 3, 1; Perist. 10, 641 sq.), aber er verliert sich alsbald wieder in die alte Symbolik des Kreuzes, geht auf die typische Wiederkehr desselben in der Weise der alten Apologeten ein (Perist. 10, 621 sq.; vgl. Cath. 12, 169 sq.), und kann das Geheimniss desselben doch nur immer finden in der Wunderkraft, die Dämonen und die durch dieselben angeregten bösen Gedanken abzuwehren (Cath. 6, 129 sq. u. s. w.). Prudentius, wenn wir den Ausdruck brauchen dürfen, steht, wie seine ganze Zeit, unter dem Siegeszeichen des Monogramms. Wie sein Jahrhundert noch immer das Grundsymbol des Christenthums in der dissimulirten Form kennt, so ist ihm auch die tiefste Grundbedeutung desselben verborgen. Das reale Machtbewusstsein der zur Herrschaft gelangten Kirche, eine rein die metaphysischen Grundlagen des Gottessohnes ins Auge fassende theologische Arbeit, entfremdeten diese Zeit dem tiefern Verständnisse des Leidens Christi.

Im gewissen Sinne lässt sich von dieser das 4. Jahrhundert umfassenden Periode der christlichen Kunst eine dritte absondern, die vom Anfange des 5. Jahrhunderts aus datirt. Sie wird durch die aufkommende Sitte, die in grosser Zahl erbauten Kirchen mit Bildwerken zu schmücken, eigenthümlich bestimmt, und hängt in einer Beziehung mit der vorigen zusammen, während sie nach der andern in das symbolische Gebiet der vorkonstantinischen Periode zurückgreift. Der biblische Bilderkreis, nach den Angaben des Paulinus von Nola, angewandt, die Wände der Kirchen zu schmücken, wird reicher und mit neuen Darstellungen vermehrt, unter denen sich auch diejenigen befinden, die der neunte Hymnus des Cathemerinonbuches und das Dittochäon des Prudentius nennen und die unter den Bildern ältern Datums nicht vorhanden sind.[1] Zugleich aber schreitet die Kunst zu symbolischen Darstel-

---

[1] So z. B. von den von Paulinus von Nola, als in seinen Kirchen gemalt, erwähnten Gestalten: Ruth (Hamart. 778 sq.), Lot (Hamart. 723 sq.), Judith (Psychom. 60 sq.), das Durchschreiten des Jordan unter Josua (Jos. 4, 1; vgl.

lungen der neubegründeten Dogmen, so z. B. der Darstellung der Trinität unter dem Bilde der Taufe, wie Paulinus von Nola sie in seinen Kirchenbauten erwähnt. Ausserdem kommen nun auch allgemeiner die apokalyptischen Scenen auf, mit denen meist der Triumphbogen der Basiliken geschmückt wird, und unter denen sich namentlich auch die von Prudentius am Ende des Dittochäon (vs. 193 sq.) erwähnte der vierundzwanzig Aeltesten, die das Lamm verehren, findet (Apoth. 4, 4; 5, 1 sq.). Sodann erhält im Zusammenhange mit den Nestorianischen und monophysitischen Streitigkeiten die Darstellung der Maria, die früher Nebenfigur in der Abbildung der Geburt Christi war, grössere Ausdehnung und Berücksichtigung. Der eigenthümlich symbolische Zug spricht sich in bestimmten, traditionell gewordenen Thierfiguren, so z. B. der des Vogels Phönix, der häufig auf Mosaiken als Bild eines neuen in Christo erschienenen Weltalters vorkommt (vgl. Piper, Mythologie und Symbolik, Bd. 1, Abth. 1, S. 460 fg.), namentlich auch in der jetzt häufiger wiederholten Darstellung Christi unter dem Bilde des Lammes aus, die Paulinus von Nola (Epist. 12 ad Severum) schon mit Hinweis auf seine Opferthat erwähnt, und auf die Prudentius in der angeführten Stelle aus dem Dittochäon (vgl. Cath. 3, 161 sq.), jedoch hier nicht im nächsten Bezug auf sein Leiden, hinzuweisen scheint. Daneben bildet sich der traditionelle Christustypus schon in der Weise, wie derselbe für spätere Zeiten beibehalten wurde, aus, während

---

Dittoch. 57 sq.), das Haus der Rahab (Dittoch. 61 sq.); namentlich erfährt die Geschichte des Moses und Josua gerade in dieser Zeit eine reiche Anwendung, so in den Mosaiken von S.-Maria Maggiore in Rom (Ciampini vett. monumenta, I, c. 33). Auch locale Gegenstände, wie Bethlehem (Dittoch. 101 sq.], das Haus des Kaiphas (Dittoch. 157 sq.), das neue Jerusalem (Offenb. 21) vgl. Psychom. 823), finden ihre Anwendung; häufig kommen architektonische Häusergruppen auf Sarkophagen und Mosaiken vor (vgl. Aringhi, II, 193; Ciampini vet. monumenta, II, tab. 26 und 27). Schon im 5. Jahrhundert finden sich in der Kirche S.-Maria Maggiore im Triumphbogen die beiden Städte Bethlehem und Jerusalem einander gegenüber, und durch den darüber geschriebenen Namen bezeichnet, dargestellt (Ciampini, l. l. I, 200), aus denen denn je sechs die Apostel symbolisirende Lämmer treten (Ciampini, l. l. II, 118). Sodann wird das neue Jerusalem in S.-Prassede in Rom aus dem 9. Jahrhundert im Mosaik abgebildet (Ciampini, l. l. II, 145). Auch liebte man in dem Goldgrunde der Mosaiken das Innere von Kirchen als architektonischen Prospect wiederzugeben (Texier und Pullan, Byzantine Architecture, tav. 30—33).

vereinzelte Darstellungen Christi in früherer Zeit sich, soweit eine Individualisirung angestrebt wurde, an verschiedene antike Idealtypen angelehnt hatten. Es entstehen jene mitunter erhaben schönen¹, feierlich ernsten, wildstrengen Christusgestalten, wie wir sie namentlich auf den Mosaiken, die man unterschiedslos mit dem Namen byzantinisch bezeichnet und nicht immer in ihrem künstlerischen Werthe gewürdigt hat, finden, und deren feierlich strengem Charakter die aufblühende Mosaikentechnik Vorschub leistet.

In dieser Periode tritt auch das Kreuz in eine neue Entwickelungsphase; zwar sind, wie Paulinus von Nola zeigt, das mystische T und das Monogramm noch immer in den Vorstellungen lebendig, und es kommt das letztere ausser in Rom bis Ende des fünften Jahrhunderts noch vielfach auf Monumenten vor, aber bereits in der zweiten Hälfte des 4. Jahrhunderts kommt neben dem eigentlichen Monogramm ☧ das sogenannte monogrammatische Kreuz auf ☥, das nunmehr die Ueberleitung zu der eigentlichen Kreuzesform bildet, der Crux immissa, die seit dem 5. Jahrhundert die herrschende wird, und in einer Zeit, der die Darstellung des Gekreuzigten noch fremd war, doch in Verbindung mit dem Sinnbilde des Lammes auf Christi Leiden und Tod hinweist, während das heidnische Machtsymbol, der Nimbus, das Zeichen seiner Herrlichkeit zu werden beginnt. De Rossi setzt als Datum des Aufhörens des Monogramms auf römischen Monumenten das Jahr 409 an (De titulis chr. Carthag. Spicil. Solesm., IV, 529): ein allerdings wunderbar charakteristisches Datum; denn Jahres darauf fiel Rom in die Hand der Gothen, und das weströmische Reich brach zusammen. Jene siegesstolze Herrlichkeit der Kirche, in der dieselbe sich durch ihre Stellung zum Reiche zur Herrscherin der Welt erhoben sah, hatte ihr Ende erreicht. Auch durch sie schütterte der Fall der Stadt, an die sie ihre hierarchischen Traditionen knüpfte, mit drückender Gewalt nach. Hieronymus klagt, dass das hellste Licht des Erdkreises erloschen, und mit der einen Stadt die

---

¹ Vgl. den Christuskopf der Pontiankatakombe bei Perret (Les catacombes de Rome), von einer antiken Anlage des Gesichts mit glücklicher Anwendung der später in allen Christusdarstellungen bewahrten Eigenthümlichkeiten, von Kugler dem 5. Jahrhundert (Kunstgeschichte I, 227), von Crowe und Cavalcaselle erst dem 7. Jahrhundert zugeschrieben (Geschichte der italienischen Malerei, I, 9).

ganze Welt untergegangen sei, und wenn Augustin auch über diesen Fall der Stadt der Welt sich in seinem grossen Werke „De civitate Dei" erhob, und indem er das Fortbestehen der Stadt Gottes auch über den Trümmern der Stadt der Welt verkündigte, das Christenthum in der ganzen Energie des Wortes Christi erfasste: „Mein Reich ist nicht von dieser Welt", so gab diese erhabene Tröstung der Kirche wol eine weite und grosse Perspective für ihren unerschütterlichen Bestand und für ihre Bestimmung, auf sich gestellt, die ganze Fülle ihrer eigensten Kräfte zu verwerthen, aber der Verlust jener glänzenden Realität der Macht, die sie jüngst besessen, nahm auch ihr das heitere Siegesgefühl, das sie beseelte, und den erhabenen Aufschwung begleitet ein finsterer, weltflüchtiger Ernst. Das geistliche Gebiet, auf dem die Kirche, was auch ihr der Fall des Reiches an Glanz und Hoheit genommen, in reicherm Masse wiederfinden sollte, nimmt auch die Kunst in sich auf. Sie wendet sich von den Schilderungen ihres Weltsiegs ab, um im apokalyptischen Lamme nicht nur den gekrönten Herrscher Himmels und der Erde, sondern den durch Leiden zur Herrlichkeit eingegangenen Erlöser zu feiern. Sie sucht in der Darstellung des letzten Sieges über die trübe Gegenwart hinwegzuheben, und das eigentliche Kreuz tritt in weltgeschichtlicher Symbolik an Stelle des siegesstolzen Monogramms, als Zeichen der Demuth und Busse, aber auch als Zeichen des Heils, das im Schwinden der irdischen Lebens- und Machtgrundlagen seine ideale Unabhängigkeit von der Welt bewährt.

Die Frage entsteht: kann dieser eigenthümliche Zusammenhang, in dem unser Dichter mit dem altchristlichen Bilderkreise steht, nicht einiges Licht auf den in der Darstellung dieser Bilder verfolgten Zweck werfen?

Schon öfter haben wir auf den lehrhaften Charakter der Poesie des Prudentius hingewiesen. Die polemischen und apologetischen Lehrgedichte tragen diesen Zweck in ihrem Charakter selbst. Aber auch die andern Poesien verleugnen, wie gesagt, die lehrhafte Tendenz nicht. Sie behauptet sich auch in den Hymnen der Bücher Cathemerinon und Peristephanon. In allen verfolgt Prudentius ein praktisches Ziel; eine Gesinnung anzuregen, eine Anschauung zu begründen, eine fromme Lebensweise zu lehren, eine Ueberzeugung zu festigen. Wie schon gesagt, steht er damit nicht allein in seiner

Zeit. Es war diese praktische Abzielung ein echt römischer Grundzug, und das Bemühen, und das Geschick, das von andern Gefundene zugänglich zu machen und dem populären Verständniss zu eröffnen, vertrat schon von früher her den Mangel origineller Schaffenskraft. Macht der Dichter, so gut wie wir es bei dem Homileten in seiner Predigt finden, diesem Zwecke seine Poesie dienstbar, so fragt sich nur, ob nicht die bildende Kunst seiner Zeit und seiner Kirche es auch that, ob nicht der Künstler der altchristlichen Wandmalereien und Sarkophagreliefs neben der Absicht, einen Raum, ein Monument künstlerisch auszuschmücken, eine andere verfolgen: im Glauben zu unterweisen, im christlichen Leben stark zu machen. Man hat diese Seite in gewisser Beziehung zu sehr hervorgehoben, und eine Absichtlichkeit, den Gegensatz wider und das Bekenntniss zu einzelnen Lehren und Anschauungen, in den Bildwerken der Christen gesucht, die nicht immer erweislich ist; aber, dass eine solche Tendenz besteht, scheint aus den Stoffen, die diese Bildwerke darstellten, aus dem Geiste, der sie durchweht, der in traditioneller Festigkeit die einzelnen Scenen genau in derselben Weise in gleicher Stellung und mit gleichem Zubehör wiederholt und nicht durch neue originelle Auffassungen imponirt, sondern an gewohnte und bekannte Vorstellungen immer und immer wieder erinnert, unwiderleglich hervorzugehen. Es ist diese Tendenz aber nicht nur Vermuthung, sondern sie gründet sich auf bestimmte nachweisbare Analogien, die wir gerade im kirchlichen Alterthum bezüglich des Zwecks der Bilder finden. — Hier ist zuerst hinzuweisen auf das geheimnissvolle Diagramma der Ophiten, das, von Celsus zum Angriff gegen das Christenthum angewendet, für Origenes der Anstoss wurde, dasselbe zu durchforschen und in seiner Apologie gegen Celsus zu beschreiben. Mosheim hat sich der peinlichen Mühe unterzogen, aus den zerstückten und unverständlichen Berichten des Origenes dasselbe wieder herzustellen, und so einen Einblick in dasselbe zu geben[1]. Nach seiner Mittheilung war es eine Art Bilderkatechismus für die Ungebildetern in der Sekte, der auf einer zweifach getheilten Tafel, in einer Zusammenstellung von Kreisen, Strichen und symbolischen Thiergestalten, das complicirte System der

---

[1] Mosheim, Versuch einer unparteiischen und gründlichen Ketzergeschichte, (2. Aufl. 1748), S. 79 fg.

Ophiten versinnbildlichte. Es war dies ohne Zweifel ein sehr praktischer Weg und beachtenswerth genug, um die Christen auf etwas Aehnliches zu führen. Dass sie Anstoss daran hätten nehmen können, dass von einer verpönten Häresie ein solches Hülfsmittel der Belehrung der Unmündigen ausgegangen sei, ist nicht glaublich. Hat doch auch die Ausbildung der Musik und Hymnologie in häretischen Kreisen den Anlass gegeben, dass beiden Künsten in der Kirche selbst eine grössere Pflege zutheil wurde. Mochte nun auch die Frage einer Anwendung der Bilder zu religiösen Lehrzwecken eine streitige sein, ja eine bilderfeindliche Richtung das Concil von Elvira dahin bringen, die Anwendung der Bilder zu verbieten, mochten einzelne, wie Tertullian, Epiphanius und später auch Augustin dagegen eifern und eine Hinneigung zum heidnischen Götzendienst darin erblicken, so mochte das in früherer Zeit, wo auch eine Willfährigkeit zur Aufnahme heidnischer Symbole sich zeigte, einen Schein von Grund haben[1], später konnte dasselbe in keiner Weise gelten und gewiss ist, dass dieser Bilderhass zu keiner Zeit seinen Zweck erreichte. Im 5. Jahrhundert aber hören wir über die Anwendung der Bilder in der Kirche zum Zwecke der Volkserziehung zwei gewichtige Stimmen. Die eine des Nilus, des Schülers des Chrysostomus. Dieser gesteht in einem Briefe (Nili Epist. l. 4, ep. 16), in dem er sich gegen die häufige Darstellung von Christus und den Märtyrern, sowie symbolischer Bilder offen ausspricht, doch zu, dass es würdig sei, den innern Raum mit Darstellungen des Alten und Neuen Testamentes zu schmücken, damit diejenigen, welche nicht lesen und so in der Heiligen Schrift nicht forschen könnten, durch die Betrachtung der Gemälde an die christlichen Tugenden derer, welche dem wahren Gotte auf die rechte Weise gedient, erinnert, und zur Nacheiferung der grossen Werke erweckt würden, durch die jene die Erde mit dem Himmel vertauscht hätten.

Paulinus von Nola macht auf die Menge der Wallfahrer aufmerksam, die am Tage des heiligen Felix zu dessen Grabe kamen, und rechtfertigt die bisher noch wenig gebräuchliche Art, die Kirchen mit Bildern zu schmücken, als ein Mittel, die Menge zum Theil ungebildeter Leute von Schwelgereien an dem Festtage abzuhalten:

---

[1] Tertullian (De pudicitia, c. 10) spricht sich über das Bild des guten Hirten auf Keleben durchaus nicht ehrfurchtsvoll aus.

Quos agat huc Sancti Felicis gloria coetus,
obscurum nulli; sed turba frequentior his est.
Rusticitas non casta fide, neque docta legendi.
Haec adsueta diu sacris servire profanis,
ventre Deo, tandem convertitur advena Christo,
dum Sanctorum opera in Christo miratur aperta.
Cernite quam multi coëant ex omnibus agris,
quamque pie rudibus decepti mentibus errent.
Longinquas liquere domos, sprevere pruinas
non gelidi fervente fide; et nunc ecce frequentes
per totam et vigiles extendunt gaudia noctem:
Laetitia somnos, tenebras funalibus arcent.
Verum utinam sanis agerent haec gaudia votis,
nec sua liminibus miscerent pocula sanctis.
Quamlibet haec jejuna cohors potiore resultet
obsequio, castis sanctos quoque vocibus hymnos
personat, et Domino cantatam sobria laudem
immolat. Ignoscenda tamen puto talia parvis
gaudia quae ducunt epulis, quia mentibus error,
irrepit rudibus; nec tantae conscia culpae
simplicitas pietate cadit, male credula sanctos
perfusis halante mero gaudere sepulchris.
. . . .
Propterea visum nobis opus utile, totis
Felicis domibus pictura illudere sancta;
si forte attonitas haec per spectacula mentes
agrestum caperet fucata coloribus umbra,
quae super exprimitur titulis, ut litera monstret,
quod manus explicuit; dumque omnes picta vicissim
ostendunt releguntque sibi, vel tardius escae
sunt memores, dum grata oculis jejunia pascunt;
atque ita se melior stupefactis insinuat usus,
dum fallit pictura famem sanctasque legenti
historias castorum operum subrepit honestas
exemplis inducta piis; potator hianti
sobrietas, nimil subeunt oblivia vini.
Dumque diem ducunt spatio majore tuentes,
pocula rarescunt, quia per miracula tracto
tempore, jam paucae supersunt epulantibus horae (Natal. 9, 546 sq.).

Wir haben hier ein deutlich ausgesprochenes Zeugniss für den Zweck dieser Bilder, auf dem Wege der Kunst die Gemüther in die Heilige Schrift einzuführen und durch ästhetische Anregungen von den niedrigen Excessen, die bei Wallfahrten nach dem Zeugnisse des Paulinus schon damals stattfanden, abzuhalten. Es tritt uns also deutlich ausgesprochen die Tendenz des Paulinus entgegen, eine „Biblia pauperum" zu schaffen und die Kunst zur Lehrerin des Volkes zu machen, dieselbe Tendenz, welche 433 Sixtus III., der die Mosaiken in der Kirche S.-Maria Maggiore in Rom anbringen liess, durch die dazu geschriebene Dedication: „Xistus episcopus plebi Dei" bekundet und die ebenso auch Gregor der Grosse zu der seinigen gemacht hat (vgl. dazu Gregor des Grossen „Epistolae", l. VII, ep. 54; l. IX, ep. 9; l. XI, ep. 111). Unter diesen Umständen wird es uns sehr wahrscheinlich, dass auch die Bildwerke der Katakomben, sowol die Gemälde als auch die Sculpturen, diesem Zwecke gedient haben, und dass des Prudentius Gedichte in ihrer belehrenden Tendenz, mit diesen Bildern das gleiche Ziel verfolgend, wo sie nur irgend können, darauf zurückkommen, um die durch dieselben nahe gerückten biblischen Vorstellungen zu erklären, und sowol zur Berichtigung des Glaubensstandpunktes, als zur Bekräftigung dieser oder jener sittlichen Pflicht zu verwenden. Es lag das im Zeitalter des Prudentius besonders nahe, in der die eifrige Verehrung der Märtyrer eine grosse Zahl von Wallfahrern an deren Grabstätten führte. Zeugnisse für diese Wallfahrten sind ausser andern die an den berühmtesten Gräbern vielfach eingekratzten Namen der Pilger mit Anrufungen Gottes, der dort begrabenen Märtyrer, und dazu gesetzten Kreuzen und Monogrammen, die sogenannten „Proscinemi". Diese, soweit sie in der Callistkatakombe sich finden, von de Rossi mit mühsamster Sorgfalt untersucht und erklärt (Roma sotteranea, II, 381 sq.), und in dem Atlas zu seinem Werke aufs meisterhafteste copirt (Atlas, tav. 30—34), weisen eine Reihe von Pilgernamen aus allen Ländern vom 4. bis 9. Jahrhundert nach. De Rossi macht dabei aufmerksam, dass die Namen, welche der Kalkbewurf der Bilder aus dem 3. und 4. Jahrhundert trägt, ausschliesslich italische Namen sind und auf ausschliesslich italische Pilger hinweisen[1], während sich auf dem Bewurf der im byzantinischen Geschmacke gemalten,

---

[1] Dies stimmt wunderbar mit Prudentius' Schilderung der Wallfahrer zum Grabe des Hippolytus überein, unter denen nur italische Stämme erwähnt werden:
    Mane salutatum concurritur: omnis adorat
    pubis, eunt, redeunt solis adusque obitum.
    Conglobat in cuneum Latios simul ac peregrinos
    permixtim populos religionis amor:
    oscula perspicuo figunt impressa metallo,

also aus späterer Zeit stammenden Bilder, Namen finden, die auf germanischen und angelsächsischen Ursprung weisen: Hildebrand, Etelred, Prando u. s. w. (de Rossi, Roma sotteranea, II, 13—20). Für ein grosses Contingent von Wallfahrern aus dem 4. Jahrhundert spricht das öfter eingekratzte Monogramm, das, wie wir auf de Rossi gestützt schon erwähnten, das Signum Christi im 4. Jahrhundert ist.

Mit dieser Verehrung der Märtyrer hängen ausser den Wallfahrten zu ihren Gräbern die ausgedehnten Arbeiten des Papstes Damasus, des Freundes des Hieronymus, zusammen, die derselbe an den Katakomben ausführen liess (de Rossi, Roma sotteranea, II, 379; Appendice: Michele de Rossi, Analisi geologica ed architettonica, p. 58 sq.). Sie bestanden, wie er selbst in seinem Epitaph auf Bischof Cornelius von Rom mittheilt, aus neuen Zugängen zu den berühmtesten Krypten, da die frühern Treppen entweder zerstört waren, oder doch bei dem Andrange der Pilger nicht genügten, und in Vermehrung der Luminarien, der Luft und Lichtöffnungen, die für die in grösserer Zahl in diesen unterirdischen Labyrinthen verweilenden Wallfahrer zum Bedürfniss wurden[1] und deren Prudentius wie Hieronymus gedenken, sowie darin, dass er die Grab-

balsama defundunt, fletibus ora rigant.
. . . .
Urbs Augusta suos vomit effunditque Quirites
. . . .
nec minus Albanis acies se candida portis
explicat et longis ducitur ordinibus:
exultant fremitus variarum hinc inde viarum,
Indigena et Picens, plebs et Etrusca venit
Concurrit Samnitis atrox habitator et altae
Campanus Capuae, jamque Nolanus adest (Perist. 11, 189 sq.).

[1] De Rossi hat dies Epitaph in Stücken zersplittert aufgefunden und mit grosser Sorgfalt zusammengesetzt und ergänzt. Es lautet danach (Roma sotteranea, I, 287 sq., Atlas, tav. 4):

Aspice, descensu extructo tenebrisque fugatis
Corneli monumenta vides tumulumque sacratum.
Hoc opus aegroti Damasi praestantia fecit,
exmet et accessus mellor, populisque paratum
auxilium Sancti, et valeas si fundere puro
corde preces, Damasus melior consurgere posset,
quem non lucis amor, tenuit mage cura laboris.

stätten der berühmtesten Märtyrer mit Inschriften versah und mehrere poetische Epitaphien, die er auf einzelne oder mehrere gefeierte Märtyrer zugleich dichtete, an ihren Gräbern und somit den am meisten besuchten Wallfahrtspunkten anbringen liess; dabei wurde er durch die Kunst und die Pietät seines Kalligraphen Furius Dionysius Philocalus unterstützt, der in besonders klarer und schöner Schrift die Gedächtnissworte des Papstes in Stein verewigte. So finden sich mehrere der Damasinischen Gedichte, schon an der vollendeten kalligraphischen Ausführung kenntlich, die zum grossen Theile zu Grabschriften bestimmt sind und die, wenn auch nicht durch poetische Kraft und Tiefe, so doch durch Leichtigkeit und Klarheit der Form sich auszeichnen, in der Callixtkatakombe wieder. De Rossi hat die hauptsächlichsten derselben, wie sie in Hunderte von Bruchstücken zersprengt am Boden lagen, zum Theil ziemlich vollständig wieder aufgefunden und zusammengesetzt. Darunter, neben dem schon erwähnten Epitaph auf Bischof Cornelius, die nur in wenigen Bruchstücken des Originals, dem grössern Theile nach in einer spätern Copie gefundene Inschrift auf Bischof Eusebius von Rom, der 311 in St.-Callixt beigesetzt wurde, auf der sich Furius Dionysius Philocalus als kalligraphischer Ausführer der Inschrift selbst kenntlich gemacht hat (de Rossi, Roma sotterranea, II, 195 sq.; Atlas, tav. 3 und 4). Eine andere war auf Sixtus II., den Märtyrer der Katakomben (de Rossi, Roma sotterranea, II, 229 sq.; Atlas, tav. 2), sodann ein Grabgedicht auf die in Massengräbern verwahrten Gebeine von Märtyrern und Confessoren, deren Namen man nicht kannte, abgefasst. Es lautet dies Gedicht nach der Originalinschrift:

> Hic congesta jacet, si quaeris, turba piorum;
> corpora sanctorum retinent veneranda sepulcra,
> sublimes animas rapuit sibi regia Coeli.
> Hic comites Xysti portant qui ex hoste tropaea.
> Hic numerus procerum, servat qui altaria Christi.
> Hic positus longa vixit qui in pace sacerdos.
> Hic confessores sancti quos Graecia misit.
> Hic juvenes puerique senes castique nepotes.
> Quis mage virgineum placuit retinere pudorem.
> Hic, fateor Damasus, volui mea condere membra,
> sed cineres timui sanctos vexare piorum.

Die letzten räthselhaften Worte weisen auf eine Unsitte hin, die in jenen Tagen begeisterter Verehrung der Märtyrerreliquien um sich griff und fast zur Entweihung jener Nekropolen führte. Der glühende Wunsch, in der Nähe der Märtyrer begraben zu sein, und dazu den Raum zu benutzen, wie er sich bot, führte, besonders seitdem die Todtenbestatter aus der Herstellung von Grabstätten ein Geschäft machten[1], zu einer barbarischen Mishandlung der vorhandenen Gräber. Man benutzte die über den hervorragenden Ruhestätten sich wölbenden Arkosolien, um in dem überwölbten Raume neue Gräber anzulegen, und, da gerade die durch den Arkosolienbogen gebildete Lünette einen geeigneten Raum bot, so ist bei dieser Gelegenheit manches Bild zerstört worden (de Rossi, Roma sotteranea, II, Atlas, tav. d'aggiunta A, und vielfach bei Aringhi). Damasus, der Verehrer der Märtyrer, sieht sich genöthigt, selbst mit dem Beispiele voranzugehen, und einem Begräbniss in der Papstgruft lieber zu entsagen, als, um sich ein solches zu gewähren, die Ruhe der Todten zu stören.

Mit der Damasinischen Periode, in der infolge der eifrigen Märtyrerverehrung der Besuch und die Benutzung der Katakomben der Ausdruck eines allgemein gehegten Zuges war, schliesst die eigentliche Lebensgeschichte der Katakomben ab. Mit dem Heranströmen der Barbarenstämme der Völkerwanderung begann man die Leichen der Märtyrer, um sie vor Entweihung zu schützen, aus ihren Grabstätten hinwegzunehmen und in Kirchen niederzulegen, nachdem aus dem gleichen Grunde bereits früher einzelne Märtyrerreste aus andern Orten nach Rom gebracht worden waren. Die Cömeterien verloren dadurch ihre Bedeutung, obgleich sie immer noch Wallfahrtsorte blieben, und Sixtus III. (432—440), Leo I. (440—460), Symmachus (498—514), das Ihrige thaten, um dieselben zu erhalten und ihrer Würde gemäss auszuschmücken, eine Aufgabe, die sich auch spätere Päpste stellten. Im Mittelalter treten die Translocationen der Heiligenleiber in weitern Dimensionen ein, und zugleich beginnt der widerliche Handel mit Reliquien nach aller Welt, in dem Aberglaube und Betrug miteinander wetteifern, die unterirdischen Grabstätten zu entleeren.

---

[1] Martigny, Dictionnaire des antiquités chrétiennes, p. 281. Vgl. die Inschrift: „Comparavi Saturninae a Susio locum visomum auri solidos duo in luminare majore que posita est ibique fuit cum marito an XL" (Marchi, I monumenti delle arti cristiane primitive nella metropoli del Cristianesimo [Roma 1644], p. 165).

In der Zeit der Damasinischen Arbeiten an den Katakomben muss Prudentius dieselben besucht haben. Der Zug, der jenen Papst zur poetischen, bildnerischen und architektonischen Ausschmückung dieser Stätten treibt, durchdringt auch seine Poesien und die tausendfache Sprache der Bilder, die jene Gräber belebten, hallt in seinen Gedichten wieder und macht diese absichtlich und unabsichtlich zu Interpreten jener und zu einer beredten Anweisung, ihren Inhalt zu verstehen und ihre Mahnung zu benutzen. Gemeinsam ist ihnen mit jenen Bildern der Grundgedanke, den zu verherrlichen der, wie die apostolischen Constitutionen aussprechen, den Lazarus auferweckte, der seit vier Tagen todt war, der Tochter des Jairus und dem Sohne der Witwe das Leben zurückgab, den Jonas nach drei Tagen aus dem Bauche des Walfisches, die drei Jünglinge aus dem Feuerofen, den Daniel aus der Löwengrube errettete und damit auch uns auferwecken wird.[1] Gemeinsam ist ihnen der Grundzug, zu sittlicher Mahnung die Gestalten und Scenen der Schrift zu verwerthen, die Paulinus so schön bei Gelegenheit seiner alttestamentlichen Bilder ausspricht: die Genesis lehre ihn bitten, dass er kein irdischer Adam bleibe, sondern neugeboren und neugebildet, der alten Art in der Taufe sich entkleide, dass er leicht sich bekehren lasse wie Lot, um dem Feuer von Sodom zu entgehen, und nicht rückwärts sich wende, dass er wie Isaak ein lebendiges Opfer für Gott sei, und sein Holz tragend unter dem Kreuze den Vater finde, dass er gleich Jakob ein Flüchtling der Welt, für das müde Haupt in Christo zur Ruhe gelange, dass er vor der Welt Neigung sich bewahre gleich Joseph, dass, wie Israel aus Aegypten, er den Leidenschaften des Herzens sich entwinde, und endlich, wie Israel nach seinem Durchzug durchs Rothe Meer, in dem Pharao unterging, den Sieg des Herrn an sich preisen könne.[2]

Ich gestehe mir ein, dass es nicht immer leicht ist, den gegenseitigen Bezügen auf den letzten Grund nachzugehen und den versuchten Beweis der Abhängigkeit unsers Dichters von jenen Bildern völlig zu liefern. Das aber muss zugestanden werden, und es ergibt sich

---

[1] Constit. apost., V, c. 7 und 8.
[2] Paulin. Natal., 9, 607 sq.

aus der Art und den Grenzen der Benutzung der biblischen Bücher durch Prudentius, dass die biblischen Scenen ihm in der Darstellung jener Bilder plastisch wurden, und dass die Vorstellungen, in denen jene Bilder die Herrlichkeit Christi zur Entfaltung bringen, auch die seinigen sind. Nicht minder ist mir gewiss, dass die Tendenz seiner Poesie mit der jener Bilder zusammengeht, dem Volke Belehrung und Verständniss zu bringen. Beide müssten, um das zu können, in einer dem Volke zugänglichen Sprache reden und die Vorstellungen des Volkes selbst benutzen; und von diesem Gesichtspunkte aus bringen der Dichter und jene Bilder uns mittelbar eine Kunde von dem sittlichen Leben und den religiösen Vorstellungen des christlichen Volkes ihrer Zeit, der „Plebs Dei", der immer, wenn auch nicht durch ausdrückliche Dedication, die Leistungen des christlichen Künstlers und Dichters geweiht gewesen sind, wie ja Künstler und Dichter von jeher zum Volke gesprochen haben.

ANHANG.

UEBERSETZUNG DES GEDICHTES APOTHEOSIS.

Die Apotheosis.[1]

VORWORT.

Ist Wahrheit unser? — dich, den Meister frage ich: —
Und, wandeln wir den rechten Weg?
Hat falsche Lehre nicht vergiftend uns berückt,
Im Irrthum uns zum Fall gebracht?
Der Heilsweg, kaum erkennen kann man ihn   5
Im vielverschlungnen Pfadgewirr.
So manchen Irrgang hat gottloser Sinn
Mit Blendwerk kunstvoll ausgeschmückt.
Die Widersprüche, schlau versteckt, umschlingen sich
Auf allerwärts verwebtem Gleis.   10
Und, wer in Irre schweifend sich verleiten lässt
Und einmal weicht vom rechten Steg,

---

[1] Der Versuch einer Uebersetzung der Apotheosis des Prudentius dürfte vielleicht wundernehmen, da dieses rein dogmatische Gedicht, das lange Partien hindurch nur in abstracten Bestimmungen und Erörterungen sich bewegt, das am wenigsten poetisch werthvolle, und für eine Uebersetzung am wenigsten lohnende des Dichters ist. Dennoch hat dasselbe sein hohes Interesse gerade wegen des Versuchs, die Hauptlehren der Kirche in der Form eines Gedichtes zusammenzustellen, und deshalb habe ich die mühsame und spröde Arbeit unternommen, die allerdings wol die Schwierigkeit, einen derartigen Stoff in poetische Form zu giessen, ebenso wenig überwunden hat, als es dem Originale selbst gelungen ist. Ich unterlasse dabei eine Uebersetzung des ersten Präfatio zu diesem Gedichte, die eine kurze Inhaltsangabe desselben in Form eines versificirten Bekenntnisses zum dreieinigen Gotte enthält. Trotzdem Dressel dieselbe als echt gegen Obbarius vertheidigt und die gegen die Echtheit derselben geltend gemachten Bedenken treffend zurückweist (Prud. carmina, p. 80, Anmerkung), ist dieselbe doch nicht ein integrirender Bestandtheil des Gedichtes selbst und widersteht um ihres Inhalts willen gar zu sehr einer poetischen Uebertragung in unsere Sprache.

Wird jählings fallen in verborgner Grube Nacht,
Die Feindes Hand ihm tückisch grub
Dem Räuber ähnlich, lauernd auf den Wandersmann, 15
Der falschen Weges Spur verfolgt.
Was hat der Menschen Uebermuth nicht schon vollbracht,
Zu welchem Unheil zog's ihn nicht?
Des allgewalt'gen Gottes Glanz beflecken sie
Mit trügerischem Wortgefecht. 20
Mit winz'gen Schlichen reisst des Glaubens Einigkeit
Die freche Zunge keck entzwei,
Und löst und knüpfet ernster Fragen heil'gen Sinn
Durch Schlüsse trügerisch gewebt.
Weh euch, Verführer voller Trug und Ränkesucht! 25
Weh dir, gestaltenreiche List!
Die zähen Knoten reisst der Wahrheit Lehre auf,
Die feindlich allem Streite ist.
Was Thorheit vor der Welt erschien, erwählte Gott,
Zu stürzen, die sich klug gedünkt [1], 30
Und wirft die Starken zu der Schwachen Füssen hin,
Dass Glaubenseinfalt siegbaft sei.
Sieh da den Eckstein fest zum Anstoss aufgestellt [2],
Dass an ihm eitler Stolz zerbricht;
Denn blindlings tappt er hin und her unsichern Schritts 35
Und rennt an jedes Hinderniss.
Des Glaubens Fackel glänze auf dem Weg allein,
Auf dass die Spur die rechte sei,
Der Feind sich zeige, der im Finstern Irrende, 40
Verwirrt, verlockt, zu Fall gebracht,
Und der die Aehre, an dem Wege hingepflanzt,
Mit rohem Fusse niedertritt,
Die lichte Pflanzung räuberisch zerstört,
Hineingemischtes Unkraut sät, 45
Das voll von Giftsaft zwischen guten Samens Frucht,
Der Landmann weise wachsen lässt,
Dass unversehns er nicht die Aehren raufe aus
Zugleich mit schädlichem Genist.
Still wartet er der Zeit, da schlecht und gut Gewächs 50
Herangereift im Sonnenglühn,
Bis dann geworfelt gute Frucht zur Scheuer kommt,
Zum Feuerbrand die leere Spreu. [3]
Doch ziemt's, zu kennen gift'gen Lolches Sam' und Art,
Durch die der Ernte Schaden droht. 55

---

[1] 1 Kor. 1, 27. [2] Luk. 2, 34; 1 Petr. 2, 7 und 8. [3] Matth. 13, 24 fg.

Fälschliche Lehren gibt es genug, doch wen'ge nur nenn' ich,
Gläubiger Zunge ist's Schmach, so Schändliches nur zu berichten.
Wagt es doch einer, den Vater vom ewigen Thron zu vertreiben
Und in die Grenzen zu bannen des engen menschlichen Leibes:
Ja, er entblödet sich nicht, ihn sterben zu lassen am Kreuze.   5
Leiden duldete Gott?[1] Er, dessen Bild und Gestaltung
Noch kein Sterblicher sah; er, dessen herrliches Wesen
Menschlicher Sinn, nicht Auge noch Hand zu erfassen vermochte.
Sprachen dafür nicht Johannes, des Grossen, erhabene Worte,
Nimmer mit sterblichem Blick sei Gott zu gewahren, bezeugend?   10
Das ist des Vaters Natur, dass auch das schärfste der Augen,
Mag es das Fernste erspähn, doch nie bis zu ihm hin gedrungen,
Dass er in Menschengestalt sein Wesen nimmer gekleidet,
Nie in endliche Form und Art einengte die Gottheit.
Willst du die Heilige Schrift nicht gottvergessen verachten,   15
Darfst du der Gottheit Glanz, den du niemals mit Augen geschaut hast,
Auch nicht in irdischen Stoff und endliche Schwäche herabziehn.
Aber der Abglanz des Vaters er bietet sich dar der Betrachtung,
Tritt erkennbar entgegen bisweilen dem menschlichen Auge. —
Freilich von Täuschung geirrt, mit dunstumwobenem Blicke,   20
Kann es allein sich ihm nahn, das verstümmelte Forschen des Menschen.
Wenn, Gott selber zu schauen, der Mensch sich gerühmt, er erblickt nur
Den, den Gott sich gezeugt und ihm eingoss göttliche Fülle:
Gottes ewiger Sohn, er erschien, ein Abglanz der Gottheit,
Wandelnd in irdischer Form, die sichtbar dem menschlichen Auge,   25
Denn von Begrenzung gelöst ist die Fülle der Herrlichkeit Gottes.
Sichtbar wird sie allein, da sie zur Selbstbeschränkung sie willig.
Abraham, Ahn des erlauchten Geschlechts, er sah so die Gottheit
Strahlend in dreifachem Bild. Doch Christus war's, der die Erde
Damals schon gnädig besucht, und Abraham gastlich sich nahte.   30
Jakob's Arme berührten ihn selbst, da er mit ihm gerungen.[2]
Moses, der Mittler von Gottes Gesetz, er empfing die Berufung,
Nahe zu treten dem Herrn und vertraulich mit ihm zu verkehren.
So mit heiligen Sprüchen verband er die eigene Rede,
Und er ward sich bewusst, dass er Christum leiblich erschaute.   35
Aber Grösseres heischend erhob er die Seele zu Wünschen,
Welche dem Menschen versagt; was sterbliche Kraft überschreitet,
Wollt' er: die Gottheit erschaun im Urglanz ohne Umhüllung.
Endlich, da er gar oft und vertraulich zu Christus geredet,
In der Gestalt, die er trug, auch oftmals ihn selber erblickt hat,   40
Sprach er: „O, wär' mir's vergönnt, dein Wesen ganz zu erkennen!"
Drauf erwidert der Herr: „Mein Antlitz nicht, nur meinen Rücken
Lass die Gerechten ich schaun!"[3] Und liegt es damit nicht zu Tage,
Dass nur irdisch umhüllt das Wort dem Menschen erkennbar,

---

[1] Joh. 1, 18.   [2] Gen. 18, 2; 32, 24.   [3] Exod. 33, 20 sq.

Dass es jedoch, wenn es will, dem Auge vermag zu erscheinen   45
Sichtbar in Menschengestalt, die niemals bekleidet den Vater,
Dass in der Engel, der Sterblichen Form es sein Wesen enthülle,
Und im Bild unsrer selbst wie im Spiegel dem Anblick sich biete.
Das ist das Wort, das entsandt aus des Vaters gütigem Munde,
Vom jungfräulichen Leib empfing sein irdisches Wesen.   50
Zwar so erblickte es Moses noch nicht in Fleisches Gestaltung,
Wie es zum Bildnisse ward der armen sterblichen Menschheit,
Das Gott in künftiger Zeit im Leibe, den er geschaffen
Durch die Gewalt seines Worts, auf Erden widergespiegelt.
Doch jene Flamme, die einst den Dornbusch schien zu verbrennen[1],   55
Gott war es selber, der schwebte im spitzigen Stachelgemäute
Und als unschädliche Glut die verwundenden Blätter durchwehte.
Und es bedeutete dies, dass die Gottheit einst in die Glieder
Aus dem gedornten Geschecht der vielfachen Sünde gebildet
Und mit dem Leiden der Sünde erfüllt, sich zu fügen beschlossen.   60
Denn es ergoss der Strauch, dem ruchlosen Stamme entwachsen,
Schädlichen Saftes Gemisch durch seiner Zweige Verschlingung,
Und durch stachliche Dornen verletzt er sich ineinander.
Plötzlich sah man als leuchten weithin die dürre Umlaubung,
Und aus den brennenden Zweigen erglänzte rasch und gewaltig   65
Gott: so verbrannten sie nicht, die krumm geflochtenen Dornen,
Sondern die Flamme beleckte sie nur die blutigen Früchte,
Streifte des tödlichen Holzes zum Leben führende Sprossen;
Denn es wird nur mit Blut die finstre Verschuldung getilget,
Die das Dorngebüsch mit vielfachen Qualen erzeugte.   70
Unzugängliches Licht, nur sichtbar in Fleisches Umhüllung,
Wird zu der Gottheit Bild. Das Wort ist Gott, und das Feuer,
Das da sich regt in des Leibes mit Dornen bekleideter Sünde.
Denn der Erzeuger des Lichts, des Worts, des brennenden Feuers,
Unsichtbar bleibt er für uns, wie uns der Apostel belehret,   75
Dass kein sterblicher Blick der Gottheit Ursprung erschaue. —
Glaubt mir, keiner erblickte noch Gott, glaubt mir es, noch keiner!
Sichtbar ist Gott der entsprungen, doch nicht der Ursprung der Gottheit,
Und den Gezeugten, ihn schauest du nur, nicht die Quelle der Zeugung.
So ist des Vaters Antlitz verhüllt, dem jeder entsprossen,   80
Der dann in menschlicher Form uns erschien, und also gebildet,
Dass er das Leiden empfand; denn leidensbefreit ist der Gottheit
Himmelsanarr, sie betritt nicht des höllischen Feuers Gebiete,
Menschliche Aengste bedrängen sie nicht; in erhabener Reinheit,
Strahlend in herrlichem Glanz und frei in jeder Bewegung,   85
Keiner Gewalt unterworfen, die Herrin vielmehr aller Dinge,
Ewigen Ursprungs auch, und über und vor allen Zeiten
Herrlich thronend, dem Vater vereint, als des Vaters Empfindung,

---

[1] Exod. 3, 2.

Weisheit und weltgestaltender Plan, nicht mit Händen gebildet,
Noch durch gebietendes Wort den Tiefen des Vaters entsprungen   90
Trat sie hervor, die Gewalt über Himmel und Erde zu üben.
Und sie trifft nicht die Geisel, einhauend blutige Striemen,
Auch nicht Speichelgegeifer und schimpfliche Streiche der Wange,
Noch von Nägeln durchbohrt hängt todeswund sie am Kreuze.
Solches erduldet allein das Fleisch vom Weibe geboren   95
Nach des Weibes Gesetz, doch ohne des Mannes Berührung.
Das nur leidet vom Hunger, trinkt Galle, und schlürfet den Essig.
Das nur erschreckt vor des Todes Gesicht und bebt vor den Schmerzen.
Lästerer ihr, die ihr sagt, dass vom ewigen Vater verlassen,
Leer stand der himmlische Thron in jenen gewaltigen Zeiten,   100
Da in vergängliche Glieder sich Gottes Gezeugter gekleidet.
Meint Ihr — was wagt nicht ein Ketzer? — da habe der Vater gelitten,
Sei empfangen wie wir und genährt vom Blute der Jungfrau,
Habe den Schos der Geweihten geschwellt in reifendem Wachsthum?
Macht so zum Lügengeschwätz die Rede des heiligen Buches,   105
Dass das ewige Wort sich ergoss in Fleisches Gestaltung,
Nimmer jedoch der Vater des Worts ins Fleisch sich gekleidet.

Stelle dich fest, o Schrift, denn nichts Zweideut'ges und Halbes
Gilt's zu bezeugen; zu schaun den Vater war keinem vergönnt noch,
Und es erblickte der Erdkreis ihn nicht, nicht im irdischen Lichte 110
Leuchtet er uns. Doch sandt' er das Wort, das erkennbar dem Auge,
Nahm es in sich wieder auf, wie's in seinem Rathe beschlossen.
In dem Worte berührt' er den reinen Leib der Maria,
Durch des Wortes Gewalt vereint er die kindlichen Glieder,
Und er ist selber zugegen, allüberall kräftig und wirksam,   115
Und keine Stätte der Erde entbehrt der Herrlichkeit Gottes,
Die sich gekleidet ins Wort. Drum sprach der Herr zu Philippus:
„Wandelst du schon so lange mit mir und zweifelst zu kennen
„Gott den allmächtigen Vater, und schaust doch in mir ihn wahrhaftig!"[1]
Selber dem Auge verhüllt war der Vater gewaltig, zu senden   120
Sichtbar der Erde den Sohn, dass in ihm sie den Vater erkenne,
Und nicht der Heiligen nur, nein auch der Verblendeten Auge.
Ja von den Blinden der Blindeste selbst, dessen dunkle Verstocktheit
Nimmer die Wahrheit gelernt im düstern Sinn zu erwägen.
Leugnest du noch, dass der Sohn den Menschen sichtbar geworden?   125
Nun wohlan, sprich wer war's, der unschädliche Flammen durchschritten
Und das zängelnde Feuer zertrat und die Brüder bewahrte,
Aug' in Aug' dem Tyrannen, der von hoher Zinne herabsah?[2]
Dass er bekannte: „Drei Männer ich warf sie in schnaubender Oefen
Wild anlodernde Glut, und siehe, ein anderer nahte,   130
Und mit Lächeln zertheilt' er die rauchentsendenden Flammen.
Dieser ist Gottes Sohn! Ich erkenn' es und bin überwunden,

---
[1] Joh. 14, 9. [2] Dan. 3, 20. [3] Dan. 3, 25.

Nehmt sie hinweg die ohnmächtige Glut und die feurigen Fackeln!
Sieh, es verkühlet sich doch die Hitze des brennenden Schwefels,
Gottes des ewigen Sohn, kein Zweifel, er wirkte das Wunder, 135
Er, den ich nah, Gott selbst, der Gottheit eigenster Sprößling,
Ruhe gebot er den Flammen und zägelt' ihr zorniges Wüthen,
Spottend geschichteten Holzes und des Pechs auflodernden Flusse,
Drückt er zusammen und heißet gefrieren der Flamme Gezüngel.
Und der versengende Hauch, er meidet der Schenkel Umhüllung, 140
Da er's gebeut, und zieht nur sanft durch ihre Gewande,
Selbst die assyrischen Mützen vermag nicht der Rauch zu durchdringen,
Daß nicht das wallende Haar verbleiche im giftigen Dampfe."
Solches redete er und gebot, daß schwiegen die Sänger,
Orgeln, Harfen und Zithern, Trompeten und rohrene Flöten. 145
Und es verstummt der heidnische Lärm und die festlichen Lieder,
Die das goldene Fratzengebild des Götzen gefeiert.
Und die Gesänge ertönen allein der heiligen Männer,
Die im dreistimmigen Chor den König des Himmels verehren,
Der das Meer und die Erde und die leuchtenden Sterne geschaffen, 150
Und inmitten der Glut beschützte sicher die Frommen.
Immer steiget herab das Wort des allmächtigen Vaters,
Hülfe den Sterblichen bringend, und immer in göttlicher Liebe
Ist es sein Wille, der sterblichen Art sich zuzugesellen,
Daß mit dem Herrn sich verbinde das Fleisch, und mit ihm erfüllet 155
Das entartete Leben, in thierischer Dumpfheit befangen,
In dem Bilde des Herrschers verklärt, sich selber erkenne
Ewiger Gottheit verwandt, die im sterblichen Wesen ihm gleich ward;
Und seinem Wesen verknüpft, was ihm schon der Anblick verbürget,
Wachse an Christus nun auch, dem durch gleichen Stamm wir verbunden. 160
Einst war's der thierische Sinn, der allein den Menschen beherrschte,
Jetzt aber trug ihn der Geist zum Wesen des höheren Samens
Auf, da der sterblichen Art belebende Gottheit sich einguss.
Neuen Stoffes Gebild, durch den innerlich webenden Geisthauch,
Und doch menschliches Fleisch, im Jungfrauenleibe gewirket, 165
Hat er die Keime getilgt des alten verderblichen Lebens
Und unsterbliches Gut sich aus eigner Regung gewonnen.
Das ist des Menschen Sohn und der Sohn des donnernden Schöpfers,
Er nur erblickte des Vaters Gesicht und schaute ihn selber,
Keiner siehet Gott selbst, denn der Sohn, und wem ihn zu zeigen 170
Christus beschloß, des Allmächtigen Sohn und unser Versöhner.
Und ich sag's noch einmal am Ende der kurzen Betrachtung:
Nimmer verband sich der Vater dem Fleisch, doch zur Wohnung des Vaters
Stieg es vom Sohne verklärt. Der Sohn hat beides durchwandelt! —

Weiche Lästrer des Herrn, Sabellius, weiche von hinnen! 175
Schänder des Vaters zugleich und verrückter Leugner des Sohnes!
Schmähest den Vater du nicht, da, den Sohn zu erkennen, du leugnest?
Denn er ist der Erzeuger nicht mehr, wenn der Sohn nicht vorhanden,
Und nicht den Vater nenne ihn noch, den du trogst um den Sprößling.

Aber vielleicht nur geschah's, um den Ruhm der Liebe der Gottheit 180
Frech zu entziehen, dass du, zufrieden mit leerer Behauptung,
Dass Gott sei, seiner Vaterschaft Zier, Christi Sohnschaft verworfen.
Welcher Heide verehrt im Tempel vor tausend Altären
Thörichter Götzen Gebilde mit Salz und Rasen und Weihrauch,
Wüsste er nicht: ein Gott sei der höchste und einzig vor allen. 185
Wenn er Saturn und Juno und Venus und anderen Fratzen
Opfer auch bringt, sie entzündend auf rauchenden Afteraltären,
Sieht er zum Himmel empor, so ist es ein einziger Gott nur,
Dem er die Welt zuerkennt, dass ihm die unendliche Ordnung
Aller Gewalten gehorcht, die an einzelne Mächte vertheilt ist. 190
Welches Geschlecht ist am Geiste so stumpf, so barbarischer Abkunft,
Welcher Wahn so verdumpft, dass den bellenden Hundsgott Anubis
Höher er ehrte als den, der sitzt auf dem Throne des Himmels?
Keiner doch wird Cloacinen und Epona über den Sternen
Göttliche Herrlichkeit leihn, wenn er duftenden Weihrauch auch opfert 195
Und mit gottloser Hand Gedärm und Brotkorn durchwühlet? —
Ziehe zu Rath das Gefasel des bartumwachsenen Plato,
Frage, was sich geträumt der stinkenden Cyniker Weisheit,
Was Aristoteles dann verworren zusammengeschwindelt!
Wandeln sie auch auf des Wahns verschlungenen Irrwegen alle, 200
Pflegen sie auch zu geloben zum Opfer Hähne und Hennen,
Dass sich der Krankheiten Gott dem Sterbenden günstig erweise.
Handelt sich's um die Vernunft und um der Wissenschaft Richtschnur,
Schliessen sie, wenn auch gebrechlich die Form, doch der Sinne Bewegung
Und der Beweise Gewirr in eine Gottheit zusammen, 205
Nach deren Willen sich schwingt der Welt bewegliches Kreisrund,
Und die wandelnden Sterne in ihren Bahnen sich halten.
Nimmer vermag er nicht, wenn er sich zum Thier sich erniedrigt,
Und mit erhobenem Blick die Sterne des Himmels noch anschaut,
Nimmer vermag er zu leugnen, dass droben die höchste Gewalt wohnt. 210
Numa's Wahrsager selbst hat, zum Schweigen gebracht, es empfunden,
Und der halbthierische Scholte der kaum dem Bluthund vergleichbar.
Wir aber, die wir den Herrn, in Schriften und Leibeserscheinung,
Einst im Glauben allein, dann gegenwärtig im Fleische,
Einst in der Weissagung sehn, dann in der Erfüllung am Kreuze, 215
Und eintauchend die tastende Hand in der Seite Verwundung
Prüften der Hände Male, da das Auge selber gezweifelt,
Wir erkannten so doppelt in Jesu den ewigen König.
Frevel erscheint es uns nun, zu verweigern der ewigen Gottheit
Vaters Namen und Ehr', da den König er aus sich erzeuget, 220
Keinen König der Parther etwa, und des römischen Volkes,
Sondern Beherrscher der höchsten, der mittlern und untersten Ordnung,
Und so Herrn aller Dinge und aller Welten Gebieter.
Oben der Vater, inmitten das Fleisch, und unten die Hölle;
Durch sie rauscht er hindurch und kehrt zurück in sich selber. 225
Gott ist er, Mensch auch zugleich, er stirbt, Gott dennoch zu bleiben.

Jeden Gebiet der verstörten Natur hat er liebend durchschritten,
Dass es zurück in den Schos des lebendigen Vaters gelangte,
Selbst da es starb und im Grabe verwest, seine Stätte dort finde.
Dass es so werde hat einst der Mund der Seher verkündet,   230
Und wir haben's erprobt mit Sehen und Tasten und Hören.
Endlich begriffen wir sie, die Heldensagen der Vorzeit,
Da wir Christus gesehen, sind alle Orakel enthüllet,
Das ist das Heil. Von dort strömt Leben uns zu und Beseelung.
Das ist die Losung für uns, nie ohne den Namen des Sohnes   235
Anzurufen den Vater, und ohne den Namen des Vaters
Nimmer die Gottheit des Sohns, und weder den Sohn noch den Vater,
Ohne den Heiligen Geist als Dritten zuzugesellen,
Sodass die dreie vereint, und nicht in drei Götter geschieden,
Sondern der einige Gott, der in der Dreiheit bestehet.   240
Aber der Vater ist nicht, was der Sohn, denn der Sohn ward erzeuget
Vom Unerzeugten, hier ist wahrhaftige Vater- und Sohnschaft.
Nimmer erzeugte der Sohn sich selbst, und ebenso wenig
Wurde geboren der Vater, von selber plötzlich entstehend.
Lächerlich ist es und toll, dass als neuer Same der Zeugung   245
Aus sich selber der Sohn sich hätte zum Gotte geschaffen,
Und am Ende der Sohn zum Sohn sich selber geboren!
Weder Lüge noch Irrthum verkünden die heiligen Worte:
Vater ist Gott, weil den Sohn er erzeugt, weil aus ihm erzeuget,
Ist der Sohn Sohn, und entstammt dem höchsten von allen Erzeugern, 250
Selber der Höchste zugleich und nicht anders, nicht kleiner als jener.
Wie wäre gleich sonst in beiden die Art des Wirkens und Schaffens,
Wenn der Sohn nicht besässe die ganze Gewalt seines Vaters,
Und der Erzeugte, wie der ihn erzeugt, dasselbe nur wären?
Aber sie forschen noch weiter, was diese Zeugung bedeute: 255
Ist es dem Menschen erlaubt, zu senden seine Gedanken
Bis zu jenem Geheimniss, das allen Zeiten voranging,
Das vor dem Anfang der Dinge bestand und hoch überschreitet
Alles, was menschlichem Geiste gegeben ist zu erkennen?
Schwer ist der Weg zu erforschen für der ersten Anfänge Gründe;   260
Wo ist der Sterbliche, dem es gewährt, zu erkunden den Ursprung,
Den Gott einstmals gesetzt, und wer erkannte die Weise,
Wie er erzeugte das Wort, das ohne jeglichen Anfang?
Uns ist nur eines bewusst, von einem Gotte die Kunde,
Vom unerzeugten Erzeuger gezeugt, von dem Einen der Eine,   265
Und von dem Reinen der Reine, entstanden und doch ohne Anfang,
Von dem Vater entstammt und ewig zugleich mit dem Vater.
Nicht wird der Vater zerschnitten, sodass vom Vater ein Theil nur
Wäre der Sohn, noch dehnet sich aus voneinander gezogen
Also das göttliche Wesen, dass der Gottheit Gehalt sich verdünnet, 270
Da der veränderte Stoff den Sohn als ein Neues gebildet.
Ohne Wechsel und Wandel verbleibet ewig die Gottheit,
Da sie erzeugte, entzieht sie sich nichts, sondern ganz und vom Ganzen,

Bleibt uns die Gottheit ein Licht, entströmend dem eigenen Lichtquell,
Wann jedoch ist ohne Leuchten das Licht, wann fehlet dem Lichte 275
Schimmernder Glanz, wann verliert durch Weiterzünden des Feuers
Feuer je seine Natur? Wenn Gott sowol Vater als Licht ist,
Ist er des Lichtes Gott und Vater nicht? War er nicht Vater
Vor aller Zeiten Beginn, und erzeugte später den Sohn erst,
Anders würd' er dadurch und gewönne so neue Gestaltung. 280
Tollheit ist's, dass der wüchse, der nimmer des Wachsthums bedürfte;
Gottheit, Herrlichkeit, Licht ist ihm immer zu eigen gewesen.
Nicht im Laufe der Zeiten geschah's, dass er Vater geworden,
Darum halten wir fest, dass ewig war mit dem Vater
Christus, erzeuget von dem, dem selbst kein Erzeuger bestanden. 285
Und wer frevelnd bezweifelt der Zeugung Christi Geheimniss,
Nimmer rechne er sich zur Gemeinschaft des gläubigen Volkes,
Heidnischen Weihrauchstreuern vielmehr mag er zu sich gesellen,
Leichensteineverehrern und Feigenstämmebeschmierern.
Prüfe nur einmal die Zeichen, die Gott in der uralten Quelle 290
Selber uns gab, durchspähe sie nur, die Bände des Moses,
Dem nicht ein gallischer Barde, kein vogelflugschauender Alter,
Keinerlei Fabelgerücht und keine geschwätzige Amme,
Keine wortklingelnde Seherin auch, noch plappernde Krähe
Gottes Geheimnis gelehrt, dem Gott sich selbst offenbarte, 295
Und dem zitternden Mann voll Milde und freundlicher Rede
Seine unsterbliche Art in allen Tiefen enthüllte.
Und es entsann sich so der kundige Weise des Einen,
Dass bei dem Anfang der Welt, allein nicht, sondern mit Christus
Gott der Vater geformt der neuen Schöpfung Gebilde. 300
„Gott hat den Menschen gemacht", so verkündet er, „nach Gottes Bilde",
Und was bedeutet das andere, als uns das Eine zu künden?
Nicht hat allein er's gethan: Ein Gott half Gott im Erschaffen,
Da nach dem Bilde des Herrn der Herr den Menschen gebildet.
Christus trägt Gottes Gestalt, wir Christi Bild und Gestaltung; 305
Durch die Güte des Vaters sind unser die Züge des Sohnes,
Der nach Jahrhunderten kommend, in unserer Bildung erscheinen.
Manches Beispiel vermöcht' ich aus der Heiligen Schrift zu entnehmen,
Das dich, weichst du nicht aus, gar deutlich darüber belehrte,
Dass nicht im Vater allein die göttliche Herrlichkeit liege, 310
Dass mit dem Vater der Sohn Gott sei, wie Moses es aussagt.
Feuer auf Sodom herab liess regnen der Herr von dem Herren.[a]
Wer ist der Herr, und von welchem Herrn, wenn einem der Vater
Von dem Gewölbe der Sterne herabblickt, im Zorne enthrennend?
Christ ist der Herr, der ergoss den feuerbewaffneten Eifer 315
Gottes des Herrn, und der Blitz ist Zorneswirkung von beiden.
Hätte dies, also verstanden, getroffen die Ohren der Juden,

---

[a] Gen. 19, 24.

Dass es zu rühren vermochte die thöricht gewordenen Seelen,
Dann hätten wol sie gehört auf den Herrn, der herniedergekommen,
Um die verlorenen Schafe zu retten. Doch Enkel ja war'n sie   320
Jener, die einst aus dem Ohr das Gehänge verblendet sich nahmen,
Und im Feuer zerschmelzend sich formten das Götzenkalb Baal. [1]
Aus dem Flammengebilzt des Berges steigt nieder der Führer
Jenes sündigen Volks, da die Rede Gottes geendet,
Und die Tafeln beschrieben von Gottes gewaltigem Finger,   325
Trägt er den Blinden herab, und es fall'n auf ihr Angesicht jene,
Dass sie nicht sahn im Gesetz die geheime Spur des Erlösers. —
Unglückseliges Volk, das dem Lichte die schüchternen Augen
Selber bedeckte, mit eignem Gewand das Antlitz verhüllend! —
Wir aber werfen den Schleier zurück und gewahren nun Christum, 330
Und mit befreitem Gesicht erblicken wir also Gott selber.
Und nicht drückt uns die Stirn des Gesetzes Schwere zu Boden,
Nein, wir schauen das Licht des Gesetzes erhobenen Hauptes.
Weh dir, o Baum, einstmals so herrlich an Laub und an Zweigen,
Oelerzeugender Stamm, geziert einst mit saftigen Früchten!   335
Siehe, es grünet aufs neue der Stamm durch die Sprossen des Oelbaums,
Und es umkleidet dich neu die Rinde von schützendem Baste,
Hab' doch Erbarmen mit dir, es rühmt sich ja doch nicht der Schössling
Waldentsprossner Olive der Herkunft von anderem Stamme.
Siehe, er mahnt dich daran, dass du denkend der eigenen Abkunft, 340
Endest, das Laub dir zu schwärzen, mit fressendem Gift Dich verderbend,
Nicht mehr überläugig blickst auf die Wurzel der ragenden Zweige.[2]
Ende, undankbares Volk, zu schmähen den Herrn, der ist Christus,
Sage mir, sage, wes Blut macht dir zur Feier dein Passah?
Wer ist das jährige Lamm, an jenem Tage geschlachtet,   345
Das dir als heiliges gilt mit jedem Jahre von neuem?
Ist das Thier denn geheiligt? Wer darf da an Heiligkeit glauben,
Und mit dem Blute der Lämmer die Pfosten der Thüre bestreichen,
Sich im Gesange ergeh'n und süsse Brote verzehren,
Während durchsäuert von Schuld doch bleibt euer Leben und Handeln? 350
Kannst Du, thörichtes Volk, nicht unser Passah begreifen,
Schauest Du nicht gemalt in den Zügen des alten Gesetzes
Völlig das Sakrament, das wahre Leiden bezeichnend,
Jenes Leiden, das uns mit Blut bestrichen die Stirne
Und des Körpers Behausung mit schützendem Zeichen versehen?   355
Vor ihm entfloh jene Seuche, mit der die Aegypter geschlagen,
Und es zerstörte die Macht, die grausame, des Pharaonen,
Der in Aegypten geherrscht, von den Hagelgeschossen der Weltmacht
Rettet es Abraham's Stamm, das Volk, das Glauben gehalten.
Dies ist Abraham's wahres Geschlecht, dessen Antlitz das Zeichen 360
Trägt jenes Bluts, und dem im nimmer wankendem Glauben

---

[1] Exod. 31. [2] Röm. 11, 17 fg.

Gott, wie jenem erscheint, Gott selbst, der gekommen vom Vater.
Abraham schauete Gott und glaubte alsbald dem Geschauten.
Du aber, fleischlicher Sprosz, du fassest alles nur fleischlich.
Fleischliches Werk triebst du im Gesetz, das der Geist doch erfüllet,   365
Denn vom Himmel herab, da stieg ein fleischlich Gesetz nicht,
Das du im Fleisch nur verehrst; nein, Christum trug es im Schosze,
War unsrer Hoffnungen Mutter, der Hoffnung des Lichtes vom Lichte,
Und der Ankunft des Herrn, den Abraham's Glaube zuerst sah,
Und den unserem Auge dereinstmals zu schauen der Vater   370
Liebend verhiesz, und den das Gesetz nur bestätigen sollte.
Und das Gesetz nicht allein; denn in welchem Zeichen ist Christus
Nicht schon befaszt, und welches Gehäus' von Schriften erfüllt nicht
Christi Preis und erhebt nicht aufs neue stets seine Wunder?
Siehe, der Griffel der Juden, der Hellenen tönende Zunge   375
Und der ausonischen Sprache beredtes Wort, sie verkünden's.
Ohn' es zu ahnen befiehlt Pilatus: „Geb, Schreiber, und preise
Jene von uns gekreuzigte Macht in dreifacher Inschrift,
Dreifach sei der Name am Kreuz, in dreifacher Sprache!"[1]
Wissen soll es der Jude, und Hellas soll es erkennen,   380
Und das goldene Rom soll Gott in ihm gläubig gewahren.
Was ins Gewölbe des Aethers der Schall der Posaune hinausklingt,
Was aus der Tiefe der Brust der Hauch der Lunge ergieszet,
Was von den Saiten der Harfe, und was von der Leier ertönet,
Was mit verschiedenen Pfeifen der Orgel Einklang verkündet,   385
Was im wechselnden Echo des Hirten Stimme zurückgibt,
Christum nur preist's, und Christo ertönt's, und Christum bekennt es,
Selbst die todte Natur stimmt ein in heiliger Bebung.
Name, du mir so süsz, mein Licht, mein Glanz, meine Hoffnung,
Fester Schild und Gewähr des Friedens nach Sorgen und Mühen,   390
Süszer Geschmack, wohlriechender Duft, bewässernde Quelle,
Keusche Liebe, du Heldengestalt und wahrhafte Freude!
Wenn ein taubes Geschlecht dir Ruhm und Ehre verweigert,
Tausendgültiger Preis und Wunder vergebens vollbracht sind,
Nun, so möge es hören das tolle Wüthen des Unholds   395
Und das Geschrei des Dämonen, das aus dem Besessnen hervordringt.
Mag so den Seinigen glauben der klägliche Phöbus, ihn foltert
Christi vernichtender Name, und die leuchtenden Blitze des Wortes
Duldet er nicht, denn ihn treffen so vielfache Schläge der Zunge,
Als zum Preise der Wunder der Gottheit Christi erklingen.   400
Hell stimmt an der Priester des Herrn: „Flieh, listige Schlange,
Lasz die besessenen Glieder, gib auf deine heimlichen Schliche!
Christi Diener, er ist's, den, schändlicher Räuber, du quälest!
Weiche, Christus ist da, dem besessenen Leibe ein Rächer,
Dir nicht gehört als Beute der Leib, den Christus bewahrte.   405
Hebe dich weg zerflieszender Dunst, geh! Christus befiehlt es!"

---
[1] Joh. 19, 19 und 20.

Und unter solcher Beschwörung heult Hermes vom Feuer gepeinigt,
Siehe, die wilde Schar überfällt die Schweine Genusa's!
Reisst sie vor und zurück, und vom Felsen herniedergeschmettert
Wird nun Schweinegegrunz des herb Gezüchtigten Klage.   410
Aus dem Besessenen erschallt's vernehmlich: „Wir wissen's, o Jesu,
Gottesgeborner, mit Sceptergewalt aus David's Geschlechte,
Wer du bist, weswegen du kamst, und mit welcher Gewalt du
Jetzt uns vertreibest, der Schreck ob deines Erscheinens zerschlägt uns!" —
Kam, o Judäa, dies Wort noch niemals dir zu Gehöre?   415
Ja, es geschah, doch es drang nicht ein in des Geistes Verdunklung,
Und es entfloh am Eingange schon, den du ihm verschlossen.
Christi Kommen vernahm der da wohnt im spanischen Westen,
Und den im Morgen umglüht der rosige Aufgang der Sonne;
Scythiens Eis, es zerschmolz beim Klange der lieblichen Botschaft,   420
Die es erwärmend durchdrang, und der rauhe hyrkanische Winter
Sank gebrochen dahin, und kalter Rinde entkleidet
Strömt vom kaukasischen Fels der rhodopische Hebrus hernieder.
Milde wurden die Geten, und die wilden Pferdemilchtrinker
Dürsten nach lauterer Milch und mischen unblutigen Trank sich,   425
Opferud heiliges Nass von Christi Blute gewonnen.
Und vom Atlasgebirg' gab der Mauren einst treulose Sippschaft
Ihre kraushaarigen Fürsten zu Dienern an Christi Altären.
Seit dem sterblichen Leib der Geist besamend durchdrungen,
Gottes Heiliger Geist, Gott selbst mit dem Leibe der Mutter   430
Sich anschloss, und der Sohn des Menschen der Jungfrau entblühte,
Endet der delphischen Höhlen verdammliche Schicksalsverheissung,
Fiel der Pythia Thron, und es geifern sinnlose Berauschung
Keine Orakel mehr aus, dem Buch der Sibylle entnommen.
Dünste des Wahnsinns, sie qualmen nicht mehr im Lägendodona,   435
Dass die Orakel erstorben, beklagt das verstummende Cumä,
Antwort ertheilet nicht mehr der Ammon in Libyens Wüsten,
Roms Capitol weint selbst, dass seine mächtigen Herrscher
Christus erkannten als Gott, dass nach seiner Kaiser Befehle
Fielen die Tempel dahin, und der Königsschmuck des Aeneas   440
Wurde gelegt in den Staub, vor dem Tempel Christi des Herrschers,
Und das Banner des Kreuzes verehrt vom ersten der Fürsten.

   Und es fehlte der eine auch nicht in der Reihe der Herrscher,
Den ich als Knabe gekannt, als tapfersten Führer der Waffen,
Als der Gesetze Stifter berühmt, durch Thaten und Worte   445
Treulich beschützend den Staat, doch, treulos der Gottesverehrung
Pflichten vergessend, verehrt er an Göttern wol dreihunderttausend,
Ward so Verräther an Gott, wenn auch nie Verräther am Reiche.
Beugte das fürstliche Haupt zu den Füssen der ehernen Pallas,
Leckte der Juno Sandalen und wälzt' sich zu Hercules' Füssen,   450
Salbte mit triefendem Wachs die steinernen Kniee Diana's,
Neigte die Kaiserstirn vor dem gipsgeformten Apollo,
Räuchert' den Pollux Ross mit gebratener Därme Gedampfe.

Einstmals opfert' er auch, Hekate mit Blut zu versöhnen,
Scharen von Kühen sie standen bereit, den festlichen Beilen   455
Opfernder Priester zu fallen; mit rückwärts gebundenen Stirnen
Standen Kälber, bekränzt mit krummem Zweig der Cypresse.
Schon zerschnitt die Gedärme mit eingestossenem Messer,
Mit der Binde gezieret der Greis, und mit blutigen Händen
Wühlet er in den Geweiden, noch zuckend in tödlichem Schauer   460
Und im Herzen noch warm zählt die schwindenden Pulse des Lebens
Spähend der Därme Beschauer und merkt sich, was sie bedeuten.
Da ruft plötzlich der Priester inmitten der heiligen Opfer
Blassen Gesicht's: „Was thu' ich? Eine höh're, Fürst, eine höh're
Gottheit, wer? weiss ich nicht, sie trat zu unsern Altären,   465
An ihr zerbricht die Gewalt der Schüsschen mit schäumendem Milchgischt
Und des Blutes der Rinder, der Opferzweige und Kränze;
All die beschworenen Schatten erblick' ich weithin zerstreuet.
Persephone voll Angst kehrt rückwärts die flüchtenden Schritte,
Ihre Fackel verlöscht, und zerbrochen senkt sie die Geisel.   470
Nichts wirkt Zaubergemurmel, nichts helfen thessalische Sprüche,
Und kein Opfer beschwört die verschüchterten Geister auf's neue —
Siehest du nicht, wie erkaltet das Feuer im räuchernden Fläschen,
Und wie in graulicher Asche hinschwindet das Glühen der Kohle?
Siehe, es kann nicht mehr die Opferschale der Diener   475
Halten, die zitternde Hand sie verschüttet den duftenden Balsam.
Schaudernd gewahret den Lorber vom Haupte sinken der Priester,
Und es spottet der Stier des lahmen Stosses des Messers.
Sicherlich schlich sich hier ein ein verruchter Christusverehrer!
Hebt doch vor diesem Gezücht die Binde am Haupte des Priesters, 480
Ja das Lager der Götter. Weg mit dem Getauften, Gesalbten!
Und Persephone kehre zurück zu erneueten Opfern!"
Sprach's und fiel nieder entseelt, als hätt' er ihn selber erschauet,
Christum, drohend dem Schwätzer mit blitzend geschwungenem Schwerte.
Selbst der Kaiser steht blass, die Krone vom Haupte gefallen,   485
Bis zum Tode erschreckt, und späht in seiner Umgebung,
Ob vielleicht einer die Stirn mit der Salbung Zeichen versehen,
Und so verstörte den Bann der zoroastrischen Sprüche. —
Siehe, da wird aus der Schar goldhaariger Krieger der Wache,
Welche den Kaiser umgibt, ein reisiger Jüngling ergriffen,   490
Und er leugnet es nicht, die verzierte zweischneidige Lanze
Schleudert er hin und bekennt, dass Christi Zeichen er trage. —
Schaudernd springt vorwärts der Fürst und wirft auf die Seite den Priester,
Fliehet den marmornen Tempel, erschüttert, ohne Begleitung,
Drauf die erbebenden Truppen, des Kaisers vergessend, erheben   495
Auf zum Himmel den Blick und nennen Christ ihren Herren.
   Reut und verdriesst solches dich? Sieh, auch für dich kam in Christo,
Fliehendes Israel, Gott, er endet den irdischen Sabbat,
Aber die Sterblichen nahm er hinauf zur ewigen Ruhe.

Brockhaus, Prudentius.   21

Vor den Geschlechtern der Erde, vor ihren Beherrschern erglänzt er,   500
Sein ist der Erdkreis, er zwang die Weltenherrscherin Roma,
Dass an ihn sie nun glaubt, er brach ihre Göttergestalten.
Lerne, unseliges Volk, an deinem Jammer erkennen,
Wer den heidnischen Wahn, der Gesetzen nur fleischliche Wahrung
Fürchterlich strafte, und wer mit rächender Macht dich zermalmte.   505
Fielen der Klammern beraubt, die Salomonischen Steine
Künstlich gefügt nicht dahin, da liegt nun der herrliche Tempel! —
Was ist der Grund: weil die Hand, die schwache des irdischen Künstlers.
Jene vergänglichen Steine gethürmt! Mit Recht ging er unter,
Und ist dahin; denn in nichts kehrt wieder jedes Gebilde.   510
Was zu werden beginnt, beginnt, um einmal zu enden.
Schaue dagegen hinauf zum Tempel, den unser wir nennen.
Jener ist's, den kein Meister, die Stoffe künstlich verbindend,
Raute, und der nicht aus Tannen und schön behauenen Fichten,
Nicht aus behauenen Quadern des Marmelsteines sich aufthürmt,   515
Dessen erhabene Last nicht ruht auf ragenden Säulen,
Noch auf zierlichem Bogen gekrümmter Wölbung sich gründet,
Sondern vom Wort des Allherrschers erbaut, nicht den Lippen entklungen,
Nein, von dem Worte, das ewiglich war und Fleisch ist geworden:
Dieser Tempel ist ewig, unnahbar schnöder Vernichtung;   520
Diesen hast du versucht mit Kreuz und Geisel zu brechen,
Und so sank er zerstört von quälenden Martern — es sei so!
Denn von dem Leibe der Mutter berau er vergängliche Zeugung.
Doch was nach flüchtigem Tod vom Mutterstoffe befreit war,
Ward durch des Vaters Gewalt am dritten Tage lebendig.   525
Sahst du von Engeln umringt ihn nicht, wie erhaben er aufstieg,
Der mir zum Tempel geworden, in seinem Schutz mich bewahrend?
Hoch ragt der ewigen Pforte köhn aufgehauter Gesimse,
Und durch Thürme, die niemand erklomm, führt die herrliche Treppe,
Und auf schimmernden Stufen schlingt aufwärts die reinliche Bahn sich.   530
Aber deine Altäre, sie decken zerschmetterte Trümmer!
Was du verdient, hat dich Titus gelehrt, es lehrt dich'n das Plündern
Pompejanischen Heers, das dich deinem Boden entwurzelt,
Mühsal zu tragen zu Land und zu Meer deine Glieder verstreute.
Umstet vertrieben, bald hier, bald dort, eilt flüchtig der Jude,   535
Und aus des Vaterlands Sitzen durch Gottes Fügung gestossen,
Duldet er Strafe für Mord, und bespritzt vom heiligen Blute
Christi, den er verwarf, muss nun das Verbrochne er büssen.
Wo schwand die Tugend dahin, die Zier der verstorbenen Ahnen?
Sklavenjoch schändet den Adel des abgefallenen Erben   540
Gläubiger Väter. Der Adel ist hin. Als gefangene Knechte
Nehmet den neuen Glauben ihr auf. Und also gewaltig
Hat sich der Glaube bewährt! Das Volk, ungläubig dereinstmals,
Siegt, da es Christum bekennt, und Christi besiegte Verleugner
Sind seine Sklaven geworden und dienen gläubigen Herren.   545
 Aber ich komme auf die, die mit jüdischem Eifer gelehrt,

Halb noch den Juden verwandt und halb auch Nachfolger Christi;
Nur ein Mensch sei der Herr, doch nicht vom Himmel gekommen,
Nimmermehr Gott. Sie bekennen zwar so seine irdische Grösse,
Leugnend die Gottheit jedoch. Sie preisen ihn heilig   550
Wegen der Reinheit des Handelns und rauben die Himmelsnatur ihm.
Jegliches herrliche Werk bekundend die Macht seiner Gaben,
Wirkung des menschlichen Geistes ist's nur, und Wirkung der Stärke,
Hier durch den scharfen Verstand und dort durch der Kräfte Vermögen.
Beides jedoch ist sterblich am Menschen, es welket im Alter   555
Schwindend der Geist, und die Kräfte der Arme verzehren die Jahre.
Solches lehren wir nicht von der Macht und der ewigen Hoheit
Christi, wir meinen vielmehr, dass nimmer aus irdischem Samen
Der entspross, dem wir gefolgt, dass nicht von männlichem Stoffe
Trüber Ursprung ihm ward, der luftige Feuergeist zeugt ihn,   560
Nicht das Fleisch, noch das männliche Mal, noch unreine Wollust,
Gott, er nahete sich der unentweiheten Jungfrau,
Mit seines Geistes Hauche den Leib der Keuschen durchflutend.
Solchen Entstehens Art, die keiner noch schaute, gebietet,
Dass, der also geboren, als Gott uns gelte. Die Jungfrau,   565
Unvermählet, vermählt sich dem Geist ohne sündige Liebe,
Rein bleibt sie, schwillt innen der Schos; es bleibet der Leib ihr
Ohne Befleckung, und Mutter zugleich in keuscher Befruchtung,
Ist sie Mädchen zugleich, des Gatten unkundige Mutter.
Willst du's vernehnen, das thörichte Haupt, Ungläubiger, schüttlen? 570
Kündet's der Engel doch an mit heiligem Munde. Gefällt's dir,
Glauben zu schenken, das Ohr der englischen Botschaft zu öffnen?
Glaubte die heilige Jungfrau doch selbst an des glänzenden Dieners
Gottesgebot, und im Glauben hat also sie Christum empfangen.
Denn zu den Glaubenden nur kommt Christus, zweifelnde Seelen, 575
Festen Glaubens entbehrend, verwirft er und missut ihre Ehre.
Herzen der Jungfrau gleich, und bereit zum Glauben, empfangen
Christum im bräutlichen Schos und zeugen ihn neu aus sich selber.
Was, von dem Vater entsandt, der Engel geredet, dem glaube!
— Oder — vernimmt dein stumpfes Gehör nicht die luftige Stimme, 580
Die von den Sternen ertönt, so glaube den Worten der Greisin,
Die noch vom Gatten empfing. Sei endlich weise und höre
Wunder des Glaubens, das Kind empfangen im Schos der Betagten
Grüsste den Herrn, der im Leib der heiligen Jungfrau beschlossen,
Aus der Mutter zuerst; das ungeborne Kindlein   585
Kündet den Herrn mit Wimmern, denn reden konnte das Knäblein
Damals noch nicht. So erschloss den Mund er Christo dem Gotte.
Bringt die geheimen Gesichte, geht her und öffnet das Buch mir,
Das Jesaias schrieb, von Gottes Hauche getrieben,
Forschet es durch und geht ihnen nach, den Bahnen des Griffels, 590
Die jene herrliche Hand mit himmlischen Zeichen gezogen.
Weichet von hinnen, da ich voll Demuth die schimmernden Zeichen
Weinend verehre, das Buch mit brünstigem Kusse bedecke.

Thränen die Freude empfängt, und Thränen gebieret die Freude.
Siehe, er kam, der verheissene Tag, den das Wort uns geweissagt.   595
Schwanger ist worden die Jungfrau, doch blieb nach dem Zeugniss des Gatten,
Dessen Recht es doch war, von ihr die Keuschheit zu fordern,
Und sie gebar, und sie liess mich meinen Emmanuel schauen.[1]
Ist nun Gott, der als Mensch uns geschenkt? Er stehet und wandelt
Mit uns, bewährt seinen Namen, das Wort vergangener Tage,   600
Dunkel annoch, sieh, er deutet's dem mitgezeugten Geschlechte.
Ist er nicht Gott, dessen Wiege mit Ehrfurcht nahet der Osten,
Herrliche Gaben bescherend fusställig in goldenen Schalen
In der Jungfrauen Schos dem Knaben in Windeln gewickelt?
Wer war der Bote geflügelt, dem sausenden Südwind vergleichbar,   605
Der zu den Völkern des Morgens bis hinauf zu der Baktrier Grenzen
Vordrang, um Tag zu erhellen die Stunden der nährenden Spende,
Da an jungfräulicher Brust das Christusknäblein gesogen?
„Dieses Knaben Gestirn", so tönet Ihr Wort, „wir erblickten's
Durch die gewohnten Gestirne aufsteigend und sie überleuchtend,   610
Zitterrod machte es kund der Sterne nächtlicher Deuter
Auf der chaldäischen Warte, Skorpion sei und Löwe geflohen,
Und es habe der Krebs verkehrt die Scheren gekrümmet,
Trotz seiner Hörner Gewalt bewältigt brülle das Stierbild,
Und das Widdergestirn mit verwilderten Zotten verschwinde,   615
Iller sinkt der Träger des Wassers getroffen, dorten der Schütze,
Und der Zwillinge Paar trennt die Flucht, die treulose Jungfrau
Kehrt von dem schweigenden Buhlen sich ab am Gewölbe des Himmels,
Und jedwedes Gestirn, das schwebt in erschreckenden Wolken,
Fürchtet den neuen Bringer des Lichts, fahl blicket der Sonne   620
Scheibe herab, sie ahn't, dass ihr Schein einst werde erblassen,
Und in der Mitte des Tags sich verhüllen mit graulichem Schleier,
Und in mittägiger Nacht der Glanz sich schwärzen des Himmels,
Da ihr Kreis sich bedeckt mit jäher Finsterniss Dunkel.
Dem dies geschah, ziemt Gabe dem nicht an Weihrauch und Myrrhen   625
Und an leuchtendem Gold? Ich weiss, wer er ist, was ich gebe.
Dem soll ich Ehre nicht leihn, den als König der Himmel erschaute,
Und die Erde gewahrt, der als Gott beherrschet des Weltalls
Doppelten Kreis, der im Grabe die Herrschaft der Hölle durchbrochen
Und die Begrabenen ruft, mit ihm zum Licht zu erstehen?   630
Hoch den Himmel bewahrend, erfüllt er die Erd' und vernichtet
Dunkler Unterwelt Nacht, Gott ist er, der ganz überall ist."
Trog ein verblendeter Sinn, oder Lügenzunge die Männer,
War es ein Zufall vielleicht, der mit täuschender Hoffnung sie antrieb,
Gaben zu weihn und Gelübd' in bethörter Verehrung zu bringen?   635
Welcher Grund, welche Ursache war's, dass den Nacken sie beugten
Zu den Füssen Maria's, zu des Kindes ärmlicher Wiege,

---

[1] Jes. 7, 14; vgl. Matth. 1, 19 fg.

Wenn es sterblich nur war, und wenn die höchste Gewalt nicht
Füllte mit göttlichem Hauch die zarten Glieder des Knaben?
Aber lasst jene Weisen, den Weihrauch, das Gold und die Myrrhen, 640
Die als wahrhaftigen Gott ihn bezeugt, auch die Krippe und Windeln
Und den geweihten Schos Mariens vom Sterne beleuchtet.
Seiner Wunder Gewalt, sie soll als Gott ihn bezeugen:
Rasende Winde gewahr' ich mit einem male sich legen [1],
Da es Christus gebeut, Ich sehe die sturmesgepeitschten 645
Tosenden Wogen des Sees zur Marmorebne sich glätten
Unter Christi Befehl. Ich sehe den Strudel ihn tragen,
Und der wallenden Flut sich bäumenden Rücken gesänftigt.
Also wandelt er selbst auf des Wassers brausenden Wogen,
Präget der Sohlen Spur fest ein den getretenen Wellen, 650
Und er bedrohet den Wind und heisset schweigen sein Brausen.
Wer gebeut denn der Stürme Gebeul: „Jetzt endet und schweiget,
In eure Kammern gebannt lasst ab vom Wasser des Meeres!"
Wenn's nicht der Himmelsmächtige ist, der die Winde selbst mit schuf.
Siehe, der Nordwind voll Schnee und der regentriefende Südwind 655
Kennen des Regens Gebieter, den Herscher tosender Stürme,
Ziehn so des Himmels Blau aus selbsterzeugtem Gewölke. —
Wer trat die Wasser des Meers? Wer war's, der die graulichen Tiefen
Mit eindringender Spur durchmessen, auf spülender Strasse
Doch nicht versank — freischwebend des Fuss sich trocken bewahrte, 660
Wenn nicht selbst der Erschaffer des Meers, der einstmals als Geisthauch
Von des Vaters Munde entströmt, auf den Wassern sich wiegte,
Ohne Begrenzung annoch, von keinem Gestade umfriedigt?
Dieser wurde das Wasser dem Herrn und trug seine Schritte,
Gab die Beweglichkeit auf, ward fest zu seiner Beschreitung. 665
Welche erwähn' ich nur noch der Wunder Christi des Gottes?
Prüfe genauer sie nur, der du seine Herrlichkeit leugnest:
Den du als Menschen verehrst, wirst gewiss du als Gottheit bekennen.
Salbte er doch des Erblindeten Aug' und gab ihm die Sehkraft [2],
Und die Mittel nur Erde befeuchtet mit heiligem Speichel, 670
In den Fingern zerdrückt. Koth bringt den verdunkelten Blicken
Heilung, die Finsterniss flieht von der feuchten Salbe Bestreichung,
Und er zeigte ihm drauf das Bad, das vom Uebel der Blindheit
Raubte jegliche Spur. Die Quelle Siloahs ergiesset
Wasser von Zeit zu Zeit, nicht immer fliesset die Quelle, 675
Doch zu geordneten Frist rauscht in breiter Strömung das Wasser.
Scharen Verschmachteter nahn, nach dem spärlichen Nass verlangend,
Jegliches kränkliche Glied zu waschen im heilenden Bade.
Streitend warten sie ab aus dem triefenden Felsen den Sprudel,
Der sich brausend ergiesst, und lagern am Rande des Beckens. 680
Hier, von Christi Gebeiss, wenn die aufgestrichene Erde

---

[1] Matth. 8, 26. [2] Joh. 5, 2 und 9, 6.

Von dem Antlitz gespält, sei das Licht ihm wiedergegeben.
Denn er erkannte das Bild, das einstmals verdunkelte Adam's
In die Erde geprägt, und er theilte aus eigenem Munde
Heilung dem neuen nun mit, den er als erster geschaffen. 685
Denn, wenn der göttliche Hauch des höchsten Herrn nicht hinzukam,
Blieb sie trocken die Erde, die früher niemand gehellet,
Aber nachdem nun der flüssige Hauch aus dem himmlischen Munde
Traf die jungfräuliche Erde, da ward ihr Heilkraft verliehn.
Daher zog sie den Saft und salbte mit zäher Befeuchtung 690
Licht dem Erblindeten ein, da sie selbst die Benetzung getroffen.
Und der Blinde, dem nun die Augen geöffnet durch Christum,
Dass er durch Erde und schimmernde Fluth die Sehkraft gewonnen,
Kündet er laut, und zeigt seinen Arzt den verwunderten Menschen,
Ihn, den Geber des Lichts, den Bringer leuchtender Helle, 695
Der die Reinigungskraft des heilenden Wassers gewürdigt,
An dem eigenen Leib den Irrenden Kranken zu zeigen. —
Dass ich von Tausenden nur ein Weniges hier wiederhole
Und im kurzen berühre, was kaum der Erdkreis befasset.
Fünf nur der Brote befahl er, und zween der Fische zu bringen, 700
Dass er speiste das Volk, das in der unwirthlichen Wüste
Ihn dem Lehrer umdrängt, durch Hunger nicht heimwärts getrieben.
Dörfer und Flecken und Märkte, Versammlungsstätten, Gehöfte,
Städte, so gross wie klein, sie hatten sie zu ihm gesendet,
Die der Mahlzeit vergessend, an des Wortes Speise sich labten. 705
Nun auf geschichtetem Heu vereinen sich Scharen der Männer,
Hundertfach strecken sich hin zum Genusse des Mahles Genossen.
Und um unzählige Tische ergiessen sich hungernde Haufen,
Um — ja, nun nennst du ihn Gott — sich zu nähren von zwei kleinen Fischen
Und von wenigem Brot, das in einzelnen Bröckchen sich mehrte. 710
Und nach des Mahles Vollendung ist Ueberfluss noch in den Schüsseln,
Zwölf der Körbe erfüllt die Last der gesammelten Brosam
Nach diesem Mahle; und satt vom Uebermasse der Speise
Fühlt sich der Esser beschwert, von der Last der Körbe der Träger.
Wer kann sie also verwandeln, die wenige Speise in viele, 715
Wer, als der, der den Leib, der Nahrung und die gesammte
Leibliche Welt hat erschaffen aus nichts, da keinerlei Stoff war.
Nicht wie ein irdischer Bildner, der aus der Masse des Erzes
Ausgeschmolzenes Metall nach Kunst zu formen geübt ist.
Nein, der allmächtige Gott hat die Welt ohne Urstoff gebildet, 720
Nichts war alles, das ist, dies Nichts, dass es wurde und da ist,
Neue Gestaltung gewann und Wachsthum, Gott hat es geheissen.
Klein, da aus nichts es entsprang, war's anfangs, aber das Kleine
Wachsend vergrössert sich bald zum vollen Mass aller Dinge.
Dürfen nun wir, da wir sehn durch Christi Hände vermehret 725
Wenig Speise, noch zweifeln, dass durch ihn der irdischen Dinge
Anfangs winzige Bildung und die ersten Stoffe des Weltbaus
Erst im kleineren Mass, allmählich weiter sich dehnend,

Wachsen heran zur vollkommenen Welt, die geschaffen aus nichts ward.
Doch dass die Nahrung des Menschen nicht werde mit Füssen getreten, 730
Nicht überlassen den Wölfen, den Füchsen, oder den Mäusen
Fiele als Beute anheim, da keiner sie sorgend bewachte,
Sind ihm zur Seite gestellt die Zwölf, die die Gabe von Christo,
Die ihre Wirkung gethan, in Körbe gefüllet bewahrten.
Aber warum bring' ich dies in meinem Stammeln aufs neue, 735
Ich, zu besingen nicht werth so Heiliges. — Entsteige dem Grabe
Lazarus, du! Verkünde, wes Stimme im Schose der Erde
Du einst vernahmst, wes Kraft durchdrang die Dunkel des Todes,
Dass als Christus dich rief, der du lagest in schwärzlicher Tiefe,
Wieder zum Lichte empor, als wirst du ihm nah und vernähmst ihn, 740
Nun sogleich vor ihm stehst? Wer ist's, der der Finsterniss Reiche,
Nur durch die schmalste Begrenzung geschieden vom höllischen Schlunde,
Jene entsetzliche Stätte, wo in chaotischer Wildniss
Jählings der Tartarus klafft, und den Strom, der Feuer dahinwälzt
Durch nimmersattes Gestade, verband des Lebens Bereiche? 745
Von der Pforte der Gruft, die mit hartem Steine verschlossen,
Ueber das Felsengeklüft in mächtiger Schwere sich thürmte,
Stehet der Herr und ruft den Freund, den verblichnen, beim Namen.
Und es weichet der Fels: aus dem modernden Schauer des Grabes
Schreitet der Leichnam heraus, die Bestattung endet Belebung. 750
Löset, ihr freudigen Schwestern, die Binden vom Grabe noch duftend,
Süsser Geruch ist allein im Umkreis der Luft zu empfinden,
Nicht mehr herrscht dumpfig und schwer der Dunst der Leichenverwesung.
Und von zerfliessender Fäulniss befreit gewahret das Auge
Neu verliehen den Glanz des Lebens, der früher ihn schmückte, 755
Und es umzieht sich allmählich die gelbliche Wange mit Purpur.
Wer aber gab sie zurück, die Seele den faulenden Gliedern? —
Zweifellos der, der die Glieder ihr gab, der der bildsamen Scholle
Feuchte Adern durchhauchte, und der die schwärzliche Masse
In lebendigem Rothe gefärbt, mit Blute sie füllend. — 760
Tod, du bist milde geworden, da sein betendes Wort du vernommen!
Einstmals taub, hast du folgen gelernt dem, das er geboten!
Wer vermochte so viel über dich? Ueberwunden erkenne,
Dass der, der mich allein dir entreisst, dass Jesus selbst Gott sei.
Raffe hinweg alle Leugner des Herrn, es verdenkt es dir keiner, 765
Brauche sie, deine Gewalt, und halte im Finstern gebunden,
Wer Gott zu lästern gewagt, doch lasse sie frei die Gerechten,
Die in Christo vereint die Menschheit und Gottheit bekennen,
Dass er, der höchste wahrhaftige Gott, sich in Sterblichkeit hüllte!
Selbst zog er an das Gemächt, das er schuf; nicht verschmäht er zu tragen, 770
Was er erzeugt, der Erzeuger: Ich meine den Leib und die Seele,
Den er geformt mit der Hand, mit dem Mund einhauchend die Seele.
Ganz mit der Menschheit bekleidet sich Gott, da sie ganz von ihm abstammt,
In sie gekleidet erlöst er sie ganz, da er alles zurückführt,
Aus dem gebildet der Mensch, zum Grabe dies, jenes zum Himmel. 775

Aber es kommt mit zweifelndem Wort ein grübelnder Schwätzer,
Wirft uns ein, dass der Glaube nicht fassen kann, dass die Seele,
Die doch ein Hauch ist von Gott, auch Qualen erdulde, und dass sie
Sinke zur Tiefe der Hölle und brennen müsse im Hades. —
Halte es fest: nicht Gott ist die Seele selber, doch höher   780
Als jedwedes Erschaffne, doch ist sie selber erschaffen.
Gottes Lippen gestalteten sie, da sie früher nicht da war,
Statteten herrlich sie aus mit göttlicher Gabe, sie tränkend
Ganz mit göttlicher Art, dass sie ähnlich ward seinem Bilde.
Doch ward die Gottheit ihr nicht, da sie Gott nicht durch Zeugung entstammte, 785
Sondern durch Schöpfung allein. Nur der eine, der Sohn ist erzeuget
Aus dem Busen des Vaters, und wahrer Gott darum selber.
Das war der Seele bestimmt, dass, da sie noch nicht war, sie wurde.
Mit dem Vater ist ewig der Sohn und ewiglich bei ihm.
Nicht geschaffen, erzeuget, besitzt er die Gaben des Vaters,   790
Und wie der Schatten dem Leib, ist die Seele nur ähnlich dem Vater.
Und er hat's selber gesagt, da in zwiefacher Bildung verbunden,
Menschen nach seinem Bild zu erschaffen sein Wille beschlossen.
Aber das Bild ist nicht, was der wirkliche Leib, den es abmalt,
Und ein Andres ist Wahrheit, ein Andres das Abbild der Wahrheit.   795
Darin ähnelt die Seele dem Schöpfer, dass sie die Zeit nicht
Aufreibt, dass sie voll Weisheit, gerecht, als Königin herrschet
Ueber die leibliche Welt, dass sie voll von Vorsicht und Umsicht
Urtheil und Eifer besitzt, und das Wort und die Formen des Lebens,
Fähig zu jeglichem Werk, und des Himmels Wunder begreifend.   800
Dadurch machte der Schöpfer die Seele selber sich ähnlich,
Aber in anderem nicht, denn leicht versteht es ein jeder,
Dass sie des Körpers Schranke begrenzt, Gott aber gewaltig
Giesst über alles sich aus. Ihm fehlet jegliche Grenze,
Nichts ist, das ihn umschliesst, und keiner, dess Sinn ihn erfasste.   805
Denn wer erfasste die Macht, der sie fehlt, die endende Linie,
Und die über den Raum, den unermessnen, sich ausdehnt.
So ward die Seele erschaffen, und weichend dem grösseren Schöpfer,
Ist sie höher als andre, und Herrscherin jeglichen Dinges.
Doch in vergänglichen Glieder des sterblichen Leibes ergossen,   810
Wird im Entstehn sie erfasst von des Fleisches trüber Verderbniss.
Seine Befleckung wird so ihr zutheil, und also entstehet
Wahre Sündennatur aus Körper- und Geistesvermischung.
Aber du leugnest vielleicht, weil dem Munde des Herrn sie entsprossen,
Dass ein Geschöpf sei die Seele, und nennst einen Theil sie der Gottheit, 815
Der, es ist Frevel zu sagen, befleckt ward mit schändlicher Sünde,
Und in Verdammnis gestürzt betrete den klaffenden Abgrund:
Das ist Gottes Gericht, nicht leugn' ich's, was aber zeitlich
Anfing, nimmermehr ist's ein Theil von der Gottheit zu nennen,
Und, nicht jünger noch älter, als erstes Geschöpf zu bezeichnen.   820
Da ward die Seele geschaffen, als in des verbundenen Herzens
Raum sie schwesterlich trat, des neuerschaffenen Leibes

Gast und selber noch neu in verwandte Behausung sich fügte.
Wohl ist ein Hauch sie vom Herrn, doch ist ihr Wollen und Walten
Gänzlich von Gott nicht erfüllt, und nur bis zu jener Begrenzung, 825
Die der Hauchende selbst dem Maße des Hauchens gesetzet.
Keiner vermochte zu schauen die Tiefen des Herrn aller Herren,
Aber die Gottheit sie spiegelt der Mensch, und am Körper erlerne
Körperloses verstehn, von Christo selber belehret,
Der den eigenen Vater im sterblichen Leibe gezeiget. 830
Schaue doch an, wie verschiedener Hauch dem Munde entsteiget,
Da wir dem Busen entsandt die Luft des wehenden Odems.
Bald treibt leiblichen Hauch empor ausduftende Wärme,
Thauigen Dunst ausströmend aus feuchter Tiefe des Schlundes,
Bald wird zu kühlerem Hauch der zarte Luftstrom des Athems, 835
Gleich dem frostigen Wind, der kalt die Lüfte durchrauschet,
Denke dazu dir den Hauch, den oben die melodische Flöte
Aufnimmt, leise bald flüsternd mit halbgedämpftem Gesange,
Oder mit schwellender Fülle im lautern Ton sich erhebend,
Oder getheilt in dumpftönenden Takt, dann sänftiglich säuselnd, 840
Dann mit schwindendem Wehn in hohen Tönen erklingend,
Oder in Murmeln verhallend mit halber Stimme geblasen.
Kann nun der menschliche Ton in solchem Wechsel erklingen,
Weshalb zweifelst du noch, dass einzuhauchen vermöge
Gott, welche Seele er will? Und weil nach geordnetem Masse 845
Gott sie aushauchend ergoss, fest steht es, dass sie Geschöpf ist.
Dennoch weiss unsre Seele gar viel, doch nimmermehr alles,
Sichres Erkennen und Schaun des Künft'gen ist ihr versaget,
Wen aber Schranken umfangen, und wem nicht alles zu wissen
Wurde verliehn, ist Geschöpf, das entstehn einst musste und wachsen. 850
Nimm ein Gleichniss, das dir als Geschöpf die Seele erweise:
Schuf Gottes Hand nicht den Leib, den sterblichen, und seine Finger,
Formten sie nicht den Stoff? — Doch hat, nach Gliedern gerechnet,
Gott, gleich uns, eine Hand? hat sie eine Hohlung und Nägel,
Schliessen die Finger sie ab, und streckt sich geöffnet die Fläche? 855
Diese Formung der Hand ist unser, und nimmer besitzt sie
Gott, der Schranken nicht kennt; die Form, sie ist uns gegeben,
Dass sie dem menschlichen Geist zu besserm Verstehn verhülfe,
Wie durch das leibliche Gleichniss erkannt wird, wie Gott erschaffen.
Unsres Leibes Gestalt, so gibt auch die leibliche Bildung 860
Hauch nur vom leiblichen Hauch, wie geschrieben stehet, ein Wort nur,
Aus dem Munde des Herrn, darin die Behausung der Seele
Sichtbar wird, und sich fühlt in derberer Formung ergossen.
Ist nicht Schöpfung der Hand unser Fleisch, so ist unsre Seele
Schöpfung des Mundes auch nicht, durch Hauch nur vom Geiste gebildet 865
Und an bestimmte Stelle geführt, denn, was nur geboren,
Kommt am bestimmten Orte zu stehn, und was irgendein Ort nur
Einzuschliessen vermag, ist beschränkt, nicht unendlich sich dehnend.
Und was also beschränkt, dass an festem Sitze es weilet,

Das ist vergänglich zugleich, und was vergänglich genannt wird, 670
Das ist sündiger Art, und alles Sünd'ge ist endlich,
Fällt der Strafe anheim; und göttlich, das glaubet mir, ist's nicht.
Wäre die Gottheit verliehn der Seele, nun, so erklärt mir,
Dass sie, gefallen, nun Christi bedarf und durch Gnade nur rein wird,
Und der Heilige Geist durch die Taufe allein sie gerecht macht, 675
Da sie ihm Dienerin wird, den Ruhm, der ihr fehlte, ihr spendend.
Wird ihr's für ihre That hier verliehn, dort wieder verweigert,
Thöricht ist's dann, sie als Gott, oder Theil der Gottheit zu preisen.
Sie, die das himmlische Gut, das höchste aus ewiger Quelle
Hier durch Gehorsam empfängt, durch Schuld dort und Sünde verlieret, 880
Und bald Strafe empfängt, bald straflos spottet der Qualen.
Dass sie gesündigt, die Seele, das wundert dich, da sie doch wohnet
In dem beengten Haus des Fleisches: sünd'gen doch selber
Engel, die nimmer gesucht sich eine vergängliche Stätte
Im verweslichen Leib. Sie sünd'gen, weil sie geschaffen 885
Und nicht erzeugt; doch, wie sie einstmals erschaffen, das weiss nur
Einer, der Herr; mir genügt's, dass Gott sie erschaffen, zu glauben.
Einer nur ist ohne Schuld, das ist der Begründer der Erde,
Selbst unerzeugt, und der durch ihn erzeugt, mit dem Sohne der Vater,
Er allein ist befreit von traurig quälender Marter, 890
Fern ist ihm jegliche Pein, nie hat er Bittres empfunden.
Nenne die Seele befreit von jeglichen Qualen und Leiden,
Wenn von der Schuld du rein und frei von Verbrechen sie kennest.
Was noch sündigen kann, kann auch der Strafe erliegen.
Rein war sie selber dereinst, zur Zeit da Gott sie geschaffen, 895
Da sie dem rohen Stoff sich gesellt, und lebendig ihn machte,
Da sie vom flüssigen Samen der Erde die erste Bestimmung
Annahm, von oben beschenkt mit der Weihe himmlischer Hoheit.
Aber alsbald an die Erde schwerwiegende Scholle gebunden,
Stockt' ihr die edlere Kraft. Umgaukelt von süsser Verlockung, 900
Siehe, im irdischen Staub erlöscht das köstliche Feuer,
Da sie Gottes Gebot ruchlos mit Füssen getreten.
Das war die erste Natur der Seele; in Reinheit erschaffen
Fiel sie der Sünde zum Raub, vereint dem unreinen Fleische.
Seitdem traurig erfasst von der Sünde des Urvaters Adam, 905
Steckte sie an der Menschen Geschlecht, das jenem entsprossen,
Selbst in der Mutter das Kind behalten noch schlummernde Sünden,
Die von Adam's Geburt die Seelen trugen, und keiner
Kommt ohne Sünden zur Welt. Doch darum darfst du nicht glauben,
Dass durch das Fleisch fortfliesse die Quelle der Seelen auf andre, 910
Gleich dem Blut, dem die Zeugung die Adergänge geschaffen.
Seelen gebären nicht Seelen, vielmehr nach geheimem Gesetze
Wirket ihr Werk die Natur, da dem kleinsten Gefässe sie Athem
Und dem Gefüge der Glieder den Lebensfunken verliehen,
Der, wenn auch immer aufs neue entzündet, in neuem Gebilde 915
Doch von Anfang besteht, entstammend der Sünde der Väter,

Weil zusammen er floss mit der aufgehäuften Befleckung.
Deshalb wird wiedergeboren der Mensch, und deshalb gereinigt
Von der befleckten Natur, aus dem Wasser erstehen wir wieder,
Dass die Seele geschmückt sich des alten Adam entkleide. 920
Und, weil dem Fleische vereint aus dem Zunder des Fleisches die Seele
Zog den sündigen Stoff, und den also verbundnen Genossen
Selbst zur Sünde entflammt, so umwindet die rächende Strafe
Beide als Schuldige jetzt, die in einer Absicht gesündigt,
Und mit derselbigen Pein bestraft sie die Sündengenossen. 925
Christus entriss uns der Qual, der Sohn der sündlosen Mutter,
Er, dessen eigener Leib die Sündenbefleckung nicht kannte,
Er, als einziger, trug die Schuld des menschlichen Wesens,
Und doch besudelt ihn nicht der menschlichen Sünde Behaftung.
Strafe verdient er so nicht, da rein er immer geblieben. 930
Fern von jeglichem Trug, und frei von jedem Vergehen,
Was soll die Sippschaft der Sünde in seinem Leibe vollbringen,
Was an den Gliedern des Herrn der Sünde grause Gesellin,
Strafe genannt, was vermag auch der Tod ohne Menschenverschuldung?
Wahrlich, er ringt mit vergeblicher Müh, und marklos zu Boden 935
Sinkt er, der Nahrung beraubt, die allein ihm die Sünde geboten.
Schuld, sie nähret den Tod, und wer der Aermste an Schuld ist,
Wird durch den Mangel genährt und entkräftet des Todes Gewalten.
So verlor seine Kraft der Tod am Leibe des Heilands,
So starb er selber verdorrt, da gewohnte Nahrung ihm fehlte. 940
Beuge dich drum, weil allein ohne Schuld bestehet die Gottheit,
Vor der Hoheit des Vaters und Christi, hüte dich ferner
Anzublasen den Wahn in der Seele, dass sie Gott selbst sei,
Oder ein Theilchen von Gott, da Christo etwas zu entziehen,
Oder ein Stück von Gott zu trennen, um also die Gottheit, 945
Die ein Ganzes in sich, zu zerreissen, nimmer erlaubt ist.
 Wohl ist's der Mühe noch werth, das Dunkel umnebelter Lehre,
Das in dem winz'gen Gefüge der luft'gen Atome beruhet,
Aufzuhellen, doch sinkt sie dahin und verhaucht gleich dem Winde,
Und mit eitlem Gebaren vermag sie sich nicht zu erhalten. 950
So ist Mani's Geschwätz, dass Gott ohne wirklichen Körper
Durch die Lüfte geschwebt, ein Trugbild, ein leeres Gespenst nur,
Das wol gestaltet erscheint, doch nie der Betastung sich bietet.
Aber bedenke zuerst, ob's recht sei, erheucheltes Wesen
Anzunehmen in Gott, in dessen strahlender Reinheit 955
Falsches nimmer bestehl? Doch, wenn in erlogenem Gliedern
Er nur den Menschen gespielt, wär' er nicht ein schlauer Betrüger,
Log er denn nicht, wenn er sagt: „Ich will die veralteten Uebel
Euch barmherzig verzeihn, und eure Sünden erlassen?"
Leibhaft des Menschen Sohn ist's allein, der des Fleisches Verderbniss 960
Und der Sünde Verkettung uns zu entwinden vermochte.
„Stehe gesund nun auf und nimm dein Bette, Entsühnter!
Ich, des Menschen Sohn befehle es." — Und scheint er nicht würdig,

Zeuge sich selber zu sein, und sein fleischlich Wesen zu kennen.
Da er prophetisch die Jünger mit wahrheitredenden Lippen 965
Lehrte, welcherlei Leid des Menschen Sohne bevorstand?
Hat er damit nicht gesagt, dass mit dem Wesen des Vaters
Er sei wahrhaftiger Mensch, und wenn ich's nicht glaube, so log er.
Wenn du nun, Manichäer, mich fragst, was Gottes Natur sei,
Sag' ich, das, was er ist. Ist er wirklich, wär' eine Lüge 970
In ihm, dann wär' er nicht Gott, denn die Lüge ist Gottes Gebrauch nicht.
Klagst du den ewigen Herrn nicht an des glatten Betruges,
Dass er geheuchelt, zu sein, was er nie in Wahrheit gewesen?
Manian schweige, du ruchloser Hund, beiss' dich selbst in die Zunge,
Und verschlinge dein Wort in deinem zerrissenen Gaumen! 975
Deinem Gebell widerspricht Matthäus und hemmt dein Gewälthe;
Alle Geschlechter der Welt von Fleischessamen, er führt sie
Bis zu Christi Geburt herunter auf siebenmal sechse
Namen der Väter, und sucht der Ader erlauchten Geblütes
Lang sich dehnenden Faden im Stammbaum herab von den Ahnen. 980
Christus kam als der siebente, der Siebenzahl sechster Erneuerung
Schloss er sich an und erfüllt das Jahr das ersehnte des Sabbat,
Dass der Welt, die gebeugt von vielfacher Fessel umstrickt lag,
Freiheit gebracht, und vom Tode des Menschen das Menschenkind löste.
Damals entbehrte der Stoff des Sterblichen noch die Vollendung; 985
Einer nur ist vollkommen und ohne Fehl, das ist Christus,
Als er das sterbliche Fleisch mit ewiger Tugend verklärte.
Er ist's, der nun vollendet die siebente Rückkehr des Sabbat,
Dass unser Fleisch seine Ruh mit Gott verbunden nun finde,
Das durch der Sabbate sechs von der Sünde Qualen bedrückt war. 990
Wandern wir Schritt vor Schritt, lasst uns der Kön'ge Geschlechter
Mustern, dann findest du auch, wie vom Fleisch der irdischen Aeltern
Christus stammte, ein Spross vom Königshause des David,
Und zu den Erben des Bluts zähl' ihn, dem Geschlechte entsprossen.
Lukas' heilige Rede, hat sie nicht, den Sprössling betrachtend 995
Aufwärts die Reihe geführt, die Menschheit Christi betonend,
Hat sie den Weg nicht gezeigt durch die Reihe der uralten Ahnen?
Christus beschloss den Reigen von zweiundsiebzig Geschlechtern,
Ebenso viel sandt' er aus der Jünger, die Welt zu belehren.
So viel der Glieder umschreibt er, die kamen und wieder vergingen, 1000
Bis zu der Zeit des Entstehens der irdischen Bildung des Adam.
Da die Gottheit des Vaters, was sein, und was unser, verbunden
Und zu des Ewigen Sohn durch Christum auch Adam geworden. —
So hast recht du allein, wenn die Menschen alle nur Schein sind,
Luftgebilde die Väter, ein Levi, Simeon, Juda, 1005
Luftgebilde auch David, und der mächtigen Könige selber,
Ja, wenn selber der Schos der Christum tragenden Jungfrau
Anschwoll von täuschender Luft, von Dunst und Nebelgewölke.
Schwinde im Luftbauch das Blut, verfliesset mürbe Gebeine,
Und der zuckenden Nerven beweglich Gewebe zerschmelze, 1010

Jegliches, das da geschehn, verwehe im Hauche des Südwinds,
In den Lüften zergeh's, sei's Fabel nur, dass wir bestehen!
Was soll Christus denn mir, wenn er meine Menschheit nicht aufnahm?
Welchen Schwachen erlöst er, wenn einzugehn er verschmähet
In des Fleisches Beschwerde und das Werk seiner Hände zurückweist,　1015
Dünkt es entwürdigend ihm, in den irdischen Leib sich zu kleiden,
Da es ihm doch nicht entwürdigend schien, dereinstmals die Erde
Selber zu kneten, das Bild der Menschen aus Staube zu schaffen.
Da er noch fleischern nicht war, da, aus der lehmigen Scholle
Mit dem Drucke der Hand formt' er die vergänglichen Glieder.　1020
Wie er die Erde geliebt, so gross ist zu uns seine Liebe,
Ja, er verschmähte sie nicht, die weiche Masse des Erdstoffs
Mit seinen göttlichen Fingern zu fassen, und hielt nicht für schändlich,
Zähen irdischen Stoff zu berühren. Er hatte geboten,
Dass da werde das Licht, und wie er geboten hat, ward es.　1025
Neue Formen erhielt auf sein Wort, was jemals entstanden,
Aber der Mensch allein, er erlangte das bildsame Antlitz
Durch die Rechte des Herrn von der Gottheit Bildung erzeuget.
Weshalb doch ward unser Stoff so grosser Begnadigung theilhaft,
Dass, mit heiliger Kunst von den Händen Gottes geformet,　1030
Heilig er wurde, allein durch Gottes Berührung geadelt?
Weil Gott Christum verband mit Stoff, der noch nicht entweiht war.
Deshalb, was er zu bilden und als das Pfand seiner Liebe
Hinzustellen beschloss, hat er seiner Berührung gewürdigt.
Unsre verstörte Natur, sie verliess der Erde Gefüge,　1035
Und, des Todes Gewalt übergeben, musste sie weichen.
Doch der Gottheit Natur, die unsterbliche, kieste die Erde,
Die der Vernichtung geweiht, und durch unsre Sünde befleckt ist,
Sich zum Besitz, dass sie nicht in Sünde länger gebannt sei.
Christus ist unserer Art, uns starb er, uns ist er erstanden,　1040
Durch meinen Tod geh' ich hin, durch Christi Kräfte ersteh' ich.
Und da Christus erstirbt und kläglich zum Grabe dahinsinkt,
Schau' ich mich selbst und mein Los; doch da er dem Grabe entstiegen,
Schaue ich Gott, und gewiss, trug er das Trugbild von mir nur,
Ist er auch Trugbild von Gott, und falsch muss in beiden Gestalten　1045
Christus sein, wenn in einer er uns zu täuschen verstanden.
Ist er nicht wirklicher Mensch, den der Tod als Menschen bewähret,
Ist er auch nicht wahrer Gott, den als Gott die Macht seiner Werke
Kündigt. Darum, dass er starb, musst du glauben, oder bestreiten,
Dass er besteht, und so in jeder Gestalt ihn verneinen.　1050
Worin ist er denn gross, wenn er nicht sich dem Tode geopfert,
Und zum Leben erstand? Das ist das göttliche Wunder,
Dass er, dem Tode ein Raub, sich aus dem Grabe erhoben!
Wer ihn bekennet als Gott, gestehe, dass er auch Mensch sei,
Dass seine Herrlichkeit nicht ihre wahre Grösse verliere. —　1055
Und so weiss ich, mein Leib er wird in Christo ersteben, —
Weshalb heisst du mich zweifeln? — und auf denselbigen Wegen

Da er geschritten, schreit' ich ihm nach ob dem Nacken des Todes.
— Das ist mein Glaube, — und ganz, nicht kleiner, oder ein andrer,
Wie ich jetzt bin, erneu're ich mich, das Gesicht und die Farbe   1060
Wird sein, wie sie jetzt sind. Um keinen Zahn, keinen Nagel
Aermer wirft mich empor des Grabes geöffnete Tiefe.
Der da befiehlt, dass ich komme zu ihm, vertilgt alle Schwachheit,
Kehrte die Schwachheit zurück, wär's keine Erneurung zu nennen.
Was das Schicksal geraubt, was Krankheit, was Schmerzen verzehrten,   1065
Was das gefrässige Alter mit nagendem Siechthum vernichtet,
Gibt die Erneu'rung zurück der Glieder, die dann uns umkleiden.
Treue schuldet der Tod, der besiegte, dass nimmer betrügend
Gäbe das Grab verstümmelt den Leib, obschon er verstümmelt,
Niederwürgte die Leiber, denn Schwachheit und kränkelndes Siechthum   1070
Wirkte des Todes Gewalt. Doch was er auf jegliche Weise
Stückweis geraubt, er gibt es zurück, dass der Sterblichen keiner
Gehe zur Ewigkeit ein, dem vom Leibe ein Theilchen nur fehlte.
Werfet von euch die Furcht, meine Glieder, und glaubet, dass ihr auch
Heimgeht mit Christo zu Gott, der euer Wesen getragen,   1075
Und euch erwecket zu sich. Verlacht die drohende Krankheit,
Unglück verachtet und Noth, und spottet der modernden Gräber.
Dort, wohin Christus euch ruft, der Erstandne, lenkt eure Schritte!

———

Berichtigungen.

Seite 6, Zeile 1 v. o., ergänze nach Frauen: Romi
» 13, » 14 v. o., statt: Teufel, lies: Teuffel
» 28, » 1 v. u., st.: dass, l.: das
» 32, » 4 v. u., Note, st.: das Bild, l.: der Vergleich
» 86, » 1 v. u., st.: Piger, l.: Piper
» 90, » 6 v. u., st.: nur, l.: nun
» 91, » 2 v. o., st.: Christus, l.: Christi
» 96, » 17 v. o., st.: würde, l.: werde
» 112, » 5 v. u., st.: habitus, l.: habitat
» 112, » 2 v. u., st.: einer, l.: eines
» 116, » 2 v. o., st.: Todte, l.: Rothe
» 149, » 22 v. o., ergänze nach folgenden: Tag
» 163, » 2 v. o., st.: Teufel, l.: Teuffel
» 170, » 9 v. u., st.: ist, l.: sind
» 174, » 12 v. u., st.: die, l.: der
» 196, » 16 v. o., st.: 12, l.: 2
» 229, » 7 v. o.: st.: besingt, l.: besungen wird
» 229, » 17 v. o., st.: Knechten, l.: Knechte
» 256, » 15 v. u., st.: vereinzelten, l.: evangelischen
» 260, » 9 v. o., st.: eine, l.: einer
» 264, » 13 v. o., st.: יהוה, l.: יהוה
» 269, » 10 v. o., st.: setis, l.: stetit
» 302, » 3 v. u., st.: Simui, l.: timui
» 324, » 3 v. o., setze das Komma statt vor doch: vor die
» 334, vs. 1069, tilge das Komma nach: er verstümmelt

www.ingramcontent.com/pod-product-compliance
Lightning Source LLC
Chambersburg PA
CBHW032049220426
43664CB00008B/929